W0247429

Die Germanen

Malcolm Todd

Die Germanen

Von den frühen Stammesverbänden
zu den Erben des Weströmischen Reiches

Aus dem Englischen
von Nicole Strobel

Weltbild

Die Originalausgabe erschien unter dem Titel *The Early Germans* bei
Blackwell Publishers Ltd., 1992

Genehmigte Lizenzausgabe für Verlagsgruppe Weltbild GmbH,
Steinerne Furt, 86167 Augsburg

Übersetzung: Nicole Strobel, Ladenburg
Umgschlaggestaltung: Atelier Seidel, Teising
Umschlagmotiv: akg-images, Berlin
Gesamtherstellung: Offizin Andersen Nexö Leipzig GmbH, Zwenkau
Printed in the EU

ISBN 978-3-8289-0870-3

2011 2010 2009 2008
Die letzte Jahreszahl gibt die aktuelle Lizenzausgabe an.

Einkaufen im Internet: *www.weltbild.de*

Vorwort

Dem Entstehen und der frühen Geschichte der germanischen Völker wurde von britischen Historikern bisher nie besondere Aufmerksamkeit geschenkt. Sogar diejenigen, die über das angelsächsische England schrieben, haben nur selten versucht, die Germanen, die in England siedelten, mit der größeren Familie in Beziehung zu setzen, von der sie einen kleinen, aber wichtigen Zweig bildeten. Natürlich gibt es Ausnahmen, zu denen Michael Wallace-Hadrill und Edward Thompson gehören. Zudem beginnt eine wachsende Gruppe junger Wissenschaftler allmählich, diese lange Vernachlässigung aufzuarbeiten. Dieses Buch bietet eine allgemeine Einführung in ein riesiges und komplexes Forschungsgebiet, dessen massenhafte Literatur entmutigen kann. In einem einzigen kleinen Band können viele wichtige Themen nur kurz angerissen werden, während andere allein schon aus Umfangsgründen ausgelassen wurden.

In Anbetracht der geschichtlichen Zeugnisse ist es unmöglich, über die Germanen zu schreiben, ohne den Bezug zur römischen Welt und ihren Einfluss auf die Germanen darzustellen. Aber auch die germanischen Völker übten einen bedeutenden Einfluss auf die römische Welt aus, und zwar nicht nur nach den großen Wanderungen. Das darzustellen, war hier ein wichtiges Anliegen, obwohl dieses Thema nach einer ausführlicheren Behandlung verlangt. Alle Bücher sind eine Art Diebstahl. Diejenigen, aus deren Werken ich gelernt habe und sie zu meinen eigenen Zwecken verwandte, sind zu zahlreich, um ihnen einzeln zu danken. Doch meine Schuld gegenüber Edward Thomson, die sich fast drei Jahrzehnte lang angehäuft hat, ist zu groß, um sie schweigend zu übergehen.

Inhalt

II Das germanische Europa 133

Wiederentdeckung

Die Germanen

Die Völker, die in der klassischen Mittelmeerwelt als die Germanen (lat. Germani) bekannt waren, traten relativ spät in die Geschichte ein. Schriftsteller aus dem Mittelmeerraum wussten wenig über die Völker, die Nord- und Zentraleuropa vor dem zweiten Jahrhundert v. Chr. bewohnten. In den frühesten erhaltenen Hinweisen zu diesen Völkern werden die Germanen nicht erwähnt. Im fünften Jahrhundert v. Chr. war der griechischen Welt bekannt, dass in West- und Zentraleuropa ein größeres so genanntes „barbarisches[1]" Volk lebte; man nannte sie „Keltoi" (Kelten). Herodot berichtet, dass sie die westlichsten aller europäischen Völker seien und die Donau in ihrem Gebiet entspringe. Auch die nomadischen Skythen in den Steppen Westrusslands waren ihm ein Begriff, über sie wusste er sogar weit mehr als über die Kelten. Hekataios erwähnt die Kelten ebenfalls und siedelt sie in der östlichen Alpenregion an, die man als „Noricum" bezeichnete (und die hauptsächlich im heutigen Österreich lag). Doch weder Herodot noch Hekataios berichten über Germanen oder andere größere barbarische Völker. Ein Jahrhundert später zählte Ephoros die ihm bekannten vier großen Barbarennationen auf: Kelten, Skythen, Perser und Libyer. Das Wissen über die entfernteren Gebiete Europas wurde bis ins späte vierte Jahrhundert v. Chr. allmählich größer. Zu dieser Zeit, wahrscheinlich um das Jahr 320, brach Pytheas von Marseille zu seiner Seereise um Britannien und entlang der nordeuropäischen Küste auf. Möglicherweise umrundete er Jütland und fuhr in die westliche Ostsee hinein. Seine Reise war eine so erstaunliche Leistung, dass zeitgenössische und spätere Schriftsteller sich weigerten, seinem Bericht Glauben zu schenken und was sich davon erhalten hat, ist nur in den Zitaten von anderen enthalten. Viele der Aufzeichnungen, die Pytheas zugeschrieben werden, sind in geografischer Hinsicht glaubwürdig, obwohl seine Informationen über das nordeuropäische Festland dürftig sind. Er ist jedoch deshalb so interessant für uns, weil er möglicherweise der erste Beobachter aus dem Mittelmeerraum war, der die „Germanoi" von den „Keltoi" unterschied. In den beiden Jahrhunderten nach Phytheas' Reise wurden die geläufigen Informationen über die Völker im Norden nur sehr geringfügig erweitert. Der erste klare Hinweis auf Völker, die sich von den Kelten unterschieden, und die viel weiter aus dem Norden stammten als jene, wurde erst im späten zweiten Jahrhundert v. Chr. verzeichnet. Damals strömte aus dem Norden ein riesiges Völkergemisch (darunter auch die

1 Der Begriff „Barbar" bezeichnete ursprünglich alle Nichtgriechen, später alle Völker außerhalb des Römischen Reiches. Er wird vom Autor im Folgenden wertneutral gebraucht und nicht wie im Deutschen sonst üblich im abwertenden Sinne. – Anm. d. Übers.

Kimbern und Teutonen) nach Süden und brachte die Nordgrenzen der römischen Welt in Gefahr. Etwa zu dieser Zeit unterschied Poseidonios von Apameia in seinen *Historien* die Germanen von den Kelten und den Skythen. Man weiß, dass Poseidonios Gallien und Norditalien besuchte, aber über die Länder und Völker weiter im Norden besaß er offenbar keinerlei Wissen aus erster Hand. Über seine Quellen lassen sich nur Vermutungen anstellen, aber man sollte weder annehmen, dass seine Gewährsmänner außerordentlich gut informiert waren, noch sollte man glauben, dass Poseidonios' Schriften über die Germanen spätere Schriftsteller wie Caesar und Strabon so wesentlich beeinflusst hätten, wie es viele moderne Wissenschaftler angenommen haben[2]. Fest steht, dass seine Informationen verwendet wurden, aber im ersten Jahrhundert v. Chr. hat es vermutlich auch andere Quellen über die nordischen Völker gegeben. Eine Generation nach Poseidonios kam Rom mit den Westgermanen in Kontakt und damit begann eine lange Beziehung, die schließlich zu einer Neuordnung Europas führte.

Römische Truppen gelangten zuerst zum Rhein und in zwei kurzen Feldzügen Julius Caesars auch darüber hinaus. Seine Kommentare *(commentarii)* über die eigenen Eroberungen in Gallien vermitteln uns einen ersten Einblick in die materiellen Verhältnisse bei den Germanen. Caesars Skizze der germanischen Gesellschaft und ihrer politischen Organisation ist in wenigen kühnen Strichen gezeichnet[3]. Die *commentarii* müssen wir einerseits als die früheste zusammenhängende Darstellung betrachten, die wir von der germanischen Gesellschaft besitzen. Andererseits basieren sie eindeutig nur auf dem Wissen über einen relativ kleinen Teil Germaniens, nämlich den Bereich, den Caesar selbst im Rheintal und unmittelbar östlich davon gesehen hatte.

Die von ihm erwähnten Stämme der Sueben, Tenkterer und Usipeter siedelten zu diesem Zeitpunkt im linksrheinischen Bergland auf etwa einhundert Kilometern Länge oder lebten direkt am Fluss wie die Ubier und Menapier. Informationen über die Völker im Landesinneren besaß er nicht und es lassen sich auch nur schwer Quellen ausmachen, die zu dieser Zeit derartige Informationen hätten liefern können. Von den germanischen Stämmen, die Caesar beschreibt, waren die größten und mächtigsten die Sueben. Schon einige Zeit vor Caesars Ankunft in Gallien hatten sie ihre Aufmerksamkeit nach Westen gerichtet und versuchten, die kleineren Stämme am Rhein zu beherrschen. Einige Abenteurer unter den Sueben hatten sich unter der Führung von Ariovist in der Tat westlich des Rheins niedergelassen, nachdem sie von den Sequanern als Söldner herbeigerufen worden waren. Gerade diese germanische Präsenz in Ostgallien lieferte Caesar einen nützlichen Vorwand, um in die Angelegenheiten der gallischen Stämme einzugreifen. Für diesen Drang der Sueben nach Westen bestehen auch andere sowohl archäologische wie philologische Belege[4].

2 E. Norden, *Die germanische Urgeschichte in Tacitus' Germania* besitzt immer noch Einfluss. Der Autor leitet vieles von der Überlieferung des Poseidonios ab. Das ist zwar nicht unbegründet, betont Poseidonios aber doch zu stark.

3 R. Hachmann, G. Kossack und H. Kuhn, *Völker zwischen Kelten und Germanen*, Neumünster 1962; M. Gelzer, *Caesar: Politician and Statesman*

4 Zur späteren germanischen Besiedlung nahe am Oberrhein bei Straßburg vgl. R. Nierhaus, *Das swebische Gräberfeld von Diersheim.*

Caesars Bild von den Germanen ist geschickt gezeichnet: Es betonte das Rheintal sorgfältig als Trennungslinie zwischen den Galliern im Westen und den Germanen im Osten. Laut Caesar unterschieden sich diese Völker sehr deutlich voneinander. Die Gallier seien, obwohl zäh und kriegerisch, empfänglich für die Reize des geordneten, zivilisierten Lebens. Die Germanen hingegen seien primitiv, mit einer Lebensweise, die den Römern noch wilder erschien als die anderer Barbaren und die niemals durch den Kontakt mit zivilisierten Menschen gemildert werden würde. Aber was noch schlimmer sei: Sie stellten eine ernsthafte Bedrohung für Gallien dar. Die Sueben seien bereit, den Rhein in großer Zahl zu überqueren und der früheren Überquerung der gewaltigen, von Ariovist geführten Schar zu folgen. Wenn man dieser Bedrohung nicht mutig begegne und sie abwehre, könne eine Invasion in die römischen Provinzen, vielleicht sogar in Italien selbst, nicht verhindert werden. Die Erinnerung an die Invasion der Kimbern und Teutonen war noch gegenwärtig und Caesar konnte an tiefsitzende Ängste appellieren, um sein eigenes Vorgehen in Gallien zu rechtfertigen. Seinen Motiven wurde in der Forschung viel Aufmerksamkeit gewidmet. Es ist offensichtlich, dass seine eigenen Ziele im Vordergrund standen und es ihm nicht um eine sachliche ethnographische Studie ging. Doch hatte er sicherlich insoweit Recht als die Völker westlich des Rheins versuchen würden, sich auf gallischem Gebiet anzusiedeln. Der Vorstoß der Kimbern und anderer Stämme nach Süden war nur eine von mehreren großen Völkerbewegungen in Mittel- und Westeuropa in dieser Zeit, als der Kampf um gutes Ackerland und andere natürliche Ressourcen zunahm. Vor Caesars Ankunft in Gallien waren Wandervölker über den Rhein nach Nordgallien vorgedrungen, während es weiter im Osten, in Noricum und Böhmen, zu Bevölkerungsverschiebungen kam. Diese Migrationsbewegungen hatten schon vor der Mitte des ersten vorchristlichen Jahrhunderts eingesetzt. Neu an dieser Entwicklung war jedoch die Ausdehnung der römischen Macht.

Strabon, der während der Regierungszeit von Augustus und Tiberius schrieb, wusste über die Germanen östlich des Rheins natürlich mehr als Caesar. Wie Caesar schätzte er die Sueben als größte und gefährlichste Macht ein und berichtete, dass bereits mehrere von ihnen in Gruppen über den Fluss nach Gallien gesetzt hätten. Die Kimbern interessierten ihn ebenfalls, zum Teil sicherlich wegen ihres berüchtigten Einfalls ein Jahrhundert zuvor, aber auch, weil man in Rom gerade über den heiligen Kessel sprach, den sie Augustus geschenkt hatten und der vermutlich durch eine Gegengabe der Römer vergolten wurde. Strabon nahm für sich in Anspruch, über die Völker bis zur Elbe recht gut Bescheid zu wissen, aber er legte besonderen Wert auf die Feststellung, dass die Regionen jenseits der Elbe und nördlich davon den Römern unbekannt waren. Über die Gebiete Mittelgermaniens im oberen Elbebecken sind seine Ausführungen nur vage. Doch genau in der Zeit von Strabons Schaffen dehnte sich der Kenntnisstand allmählich aus, weil die römischen Truppen zur Elbe und nach Böhmen vorrückten und auch andere Kontakte mit den Germanen geknüpft wurden.

In der Schrift des Velleius Paterculus, der als Offizier in der Armee gedient hatte, die nach der schweren Niederlage von Varus im Jahre 9 n. Chr. zur Rheingrenze geschickt worden war, ist der Widerhall der Furcht oder sogar Panik deutlich zu spüren, welche die Germanen zu dieser Zeit verursachten. Velleius betrachtete die Germanen als unmenschliche Wilde, *feri*, die Menschen nur der Gestalt nach und aufgrund ihrer Sprachfähigkeit ähnelten. Solche Völker könne man nicht durch Gesetze regieren, geschweige denn sie Zivilisation und Bildung lehren. Dies ist ein extremer Standpunkt, den jemand bezog, der in einer akuten Krisenzeit mit den Germanen in Berührung gekommen war. Doch diese Sichtweise findet sich auch in anderen Quellen aus viel späterer Zeit. Das offenbart nicht nur, wie sehr man in den Germanen eine Bedrohung sah, sondern auch, wie Furcht erregend diese großen, grimmigen Männer aus dem Norden sogar den Soldaten der besten Armee der Antike erschienen.

Für uns besonders bedauernswert ist der Verlust der *Bella Germaniae* von Plinius dem Älteren, eine Darstellung der römischen Feldzüge gegen die Germanen bis zur Mitte des ersten nachchristlichen Jahrhunderts. Plinius hatte sowohl am Nieder- als auch am Oberrhein gedient, und seine unerschöpfliche Neugier für jeden Bereich ließ ihn ohne Zweifel vieles über das Leben und die Institutionen der Germanen niederschreiben. Möglicherweise wurden einige Aussagen in Tacitus' *Germania*, die sich scheinbar auf seine eigenen Erlebnisse stützten, aus dem Werk von Plinius entnommen, zum Beispiel die Geschichte über den Altar, der von Odysseus am Rhein geweiht wurde, und die Grabhügel mit griechischen Inschriften. Nach Plinius kennen wir bis zum Erscheinen der *Germania* des Tacitus im Jahre 98 kein literarisches Werk, das sich mit den Germanen beschäftigte. Doch in dieser Zeit vermehrte sich das Wissen aus direkten Quellen enorm. Römische Befehlshaber verfassten nach dem Vorbild von Caesars *commentarii* häufig Berichte über ihre Feldzüge. Sie zirkulierten in den literarischen Kreisen Roms, auch wenn sie niemals veröffentlicht wurden. Diplomatische Missionen brachten sicherlich manchen germanischen Stammesführer nach Rom und ohne Zweifel auch römische Abgesandte an Höfe der Barbaren. Am wichtigsten aber waren die Händler, die mit ihnen Handel trieben, gelegentlich sogar in offiziellem Auftrag. Ihre Kenntnisse über die Welt der Barbaren in all ihren Aspekten waren wahrscheinlich umfassender und ausgewogener als die gesammelten Berichte der römischen Befehlshaber (vgl. S. 83). Die Berichte der Händler erregten wegen ihrer Informationen über die Völker aus dem Norden und Osten, mit

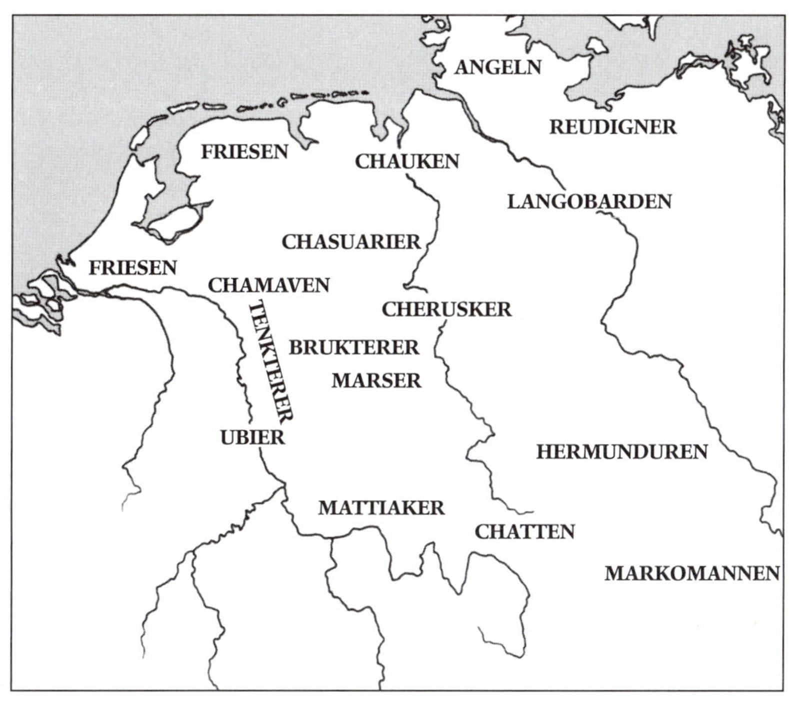

Die westgermanischen Völker ca. 100 n. Chr.

denen auf offizieller Ebene nur sehr geringe Kontakte bestanden, offenbar besonderes Interesse.

Die kurze Monographie von Cornelius Tacitus, die er im Jahre 98 n. Chr. publizierte, kennen wir unter dem Titel *Germania* oder *De origine et situ Germanorum (Über die Herkunft und Lage der Germanen).* Sie ist die bedeutendste aus der Antike erhaltene Abhandlung über ein barbarisches Volk. Die Tradition der Ethnographie war alt und man konnte auf umfangreiches Material aus früheren Quellen zurückgreifen, um es zu imitieren oder direkt zu übernehmen. Das Werk des Poseidonios aus dem frühen ersten Jahrhundert v. Chr. bildete eine späte Blüte dieser Tradition und beeinflusste die Schriftsteller der nächsten zwei Jahrhunderte. Doch dieser Einfluss war nicht so übermächtig, wie einige Wissenschaftler bisher behauptet haben. Obwohl die *Germania* einem genau definierten literarischen Genre zuzuordnen ist, bietet sie eine einzigartig informative Darstellung der Völker Nord- und Westeuropas. Ihr Inhalt reicht von eindeutigen Fakten bis hin zu offensichtlich Fabuliertem. Die antiken Beschreibungen der Barbaren folgen über weite Strecken erzählerischen Konventionen, was sich auch in der *Germania* zeigt. Aber der größte Anteil stammt offensichtlich aus gut unterrichteten schriftlichen Quellen. Der Katalog der germanischen Stämme, der fast die Hälfte der Monographie einnimmt, ist detailliert und ausführlich. Dennoch waren die Quellen, die Tacitus verwendete, keineswegs auf dem neuesten Stand. Höchstwahrscheinlich stammt ein großer Teil

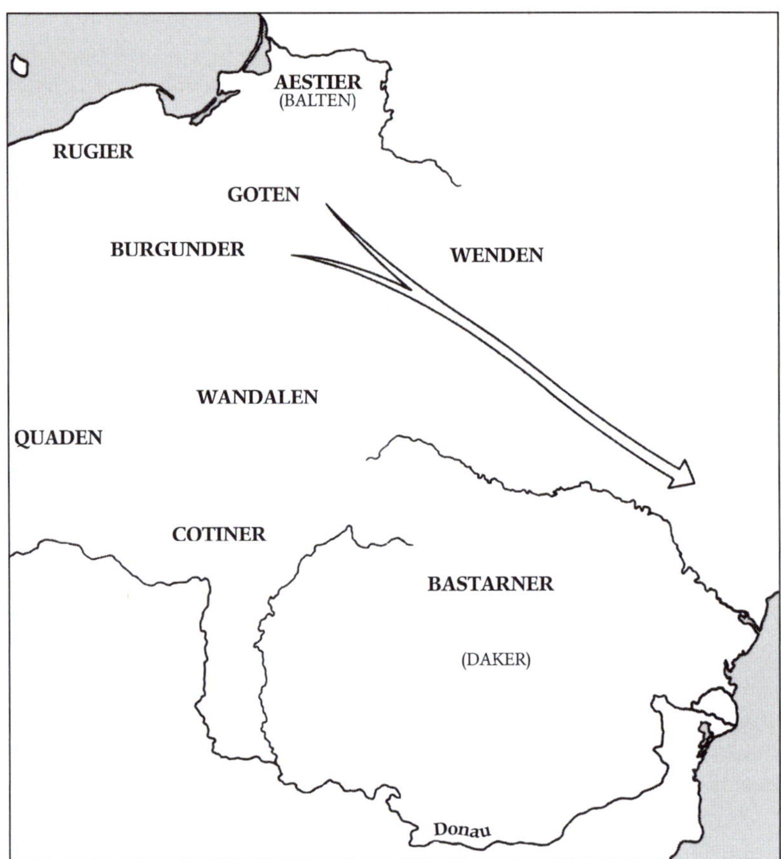

Die ostgermanischen Völker ca. 100 n. Chr.

aus den *Bella Germaniae (Germanischen Kriegen* des Plinius, die ihrerseits Material enthielten, das zuvor von Kaufleuten und anderen Reisenden gesammelt worden war. Beachtlicherweise findet sich in der *Germania* nichts über die Situation der Germanen in den etwa 40 Jahren vor der Veröffentlichung. In einigen Punkten führt dies zu höchst missverständlichen Aussagen, zum Beispiel wenn Tacitus berichtet, Markomannen und Quaden stünden loyal zu den Römern. Tatsächlich aber hatten diese Völker im Jahre 89 n. Chr., also fast zehn Jahre zuvor, dem Imperium die militärische Gefolgschaft verweigert. Deshalb ist die *Germania* mit gebührender Vorsicht zu lesen, auch wenn sie eine wichtige Darstellung der nordeuropäischen Barbarenvölker und einen bedeutenden Schritt für deren Wiederentdeckung darstellt.

Nach der Germania sind die folgenden Quellen, die uns erhalten sind, weder quantitativ noch qualitativ besonders ergiebig. Aus der Mitte des zweiten Jahrhunderts besitzen wir die *Geographia* des Ptolemaios, eines Astronomen und Geografen, der in Alexandria arbeitete. Die *Geographia* greift hauptsächlich auf Quellen des ersten Jahrhunderts zurück und besteht größtenteils aus Listen von Orten, geografischen Merkmalen und Stämmen und gibt die geografische Breite und Länge der Orte an. Der Status der einzelnen Orte, die Ptolemaios beschreibt, ist nicht immer klar. Bei einigen handelte es sich wahrscheinlich um größere Siedlungen, bei anderen vielleicht um Marktzentren oder Flussübergänge. Sich diese zu merken war für die römischen Kaufleute natürlich wichtig. Einige der von ihm genannten Namen sind fehlerhaft oder offensichtlich falsch positioniert, sodass sich mit Hilfe seiner Informationen keine genaue Karte rekonstruieren lässt. Er verzeichnet jedoch 69 Stämme und 95 Orte, von denen allerdings viele in keiner anderen Quelle genannt werden, und er bringt sie mit größeren Flüssen und anderen natürlichen Gegebenheiten in Verbindung. Mag die *Geographia* auch unzulänglich sein, so ist sie für die Jahrhunderte zwischen der *Germania* des Tacitus und der veränderten Welt des vierten Jahrhunderts doch die einzige umfassende Quelle zur Geografie Nordeuropas.

Aus der Spätantike ist keine umfassende Darstellung der germanischen Völker erhalten, falls überhaupt eine verfasst wurde. Ammianus Marcellinus ist unser bester Gewährsmann über die Franken und Alamannen des vierten Jahrhunderts, doch hauptsächlich als Widersacher der Römer[5]. Kein einziger Schriftsteller liefert eine zusammenhängende Darstellung der wandernden Völker, und über einige, auf die wir uns *faute de mieux* verlassen müssen wie Zosimus und Jordanes, ärgern wir uns oft. Es gibt weit lohnendere Quellen zu den späteren germanischen Königreichen, wie Cassiodor für Theoderichs Italien, Hydatius für Spanien, Gregor von Tours für die Franken und Paulus Diaconus für die Langobarden. Doch sogar diese Schriftsteller lassen viele Bereiche unberührt und andere im undurchsichtigen Dunkel, das wir nicht völlig erhellen können.

5 J. Matthews, *The Roman Empire of Ammianus Marcellinus*, S. 306–318

Herkunft

Wer also waren die Germanen? Woher kamen sie und zu welcher Zeit? Zuerst ist anzumerken, dass die Germanen kein kollektives Bewusstsein von sich als einem eigenen Volk, einer eigenen Nation oder einer eigenen Gruppe von Stämmen hatten. Es gibt keinen Hinweis darauf, dass sie sich „Germani" oder ihr Land „Germania" nannten. Diese Namen hatten ihnen Schriftsteller aus dem Mittelmeerraum gegeben und wir können sie mit Gewissheit nicht weiter zurück als bis zur Zeit des Poseidonios nachweisen. Die Bedeutung und Herkunft des Wortes „Germanus" sind unbekannt, aber es ist sicher, dass der Ausdruck im Allgemeinen nicht von Germanen selbst verwendet wurde. Zur Zeit Caesars, also in der Mitte des ersten Jahrhunderts v. Chr., waren „Germanus" und seine Ableitungen feststehende Begriffe und Caesar selbst hielt keine weiteren Erklärungen für nötig. Als Tacitus im späten ersten Jahrhundert n. Chr. Informationen für seine *Germania* sammelte, lautete die gängige Überlieferung, dass der Name ursprünglich von einer Gruppe getragen worden sei, die den Rhein von Osten aus überquert, die Gallier aus einem Gebiet in Ostbelgien vertrieben und sich dort niedergelassen habe und die später als Tungrer bekannt geworden seien. So sei also der ursprüngliche Name eines einzelnen Stammes zu der Bezeichnung geworden, unter der man alle verwandten Völker kannte. Für diese Herkunft des Wortes „Germani“ gibt es keine Beweise, obwohl Tacitus' Erklärung nicht schon an sich unglaubwürdig sein muss: Die römische Bezeichnung für die Griechen, „Graeci“, ist von dem kleinen Stamm der Grai abgeleitet und der Name der Franzosen für die Deutschen, „Allemands“, auch nur von einer einzigen germanischen Gruppe, den Alamannen. Die linguistische Herkunft des Wortes „Germani“ ist ebenfalls unklar. Man weiß nicht einmal, aus welcher Sprache der Name stammt, wobei Keltisch, Germanisch, Latein und Illyrisch alle ihre Befürworter fanden. Das Einzige, was einigermaßen feststeht, ist die Tatsache, dass ein Angehöriger eines germanischen Stammes, wenn er nach seiner Zugehörigkeit gefragt worden wäre, gewiss mit „Langobarde“, „Wandale“, „Friese“ oder „Gote“ geantwortet hätte und nicht mit „Germane“.

Moderne Ansätze zum Problem der germanischen Herkunft sind größtenteils durch eine veränderte politische Einstellung seit Mitte des 19. Jahrhunderts bestimmt worden. Im Zuge des anwachsenden deutschen Nationalismus nach 1848 versuchte man, die Herkunft so weit zurückzuverfolgen, wie man überhaupt menschliche Aktivität nachweisen konnte. Noch vor dem Ende des Jahrhunderts entstand die Idee eines alten und ungebrochenen „Germanentums“. Man verfolgte die Ursprünge des „Volkes“ zurück zu den entferntesten prähistorischen Zeiten und sah den später erfolgten Einfluss von außerhalb als minimal an. Für die Nationalsozialisten war es leicht, diese Sichtweise der deutschen Vergangenheit in ihr politisches Programm zu integrieren. Nach 1945 kam dann die unvermeidliche Gegenreaktion auf solche Übertreibungen: Sowohl die angebliche Eigenständigkeit als auch die alte Abstammung der germanischen Völker wurden kritisch untersucht, zur selben Zeit als man zunehmend auch die Definition ethnischer Gruppen aufgrund archäologischer Hinweise in Frage stellte.

In den frühen sechziger Jahren wurde die germanische Herkunft von Linguisten und Archäologen genau unter die Lupe genommen[6]. Lang gehegte Vorstellungen über die Eigenständigkeit der Germanen wurden ernsthaft angezweifelt. Man stellte auch die Ausbreitung germanischer Völker von einem Kernland im Norden infrage und verband die Entstehung einer germanischen Identität mit der römischen Machtausweitung zum Rhein und zur Donau. Doch die Gegenreaktion auf den extremen Nationalismus war zu weit gegangen: In den achtziger Jahren begann das Pendel zurückzuschwingen und nun lassen sich wie-

6 R. Hachmann u. a., *Völker zwischen Kelten und Germanen*

der Stimmen vernehmen, welche die Herkunft der germanischen Völker bis in eine entfernte, prähistorische Zeit Europas, ins späte Neolithikum, zurückverfolgen[7]. Lothar Kilian plädiert in zwei wichtigen Studien, die teilweise auf Kontinuitätselementen in archäologischen Kulturen, teilweise aber auch auf linguistischen Hinweisen basieren, in diese Richtung. Doch seine Argumentation klingt nicht überzeugend. Es ist durchaus anzunehmen, dass die Vorfahren der Germanen, die in den frühesten historischen Berichten genannt sind, bis zur Mitte des ersten Jahrtausends v. Chr., nämlich bis zur Jastorf-Kultur in der nordgermanischen Ebene zwischen Elbe und Oder sowie zur Harpstedt-Kultur in Nordwestdeutschland und in Holland zurückverfolgt werden können. Philologen ordnen derselben Zeit bestimmte Lautwandel zu, die auf die Entstehung des Proto-Germanischen einwirkten. Doch die Frage, inwieweit man die Vorfahren dieser Kulturen als „germanisch" oder „proto-germanisch" bezeichnen kann, ist viel problematischer. Es ist wahr, dass der Eindruck kultureller Stabilität in Nordgermanien und Südskandinavien vom späten Neolithikum an vorherrscht. Aber inwiefern man dies als Hinweis auf ein ethnisches Kontinuum betrachten kann, ist immer noch unklar. Man hat die Germanen mit Gewissheit erst im frühen ersten Jahrhundert v. Chr. oder möglicherweise schon im späten vierten Jahrhundert v. Chr. von anderen Völkern im Norden Europas abgegrenzt. Die Quellenlage erlaubt nicht, ihre Entstehung als Ethnie mehr als zweitausend Jahre zurückzuverfolgen.

7 L. Kilian, *Zum Ursprung der Indogermanen;* ders., *Zum Ursprung der Germanen*

Sprachen

Die Sprachen, die von den germanischen Völkern gesprochen wurden, gehören zur großen Gruppe des Indoeuropäischen oder Indogermanischen, zu der auch Keltisch, Griechisch, Italisch, Illyrisch, Hethitisch, Thrakisch, Iranisch, Sanskrit, Slawisch und Baltisch zählen. Nicht alle Sprachwissenschaftler oder Archäologen würden heute noch auf einer ursprünglichen indoeuropäischen Sprache bestehen, die von einer bestimmten Bevölkerung in einem genau festlegbaren Gebiet gesprochen wurde. Doch man geht immer noch grundsätzlich davon aus, dass es eine Ursprache gab, von der viele historisch bezeugte Sprachen abstammen. Man ist sich aber auch einig, dass diese ursprüngliche Form der Sprache nicht mehr völlig rekonstruiert werden kann. Die indoeuropäischen Sprachen, die man am genauesten kennt, sind weit von der gemeinsamen Ursprache entfernt und sehr unterschiedlichen Stufen der linguistischen Entwicklung zuzuordnen. Die frühesten schriftlichen Zeugnisse für einzelne Sprachen sind über viele Jahrhunderte verteilt: mykenisches Griechisch ab 1200 v. Chr., Sanskrit ab 1000 v. Chr., Latein ab 300 v. Chr., Germanisch erst seit dem ersten Jahrhunderten nach Christus. Die früheste literarische Tradition einer germanischen Sprache, nämlich des Gotischen, beginnt erst im vierten

Jahrhundert n. Chr., die der anderen germanischen Sprachen wie Altenglisch und Althochdeutsch sogar erst im achten Jahrhundert. Mit solchem Material können wir nicht mehr als ein Grundgerüst der frühen Formen des Germanischen rekonstruieren. Über viele Entwicklungsphasen der unterschiedlichen Zweige lassen sich daher keine sicheren Aussagen treffen.

Obwohl wir nicht im Stande sind, die „Urheimat" der Indoeuropäer genau zu lokalisieren[8], könnte man die weite Fläche Europas von den westlichen Steppen bis zur norddeutschen Tiefebene – eine einigermaßen zusammenhängende naturräumliche Einheit – glaubhaft als ursprüngliche Heimat dieser Bevölkerung bezeichnen. Die Archäologie kann uns hier nicht weiterhelfen, trotz ihrer vielen Versuche, Kulturen als indoeuropäisch zu bestimmen. Was das Proto-Germanische angeht, so lässt sich bestenfalls feststellen, dass es in Nordeuropa zwischen 2500 und 1000 v. Chr. entstand, während sich weiter im Süden das Keltische, Italische, Venetische und Illyrische entwickelte. Wie einheitlich das Proto-Germanische war, ist keineswegs klar, denn man muss die enorme geografische Verbreitung ihrer Sprecher beachten. Das Proto-Germanische ist daher eher als Sprachfamilie denn als eine einheitliche Sprache, die zu einem bestimmten Zeitpunkt existierte, zu sehen.

8 Zu zwei Diskussionsstandpunkten vgl. C. Renfrew, *Archaeology and Language*, London 1987 und J. P. Mallory, *In Search of the Indo-Europeans*, London 1988

Dort, wo einzelne Sprachen genau dokumentiert sind, finden wir unterschiedliche Gruppen des Germanischen: eine nordische Form, einige westliche Dialekte und eine östliche Sprache, deren ursprüngliche Form das Gotische war. Der nördliche Zweig, der vor dem zwölften Jahrhundert nirgendwo genauer verzeichnet ist, entwickelte sich allmählich zu den skandinavischen Sprachen, die sich später aufgrund politischer und kultureller Umstände aufspalteten. Die westlichen Sprachen, die zwischen der Elbe und dem Rhein entstanden, sind auch deshalb besonders interessant, weil darunter das Althochdeutsche fällt, ebenso wie das Friesische, Altsächsische und Altenglische.

Die bekannteste der frühen Sprachen ist Gotisch, die wir aus mehreren literarischen Werken und Fragmenten kennen. Das wichtigste Werk unter ihnen ist die gotische Bibelübersetzung des westgotischen Bischofs Wulfila aus dem vierten Jahrhundert (vgl. S. 112), von der mehrere Manuskripte aus dem sechsten Jahrhundert fragmentarisch erhalten sind. Der prächtige *Codex Argenteus* in Uppsala, geschrieben auf purpurnem Pergament mit silbernen und goldenen Buchstaben, ist das bedeutendste davon. Außerdem sind auch zwei gotische Alphabete und Gruppen gotischer Wörter, die aus einer Übersetzung des Lukasevangeliums stammen, von Nutzen, obwohl sie aus einer viel späteren Zeit stammen, sowie Teile eines westgotischen Kalenders aus dem vierten Jahrhundert, als die Westgoten am Unterlauf der Donau siedelten. Das Gotische überlebte als gesprochene Sprache noch jahrhundertelang auf der Krim, nachdem es sonst überall ausgestorben war; einige Wörter

und Ausdrücke gelangten im 16. Jahrhundert von dort wieder in den germanischen Sprachraum.
Bis zur Völkerwanderung bleiben die Informationen über die germanischen Sprachen spärlich. Die früheste bekannte Inschrift in einer germanischen Sprache befindet sich auf einem Bronzehelm, der zu einer Gruppe von 24 Helmen gehört, die in Negau in Südösterreich gefunden wurden. Die Datierung und Bedeutung dieses Helmdepots wurde oft diskutiert, aber vieles bleibt ungewiss. Die Inschrift lautet von rechts nach links HARIXASTITEIVA/// IP (oder IL) in einem norditalischen Alphabet, das seit dem Beginn der christlichen Ära und wahrscheinlich schon vor dem ersten vorchristlichen Jahrhundert nicht mehr verwendet wurde. Die späteste Datierung, die sich für die Inschrift auf dem Negau-Helm ansetzen lässt, ist wohl das frühe erste Jahrhundert v. Chr., als germanisch sprechende Hilfstruppen vielleicht zum römischen Militärdienst in den norditalischen Gebieten verpflichtet wurden.
Zur Bedeutung der Inschrift wurden viele Interpretationsvorschläge vorgebracht. Der überzeugendste deutet sie als eine Anrufung von Teiva, einem germanischen Kriegsgott, der mit dem Beinamen „Harigasti", Gast des Heeres, versehen ist. Andere haben Harigasti als Eigennamen und die Inschrift insgesamt als eine Art Besitzzeichen gedeutet. Diese Theorie beachtet jedoch nicht, dass diese auffallende Inschrift auf einem Helm dieser Zeit höchst ungewöhnlich ist. Daher scheint eine Anrufung göttlichen Schutzes wahrscheinlicher. Doch unglücklicherweise erhellt die Negau-Inschrift wenig über die germanischen Sprachen im ersten vorchristlichen Jahrhundert und ist hauptsächlich als frühester erhaltener Versuch bemerkenswert, germanische Worte niederzuschreiben.
Inwieweit die germanischen Sprachen untereinander verständlich waren ist fraglich. Innerhalb der drei großen Gruppen gab es wohl keine ernsthaften Verständigungsschwierigkeiten. Aber konnte ein Gote aus der Ukraine einen Friesen aus Nordholland verstehen? Wohl kaum, außer auf einer sehr allgemeinen Grundlage. Die drei großen Sprachgruppen entfernten sich seit der Völkerwanderung noch weiter voneinander. Eine davon, das Ostgermanische, ist heute ausgestorben. Nordgermanisch verbreitete sich stark in den Jahrhunderten der Wikingerherrschaft und schrumpfte dann auf seine skandinavische Basis zusammen. Die Tochtersprachen des Westgermanischen, Englisch, Deutsch und Niederländisch, haben das Germanische in alle Kontinente der Welt verbreitet.

I Germanien

Das Land und seine Bewohner

Das Land

Das Kernland des riesigen, von den germanischen Völkern besiedelten nordeuropäischen Gebiets bestand aus der weiten Fläche des Tieflandes, das sich von den Niederlanden bis nach Westrussland erstreckt. Hier gibt es keine Erhebungen über 300 Meter und der größte Teil des Landes liegt nicht höher als 100 Meter über dem Meeresspiegel, doch bestehen hinsichtlich der Geländeoberfläche und der Bodenbeschaffenheit beträchtliche Unterschiede. Einige Gebiete wie die Lüneburger Heide und die Hügel von Schleswig-Holstein sind in Bezug auf die Geländeoberfläche und die Landschaft sehr verschieden. Bis vor kurzer Zeit gab es viel sumpfigen Boden in den nördlichen Teilen der großen Ebene, die an der Nordseite von einem breiten Gürtel von Küstenmarschland umgeben ist. Mehrere größere Flüsse entwässern die Ebene: Ems, Weser und Elbe fließen in die Nordsee, Oder und Weichsel in die Ostsee. Ihre tiefen Täler boten Land, das zur frühen Besiedlung besonders geeignet war, sowie natürliche Kommunikations- und Handelswege von Süden nach Norden. Die Oberflächenablagerungen im Tiefland wurden hauptsächlich durch aufeinander folgende Eiszeiten verursacht. Wichtig für die Geländeoberfläche sind die Grundmoränen mit ihrem festen Geröllllehm. Er formt sanft gewellte Ebenen oder auch Gebiete aus kleinen, steil abfallenden Hügeln und Senken, in denen sich oft kleine Seen und Sümpfe befinden, wie im Gebiet um Berlin. Andere Kennzeichen der Geländeoberfläche sind Hügel, die von den Endmoränen der Gletscher zurückgelassen wurden, gewundene Seen als Reste des glazialen Schmelzwassers und Einbuchtungen, die durch das hinter einer Moräne vordringende Meer geschaffen wurden. Die darauf folgende Erosion hat die von den Gletschern geschaffene Geländeoberfläche weitgehend verändert. Das Schmelzwasser floss in die großen Täler in Richtung der nördlichen Seen und hinterließ auf weiten Flächen Kies- und Sandmassen, die man gemeinhin *Geest* nennt. Südlich der Gebiete, die von der Gletscherbildung betroffen waren, lagerten sich um die Flüsse riesige Kiesmengen ab, während der Wind den leichten, lehmigen Sand herbeitrug, den man als Löss bezeichnet. Er bedeckte die tiefer liegenden Gebiete Zentraleuropas und bot den frühen Bauern ein fruchtbares, leicht zu bearbeitendes Land. Verwehter Sand fiel auch in die Sohlen größerer Täler, bedeckte weite Flächen von Ostholland und Nordwestdeutschland und schuf einen Boden, der eine frühe Besiedlung sehr begünstigte. Das Küstengebiet von Holland bis Schleswig-Holstein besteht hauptsächlich aus lehmigem Marschland, auf dem die frühen Siedlungen ihre eigenen Ausprägungen annahmen.

Im Süden ist die große Ebene durch die zentraleuropäischen Mittelgebirge begrenzt, die eher Plateaus als genau bestimmte Hügelketten bilden. Die größeren Gebirge, wie zum Beispiel der Harz oder das Erz- und Riesengebirge, erheben sich abrupt aus der hohen Umgebung. Andere, wie die Lysa Gora-Bergkette in Südpolen, steigen sanfter an und zeigen ein gerundetes Profil über dem schlesischen Tiefland. Die Hochländer bestehen keineswegs nur aus unfruchtbarem Gelände. Einige Regionen hatten wenigstens etwas bebaubares Land und überall konnte man Vieh züchten. Die Karpaten im Südosten boten den frühen Siedlern am wenigsten und bildeten so lange Zeit die Grenze für die germanischen Völker.

Nördlich der europäischen Ebene besitzen die westlichen Ostseegebiete viele Gemeinsamkeiten mit Norddeutschland. Ein großer Teil der dänischen Halbinsel ist ein Niederplateau mit Mischböden und einem gleichmäßigen Klima. Zentraljütland eignete sich für die Siedler aufgrund seiner Heide- und Marschlandschaft nicht besonders, das östliche Dänemark und die dänischen Inseln hingegen waren wesentlich zugänglicher. Südschweden bot außerhalb der Region von Skåne mit seinen Geröllehmböden eine zerklüftete Landschaft aus Mulden und steilen Bergschluchten, obwohl das Schichtgestein von Västergötland und Östergötland gutes Ackerland hervorbrachte. Die Ostseeinseln Öland, Gotland und Bornholm waren alle fruchtbar und ernährten in der Antike eine zahlreiche Bevölkerung.

So ist das Bild eines rauen und abschreckenden Landes mit dichten Wäldern und tiefen, tückischen Marschen, das römische und frühmittelalterliche Schriftsteller zeichnen, stark übertrieben, auch wenn ihre Eindrücke nachvollziehbar sind. Der größte Teil Germaniens war fruchtbar genug, um eine ansehnliche Bevölkerung zu ernähren. Große Gebiete, besonders die breiten Flusstäler und die Lössebenen, warfen sogar ausnehmend gute Erträge ab. Es gab ohne Zweifel große Waldgebiete, doch die Rodung war schon vor dem ersten nachchristlichen Jahrhundert weit fortgeschritten und kam auch danach schnell voran. In einigen Gegenden, besonders in Norddeutschland und Dänemark, gab es viel Marschland, das eine natürliche Siedlungsgrenze bildete, die Menschen jedoch nicht davon abschreckte, die dort vorhandenen Ressourcen zu nutzen. Die Haupterzeugnisse des Landes waren Getreide und Vieh. Es gab keine größeren Vorkommen an Edelmetallen und mit Ausnahme von Eisen, das in vielen Gegenden reichlich vorkam, insgesamt wenige Bodenschätze. An weiteren, für den Handel mit der äußeren Welt interessanten Waren gab es nur Bernstein von der Ostseeküste und vielleicht Pelze aus derselben Region. Die menschliche Bevölkerung war die einzige wirklich bedeutende Ressource und ihr schenkte die römische Welt auch zunehmende Beachtung. Der Einsatz von Germanen als Sklaven, Leibwächter und vor allem als Soldaten bildet ein wichtiges Kapitel in der Geschichte der Beziehungen zwischen Nordeuropa und dem römischen Mittelmeerreich mit tief greifenden Auswirkungen auf die spätere europäische Geschichte.

Die östlichen Regionen der germanischen Welt gingen in die Steppen Russlands und der Ukraine über. Die Unterscheidung zwischen sesshaften germanischen Völkern und Nomaden, die über die weiten, flachen Ebenen nördlich des Schwarzen Meeres wanderten, wird auch heute noch von Autoren, die über das vorchristliche Europa schreiben, unterstrichen. Diese Unterscheidung ist jedoch irreführend. Wir kennen Steppenbewohner, die als sesshafte Bauern lebten oder nur Teilnomaden waren. Es gab germanische Völker, die entweder selbst halbnomadisch lebten oder aus wirtschaftlichen Gründen mit Nomaden eng verbunden waren. Zur Bevölkerung der Region zwischen dem Unterlauf der Donau und dem Dnjepr gehörten viele Nomadengruppen, von denen einige südwärts in Richtung Balkan strebten. Die Errichtung einer römischen Donaugrenze schuf also eine Barriere, welche Völkerbewegungen unterband, die schon seit Jahrhunderten stattfanden. Jenseits dieser Grenze dauerte während der römischen Herrschaft die Bewegung in Richtung Westen fort, obwohl wenig darüber berichtet wird. Erst im späten vierten Jahrhundert und durch den Einfall der Hunnen aus dem tiefsten Asien wurde der Mittelmeerwelt dieser fortwährende Prozess gewaltsam bewusst gemacht. Doch dann war das Römische Reich nicht mehr stark genug, um mit den Konsequenzen fertig zu werden.

Die Germanen, die Kelten und die östlichen Völker

Der Einfluss der keltischen Welt auf die materielle Kultur Germaniens zeigt sich in verschiedenen Bereichen. Kleinere Metallarbeiten wie Fibeln und Nadeln sind in ihrer Gestaltung und Verzierung deutlich von den La-Tène-Metallarbeiten beeinflusst, die häufig in Südböhmen und an der mittleren Donau zu finden sind. Die keltischen Handwerkstechniken, besonders in der Metallverarbeitung und Keramik, drangen nach Osten bis in das Gebiet zwischen Oder und Weichsel und nach Südosten bis zum Rand der Ukraine vor. Die spektakulärsten Kontakte mit dem hoch entwickelten keltischen Handwerk zeigen sich jedoch in einer Anzahl berühmter Objekte, die in Nordgermanien, dem heutigen Dänemark, gefunden wurden[1]. Das bekannteste dieser Stücke ist ein Silberkessel, der in einem Torfmoor in Gundestrup in Nordjütland gefunden wurde. Er ist das Werk eines ostkeltischen Meisters, der im späten zweiten oder frühen ersten Jahrhundert v. Chr. an der unteren Donau siedelte. Die Ursprünge und stilistischen Anlehnungen dieses

1 Diese und ihre Bedeutung werden gut dargestellt von O. Klindt-Jensen, *Foreign Influences in Denmark's Early Iron Age*, Kopenhagen 1950, Bd. 1 und von J. Jensen, *The Prehistory of Denmark*, S. 237–240.

außergewöhnlichen Objekts werden immer noch heftig diskutiert, aber Südosteuropa kommt als Ursprungsgebiet am ehesten infrage. Der tatsächliche Verwendungszweck des Gundestrup-Kessels ist unbekannt, auf jeden Fall aber handelte es sich um ein Kultobjekt. Wir erkennen darauf nicht nur ziselierte Köpfe von männlichen und weiblichen Gottheiten sowie eine erstaunliche Galerie göttlicher Totemtiere, die eine mögliche Verbindung zur hellenistischen Welt zeigen, sondern auch Szenen kultischer Bräuche, Opfer und Mythen. Ein silberner Kessel war laut Strabon das heiligste Gefäß der Kimbern, ein angemessenes Geschenk für den römischen Kaiser selbst. Der Schatz der Boier bestand aus Kesseln sowie einer großen Menge Silber. Das Gefäß aus Gundestrup gehört zur gleichen Umgebung und kam vermutlich als Beuteobjekt in den Norden (vielleicht durch den Vorstoß der Kimbern nach Süden?) oder auch durch den Austausch von Geschenken: ein Zeichen für Kontakte auf hoher Ebene zwischen Jütland und der unteren Donauregion.

Hinweise auf direkte Verbindungen zwischen dem Norden und der westlichen keltischen Welt bestehen in Bezug auf die Bestattungsformen. Die Einäscherung zerlegter Wagen mit den Toten in Husby in Schleswig, in Kraghede (Dänemark) und Langå auf Fünen findet enge Parallelen im Rheintal und in Nordgallien. Das Grab von Husby ist am genauesten erfasst[2]. Die verbrannten Überreste des vierrädrigen Wagens wurden gemeinsam mit einem Bronzegefäß, das die Asche des Toten und die Klauen eines um seinen Körper gewickelten Bärenfells enthielt, unter eine Steinkiste geschoben. Der Wagen selbst war von seiner Bauart her in der keltischen Welt weit verbreitet. Die anderen nordischen Gräber dieser Art enthielten auch Einäscherungen, und alle drei stammen wahrscheinlich aus dem späten ersten Jahrhundert v. Chr. Angesichts der römischen Machtausweitung in dieser Zeit gewannen Bündnisse zwischen den nordischen Völkern und Stämmen, die näher am Rhein wohnten, an Bedeutung.

2 K. Raddatz, *Das Wagengrab der jüngeren vorrömischen Eisenzeit von Husby, Kreis Flensburg*, Neumünster 1967

Andere Importe nach Dänemark bezeugen zusätzlich die umfassenden Verbindungen zwischen der keltischen und der nordgermanischen Welt in der späten vorrömischen Eisenzeit. Ein großer Bronzekessel mit einem Fassungsvermögen von 590 Litern wurde in Brå in Jütland gefunden, aber in Zentraleuropa, wahrscheinlich an der mittleren Donau, hergestellt. Zwei elegante vierrädrige Wagen, die vermutlich aus Ostgallien stammten, wurden in einem Brandgrab im Torfmoor bei Dejbjerg in Westjütland gefunden. Es handelte sich um hervorragend konstruierte Gefährte, die wahrscheinlich für Kultprozessionen wie die bei Tacitus beschriebene Prozession für die Fruchtbarkeitsgöttin Nerthus, deren Schrein sich in derselben nördlichen Region befand, gebaut wurden. Die Dejbjerg-Wagen werden auf das erste vorchristliche Jahrhundert oder wenig später datiert. Auch keltische Kriegsausrüstung gelangte in den Norden. Das Depot mit Weihgaben in Hjortspring auf der Ostseeinsel Als enthielt viele rechteckige hölzerne Schilde, Panzerhemden und Eisenlanzen sowie ein großes hölzernes Boot. Das alles wurde zwischen 150 und 80 v. Chr. in einem Torfmoor versenkt[3]. Keltische Waffen, unter anderem das lange Hiebschwert, die *spatha*, finden sich in Germanien in einzelnen Funden neben vielen kleineren Metallarbeiten wie gedrehten Halsringen (Torques), Fibeln und anderen persönlichen Schmuckstücken. Es lässt sich nicht abschätzen, wie regelmäßig diese Kontakte mit der keltischen Welt waren. Die gleich bleibend hohe Qualität der importierten Waren könnte darauf hindeuten, dass viele von ihnen durch den Austausch von Geschenken zwischen Stammesfürsten dorthin gelangten. Doch auch erfolgreiche Feldzüge könnten die Waffen und weitere Ausrüstung, die man beispielsweise in Hjortspring fand, erklären.

3 G. Rosenberg, „Hjortspringfundet" in: *Nordiska Fortidsminder*, 3, 1937

Eines der kontaktreichsten Gebiete zwischen Germanen und Kelten war Böhmen und Mähren. Hier hatten sich mächtige und kulturell hoch stehende keltische Völker seit Mitte des ersten Jahrtausends v. Chr. niedergelassen. Bis 300 v. Chr. hatte sich in diesem Hochland nördlich der Donau ein großes Zentrum barbarischer Macht gebildet. Diese Völker waren aristokratisch und aggressiv, aber künstlerisch auch sehr produktiv. Schon seit etwa 400 v. Chr. waren die Kelten durch die Karpaten nach Süden zur Donau, nach Norditalien und in den nördlichen Balkan vorgedrungen. Im Jahre 279 v. Chr. stieß eine große Keltengruppe durch Thrakien und Makedonien tief nach Griechenland vor. Sie plünderten die Schätze von Delphi und bedrohten die griechischen Städte. Diese Kelten wurden vertrieben, aber die Gruppen, die zum Donaugebiet gezogen waren, errichteten dort stabile Königreiche. Unter ihnen hervorzuheben sind die Skordisker um Singidumun (Belgrad) und andere im unteren Donaugebiet sowie im Tafelland der Dobrudscha. Das Königreich Noricum, das hauptsächlich im heutigen Österreich und Nordostitalien lag, stieg im frühen zweiten Jahrhundert v. Chr. zur Großmacht auf und weckte bald die Aufmerksamkeit römischer Strategen. Inzwischen hatte sich ein anderer großer Stamm, die Boier, im oberen Elbebecken angesiedelt. Die Gegend trug von da an ihren Namen (*Boiohaemum:* Böhmen), auch als sie selbst sich schon aus ihr zurückgezogen hatten. Weiter im Osten zogen die Volker Tektosagen nach Mähren und die Kotiner in die Slowakei. Diese keltischen Siedlungsgebiete wurden für die germanischen Völker besonders wichtig. Die Entwicklung politischer Machtzentren in gewaltigen Festungen, in so genannten *oppida,* in dieser Region führte zur umfassenden Nutzung der natürlichen Ressourcen sowie der Ausbildung geschickter Kunsthandwerker unter der Schirmherrschaft starker und reicher Häuptlinge. Diese Kultur blühte in der Zeit zwischen 150 bis 50 v. Chr. und einige Zentren entwickelten sich zu ausgedehnten städtischen Komplexen. In

Hradiště nahe bei Stradonice arbeiteten im ersten vorchristlichen Jahrhundert Handwerker mit Eisen, Bronze, Glas, Emaille, Gold und Keramik. Mehrere Oppida waren sorgfältig geplante Siedlungen und die Straßen waren wie in Städten der Klassischen Welt geradlinig angelegt; ihre Lage lässt ihre nachhaltige Kontrolle über die natürlichen Ressourcen erkennen. Staré Hradisko liegt zum Beispiel in der Nähe reicher Eisenerzvorkommen. Diese entstehenden Stadtzentren produzierten nicht nur Waren, sondern importierten auch Güter. Bronzewaren, Keramik und Wein wurden aus der Mittelmeerwelt eingeführt, Bernstein und andere Produkte aus Nordeuropa. Diese außergewöhnlich lebendige Kultur kann fast nur durch archäologische Mittel rekonstruiert werden und bestand nicht viel länger als ein Jahrhundert. Ab Mitte des ersten Jahrhunderts v. Chr. war sie, zumindest teilweise aufgrund der germanischen Expansion nach Süden und Osten, schon fast verschwunden. Die Boier und Skordisker waren stark genug, um im späten zweiten Jahrhundert v. Chr. die Kimbern und andere Gruppen aus dem Norden nach Westen zu verdrängen, aber stärkerer germanischer Druck sollte schon bald darauf eine Neuordnung der Völker in Zentraleuropa auslösen. Die Boier wurden von den germanischen Markomannen im ersten Jahrhundert v. Chr. nach Westen zur mittleren Donau gedrängt. Dort wurden sie von den Dakern unterdrückt und erreichten erst dann den Höhepunkt ihrer Macht. Die Helvetier aus den westlichen Alpen mussten im Jahre 58 v. Chr. durch das Vordringen ihrer nördlichen germanischen Nachbarn nach Gallien auswandern. Dies lieferte Caesar einen ausgezeichneten Vorwand, um sich in gallische Angelegenheiten einzumischen. Schon 71 v. Chr. hatten die gallischen Arverner und Sequaner die germanischen Sueben östlich des Rheins herbeigerufen, um ihnen gegen ihre Nachbarn, die Haeduer, beizustehen. Als die Sueben dann einmal in Gallien waren, wollten sie nicht mehr zurückkehren. So machte die germanische Expansion gegen die westlichen Kelten im ersten Jahrhundert v. Chr. bedeutende Fortschritte.

Zu dieser Zeit gingen auch die Macht und der kulturelle Einfluss der östlichen Kelten zurück. Keltische Völker hatten im frühen dritten Jahrhundert die Karpaten überquert und zogen in das Tal des Dnjestr in der Ukraine. La-Tène-Material ist in diesen Gebieten häufig zu finden, besonders am Dnjestr und später entlang des Dnjepr. Es handelt sich hauptsächlich um fein gearbeitete Kriegsausrüstung, besonders Schwerter und Bronzehelme aus Fürstengräbern; aber auch kleinere Objekte wie Fibeln und Nadeln weisen auf den großen Einfluss keltischer Handwerker hin. Im ersten Jahrhundert v. Chr. scheint dieser kulturelle Einfluss stark zurückgegangen zu sein, doch er ging nicht völlig unter. Auch die keltische Identität verschwand im Gemenge der sesshaften und umherziehenden Völker in Südosteuropa in dieser Zeit keineswegs.

Unter den östlichen Völkern waren die Bastarner größer und mächtiger als oft angenommen. Sie werden in Quellen aus dem dritten Jahrhundert v. Chr. bis ins vierte Jahrhundert n. Chr. erwähnt und normalerweise mit dem unteren Donaubecken in Verbindung gebracht. Wahrscheinlich aus dem Weichseltal kommend, gelangten sie offenbar während der unruhigen Zeit des dritten Jahrhunderts v. Chr. dorthin. Es lässt sich aber keineswegs sicher sagen, ob es sich bei ihnen um ein germanisches Volk handelte, was auch immer das in so einer frühen Zeit bedeuten mochte. Ihr großer Wirkungskreis deutet darauf hin, dass sie entweder Nomaden oder Halbnomaden waren. Tacitus berichtet über ihre Mischehen mit sarmatischen Nomaden – für einen römischen Schriftsteller ein sicheres Zeichen ihrer Degeneration. Vielleicht lebten auch germanische Elemente unter ihnen, besonders nachdem sie nach Süden zur Donau gezogen waren. Die archäologischen Untersuchungen in der unteren Donauregion können keine separate Gruppe, die man als Bastarner identifizieren könnte, ausmachen. Diese Tatsache unterstützt auch die Theorie eines Hirten- und Nomadenvolks, das seine materielle Kultur hauptsächlich von anderen Bewohnern dieser Gebiete entlehnte.

Die Völker, die nordöstlich von den Germanen jenseits der Weichsel und in den Ebenen Westrusslands lebten, kannten die Historiker der Antike kaum. Die Menschen, die Plinius, Tacitus und Ptolemaios als „Venedi" (dt. Wenden) bezeichneten, wurden oft als Vorfahren der Slawen oder sogar als frühe Slawen betrachtet, obwohl diese Gleichsetzung nicht völlig überzeugt. Der Name „Venedi" ist selbst nicht slawisch, obwohl spätere Germanen die Form *Wenden* zur Bezeichnung der Slawen verwendeten. Man weiß nicht genau, wer die Wenden waren. Vielleicht handelte es sich um ein indoeuropäisches Volk, das später mit einer der großen germanischen Gruppen Osteuropas, zum Beispiel mit den Wandalen oder Goten, verschmolz. Oder sie bildeten eine der Gruppen, aus denen später die Slawen entstanden. Im vollen Licht der Geschichte erscheinen die Slawen erst im sechsten Jahrhundert als Bewohner von Böhmen und Mähren. Woher sie kamen, wie ihr Volk entstanden war und warum sie nach Westen gezogen waren, wird heftig diskutiert. Schriftliche Zeugnisse sagen kaum etwas darüber aus. Die archäologische Forschung, besonders in Polen, Tschechien und der Slowakei, beginnt zwar ihren Beitrag zu diesem Thema zu leisten, doch es ist immer noch ein weiter Weg, bis sich gesicherte Aussagen treffen lassen[4].

In den östlichen Ostseegebieten zwischen Weichsel und Rigaischem Meerbusen wohnten baltische Völker, eine alteingesessene und aktive kulturelle Gruppe[5]. Die Balten oder zumindest die Menschen, die an der Ostseeküste lebten, waren der klassischen Welt als „Aestier" bekannt. Doch es gab noch mehrere andere Stämme in einem Gebiet im

4 Z. Vana, *The World of the Ancient Slavs*, liefert eine hervorragende Zusammenfassung zum Stand der Forschungsarbeiten bis in die frühen 80er Jahre.

5 M. Gimbutas, *The Balts*

Landesinneren, das sich im Süden bis zur Masurischen Seenplatte und im Osten bis nach Russland erstreckte. Die Balten teilten sich in zwei größere Gruppen, wobei die westliche enge Verbindungen zu den germanischen Stämmen und zu Rom unterhielt. Die materielle Kultur der westlichen Balten zeigt besonders in der Metallverarbeitung den beträchtlichen Einfluss der Przeworsk- und verwandter ostgermanischer Kulturen. Die Balten waren ein sesshaftes Bauernvolk und gut mit eisernen Werkzeugen und Geräten ausgerüstet. In ihren Siedlungen sind auch Kornspeicher nachweisbar. Die größte Aufmerksamkeit hat die Forschung ihren Handelsbeziehungen geschenkt. Sie handelten mit Bernstein von der Samland-Halbinsel, doch wurden wahrscheinlich auch andere Waren vom Ostbaltikum aus exportiert, insbesondere Pelze und Häute. Ab dem sechsten Jahrhundert verbanden sich die Balten eng mit den Slawen, aber sie behielten ihre kulturelle und sprachliche Unabhängigkeit und konnten noch in der Zeit Karls des Großen als Volksgruppe identifiziert werden. Die westlichen Balten waren teilweise Vorfahren der mittelalterlichen Preußen, der Bruzi oder Prusi, bewahrten allerdings ihre Identität durch das Mittelalter bis in die heutige Zeit.

Die Beziehungen der ostgermanischen Völker zu den umherziehenden Bevölkerungen der Steppen und Vorsteppen sind in den literarischen Quellen kaum dokumentiert und die archäologische Forschung hat unser Wissen darüber noch nicht sehr vermehrt. Es lässt sich in der Tat kaum feststellen, wie weit sich die Germanen tatsächlich nach Osten ausgedehnt hatten. Strabon und Tacitus, unsere zuverlässigsten Gewährsmänner aus der Antike, gehen von einer Vermischung der Völker im östlichsten Teil Europas aus. Diese Annahme wird auch durch die archäologischen Funde in dieser Region gestützt. Eine deutliche und klare Trennung zwischen den mehr oder weniger sesshaften germanischen Stämmen und den Nomadenvölkern, die beständig ihren Herden folgten und in Zelten und Wagen wohnten, ist sicher falsch und wird auch von keiner unserer besten Quellen überliefert.

Die weiten Ebenen, die sich vom unteren Donaubecken bis zur Ukraine erstrecken, wurden von vielen Völkern durchwandert, die man oft als Nomaden bezeichnet, obwohl sie vermutlich eine Mischwirtschaft pflegten und ihre Kultur von vielen verschiedenen Traditionen beeinflusst wurde. Für diese Länder lassen sich keine Landkarten rekonstruieren, wie man sie auf der Basis der von Tacitus und Ptolemaios gelieferten Informationen für die westlicheren Gebiete erstellen kann. Hier zogen die Völker meist von Norden nach Süden durch das Land. Die Errichtung einer römischen Donaugrenze bedeutete nur eine relativ kurze Episode in der langen Geschichte der Migration, die bis in die Neuzeit fortdauern sollte.

Diese südöstlichen Gebiete Europas, in denen sich germanische Völker mit Vorfahren der Slawen, Nomaden und anderen kaum identifizierbaren Gruppen vermischten, stellen die Archäologen vor große Probleme. Besonders schwierig ist es, einzelne Völker durch ihre materielle Kultur zu identifizieren. Die dauerhafteste, archäologisch fassbare Kultur ist gemeinhin als Przeworsk-Kultur bekannt[6]. Sie entstand im ersten vorchristlichen Jahrhundert und blühte mehr als fünf Jahrhunderte lang in einem riesigen Gebiet zwischen dem oberen Dnjestr und dem Tal der Theiß (Tisza) in Ungarn sowie in nördlicher Richtung der mittleren Weichsel und Oder. Sie bestand im Wesentlichen aus einem Gemenge mehrerer örtlich begrenzter Kulturen und wurzelte in früheren Traditionen. Diese veränderten sich unterschiedlich durch den Kontakt mit den keltischen Völkern im Donaubecken, den Gruppen der Jastorf-Kultur in den Tälern der Oder und Elbe und der Glockenbecher-Grabkultur in der polnischen Ebene. Die materiellen Hinweise auf die Przeworsk-Kultur wurden hauptsächlich in Gräbern gefunden, wobei Einäscherungen als Bestattungsform überwiegen, gelegentlich aber auch Körperbestattungen vorzufinden sind. Gräber von Kriegern kommen häufig vor und viele von ihnen enthalten Pferdegeschirre und Sporen. Aus der frührömischen Eisenzeit sind mehrere sehr reich ausgestattete Gräber bekannt (Leg Piekarski, Goslawice und Kosin); andere wie Sakrau und Bialecin stammen aus dem dritten und vierten Jahrhundert. Die Keramik- und Metallarbeiten weisen höchst unterschiedliche Formen auf und spiegeln viele Einflüsse wider, aber insgesamt zeigen sich die Verbindungen zur germanischen Kultur im Westen am deutlichsten und stärksten. Die Tatsache, dass verwandtes Material weit im Osten am Dnjestr gefunden wurde, verleitete aber viele osteuropäische Wissenschaftler dazu, hinter der Przeworsk-Kultur frühe Slawen oder Vorfahren der Slawen zu vermuten. Diese Argumentation ist schwach, denn wir können unmöglich glauben, dass hier ein einziges Volk hinter einer einheitlichen Kultur stand, die in einem so riesigen Gebiet verbreitet war, während doch die mannigfaltigen Elemente im Fundmaterial für weit ausgedehnte Kontakte sprechen. Die Wenden mögen hier eine Rolle gespielt haben, aber es gibt auch andere Völker, die wahrscheinlich einen Beitrag geleistet haben: Wandalen, Burgunder und sogar Sarmaten.

Weiter im Osten entwickelte sich in der ukrainischen Steppe ab dem späten ersten Jahrtausend v. Chr. eine weitere Mischkultur, die Zarubincy-Kultur. Auch hier zeigt sich keltischer Einfluss auf die Keramik, Verzierungen und Waffen und möglicherweise auf das Bestattungsritual. Eine direkte Verbindung mit den frühen Slawen ist höchst unwahrscheinlich, da sich die materiellen Zeugnisse im zweiten Jahrhundert n. Chr. deutlich veränderten. Vielleicht ist dies ein Hinweis auf Einwanderer aus dem Osten oder Nordosten. Genauso fragwürdig ist es, diese Kultur als „germanisch" zu bezeichnen. Problematischer ist die große Kulturgruppe im Südosten, die sich von der unteren Donau und

6 K. Godlowski, *The Chronology of the Late Roman and Early Migration Periods in Central Europe*; R. Kenk, „Studien zum Beginn der jüngeren römischen Kaiserzeit in der Przeworsk-Kultur" in: BRGK 58 (1977), S. 161

dem Schwarzen Meer bis zur Dnjepr-Ebene erstreckt, die Tschernjachow-Kultur, die nach dem Gräberfeld in der Nähe von Kiew benannt wurde, das zum ersten Mal im Jahre 1900 untersucht wurde. Die vielen Siedlungen und Gräberfelder in den Flusstälern beweisen die große Bevölkerungszahl dieser Region und die dynamische Kraft ihrer Kultur. Polierte schwarze Keramikgefäße von hoher Qualität, eiserne Werkzeuge von beeindruckendem Standard und feine Verzierungen auf anderen Metallen charakterisieren eine einheitliche Kultur in einem ausgedehnten Gebiet. Sie entstand wohl im zweiten Jahrhundert n. Chr. und ihre Ursprünge wurzeln ziemlich sicher in der halbnomadischen Bevölkerung der Skythen und Sarmaten. Importe aus der römischen Welt, besonders Wein, Keramik und Metallwaren kamen häufig vor. Die technischen Fortschritte, die sich in den Tschernjachow-Funden zeigen, sind vielleicht auf den Einfluss von Handwerkern aus den griechisch-römischen Städten am Schwarzen Meer zurückzuführen. Die Diskussion über die Tschernjachow-Kultur dreht sich aber hauptsächlich um deren Verbindungen zum gotischen Vordringen in dieses Gebiet in der frührömischen Eisenzeit. Einige Fundmerkmale weisen auf Verbindungen zu den Objekten höchstwahrscheinlich gotischer Herkunft hin, die an der Weichsel und in Pommern gefunden wurden. Im späten dritten und vierten Jahrhundert, als die Tschernjachow-Kultur sich bis zur unteren Donau erstreckte, hatte sie mit Sicherheit eine gotische Bevölkerung in sich aufgenommen. Doch es ist ebenso sicher, dass auch andere Völker beteiligt waren, unter anderem die Sarmaten, Daker und vielleicht auch Vorläufer der Slawen. Im späten vierten Jahrhundert war die stabile kulturelle Einheit der Tschernjachow-Kultur durch den gewaltsamen Einfall der Hunnen aus Zentralasien bereits zerbrochen. Einige der Keramiktraditionen überlebten in den Tälern von Dnjestr und Bug, aber wie die Völker, die nun unter hunnischer Herrschaft standen, nur noch als Schatten ihrer selbst.

Die Gesellschaftsstruktur

Die gesellschaftlichen Institutionen

Die soziale Organisation der germanischen Völker ist uns in groben Zügen bekannt, obwohl viele Fragen offen bleiben, denn so vieles wurde nur von klassischen Autoren aufgezeichnet, deren Wissen über die Stammesgesellschaft keineswegs vollständig war. Sie schrieben natürlich zwangsläufig über das, was sie in Erfahrung gebracht hatten, in Worten, welche die Bevölkerung der Mittelmeerwelt auch verstehen konnte. In unseren ersten Quellen tauchen die Germanen als primitive Stammesgesellschaft auf. Die einzelnen Stämme waren wahrscheinlich Organismen, die ursprünglich aus Gruppen entstanden waren, welche erfolgreich um ein Gebiet gekämpft hatten und dann die dortigen natürlichen Ressourcen nutzten, hauptsächlich das Land selbst. Daher bestanden große Unterschiede in ihrer Größe und Bedeutung, von den zahlreichen und weit verbreiteten Sueben und Wandalen bis hin zu den kleinen Völkern der Ampsivarier und Tenkterer. Wie weit man die Geschichte der Stämme, die Caesar und Tacitus erwähnen, zurückverfolgen kann ist unbekannt – in den meisten Fällen vermutlich nicht sehr weit. Im zweiten und ersten Jahrhundert v. Chr. herrschte in Zentral- und Westeuropa große Unruhe und es kam zu beträchtlichen Bevölkerungsverschiebungen. Es ist möglich, dass viele der Stämme, die Tacitus kannte, erst dann zu eigenständigen Einheiten wurden, als diese Bewegungen geendet hatten oder zumindest nachließen. Was einen Stamm neben seiner Herrschaft über ein Gebiet und dessen natürliche Ressourcen zusammenhielt, war unterschiedlich. Straffe politische und militärische Führung konnte eine Rolle spielen wie bei den Markomannen unter Marbod, aber es fehlen Hinweise darauf, dass eine solche zentralistische Macht in den germanischen Stämmen verbreitet gewesen wäre[1]. Zwischen einigen dieser Völker scheint ein Zusammengehörigkeitsgefühl bestanden zu haben, das sich in bestimmten religiösen Kulten äußerte. Solche Bande finden sich überall in Stammesgesellschaften, es gab sie zu vielen Zeiten und in vielen Teilen der Welt. Der bei verschiedenen nordischen Völkern verbreitete Nerthus-Kult könnte als Zeichen einer solchen Verbundenheit betrachtet werden.

1 E. A. Thomson, *The Early Germans*, S. 32-38

Der Stamm bildete keine feste und unauflösliche Einheit[2]. Bei mehreren der bedeutenden Völker der frührömischen Eisenzeit handelte es sich um sehr große Gruppen, die ein ausgedehntes Gebiet bewohnten. Die Stammesgrenzen konnten sich durch Kriege und Migration verändern. Teile des Stammes konnten sich von der ursprünglichen Gruppe

2 R. Wenskus, *Stammesbildung und Verfassung*, ist die modernste Studie über die germanische Stammesstruktur.

durchaus auch lösen, wie es beispielsweise bei den Sueben in der frühen römischen Zeit der Fall war. Es kam auch vor, dass kleinere Völker durch größere absorbiert wurden und dabei ihre Identität verloren – das Los vieler kleinerer Völker nahe des Rheins seit dem zweiten nachchristlichen Jahrhundert. Die größeren Völker, die Tacitus und Ptolemaios erwähnen, bestanden in Wirklichkeit aus Verbänden mehrerer kleinerer Einheiten, die durch keineswegs beständige Bande zusammengehalten wurden. In einem großen Stamm gab es auch Zwietracht und Splittergruppen, die ihn ernsthaft schwächen oder sogar zerstören konnten, wie es wahrscheinlich bei den Cheruskern in der früheren römischen Zeit geschah. Neue Gruppierungen ergaben sich vom frühen dritten Jahrhundert an durch erfolgreiche Kriegsführung oder neue militärische Zielsetzungen. Die Karten, die von heutigen Wissenschaftlern auf der Basis der Informationen von Tacitus und Ptolemaios erstellt werden, zeigen die Stammesgeografie Germaniens im späten ersten Jahrhundert n. Chr. Ein Jahrhundert später hatte sich die Karte bereits tiefgreifend verändert und noch einige Jahrzehnte danach war sie größtenteils völlig neu geordnet.

Die literarischen Quellen sprechen von Stammesversammlungen, welche die Angelegenheiten der Völker lenkten. Von dieser Form der Organisation wird bis ins frühe Mittelalter berichtet. Die Versammlung freier Männer handelte normalerweise nicht initiativ, sondern beratschlagte über Pläne und Vorschläge, die ihnen der König oder andere Anführer vortrugen. Sie nahm die Anfragen entweder an oder lehnte sie ohne große Diskussion ab: Dies zumindest ist der Eindruck, den uns die wenigen Berichte über Stammesversammlungen vermitteln. In der Praxis kann die Versammlung wohl kaum ein wirksames Regierungsmittel gewesen sein. Sie hatte wenn überhaupt nur sehr eingeschränkt die Möglichkeit, unabhängig von starken Stammesführern Politik zu gestalten. Die Versammlung eines großen Stammes wie der Langobarden oder Wandalen muss schwer zu organisieren gewesen sein, außer zu festen Zeiten oder wenn die Krieger schon zum Krieg zusammengerufen waren. Daher sollten wir eher davon ausgehen, dass sich die Versammlungen auf wenige Treffen im Jahr beschränkten und möglicherweise in Verbindung mit religiösen Festen stattfanden. Im Jahre 180 n. Chr. befahl Kaiser Commodus den Markomannen, sich nicht häufiger als einmal im Monat zu treffen, aber dies galt in einer schwierigen Kriegszeit für den Stamm, als die kämpfenden Männer ohnehin versammelt waren. Die jährlichen Treffen der Sachsen an der Weser, von denen im achten Jahrhundert berichtet wird, bildeten wahrscheinlich eher die Norm. Die wachsende Macht der militärischen Anführer hat die Macht der Stammesversammlung, so groß sie in früherer Zeit auch gewesen sein mochte, sicherlich stark beschnitten. Wenn Marbod, Arminius oder Civilis ein Ziel verfolgten, hielten sie zuvor vermutlich

Rat mit ihren besten Kriegern. Die Stammesversammlung wurde selten beteiligt und wenn, dann nur formal.

Eine weit größere Macht in der Gesellschaft kam dem Gefolge der Stammeshäuptlinge oder Kriegsführer zu, das die römischen Autoren als *comitatus* bezeichnen. In Tacitus' Beschreibung der germanischen Gesellschaft wird das Gefolge genau definiert; es war den Zuhörern des *Beowulf*-Epos im achten Jahrhundert noch immer ein Begriff. Das Gefolge eines Häuptlings bestand aus den besten Kriegern; das Band zwischen ihnen war durch Loyalität gekennzeichnet. Sie bestand darin, dass der Krieger auf dem Schlachtfeld kämpfte und für seine erfolgreichen Taten mit Geschenken belohnt wurde. Eine solche Institution ist in kriegerischen Stammesgesellschaften weit verbreitet. Sie diente in diesen Gesellschaften als ein bemerkenswert stabilisierender Faktor, aber sie überschritt trotzdem die Grenzen des Stammes und der Familie. Das Gefolge eines erfolgreichen Anführers konnte sich aus mehreren Stämmen rekrutieren; seine militärischen Ziele deckten sich immer mit denen seines Anführers, aber nicht zwangsläufig auch mit denen des Stammes. Der Anreiz für ehrgeizige junge Krieger war offensichtlich und stark. Sie fanden den Bezugspunkt für ihre Loyalität, den die meisten jungen Männer suchen, und ein Ventil für ihre kriegerische Energie, die ihre einzige Hoffnung auf materiellen Gewinn bedeutete. Auf die Stammesorganisation wirkte sich das Gefolge natürlich zerstörerisch aus, denn die jungen Krieger verschrieben sich den Zielen eines Anführers und nicht dem Wohlergehen des Stammes. Wenn ihr Häuptling an Ehre gewann, vergrößerte sich das Gefolge. Wenn er scheiterte, verließen ihn seine Anhänger und schlossen sich einem Krieger an, der mehr Erfolg zu versprechen schien. Ein glückreiches Gefolge konnte sich völlig von seinem ursprünglichen Stamm lösen und eine neue Gruppe bilden. Möglicherweise liegt hier der Ursprung der Bataver, die sich von den Chatten lösten und zum Niederrhein wanderten. Später entwickelten sich im dritten Jahrhundert Verbände, die auf mächtige Gefolgschaften zurückzuführen waren und in den Feldzügen gegen die römischen Grenzprovinzen zu militärischem Ruhm gelangten.

Die Bedeutung des einzelnen Haushaltes in der germanischen Gesellschaft wird nicht nur in schriftlichen Quellen deutlich, sondern auch durch die Siedlungsarchäologie. Das Zentrum der Kernfamilie bildete wahrscheinlich das Langhaus. Die Gesellschaft war klar patriarchalisch strukturiert. Der Vater in einem Hausstand besaß die Gewalt über alle Mitglieder einschließlich der Sklaven. Einige unserer Quellen erwähnen die Polygamie; hier handelte es sich um eine Form von Polygamie, bei welcher diejenigen, die es sich leisten konnten, mit mehr als einer Ehefrau zusammenleben durften. Sklaverei kam eher selten vor. Die meisten Sklaven waren Kriegsgefangene und gehörten normalerweise zu einem bestimmten Haushalt. Sie hatten dem Herrn gewisse Güter und

Dienste zu erbringen und wurden auch als Feldarbeiter eingesetzt oder an Sklavenhändler in die römischen Provinzen verkauft. Innerhalb einer Familie war der Einzelne eng an die Familie der Mutter und des Vaters gebunden. Daher erlaubte das Erbschaftssystem in Fällen, in denen es keine Kinder gab, die Vererbung auf Brüder, dann auf die Onkel väterlicherseits und schließlich auf die Onkel mütterlicherseits. Die Verbindung zwischen einem Mann und seinen Onkeln mütterlicherseits war in anderen primitiven Gesellschaften von großer Bedeutung, davon finden sich auch Spuren im späteren Europa. Während die Familie ein zentrales Kennzeichen der germanischen Gesellschaft war, hatte die Sippe oder der Clan in der Zeit, als die nordischen Völker in die Geschichte eintraten, relativ wenig Bedeutung. Die vermeintliche Wichtigkeit des Clans in der Gesellschaft wurde oft hervorgehoben, ohne dass dafür begründete Beweise vorlagen[3]. Außerhalb der Kernfamilie bestand die Teilnahme an Fehden, in die Verwandte verwickelt waren, als oberste Pflicht für die Mitglieder einer Sippe. Diese Verwandtschaft konnte sich auf zwanzig bis fünfzig Haushalte erstrecken.

3 A. C. Murray, *Germanic Kinship Structure*, Toronto 1983

Die Fehde als soziales Regulativ besaß in dieser und in anderen primitiven Gesellschaften große Bedeutung. Sie allein lieferte in einer Gesellschaftsordnung, die persönliche Tapferkeit über alles würdigte, das anerkannte Mittel, um erlittenes Unrecht wieder gutzumachen. Sie entschärfte Zwistigkeiten, die sonst unter der Oberfläche weiterbestehen und Gemeinschaften allmählich hätten zerstören können. Der Fehde kam eine so große Bedeutung zu, dass sie die Grenzen der Sippe vermutlich mehr als alle anderen Merkmale definiert hat. Sie legte die Regeln fest, mit denen die Menschen ihre Konflikte lösten, doch sie unterstützte nicht die Einheit des Stammes. Wie das Gefolge spaltete die Fehde den germanischen Stamm, sie war immer präsent und in ihren Folgen unkalkulierbar.

Die Ursprünge und das Wesen des germanischen Königtums liegen im Dunkeln[4]. Die frühesten Quellen von Poseidonios bis Caesar berichten über dieses Thema wenig. Die *Germania* des Tacitus dagegen informiert in einer Form darüber, die dem römischen Publikum des späten ersten Jahrhunderts n. Chr. verständlich sein sollte, aber nicht unbedingt sämtliche Nuancen dieser komplexen Institution darstellt. Die Könige, von denen Tacitus und seine Informanten erfahren hatten, herrschten über Völker, die nahe an römischen Grenzen siedelten und mit Rom in feindlichem oder diplomatischem Kontakt gestanden hatten. Über die entfernten germanischen Völker konnte sogar Tacitus wenig sagen. Er wusste allerdings, dass die Stammesgesellschaft der frühen Germanen nicht von Königen beherrscht wurde. Die Germanen wählten ihre Könige aus den Reihen der Adligen, ihre Kriegsführer *(duces)* unter denjenigen, die ihre kriegerische Tapferkeit bewiesen hatten. Dies bedeutete nicht, dass ein König nicht auch Kriegsführer sein konnte, sondern

4 J. M. Wallace-Hadrill, *Early Germanic Kingship in England and on the Continent*, Oxford 1971, S. 1–20

nur, dass sich die Position eines Königs von der eines Kriegsführers unterschied. Der *dux* verdankte seine Position seinen Führungsqualitäten als Kriegsherr und konnte sie nur durch Erfolge behalten. Tacitus bemerkt (*Germania* 14): „Es ist unmöglich, eine große Anhängerschaft an Kriegern zu halten außer durch Gewalt und Krieg." Die Autorität eines Anführers währte nur so lange wie sein Erfolg im Krieg. Blieb er ihm versagt, konnte ihn auch seine Familie nicht retten. Die Krieger, die noch Jahrhunderte nach der Entstehung der *Germania* Hrothgars und Beowulfs Taten lauschten, akzeptierten das als unabänderliche Tatsache. Aus diesem Grund hören wir am meisten von den großen Kriegsherren unter den germanischen Anführern. Die meisten Germanenkönige sind gekommen und gegangen, ohne erwähnt zu werden, oder wir kennen sie nur dem Namen nach.

Die größten germanischen Kriegsführer, deren Taten uns überliefert sind, sind natürlich diejenigen, welche sich der Ausbreitung der römischen Macht nach Nordeuropa entgegenstellten. Die Mehrheit dieser Anführer befehligte im Kriegsfall mehr als ein Volk, ein Umstand, der die Römer so beeindruckte, dass sie diese Anführer als *reges* (Könige) bezeichneten, unabhängig davon wie sie an die Macht gekommen waren. Hinter Ariovist, Caesars Gegner in Ostgallien, stand eine große Anhängerschaft aus mehreren germanischen Völkern und er genoss bei den Völkern westlich des Rheins einen hervorragenden militärischen Ruf. Seine Herkunft ist unbekannt, daher wissen wir nicht, ob er aus einer *stirps regia* stammte. Dennoch war er in den Augen der Römer der König der Germanen und erhielt diesen offiziellen Titel vom Senat. Marbod, ein weiterer Germanenführer, der seine Anhänger aus vielen Völkern zusammenzog, wurde von Rom ebenfalls als *rex* bezeichnet und von seinem Volk geschmäht, weil er es zur Verwendung dieses Titels aufrief. Obwohl sich seine große Anhängerschaft nach seinem Untergang rasch auflöste, blieb nach seiner Herrschaft eine *stirps regia* bestehen, denn wir hören später von markomannischen Königen von königlichem Geblüt. Arminius, der Sieger über Marbod, vermied es sorgfältig, die Bezeichnung *rex* für sich selbst zu verwenden, weil er nicht erneut den Zorn erregen wollte, der Marbod zu Fall gebracht hatte[5]. Doch selbst wenn Arminius dieses Wort nicht benutzen wollte, so verwendeten es jedenfalls die Römer: Schließlich besaß er die Macht eines Königs und musste deshalb auch *rex* genannt werden.

5 D. Timpe, *Arminius-Studien*

Diese Männer waren die Giganten unter den germanischen Anführern. Normalerweise stand weder dem *rex* noch dem *dux* die zwingende Macht über ihr Gefolge oder ihren Stamm zu. Dennoch unterwarf Marbod sein Volk eine Zeit lang einer Tyrannenherrschaft und Arminius versuchte dasselbe. Von einem missgünstigen Zeugen erfahren wir, dass Ariovist sich in Gallien wie ein Autokrat aufführte und über ein großes Gefolge östlich des Rheins eine Zwangsherrschaft ausübte. Wäre er nicht auf einen Befehlshaber mit Caesars Fähigkeiten und Ehrgeiz getroffen, hätte er vielleicht ein beständiges Machtzentrum auf beiden Seiten des Oberrheins errichtet. Die Schwächung des alten Stammessystems und die militärische Machtkonzentration auf einzelne Anführer fiel nicht zufällig mit dem Beginn des römischen Einflusses auf die germanische Gesellschaft zusammen. Diesen Einfluss spürten besonders die Völker, die im direkten militärischen oder diplomatischen Kontakt mit Rom standen. Es ist auch kein Zufall, dass die Germanen, die in ihrem Volk nach der absoluten Macht strebten und sie auch erlangten, in der römischen Armee gedient hatten. Sie hatten im Römischen Reich eine Befehlsgewalt im Krieg kennen gelernt, die sich völlig von derjenigen unterschied, die bei den germanischen Kriegern vorherrschte. Marbod und Arminius hatten die Kriegskunst im Dienste Roms erlernt und sie hatten ihre Lektionen gründlich gelernt. Beide wussten, dass es unter den Bedingungen der ständigen Stammeskriege nicht möglich war, die römischen Truppen anzugreifen. Um überhaupt eine Chance gegen Rom zu haben, musste eine germanische Armee streng diszipliniert und straff geführt werden. Man musste sie auch zeitlich länger zusammenhalten, als barbarische Truppen jemals zuvor vereint worden waren. Marbod legte besonders großen Wert auf Taktik, Training und Ausrüstung. Die kurzfristigen Leistungen von Arminius und Marbod waren beeindruckend. Wenige Barbaren konnten einen Sieg wie Arminius' Triumph über die Römer östlich des Rheins für sich verzeichnen. Doch den autokratischen Führungsstil, den sie annehmen mussten, konnte man in einer Gesellschaft adliger Krieger, die ihren eigenen Ehrgeiz befriedigen wollten, nicht lange beibehalten. Letztendlich kamen beide Männer durch Verrat zu Fall, ausgelöst durch den Neid ihrer eigenen Anhänger.

Hinweise auf eine hoch stehende soziale Gruppe zeigen sich bei den archäologischen Funden der frührömischen Eisenzeit. In der norddgermanischen Ebene zwischen Weser und Weichsel bis zu den westlichen Ostseeinseln liegt eine Reihe reich ausgestatteter Gräber, die aus der Zeit zwischen dem späten ersten Jahrhundert v. Chr. und der Mitte des zweiten Jahrhunderts n. Chr. stammen. Diese Gräber unterscheiden sich von den zahlreichen anderen Gräbern dieser Zeit auf vielfache Weise. Es handelt sich hauptsächlich um Körperbestattungen, obwohl die vorherrschende Bestattungsmethode zu dieser Zeit die Einäscherung war. Die Gräber liegen in kleinen Gruppen entfernt von den großen Gräberfeldern, teilweise unter Erdhügeln. Ihre Ausstattung ist wesentlich kunstvoller und umfassender als die der Masse der Gräber. Auch römische Importwaren aus Silber, Bronze und Glas sind reichlich vorhanden. Vor allem unter den silbernen Gefäßen fanden sich einige besonders wertvolle Stücke, wie die zwei verzierten Becher aus dem Grab von Hoby. Diese Gräber, die man oft als die Lübsow-Gräber nach

einer Gruppe bezeichnet, die in Polen gefunden wurde (heute Lubieszewo), gehörten bedeutenden Personen der germanischen Gesellschaft: Wenn es sich nicht um Stammesführer handelte, dann zumindest um ihre wichtigsten Anhänger. Die Tatsache, dass man in den Gräbern feine römische Silberwaren entdeckte, könnte auch dafür sprechen, dass diese Männer (denn es sind hauptsächlich Gräber von Männern) Anlaufpunkte römischer Diplomatie oder zumindest freundlicher Annäherungsversuche waren. In ihrem eigenen Stamm fand ihr hoher gesellschaftlicher Status, der ihnen durch die benachbarte Großmacht verliehen wurde, deshalb Anerkennung.
Soziale Unterschiede zeigen sich auch in bestimmten Siedlungen der römischen Eisenzeit, am deutlichsten in Feddersen Wierde (vgl. S. 63), wo man auf dem Grabungsplan den Wohnsitz einer hoch gestellten Familie oder eines Häuptlings erkennen kann. Große, einzeln stehende Häuser wie in Fochteloo und Peelo in Holland weisen ebenfalls auf die Anwesenheit bedeutender Familien hin, die es vorzogen, in einiger Entfernung von ihren Abhängigen und Gefolgsleuten zu wohnen.

Bewaffnung und Kriegsführung

Die germanische Gesellschaft war eine Kriegergesellschaft, die über die notwendige Ausrüstung verfügte, um innerhalb der Stämme, zwischen verschiedenen Völkern und gegen auswärtige Feinde Krieg zu führen. In welcher Form dies geschah, bestimmte hauptsächlich die Struktur der germanischen Gesellschaft selbst.
Die germanischen Scharen, die im späten zweiten Jahrhundert v. Chr. nach Südeuropa strömten, waren größtenteils Fußsoldaten. Ein Jahrhundert später kämpften die Krieger in Marbods und Arminius' Armeen auch meistens zu Fuß. Die Wandervölker, die in die römischen Provinzen vordrangen, waren zum allergrößten Teil auf ihre Infanterie angewiesen, die meist aus massierten Schlachtreihen bestand. Berittene Truppen wurden bei den meisten germanischen Völkern nur selten eingesetzt. Eine Ausnahme bildeten bestimmte Stämme nahe des Rheins wie die Tenkterer und einige Ostvölker, die zu den geübten Reitern der Steppen in Verbindung standen. Caesar setzte germanische Reiter in seinen Heeren in Gallien ein, obwohl er sie gelegentlich mit römischen Pferden versorgen musste, da ihre eigenen zu klein waren. Durch den Mangel an genügend großen und schnellen Pferden in Nordeuropa konnte sich die Kavallerie nur sehr begrenzt entwickeln. Der zweirädrige Streitwagen, den die westkeltischen Völker sehr häufig einsetzten, wurde von den Germanen nicht übernommen. Doch es gab noch einen weiteren Grund, der den Einsatz berittener Krieger verhinderte: die Kosten, welche die Haltung eines Pferdes verursachte. Aber über all diesen Überlegungen steht die Tatsache, dass die Germanen aufgrund ihrer Größe, ihrer körperlichen Stärke und ihrer kriegerischen

Energie am wirkungsvollsten in der Infanterie eingesetzt werden konnten. Lange nachdem sich germanische Völker in der römischen Welt angesiedelt hatten, lag ihre militärische Stärke noch immer in ihrer Infanterie. Die berittenen Krieger, auf die man in historischen und archäologischen Belegen stößt, sind vor allem Häuptlinge und ihr engeres Gefolge. Eine Reihe reich ausgestatteter Gräber, die man in Dänemark, Norddeutschland und Polen gefunden hat, enthalten Sporen und anderes Reitgeschirr und unterstützen damit diese Feststellung. Die hohe Qualität der Ausrüstung, besonders der mit Silber eingelegten Sporen, verweist auf den gehobenen Gesellschaftsstatus dieser Krieger.

Die Ausrüstung der massierten Infanterie veränderte sich während der frührömischen Zeit nur relativ wenig. Tacitus' Angaben über die germanischen Waffen zu dieser Zeit werden durch die archäologischen Zeugnisse voll bestätigt[7]:

7 Germania, 6 [Übersetzung von A. Mauersberger

„Nur wenige haben Schwerter oder Speereisen von größerer Länge und Breite; sie tragen Stoßlanzen oder – nach ihrer eigenen Bezeichnung – ‚Framen' mit einer schmalen und kurzen, aber so scharfen und praktisch gut verwendbaren Eisenspitze, dass sie, je nach den Erfordernissen der Kampflage, mit derselben Waffe aus geringerer oder größerer Entfernung kämpfen können. Der Reiter begnügt sich mit Schild und Frame; die Fußkämpfer schleudern auch kleinere Wurfspieße – jeder mehrere – und sie schnellen ungeheuer weit."

Funde germanischer Waffen in Gräbern und Lagern mit Weihgaben, sowie gemeißelte Kampfszenen mit Germanen auf römischen Reliefs zeigen das gleiche Bild. Die barbarischen Heere, die im ersten und zweiten Jahrhundert ins Feld gegen die römischen Armeen zogen, waren größtenteils mit Wurfspießen, Lanzen und Schilden und nur weitaus seltener mit Schwertern ausgerüstet[8].

8 K. Raddatz, „Die germanische Bewaffnung der vorrömischen Eisenzeit" in: *Nachrichten Akademie der Wissenschaften Göttingen, Phil.-Hist. Klasse* (1966), S. 427

Schwerter nehmen in den Funden vor dem dritten Jahrhundert n. Chr. keinen breiten Raum ein. Sie waren für ihre Besitzer so wertvoll, dass sie wahrscheinlich viel seltener bei Bestattungen oder als Weihgaben verwendet wurden als andere Waffen. Der gemeine Soldat besaß wahrscheinlich kein Schwert. Sogar in der späteren römischen Zeit treffen wir viel häufiger auf Speerwerfer als auf Schwertkämpfer. Die einzige Defensivwaffe für die große Mehrheit der Krieger stellte im Grunde der lange und ovale Schild dar. Seine Vorformen waren meist rechteckig, später wurde er kleiner und kreisförmig. Der Schildbuckel war häufig, wenn auch nicht immer, aus Eisen und ragte häufig genug hervor, um den Schild auch als Offensivwaffe gebrauchen und in das Gesicht eines Gegners stoßen zu können. Sowohl von geflochtenen als auch von hölzernen Schilden wird berichtet. Letztere wurden teilweise auch mit Leder bezogen und mit Bronzestreifen an den Ecken beschlagen.

Eine Rüstung kannten die germanischen Völker in den frühen Auseinandersetzungen mit den Römern im Grunde nicht und das sollte auch

Hölzerner Schild aus dem Thorsberger Weihefund

noch jahrhundertelang so bleiben. Das Weihgabendepot in Hjortspring auf der Insel Als in der westlichen Ostsee enthielt etwa zwanzig Kettenpanzertuniken, aber diese waren im frühen ersten Jahrhundert v. Chr. offensichtlich aus der keltischen Welt Zentral- und Westeuropas importiert worden. Die meisten einfachen Krieger trugen auf dem Schlachtfeld ihre Alltagskleidung. Einige kämpften völlig nackt und vertrauten auf göttlichen Schutz. Mehrere Jahrhunderte lang kämpften die germanischen Krieger gegen gut gepanzerte römische Armeen, ohne selbst eine Rüstung zu tragen. Römische Steinreliefs und Figuren zeigen germanische Gegner ausnahmslos entweder nackt kämpfend oder nur mit Kniehosen und Umhang bekleidet. Oberkörper und Kopf waren normalerweise ungeschützt, sodass die Zahl der Verluste in sorgfältig geplanten Kämpfen mit voll geschützten Legionären, die mit einer Reihe von Stoß- und Wurfwaffen ausgerüstet waren, wohl oft erschreckend groß gewesen sein muss. Und doch hat man diesen elementaren Mangel nicht behoben, selbst lange nachdem sich die Germanen in den römischen Provinzen angesiedelt hatten.

Diese Schwerfälligkeit, sich an veränderte militärische Voraussetzungen anzupassen, ist kennzeichnend für die germanische Kriegsführung. Einflüsse von außen wirkten sich jedoch auf die Schwerter aus, die in der germanischen Welt verwendet wurden. Vor dem ersten Jahrhundert n. Chr. kämpften die Germanen mit kurzen einschneidigen Schwertern, die sich aber nur für den Nahkampf, besonders den Einzelkampf, eigneten. Längere zweischneidige Schwerter nach dem Vorbild der kelti-

Germanische Gefangene auf einem römischen Sockel einer Statue aus Mainz, vermutlich erstes Jahrhundert n. Chr.

schen *spatha* wurden aus Zentraleuropa eingeführt. Sie eröffneten vielfältigere Möglichkeiten zum Kampf. Kampfmesser mit kurzer Klinge wurden ebenfalls häufig benutzt. All dies zeigt deutlich, wie häufig direkt Mann gegen Mann gekämpft wurde. Der römische Einfluss auf die in Nordeuropa verwendeten Schwerter begann sich ab dem frühen zweiten Jahrhundert n. Chr. auszuwirken, wenn nicht schon früher. In Südskandinavien beispielsweise produzierte zu dieser Zeit eine Werkstatt Nachahmungen des *gladius* der Legionäre. Im Elbebecken war zu ungefähr der gleichen Zeit ein leichtes Hiebschwert nach dem Vorbild römischer Modelle gebräuchlich. Zur selben Zeit tauchten im Elbtal und in Jütland römische, so genannte Ringknaufschwerter auf. Einige waren wohl mit weiteren Beutestücken dorthin gelangt, andere vielleicht durch Schwarzhandel. Obwohl diese Importe den germanischen Schmieden Modelle zur Nachahmung lieferten, kennen wir wenig Hinweise auf die häufige Imitation römischer Schwerter zu dieser Zeit, noch darauf, dass Schwerter in der germanischen Bewaffnung eine größere Rolle zu spielen begannen. Die Krieger, die solche Waffen besaßen, waren anscheinend immer noch die *nobiles* und ihr Gefolge.

Durch die langen Kriege mit den römischen Armeen im späten zweiten Jahrhundert modifizierte man die Bewaffnung und die Kampfmethoden, doch die Art und Weise, wie die Germanen Krieg führten, änderte sich nicht von Grund auf[9].

Helme und Rüstungen kamen während der Völkerwanderung selten vor. Nur Häuptlinge und ihre besten Krieger konnten sie erwerben. Die Franken beispielsweise kämpften gegen den byzantinischen Befehlshaber Narses im sechsten Jahrhundert in Italien ohne Körperschutz. Die gemeinen Krieger waren bis zur Taille nackt. Ihr Unterkörper war mit Leder- oder Leinenhosen bekleidet und ihre Beine mit Wickelgamaschen aus Leder oder Stoff umwunden. Rüstungen jeglicher Art tauchen auch in den Gräbern des Hochadels nur sehr selten auf. Die fränkischen Gesetze legten den Wert eines Panzerhemdes auf zwei Pferde oder sechs Ochsen fest, den eines Helmes als gleichwertig mit einem Pferd. Die kostbarsten Kriegergräber aus dem sechsten und siebten Jahrhundert enthalten zwar Helme, doch nur selten ein Panzerhemd oder irgendeine andere Rüstung. Ab dem fünften Jahrhundert war der so genannte *Spangenhelm* unter den Kriegern der führenden Klasse verbreitet. Er stammte ursprünglich aus Westasien und gelangte wahrscheinlich durch die Kriege zwischen Römern und persischen Truppen in der Spätantike in den Mittelmeerraum. Dieser Typus des Helms wurde von byzantinischen Werkstätten kopiert und später von Handwerkern produziert, die für hoch gestellte ostgotische Kunden in Norditalien arbeiteten. Der Spangenhelm war kegelförmig. Die Kappe bestand aus mehreren Eisen- oder Bronzeplatten, die an einem eisernen Gestell befestigt waren, das wiederum an ein Stirnband genietet wurde. Oft waren sie mit herunterklappbarem Wangenschutz und einem Nasenschutz versehen. Bei kostbareren Stücken findet man auch Vergoldungen und wertvolle Intarsien. Solche Helme wurden zwar oft in der Schlacht getragen, wie sich an den Schrammen unschwer erkennen lässt, doch handelte es sich offensichtlich auch um hoch geschätzte Besitzstücke, die deshalb von Generation zu Generation weitervererbt wurden. Einige, die man in Gräbern gefunden hat, waren schon recht alt, als man sie schließlich der Erde überließ.

Angesichts der germanischen Ausrüstung und der Organisation des Krieges überrascht es nicht, dass Belagerungen in der Kriegsführung zwischen Römern und Germanen lange Zeit keine große Rolle spielten. Die Invasoren des Römischen Reichs im dritten und vierten Jahrhun-

9 K. Raddatz, „Die Bewaffnung der Germanen in der jüngeren römischen Kaiserzeit" in: *Nachrichten Akademie der Wissenschaften Göttingen, Phil.-Hist. Klasse* (1967), S. 1

dert hatten im Grunde kein großes Interesse an der Belagerung von befestigten Städten. Wir hören nur selten von organisierten Versuchen, einen gut verteidigten Ring von Schutzmauern mit Hilfe von Belagerungsmaschinen zu durchbrechen. Doch wenn davon berichtet wird, waren die germanischen Erfolge meist begrenzt und gingen häufig auf die Unfähigkeit oder den Verrat der Verteidiger zurück. Die Konstruktion und Verwendung von Belagerungsmaschinen durch die Goten in Thessalonike im Jahre 269 und in Side zur ungefähr gleichen Zeit blieben hauptsächlich deswegen erfolglos, weil die Verteidiger ausgeklügelte Gegenmaßnahmen ergriffen. Die germanischen Invasoren in Gallien und Spanien konnten viele kleinere und größere Städte einnehmen, weil nur sehr wenige über angemessene Verteidigungsanlagen verfügten, falls sie überhaupt welche hatten. Nach diesen verheerenden Überfällen wurden die westlichen Städte eilends und systematisch mit Schutzmauern umgeben. Normalerweise waren Angriffe der Barbaren auf befestigte Städte zum Scheitern verurteilt. Dies lag nicht allein an der Tatsache, dass ihnen die notwendige technische Fertigkeit fehlte, sondern auch daran, dass sich barbarische Truppen für eine Belagerung, die oft Wochen oder Monate dauerte und wenig Gelegenheit zur Plünderung bot, nicht lange genug zusammenhalten ließen. In den römischen Provinzen gab es leichtere Ziele und die germanischen Soldaten ließen sich nur schwer davon überzeugen, dass eine Belagerung die Mühe und Gefahr lohne, wenn auf der anderen Seite offene Siedlungen lockten. Sogar in den groß angelegten Invasionen des späten vierten und fünften Jahrhunderts zögerten die germanischen Anführer, ihren Armeen lange Belagerungen zu befehlen, es sei denn, dass ein wichtiger politischer Gewinn auf dem Spiel stand oder eine demoralisierte Bürgerschaft durch eine einfache Blockade zur Unterwerfung gezwungen werden konnte. Der Westgote Fritigern brachte es auf den Punkt, als er sagte, dass er mit Mauern Frieden halte. Die Alamannen belagerten Kaiser Julian in der gallischen Stadt Sens dreißig Tage lang, bis sie sich demoralisiert zurückzogen. Auch sie kamen zu dem Ergebnis, dass der Versuch einer Belagerung unklug sei. Und doch hatten die Germanen, die in die römischen Provinzen kamen um dort zu bleiben, keine andere Wahl als die römischen Wirtschafts- und Machtzentren zu erobern. Bis auf sehr wenige Ausnahmen, zu denen die erfolgreichen Eroberungen zahlreicher Städte in Nordafrika durch die Wandalen zählen, zeigten die Germanen jahrhundertelang wenig Fortschritte in der Eroberung befestigter Orte.

Ab dem späten dritten Jahrhundert werden in der germanischen Waffentechnik und Kriegsführung deutliche Veränderungen erkennbar, aber sie berührten nicht alle Aspekte der Bewaffnung. Die Kavallerie spielte auch weiterhin nur eine relativ geringe Rolle, obwohl Reiter gelegentlich massiv in die Schlacht eingriffen. Die ostgotische Kavallerie griff im Jahr 378 bei Adrianopel zwar in den Kampf ein, aber die vernichtende Niederlage der römischen Armee war das Verdienst der gotischen Infanterie. Vor allem die Taktik wurde kaum entwickelt und man vertraute hauptsächlich auf die körperliche Stärke und die kämpferischen Fähigkeiten des germanischen Kriegers. Dennoch gab es bestimmte Neuerungen, die durch veränderte Kampfbedingungen, besonders zwischen Germanen und römischen Armeen, verursacht wurden. Bei den Waffen verwendete man nun häufig solche, die sich aus der Ferne einsetzen ließen. In den Kriegergräbern tauchen nun vermehrt Äxte, besonders Wurfäxte auf, die zur Zeit der Völkerwanderung zu den beliebtesten Waffen der Germanen aufstiegen. Pfeil und Bogen, die im Krieg bis dahin kaum verwendet worden waren, kamen nun, wie die Langbogen und Pfeilbündel aus dem Weihefund in Nydam zeigen, in Gebrauch. Spieße und Langspeere behielten ihre Bedeutung, sodass die germanischen Krieger für offensive Einsätze gegen gut gepanzerte Feinde einigermaßen gut gerüstet waren. Ihre größte Schwäche lag nach wie vor in der Defensive. Der Schild blieb das einzige größere Mittel zum persönlichen Schutz und er hatte sich in den drei vorangegangenen Jahrhunderten kaum verändert. Die Waffe, bei der sich bedeutende Unterschiede feststellen ließen, war das Schwert. Dies zeigt sich vor allem in Gräbern und Weihefunden ab dem dritten Jahrhundert. Die Vielfalt der verschiedenen Typen hatte sich bemerkenswert erweitert. Das lange Hiebschwert kam am häufigsten vor, obwohl man auch kürzere Waffen findet. Der Besitz römischer Schwerter und anderer Waffen nahm deutlich zu, entweder durch größeren Erfolg gegen die römischen Armeen in der Schlacht oder weil die germanischen Krieger durch Handel an die römischen Waffen kamen. Ein derartiger Handel war vermutlich ausdrücklich untersagt, doch ließ sich sein Verbot wohl kaum vollständig durchsetzen (vgl. S. 88). Neben dem zweischneidigen Hiebschwert kam in Germanien auch eine Klinge ähnlich dem Rapier zum Einsatz. Diese Waffe war besonders wegen ihrer Stoßkraft nützlich. Römische Importe lassen sich anhand der Klingen, die das Zeichen ihres Herstellers trugen, und auch anhand der Technik des Tauschierens oder Damaszierens identifizieren.

Bei diesem Schwerttyp wurde der Kern der Waffe aus gewundenen Eisenstreifen und -drähten hergestellt, die flach gehämmert und dann mit harten Stahlschneiden versehen wurden. Die Klingenfläche wurde poliert, sodass man das Muster, das durch den Schmiedevorgang entstanden war, deutlich sehen konnte. Diese Art der Herstellung scheint sich in den römischen Militärwerkstätten im späten zweiten oder frühen dritten Jahrhundert entwickelt zu haben. Diese Schwerter entfalteten in Nordeuropa eine gewaltige Wirkung. Die Technik des Tauschierens schlug sich später in den ungewöhnlichen Schwertern der fränkischen Welt und danach in denen der Wikingerheere nieder.

Bogen, Pfeile, Speerspitzen und Schwerter aus den Weihefunden von Nydam und vom Thorsberg

Obwohl Schwerter in der spätrömischen Eisenzeit und der Zeit der Völkerwanderung häufiger wurden, sollte ihre Bedeutung nicht überschätzt werden. In den Weihefunden des vierten Jahrhunderts kommen immer noch wesentlich mehr Speere und Wurfspieße vor. In dem gut ausgegrabenen Lager in Ejsbøl Nord in Jütland, einem ungewöhnlich homogenen Fund, zählte man 60 Schwerter, 60 Gürtel und 62 Messer im Verhältnis zu 200 Wurfspießen, 190 Speeren und 160 Schilden[10]. Wenn dies die Ausrüstung von ungefähr 200 Kriegern darstellt, dann

10 M. Orsnes, „The weapon find in Ejsbøl Moss at Haderslev", S. 232

übertrafen die Speerwerfer die Schwertkämpfer um mindestens das Dreifache.

Für die spätrömische Zeit wurden germanische Rüstungen nur wenig häufiger nachgewiesen. Die Panzerhemden, die in Torfmooren am Thorsberg bei Süderbrarup und bei Vimose gefunden wurden, sind wahrscheinlich römische Importe. Ebenso verhält es sich mit den Helmen vom Thorsberg und aus Hagenow, die alle nur sehr begrenzt im Krieg eingesetzt wurden. Ihre Träger betrachteten sie möglicherweise eher als Zeichen ihres hohen Ranges denn als wichtige Teile der Kriegsrüstung. Noch jahrhundertelang trugen gewöhnliche Soldaten keine Helme oder Panzer.

Der lange Kontakt mit den nomadischen Völkern der westlichen Steppen förderte die Entwicklung der Kavallerie bei den Goten und ihren Verbündeten. Im späten vierten Jahrhundert spielten unter den Ostgermanen berittene Krieger mit ihrer langen Lanze, auch *contus* genannt, in der Kriegsführung zunehmend eine bedeutende Rolle. Ein Jahrhundert später bestanden die Armeen Theoderichs hauptsächlich aus Reitern. Viele der reicheren Krieger trugen nun einen schweren Panzer, den ihnen Waffenwerkstätten in Norditalien lieferten.

Das Schwert wurde nun sowohl in der Kavallerie als auch in der Infanterie öfter eingesetzt. Der Steigbügel hatte Europa und die Mittelmeerwelt jedoch noch nicht erreicht, sodass der Aufprall zweier Kavallerien gegeneinander oft in einem blutigen Tumult endete, der halb zu Fuß ausgetragen wurde. Die Verwendung des Bogens vom Pferd aus, mit deren Hilfe die Hunnen und Alanen eine verheerende Wirkung erzielten, hielt auch bei den germanischen Völkern Einzug, doch der Bogen wurde nie zu einer ihrer stärksten Waffen. Die Taktik der gotischen Kavallerie, über die am häufigsten berichtet wird, war einfach. Sie basierte auf dem Blitzangriff aus einer verborgenen Position und sollte häufig die Flanken der feindlichen Infanterie umfassen. Nach dem Ansturm zogen sich die Reiter rasch in die Deckung ihrer eigenen Truppen zurück, um sich dort wieder für einen neuen Schlag zu formieren. Diese Taktik führte häufig zum Erfolg, weil die gegnerische Infanterie durch den plötzlichen Ansturm schreiender Reiter oft in völlige Panik geriet. Die gotische Kavallerie wurde von den Armeen des Oströmischen Reichs eingesetzt, unter anderem von Belisar und Narses und sie diente mit beträchtlichen Erfolg auch unter der Führung weströmischer Generäle. Wären die germanischen Reiter geübter gewesen und straffer geführt worden, hätten sie sich wahrscheinlich schon viel früher einen Namen gemacht.

Die Germanen und das Römische Reich

Frühe Begegnungen

Das erste Zusammentreffen der germanischen Völker mit Rom war zugleich plötzlich und dramatisch. Seit den 20er Jahren des zweiten vorchristlichen Jahrhunderts hatte Rom eine Sicherheitszone im Grenzgebiet am Fuß der Alpen zwischen Norditalien und Südgallien errichtet. Nach der Gründung einer Kolonie in Narbonne (Narbo Martius) im Jahr 118 v. Chr. und der Errichtung einer Provinz kurz darauf verlief die politische Intervention Roms in Gallien zielgerichteter. An der Nord-Ost-Grenze Italiens lag das durch ein Klientelverhältnis an Rom gebundene Königreich Noricum (hauptsächlich im heutigen Österreich). Dort drängten sich die Nordgermanen zum ersten Mal in das Blickfeld der Römer, denn im Jahr 113 v. Chr. fielen die Kimbern in großen Massen in Noricum ein[1]. Eine Armee unter Konsul Gnaeus Papirius Carbo stellte sie in einer Schlacht und wurde dabei vernichtend geschlagen. Die Invasoren hätten ohne auf Widerstand zu treffen südwärts nach Italien vordringen können, zogen stattdessen aber westwärts zum Oberrhein und nach Gallien. Der Hintergrund dieses plötzlichen Auftauchens der nordischen Völker in den Alpenregionen wurde in der Antike oft diskutiert und ist auch heute noch rätselhaft. Es gibt mehrere Berichte über Gesuche der Eindringlinge um Land, auf dem sie sich ansiedeln wollten. In der Tat erscheinen die sich lang hinziehenden Wanderungen eher wie eine Migration landhungriger oder enteigneter Menschen als die Invasion einer auf Plünderung oder Eroberung ausgerichteten Armee.

1 G. Alfödy, *Noricum*, London 1974, S. 35–38

Die Kimbern drangen im Jahr 109 in Südgallien ein. Sie wurden nun von den Teutonen begleitet, die sich den Wanderern von nördlich der Alpen vielleicht nach dem Sieg in Noricum angeschlossen hatten. Nach einigen nicht entscheidenden Schlachten stellte eine große römische Armee unter dem Konsul Marcus Junius Silanus die Germanen in einer gut vorbereiteten Schlacht und wurde besiegt. Die Barbaren baten erneut um Land, dass ihnen der römische Senat verweigerte. Die Eindringlinge aus dem Norden zogen sich in das innere Gallien zurück, wo man sie wahrscheinlich nicht gerade mit offenen Armen aufnahm. 105 v. Chr. tauchte die Germanenschar bei ihrer Suche nach Land und Nahrung erneut an der Rhône auf. Wieder wurde ihre Bitte abgelehnt und nun drangen sie durch das Tal südwärts bis nach Arausio (Orange) vor, wo sie auf zwei konsularische Armeen trafen und diese in einer verheerenden Schlacht besiegten – eine der schwersten Niederlagen der römischen Kriegsführung überhaupt. Nachdem sie Südgallien in ihre

Gewalt gebracht hatten, hätten sich die Germanen an der unteren Rhône niederlassen können. Aufgrund der vielen Auswahlmöglichkeiten konnten sie sich aber für kein klares Ziel entscheiden. Die einheimische Bevölkerung Galliens stand ihnen gegen Rom nicht bei und diese Tatsache trieb sie wohl westwärts in Richtung Spanien. Doch auch hier fanden sie bei den Einheimischen keine Unterstützung. Sie wendeten sich nun nach Osten und bedrohten Italien selbst. Die Römer übertrugen Gaius Marius, der eine neu geordnete Armee mit Hilfe fähiger Offiziere leiten sollte, den Oberbefehl, um die in ihren Augen bedrohliche Invasion abzuwehren. Die Germanen wurden vom Isèretal ostwärts verfolgt, bis sie die Ebene nahe Aquae Sextiae (Aix-en-Provence) erreichten. Dort wurden sie von den Legionen des Marius besiegt und die Überlebenden zersprengt. Die erste Konfrontation von germanischen Stämmen und Rom war beendet. Diese Episode ist allerdings von mehr als nur beiläufigem Interesse. Hätten die Kimbern und Teutonen es geschafft, in den römischen Grenzgebieten eine feste Heimat zu finden, wären vielleicht andere Völker aus dem Norden ermutigt worden, ihr Glück im Süden zu versuchen. Doch die von Rom errichtete Barriere bildete ein wirksames Abschreckungsmittel und es dauerte 40 Jahre, bis eine andere germanische Barbarenschar, die von dem Kriegerhäuptling Ariovist geführt wurde, den Oberrhein überquerte und sich in Gallien niederzulassen versuchte. Sie war vom Stamm der Sequaner nach Ostgallien herbeigerufen worden, um ihnen gegen die Haeduer, die westlichen Widersacher der Sequaner, mit militärischen Mitteln beizustehen. Ariovist und seine suebischen Krieger, ursprünglich insgesamt 15 000 Mann, leisteten ganze Arbeit. Doch das fruchtbare Land Galliens war für die Söldnertruppen so verlockend, dass sie sich gegen die Sequaner wendeten und ihr Land zu übernehmen begannen. Mehr Germanen wurden herbeigerufen, bis laut Caesar 120 000 den Rhein überquert hatten. All dies war nicht nur für die Stämme Galliens eine dringliche Angelegenheit, sondern auch für Rom, dessen Provinz Gallia Transalpina von der germanischen Präsenz an ihrer Nordgrenze bedroht wurde. Der Einfall der Kimbern und Teutonen vor einem halben Jahrhundert warf immer noch seine Schatten. Die Haeduer waren Verbündete Roms und ihr Hilferuf verstärkte die Bestrebungen der Römer, ihre eigenen Interessen in Südgallien zu schützen. Außerdem suchte Caesar nach einem Kriegsschauplatz, auf dem er einen glänzenden Sieg erringen könnte, und so war die Bühne für die Eroberung ganz Galliens durch die Römer frei. Wären sie nicht dorthin vorgedrungen, hätten die Völker jenseits des Rheins höchstwahrscheinlich weitere Übergriffe auf Ostgallien durchgeführt, denn schon vor der Ankunft des Ariovist mit seinen Sueben hatte die Wanderung nach Westen auf die andere Rheinseite eingesetzt. Die *Germani cisrhenani* (Germanen diesseits des Rheins) hatten sich in Ostbelgien angesiedelt.

Im selben Gebiet lebten auch die auf ihre germanische Abstammung stolzen Tungrer. Weiter im Süden hatten die Treverer, deren Name wohl „Flussüberquerer" bedeutet, zumindest gelegentliche Kontakte mit den Stämmen östlich des Rheins[2]. Die belgischen Völker insgesamt hielten traditionell an der Erinnerung an ihre Wanderung von jenseits des Rheins in das nordgallische Gebiet fest. Sie geht wahrscheinlich auf Ereignisse im zweiten oder ersten Jahrhundert zurück, die aber sonst nicht überliefert sind. Dieser Drang nach Westen zu den fruchtbaren Ländern Galliens hielt so lange an, bis Caesar römische Truppen zum Rhein führte. Diese Umstände konnten bei Gelegenheit von römischen Verwaltern ausgenutzt werden. Die Ubier hatten schon lange westlich des Rheins siedeln wollen und ihre prorömische Haltung brachte ihnen schließlich, entweder zu Caesars Lebzeiten oder in der frühen Regierungszeit des Augustus, ein Gebiet von der Größe Kölns ein. Die römische Besetzung des Rheintals schuf so erneut eine Barriere für die Bevölkerungsbewegungen, die bereits eine lange Tradition hatten.

2 E. M. Wightman, *Gallia Belgica* (London 1985), 10–14

Es ist unwahrscheinlich, dass irgendein römischer Befehlshaber vor Caesar ernsthaft über die Ausdehnung der römischen Macht nach Mittel- und Nordeuropa nachgedacht hatte und sogar Caesar selbst hat sich vermutlich nicht lange damit beschäftigt. Die Stabilisierung des Reichs unter Augustus und besonders die Festigung der römischen Autorität in Gallien ermöglichten es, dass sich die Aufmerksamkeit nun zum ersten Mal auf die Völker jenseits des Rheins und der Alpen richtete. Mit dem Sieg über die westlichen Alpenvölker und der Gründung einer Kolonie im Jahr 25 v. Chr. in Aosta, wo sich die Handelswege über den großen und kleinen St. Bernhard vereinten, hatte die Eroberung der Alpenregionen begonnen[3]. Um 16 v. Chr. gab es bereits Kastelle an den Knotenpunkten Basel, Zürich und Oberwinterthur, während weiter im Osten der Brenner- und der Reschen-Scheideckpass in römische Gewalt gebracht wurden. Im gleichen Jahr stürmten zwei römische Armeen unter den Stiefsöhnen des Augustus, Tiberius und Drusus, durch die Alpentäler und besiegten in einem gnadenlosen Feldzug die im nördlichen Alpenvorland lebenden Stämme. Man kann über den Zweck dieser Operationen keine berechtigten Zweifel hegen, denn die Alpenvölker stellten für die Sicherheit Norditaliens keine ernsthafte Bedrohung mehr dar und die nächste Phase konnte nun rasch beginnen.

3 C. M. Wells, *The German Policy of Augustus*, S. 35–58. Einige Militärstützpunkte sind ein paar Jahre zu früh datiert.

Stützpunkte bestanden bereits 16 v. Chr. in Xanten, Neuss, Asberg und Bonn und vielleicht in Nimwegen. In eben diesem Jahr versetzte der Einfall der Sugambrer den Römern einen gewaltigen und unerwarteten Schock. Eine ganze Legion der Rheinarmee unter dem Oberbefehl von Marcus Lollius wurde ausgelöscht. Die Lage war ernst genug, dass Augustus nach Gallien reiste, wo er die nächsten drei Jahre mit einer größeren Neuorganisation der Provinz und ihrer Verteidigung zubrachte. Der alles verheerende Überfall der Sugambrer hatte die Furcht vor einer militärischen Bedrohung durch die Völker östlich des Rheins wieder aufleben lassen und führte zu einer erneuten Diskussion darüber, wie man sie am besten bekämpfen könnte. Im Jahr 13 v. Chr. war beschlossen worden, in das Gebiet der Germanen einzudringen, aber klar definierte langfristige Ziele hatte man in dieser Phase noch nicht ins Auge gefasst[4]. Im Jahr 12 v. Chr. begann die Invasion unter dem Oberbefehl des Drusus. Während der nächsten fünf Jahre bewegten sich die Truppen in einem riesigen Gebiet zwischen Rhein und Elbe, die 9 v. Chr. erreicht wurde. Der Kriegseifer der Römer entsprach der Größe der Aufgabe. Östlich des Rheins wurde in Rödgen in der Wetterau ein großes Nachschublager eingerichtet. Die Truppenbewegungen und der Nachschub an Verpflegung wurde durch das Graben eines Kanals, der *fossa Drusiana,* erleichtert, der den Altrhein mit dem Ijsselmeer verband und so die Transportwege nach Nordgermanien verkürzte.

4 Ein Plan des Augustus zur Eroberung Germaniens, von dem einige moderne Wissenschaftler ausgehen, bestand nicht.

Drusus starb, als er 9 v. Chr. von der Elbe zurückkehrte. Inwieweit er in den vorangegangenen fünf Jahren erfolgreich gewesen war, ist schwer einzuschätzen. Das schwierige Terrain hatte man eher überrannt als vollständig besetzt, aber ein gewisses Maß an Kontrolle war gewonnen worden und darauf konnte sein Nachfolger aufbauen. Mehrere große Verkehrsstraßen wurden durch Germanien gebaut. Die Routen, die entlang des Lippetals und östlich der Wetterau verliefen, wurden durch Kastelle markiert. Doch solche Stationen hat man weder an der Elbe noch in ihrer Nähe entdeckt und sogar nicht einmal an der Weser, sodass Einsätze so weit im Osten vermutlich als rasche Schläge weit aus dem Hinterland erfolgten. Tiberius übernahm sofort die Aufgabe, die sein Bruder ihm hinterlassen hatte, und konnte möglicherweise das, was bisher überrannt worden war, als Keimzelle einer Provinz organisieren. Doch der Widerstand war immer noch groß. Für einige der Sugambrer und Sueben erschien die Deportation als einzige Möglichkeit. Im Jahr 8 v. Chr. war eine Neuordnung der römischen Truppen nötig, was vielleicht darauf hinweist, dass man glaubte, die erste und schwierigste Phase der Eroberung sei vorüber. Die Ereignisse, die auf Tiberius' Rückzug vom germanischen Oberbefehl und aus dem öffentlichen Leben 6 v. Chr. folgten, sind unbekannt. Es ist jedoch klar, dass die Römer nach 6 v. Chr. aus dem oberen Donautal vordrangen. Im Jahr 1 n. Chr. stieß Lucius Domitius Ahenobarbus von der Donau in Richtung Norden vor, überquerte die Elbe, schloss Bündnisse mit den Völkern in diesem Gebiet und siedelte heimatlose Angehörige der Hermunduren im oberen Mainbecken an. Dort blieben sie als römische Verbündete über ein Jahrhundert lang. Anderswo fanden immer noch Kämpfe statt und in Anbetracht des Aufstiegs einer Furcht erregenden Macht in Böhmen unter Marbod kam Tiberius' Rückkehr zum militärischen Oberbefehl im Jahr 6 n. Chr. gerade rechtzeitig. Böhmen sollte von zwei Seiten aus angegriffen werden, von Tiberius aus dem Norden und von Sentius

Saturnius aus dem Westen. Gerade als sich die Zangen schlossen, mussten die römischen Truppen zurückgerufen werden, um einen großen Aufstand in Illyricum niederzuschlagen und deshalb behielt Marbod die Herrschaft über den Oberlauf der Elbe.

In der Zwischenzeit war Publius Quinctilius Varus zum Statthalter von Germanien ernannt worden, vermutlich um die Organisation der Provinz zu vollenden und ihr die üblichen Abgaben aufzuerlegen. Doch die Lage im Landesinneren erforderte immer noch sein Eingreifen. Hier geriet Varus in ernste Schwierigkeiten gegen einen germanischen Anführer, der sein Handwerk in der römischen Armee gelernt hatte: Arminius[5]. Der nutzte sein Wissen über das Gelände und über die Eigenschaften der römischen Truppen geschickt und lockte Varus' Armee in das dicht bewaldete Land der oberen Weser. Dort wurden in der Schlacht, die als die Schlacht im Teutoburger Wald bekannt geworden ist, drei römische Legionen vollständig vernichtet. Die römischen Pläne, das Gebiet östlich des Rheins zu erobern, wurden durch diese verheerende Niederlage eindrucksvoll zunichte gemacht. Die Gründe liegen auf der Hand. Die Provinz, die Drusus und Tiberius ins Auge gefasst hatten, bestand teilweise aus einem Gelände, das zu den schwierigsten in Westeuropa zählte, und wurde von extrem aufsässigen Stämmen bewohnt. Die Einkünfte, die Germanien der römischen Staatskasse zu bieten hatte, waren nicht groß. Es gab keine Edelmetallvorkommen und auch keine großen Flächen von Kornfeldern. Die Hauptressourcen lagen im Menschenpotenzial selbst und dieses wurde zum größten Teil gegen Rom eingesetzt. Nach 9. n. Chr. sollte die realistische, auf eigene Erfahrung begründete Einschätzung des Kaisers Tiberius über die Chancen Roms in Germanien Recht behalten, obwohl Germanicus im Jahr 15 n. Chr. eine Armee das Lippetal entlang führte und den Toten auf dem Schlachtfeld ein würdevolles Begräbnis bereitete. Mit Varus' Truppen wurden auch Roms Hoffnungen auf die Errichtung einer Nordgrenze östlich des Rheins begraben[6].

Nachdem Germanicus 16 n. Chr. abberufen wurde, stand die Stabilisierung bis zur Herrschaft des Claudius dreißig Jahre später im Vordergrund. Die acht Legionen am Rhein und hinter der oberen Donau wurden als strategische Reserve zurückgehalten und die Römer übten ohne Zweifel auch ein gewisses Maß an Kontrolle auf das Gebiet jenseits der Flüsse aus. Die Diplomatie kam während dieser Jahrzehnte als ein Mittel römischer Politik im Gebiet jenseits der großen Flüsse zu ihrem Recht (vgl. S. 79). Die fruchtbare Ebene der Wetterau stand hauptsächlich wegen ihrer Versorgung für das Militär seit der Herrschaft des Augustus unter römischer Aufsicht. Es gab jedoch keine ernsthaften Versuche, die Grenzen der römischen Macht zu erweitern. Man hielt Militäroperationen gegen die Brukterer im Lippetal 78 und erneut 94 n. Chr. für notwendig, doch man dachte nicht daran, am Gebiet östlich des Nieder-

5 D. Timpe, *Arminius-Studien*

6 Es ist fraglich, ob Augustus je vorhatte, eine Grenze an der Elbe zu errichten. Genauso unsicher ist, ob sich eine solche Grenze gegenüber einer Grenze am Rhein als vorteilhaft erwiesen hätte.

rheins festzuhalten. Die Donaugrenze, nicht die Rheingrenze, stellte nun das Hauptproblem für die Sicherheit der Provinz dar. Nach Kriegen gegen die Chatten im Jahre 83 bis 85 n. Chr. und nach einem Aufstand seines eigenen Befehlshabers über die obergermanische Armee im Jahre 88 bis 89 n. Chr. verringerte Kaiser Domitian die Stärke der römischen Truppen am Oberrhein. Er begann mit der Errichtung einer Grenze zwischen Rhein und Donau, die zur Schaffung des längsten künstlichen Grenzsystems im Römischen Reich führen sollte[7].

7 D. Baatz, *Der römische Limes*, Berlin 1974; D. Baatz und F.-R. Herrmann, *Die Römer in Hessen*, Stuttgart 1983; H. Schönberger, „Die römischen Truppenlager der frühen und mittleren Kaiserzeit zwischen Nordsee und Inn", S. 321–497

Römische Grenzen

Die Grenze, die ab den letzten Jahren des ersten Jahrhunderts entstand, wurde *ad hoc* errichtet und nicht zusammenhängend geplant. Am Nordende ging sie vom Rhein aus, umschloss das fruchtbare Neuwieder Becken, führte dann über den Taunus, bis sie sich nach Süden ins Maintal wendete und weiter bis zur breiten Ebene des Neckars verlief (vgl. die Karte „Der römische Limes", S. 136). In ihrer ursprünglichen Form war die Grenze nicht mehr als ein gerodeter Bodenstreifen und ein Weg mit hölzernen Beobachtungstürmen in Abständen von etwa 500 Metern entlang ihres Verlaufs. Das Ganze erinnert rein äußerlich an einige Abschnitte der deutsch-deutschen Grenze,wie sie noch bis 1989 bestand. Einige kleinere Kastelle lagen an der Grenze, doch die Hauptgarnisonsposten befanden sich in Stützpunkten im Hinterland. Man erwartete eindeutig keinen größeren germanischen Einfall aus dem dünn besiedelten Land direkt im Osten. Als man später eine statische Grenze überwachen konnte, wurden der Grenzlinie einige Kastelle hinzugefügt, hauptsächlich an Punkten, an denen sich Verkehrswege kreuzten. Weiter im Süden entstand eine Reihe von Kastellen quer über die Schwäbische Alb, um die Provinz Rätien zu schützen.

Dieses System wurde 100 n. Chr. durch eine breite militärische Zone quer durch Baden-Württemberg ersetzt. Zu ungefähr derselben Zeit wurde eine Linie dicht beieinander liegender kleiner Grenzfestungen im Odenwald errichtet, die das Maintal mit dem Neckartal verband. Das geografische Gerüst der obergermanischen und rätischen Grenze war nun fast vollendet. Im frühen zweiten Jahrhundert bemühte man sich, die bestehende Linie zu befestigen. Es entstanden zusätzliche Kastelle und im Gebiet des Hadrian wurde wahrscheinlich nach seinem Besuch in Germanien von 121 bis 122 eine fortlaufende Palisade von ungefähr drei Metern Höhe errichtet. Sie bildete keine Furcht einflößende militärische Barriere sondern diente nur dazu, die Grenzen zwischen dem römischen Kaiserreich und *Barbaricum* zu markieren.

Die künstliche Grenze gegen die Germanen verlief nun vom Rhein aus gegenüber dem Vinxtbach (in dem Namen findet sich noch ein Nachklang des lateinischen *ad Fines* für Begrenzung) bis zur Donau bei Eining. Die letzte Phase der Grenzerrichtung fand unter Kaiser Antoninus Pius etwa um 152 bis 154 n. Chr. statt, als der obergermanische Abschnitt um etwa 30 Kilometer nach vorn verschoben wurde, höchstwahrscheinlich um einen Gürtel fruchtbaren Ackerlandes mit einzuschließen. Noch später, vermutlich gegen Ende des zweiten Jahrhunderts, wurde ein so genannter Pfahlgraben hinter der Palisade ausgehoben. Wie der Holzwall diente er nicht als militärische Barriere. Bereits jetzt oder früh im dritten Jahrhundert erhielt die rätische Grenze eine Steinmauer (die so genannte *Teufelsmauer)*.

Die Flussgrenze am Niederrhein hatte man während der Herrschaft des Claudius Mitte des ersten Jahrhunderts befestigt. Die Friesen in Nordholland hatten im Jahr 28 kurzzeitig ihre Unabhängigkeit wiedererlangt und nach dem Feldzug des Corbulo in ihr Gebiet 47 n. Chr. und dessen abruptem Ende versuchten die Römer nicht mehr, das Gebiet jenseits des Rheins zu halten. Sie behielten jedoch eine gewisse Kontrolle über die Nutzung der Gegend jenseits des Flusses, was die Friesen und Ampsivarier im Jahr 58 feststellen mussten, als man ihnen die Erlaubnis verweigerte, auf Land zu siedeln, das für römische Militärzwecke reserviert war. Die in Bonn stationierte Legion besaß Weideland auf der „barbarischen" Seite des Rheins und es ist anzunehmen, dass das römische Militär auch an anderen Ressourcen des Ostufers interessiert war.

Die Grenzsysteme entwickelten sich in einer Zeit, als die römische Militärmacht durch die Germanen nicht ernsthaft bedroht werden konnte. Deshalb mussten sie nicht dafür angelegt sein, ständigen Angriffen standzuhalten. Als der Druck der Germanen nach der Mitte des zweiten Jahrhunderts zu wachsen begann, richtete er sich nicht auf die Grenze zwischen Rhein und Donau, sondern auf Noricum und Pannonien an der mittleren Donau. Dort brach in der Regierungszeit von Mark Aurel ein Krieg aus, der die Ereignisse des nächsten Jahrhunderts bereits ankündigte.

Im Jahr 166 n. Chr. griffen die Völker nördlich der Donau die römische Grenze in großer Zahl an, während sich die römische Welt selbst allmählich von einer schlimmen Pestwelle erholte. Damit wurden 60 Jahre Stabilität mit einem Schlag beendet[8]. In die nun folgenden Kriege waren viele Völker quer durch Mitteleuropa verwickelt; es wird von etwa 25 Stämmen berichtet, die an diesen Kriegen teilnahmen, und an der Kampfesweise wird deutlich, dass die Angriffe der Barbaren von ganz anderer Art waren als alles, was die Römer in den letzten anderthalb Jahrhunderten zuvor erlebt hatten. Riesige Menschenmassen waren in Bewegung, eher Völker als Armeen. Einige Stämme suchten nach einem Gebiet, wo sie siedeln konnten, entweder in den römischen Provinzen oder in der Nähe ihrer Grenzen. In den Schlachtreihen tauchten Frauen auf und sogar im Winter fanden Schlachten statt. Hinter allem stand ein offensichtlicher Hunger nach Land, der vermutlich durch das Anwachsen der Bevölkerungszahl verursacht worden war. Das, was man übli-

8 A. R. Birley, *Marcus Aurelius*, London ²1987, S. 217

cherweise als die Markomannenkriege bezeichnet, ist bei Licht besehen als eine Reihe von Völkerwanderungen oder versuchter Wanderungen zu werten, die letztendlich durch die römische Entschlossenheit, die Donaugrenzlinie zu halten, vereitelt wurden. Die stärkste Bedrohung für diese Grenze ging nicht von den Völkern in ihrer Nähe aus, denn mehrere von ihnen waren schon einige Jahrzehnte lang Klienten Roms; der größere Druck kam von den Stämmen, die aus weiter Ferne nach Süden und Westen vorstießen. Am Anfang des Konflikts hören wir zum Beispiel von Langobarden aus dem Elbtal, die nun an die Donau im oberen Pannonien drängten und schon bald erschienen andere Völker aus dem Osten an den größtenteils ungeschützten Grenzen Dakiens. Die Gefahr einer größeren Invasion in das Imperium drohte. Eine Gruppe aus Markomannen und Quaden brach nach Norditalien durch, zerstörte die Stadt Opitergium (Oderzo) und belagerte Aquileia an der Spitze des adriatischen Meeres. Dieser Einfall versetzte Italien einen Schock und offenbarte, wie gefährdet die Sicherheit der Halbinsel war, wenn die Donaugrenze einmal durchbrochen worden war. Die beiden Kaiser Mark Aurel und Lucius Verus zogen selbst ins Feld, wobei ersterer einen großen Teil seiner verbleibenden Regierungszeit ermüdenden und kostspieligen Kriegen gegen die Menschen aus dem Norden opfern sollte. Schließlich konnten die Römer im Jahre 180 die Ordnung an der Nordgrenze wiederherstellen, indem sie den Umstand nutzten, dass die Barbaren kein gemeinsames Ziel verfolgten. Sie konnten einige von ihnen in der Schlacht besiegen, andere wurden auf römischen Boden in den Donauprovinzen angesiedelt (und sogar in Italien, doch dieses Experiment misslang) und mit wieder anderen schloss man Bündnisse. Doch der Kampf war hart gewesen und der Kaiser musste die Bitten um Landzuteilung zur Kenntnis nehmen, die von einigen der Invasoren zunehmend vorgebracht wurden. Diese Kriege spiegeln auf vielfältige Weise die Angriffe der Barbaren zwei Jahrhunderte später wider.

In der Zeit der Markomannenkriege und ihrer Nachwirkungen fanden größere Neuordnungen der Germanenvölker vor allem in den östlichen Gebieten statt. Auch die politische Geografie veränderte sich, was zu weitreichenden Auswirkungen auf die spätere europäische Geschichte führen sollte. In den Jahrzehnten nach dem Krieg hören wir von Neugruppierungen der Völker. Bei einigen handelte es sich um Verbände, die sich um einen einzigen großen Stamm gesammelt hatten, bei anderen vielleicht um Verschmelzungen zahlreicher kleinerer Gruppen. In Südwestgermanien tauchten Alamannen auf, die offenbar aus einem Bund der Sueben und benachbarter Völker westlich der oberen Elbe entstanden waren[9]. Die uns erhaltenen Quellen erwähnen sie zum ersten Mal im Jahr 213, als Caracalla sie am obergermanischen *Limes* zurückschlug. Doch zwanzig Jahre später griffen sie erneut an, wobei sie dieses Mal die Grenze durchbrachen und dahinter große Zer-

9 R. Christlein, *Die Alamannen*

störungen anrichteten. An der unteren Donau hörte man vom frühen dritten Jahrhundert an immer mehr von den Goten und ihren Verbündeten. Im Jahr 250 hatte sich diese ständig wachsende Gruppe zur mächtigsten Bedrohung für die römische Nordgrenze entwickelt[10]. An der unteren Donau waren die Langobarden zu einer bedeutenden Macht emporgestiegen, die sich von diplomatischen Überredungskünsten nicht beeindrucken ließ. Im Norden bestanden in der ersten Hälfte des dritten Jahrhunderts Tendenzen zu größeren Verbänden. Einer davon entstand unter dem Namen „Franken" aus den vielen kleinen Gruppen, die zwischen Rhein und Weser siedelten, und bedrohte schon bald die niederrheinische Grenze und später die Kanalküste[11]. Im nördlichen Küstengebiet wird der Aufstieg einer weiteren kriegerischen Gruppe durch die zunehmende Verwendung des Namens „Sachsen" (lat. Saxones) deutlich, mit dem die übers Meer kommenden Plünderer der nordwestlichen Provinzen bezeichnet wurden. Es wäre falsch, hinter diesen Namen starke und zentralistische Mächte zu vermuten. Doch ihr Erscheinen markiert einen neuen Abschnitt in den Beziehungen zwischen den nordischen Völkern und der römischen Welt. Der Druck der Barbaren nahm zu und in der Zeit zwischen 200 und 250 n. Chr. häuften sich die ersten unmissverständlichen Anzeichen, dass die römische Macht nicht unangreifbar war.

10 H. Wolfram, *History of the Goths*, Berkeley, California 1988, S. 36–74

11 E. James, *The Franks*, S. 34–51

Die ersten Angriffe richteten sich unvermeidlich gegen die ungeschützte römische Grenze zwischen Rhein und Donau. 213 n. Chr. leitete Kaiser Caracalla größere Einsätze gegen die Alamannen und die Chatten. Offensichtlich hatte er Erfolg, denn an dieser Front wurde zwanzig Jahre lang von keinen weiteren Konflikten berichtet. Doch die wachsende Bedrohung konnte von den Zivilsiedlungen direkt hinter der römischen Grenze nicht einfach ignoriert werden. Ihre Stadtkerne wurden nun zum ersten Mal mit Verteidigungsmauern versehen, die sich als unschätzbarer Schutz vor der nächsten Invasion erwiesen. 233 n. Chr. brachen die Alamannen durch die Donaugrenze in die Provinzen Rätien und Noricum ein, wo sie großen Schaden anrichteten. Der obergermanische *Limes* wurde ebenfalls durchstoßen und zumindest einige der dahinter liegenden Orte erlitten starke Zerstörungen. Im Anschluss an dieses Desaster gab man einige der außerhalb der befestigten Mauern liegenden Siedlungen auf, während andere in viel kleinerem Umfang wieder aufgebaut wurden. Ein großer Teil der Zivilbevölkerung fragte sich vermutlich, wie lange man die Grenze noch gegen die immer gefährlicher werdenden Alamannen halten könne. Genauso bedrohlich aber wirkte sich die Anarchie im Inneren aus, die durch die chaotische Thronfolge der Soldatenkaiser im Reich seit der Erhebung des Maximinus zum Kaiser im Jahr 235 bis zur Errichtung einer stabilen Regierung durch Diokletian und seiner Tetrarchen fast ein halbes Jahrhundert später herrschte. Der obergermanische *Limes* wurde von

Maximinus wiederhergestellt und auch von seinen Nachfolgern gehalten, doch seine Tage waren gezählt. 254 n. Chr. setzten die alamannischen Überfälle erneut ein, falls sie überhaupt je aufgehört hatten. 259 bis 260 hatten sie die alten Grenzlinien genauso überrannt wie auch die meisten dahinter gelegenen nichtmilitärischen Einrichtungen. Zur gleichen Zeit brach der rätische Abschnitt als geordnete Grenzlinie zusammen, wie sich an zahlreichen Münzhortungen deutlich erkennen lässt. Die Verteidigungslinien der römischen Provinzen wurden auf den Rhein und die Donau zurückgezogen, wo sie bis zum Ende der römischen Herrschaft in Westeuropa blieben. Die Gebiete zwischen Oberrhein und dem Oberlauf der Donau, die von den Römern aufgegeben worden waren, scheinen jedoch nicht sofort von einer großen Anzahl Alamannen und anderer Germanen besiedelt worden zu sein. Wahrscheinlich ließ das Interesse der Barbaren nach, als die Schätze, welche die relativ reichen römischen Provinzländer boten, versiegt waren. Erst gegen Ende des dritten Jahrhunderts oder wenig später gibt es klare Hinweise auf germanische Ansiedlungen auf dem einst römischen Boden.

Die ostgermanischen Völker waren während des späten zweiten und frühen dritten Jahrhunderts in Aufruhr, doch die Gründe dafür lagen nicht in den Nachwirkungen der Markomannenkriege. Vielmehr zogen wandernde Gruppen südwärts aus dem Weichselbecken in die westliche Ukraine und dehnten sich im späten zweiten Jahrhundert zur unteren Donau aus. Dort vermischten sie sich mit sesshaften Völkern. Spätestens zwischen 230 und 240 begann dieser Verband die römischen Provinzen am Unterlauf der Donau und in Dakien anzugreifen und erpresste sich dadurch Tribute. Diese aggressive Gruppe von Kriegerhorden wurde gewöhnlich mit dem Namen „Goten" bezeichnet, doch ganz sicher umfasste sie auch Elemente aus vielen anderen Stämmen. Die Ausdehnung der Goten nach Süden ist wahrscheinlich nicht als plötzliche Massenwanderung zu verstehen, sondern eher als eine beständige Verschiebung in Richtung der fruchtbaren Böden der südrussischen Steppe. Wir hören zum ersten Mal von ihnen, als sie zwischen 230 und 250 Mösien und Dakien bedrohten. Es dauerte nicht lange, bis sie die Städte an der Küste des Schwarzen Meeres und Kleinasiens mit ihren verheerenden Raubzügen überzogen. Über Könige oder eine zentralisierte Macht wird in dieser Zeit wenig berichtet. Der Furcht erregende gotische Befehlshaber Kniva wird in unseren Quellen als „König" bezeichnet, verdankte seine Autorität aber vielleicht einzig seiner militärischen Tapferkeit. In der Mitte des dritten Jahrhunderts waren die Goten und ihre Verbündeten die bedrohlichsten Feinde Roms und hatten die günstigste strategische Position: Sie konnten tief in die reichen Provinzen Kleinasiens vordringen und weite Schiffsexpeditionen unternehmen. Sie waren in der Lage, die friedlichen Länder Griechenlands oder eine so ungeschützte Provinz wie Dakien anzugreifen. Doch bis dahin unternahmen sie noch keine gemeinsamen Anstrengungen, um sich auf römischem Boden anzusiedeln. Das Hinterland des Schwarzen Meeres bot ihnen genug Siedlungsfläche und ihre Raubzüge versorgten sie fürs Erste mit reicher Beute (vgl. S. 140).

Germanen in römischen Diensten

12 M. Waas, *Germanen im römischen Dienst*

Vom späten dritten Jahrhundert an verließ sich die römische Armee zunehmend auf germanische Hilfstruppen[12]. Die Ursprünge dieser Tradition liegen in der Geschichte der römischen Beziehungen zu einheimischen Völkern weit zurück, aber sie nahm während der Zeit der militärischen Anarchie im dritten Jahrhundert neue Formen an und setzte sich bis zur Zeit Konstantins fort. Im dritten Jahrhundert griffen einige Soldatenkaiser in ihren Armeen auf Germanen zurück, in einigen Fällen auch deshalb, weil ihnen keine andere Möglichkeit blieb, um Männer zu rekrutieren. Andere wandten sich an die Germanen- und Nomadenvölker wegen deren kämpferischen Fähigkeiten. Im späten dritten Jahrhundert stellte die Rekrutierung von Barbaren nichts Ungewöhnliches mehr dar und wurde von den germanischen Kriegern möglicherweise sogar als höchst erstrebenswerter Weg zu Ruhm und Reichtum betrachtet. Ein entscheidender weiterer Antrieb wurde durch eine von Konstantin geschaffene mobile Armee gegeben, um seine Pläne im Reich zu unterstützen, insbesondere aber um Italien anzugreifen und Maxentius zu stürzen. Konstantin und sein Vater Constantius hatten schon in Britannien germanische Truppen eingesetzt und Konstantins Erhebung zum Kaiser war durch die Beihilfe eines alamannischen Häuptlings im römischen Dienst gesichert worden. Konstantins neue Streitmacht bestand zum großen Teil wahrscheinlich aus Barbaren. In ihr dienten sowohl Kriegsgefangene als auch Gefangene, die in den römischen Provinzen angesiedelt worden waren, sowie Freiwillige aus Völkern außerhalb des Reichs. Letztere stellten möglicherweise viele Offiziere der neuen Einheiten. Unter den Eliteeinheiten gab es mehrere, die mehrheitlich aus Germanen bestanden. Dazu gehörten auch die *scholae,* Wacheinheiten, die einige der Aufgaben übernahmen, die im früheren Imperium von Praetorianern erfüllt worden waren. In der ersten Hälfte des vierten Jahrhunderts ist vorwiegend von alamannischen Offizieren die Rede, was aber auch daran liegen kann, dass wir uns als Quelle auf Ammianus Marcellinus stützen, der über dieses germanische Volk sehr viel wusste. Im Verlauf des vierten Jahrhunderts tauchten Franken zusammen mit den Vertretern anderer Völker zunehmend in politisch oder militärisch maßgeblichen Positionen auf.

13 J. H. W. G. Liebeschuetz, *Barbarians and Bishops,* S. 7–25

Schon vor der Mitte des vierten Jahrhunderts dienten Germanen als Oberbefehlshaber in der römischen Armee[13]. Andere hohe Offiziere von wahrscheinlich barbarischer Herkunft könnten sich hinter lateinischen Namen verbergen. Mehrere Germanen erreichten den höchsten militärischen Rang des *magister militum*. Einer von ihnen, Silvanus, diente zwischen 350 und 360 als *magister militum* in Gallien und war der Sohn eines Franken, der seinerseits ein hohes Amt unter Konstantin bekleidet hatte. Ammianus berichtet, dass Silvanus ein Mann war, „der dem Reich ergeben war". Die Angst vor Verschwörern habe ihn dazu getrieben, sich selbst zum Kaiser zu ernennen, weil er ihre erdichteten Beweise fürchtete, er wollc sich tatsächlich des Reichs bemächtigen. Später ermordeten ihn seine eigenen Truppen, die von einem anderen Befehlshaber, Ursicinus, bestochen worden waren. Im späten vierten Jahrhundert lassen sich nur schwer Inhaber der höchsten militärischen Ränge finden, die mit Gewissheit *keine* Germanen waren. Dies trifft von der Herrschaft des Constantius bis zu der des Honorius besonders für den Westen zu. Die Macht dieser Männer beschränkte sich keineswegs allein auf die Führung militärischer Angelegenheiten. Als Kaiser Julian auf einem Feldzug gegen die Perser getötet wurde und ein neuer Kaiser gewählt werden sollte, hatten sowohl die west- wie auch die oströmischen Armeen barbarische Offiziere als ihre Wortführer. Die beiden Vertreter aus dem Westen, Dagalaifus und Nevitta, waren mit Sicherheit Germanen. *Magistri militum* germanischer Herkunft aus dem Westreich besaßen unter Valentinian I. und Valentinian II. große politische Macht. Merobaudes wurde zweimal Konsul, eine außergewöhnliche Ehre für einen Nichtangehörigen des Kaiserhauses. Er war der Hauptverantwortliche für die Ausrufung Valentinians II. zum Kaiser. Als er Kaiser Gratian nicht länger unterstützte, sank dessen Macht so deutlich, dass dem Thronraub des Magnus Maximus nichts mehr im Wege stand. Noch größere Macht besaß der Franke Arbogast, der Oberbefehlshaber Valentinians II. und möglicherweise Sohn eines anderen kommandierenden Barbarengenerals namens Bauto.

Nach der Niederlage des Magnus Maximus im Jahr 388 erhielt Arbogast unter Valentinian II. das Amt des militärischen Oberbefehlshabers im Westreich, aber er mischte sich auch in andere Staatsangelegenheiten ein. Seine Vormachtstellung war so groß, dass er sich nach einem Streit mit seinem Kaiser sicher genug fühlte, Valentinian entweder zu ermorden oder ihn in den Selbstmord zu treiben, um ihn dann durch den farblosen Eugenius zu ersetzen. Doch Arbogast war selbst für einen mächtigen Germanen zu weit gegangen. Der Kaiser des Oströmischen Reiches, Theodosius, machte gegen ihn und seine Marionette mobil und stürzte und tötete beide. Die oberste Macht im Westen ging nun auf den Germanen oder Halbgermanen Stilicho über, der die Reichsgeschäfte für Honorius, den schwachen Sohn und Nachfolger von Theodosius, führte. Von 395 bis zu seiner Hinrichtung im Jahr 408 regierte Stilicho de facto den römischen Westen. Er war der letzte und größte der barbarischen Befehlshaber, der die militärische Funktion, die eigentlich einem Kaiser zustand, bekleidete.

Es ist bemerkenswert, dass wir nur wenig über germanische Befehlshaber in römischen Diensten hören, die später zu ihren eigenen Völkern zurückkehrten. Die bedeutendste Ausnahme bildet Mallobaudes, ein fränkischer Befehlshaber unter Kaiser Gratian. Er kehrte später zu den Franken jenseits des Rheins als König zurück und führte im Jahr 378 erfolgreich Krieg gegen die Alamannen. Wie ihm dieser Sieg gelang, bleibt ungewiss, aber höchstwahrscheinlich erhielt er römische Unterstützung, weil Rom hoffte, er würde den alamannischen Druck an der Grenze verringern. Ansonsten passten sich hochrangige germanische Generäle und vermutlich viele ihrer Krieger leicht an das Leben im Reich an und zeigten keinen übermäßigen Eifer, in ihr früheres Leben zurückzukehren.

Die Lebenden und die Toten

Siedlungsformen

Die Geschichte der sesshaften Bauernvölker in Nordeuropa ist sehr alt. Ihre archäologische Erforschung hat seit etwa 1950 enorme Fortschritte gemacht. Die Nutzung der Ressourcen des Landes begann schon mindestens 4000 Jahre bevor die Germanen überhaupt in der europäischen Geschichte erscheinen. Bereits von einem frühen Zeitpunkt an gab es relativ große und hoch entwickelte Siedlungen. Deshalb müssen wir die frühzeitlichen Dörfer und Weiler in Nordeuropa innerhalb dieses langen Kontinuums betrachten und nicht als einen Prozess, der erst begann, als die klassische Welt auf die Bewohner dieser Gebiete aufmerksam wurde. Wir können von unserem heutigen Standpunkt aus die Siedlungsform in der germanischen Welt innerhalb ihres gesellschaftlichen und wirtschaftlichen Kontextes sehr viel besser darstellen als ein Schriftsteller der klassischen Antike. Das muß man sich klar vor Augen führen, denn es wird immer wieder versucht, die Archäologie der Besiedlung auf der Basis der Berichte von Caesar und Tacitus zu erklären und einzuordnen. Doch dabei zeigt sich immer deutlicher, dass dieser Ansatz ungeeignet ist und leicht zu Irrtümern führen kann. Uns stehen heute weit mehr Daten über eine breitere geografische und chronologische Spanne zur Verfügung als dem antiken Beobachter. Ihre Verwendungsmöglichkeiten und die Erkenntnisse, die sich daraus ziehen lassen, sind zwar nicht unbeschränkt, aber die zunehmende Lückenlosigkeit der archäologischen Zeugnisse garantiert für ihre Verlässlichkeit.

Die Küstengebiete Nordhollands und Deutschlands bieten eine Landschaft, in der viele antike und mittelalterliche Siedlungen auch heute noch deutlich sichtbar sind; dort findet sich von der prähistorischen Zeit bis zur Gegenwart in der Tat ein hoher Grad an Kontinuität. In den Lehmgebieten in der Nähe der friesischen Küste zeigen sich viele frühe Siedlungen in Form von Hügeln, die sich oft zu einer Höhe von einigen Metern über der flachen Umgebung erheben[1]. Heute befinden sich häufig Dörfer oder Weiler auf diesen Hügeln und ihre Kirche und ihr Kirchhof liegen in der Ortsmitte. Viele andere Hügel sind weit weniger auffällig und erscheinen als kaum erkennbare Plattformen zwischen dem Weideland. In Holland nennt man diese Hügel *Terpen;* in Deutschland werden sie mit den Dialektbegriffen *Wurft, Warft* oder *Wierde* bezeichnet, die man häufig in den Ortsnamen der Region findet. Höchstwahrscheinlich sind dies die *tumuli alti* (hohe Hügel) und *tri-*

1 H. Halbertsma, *Terpen tussen Vlie en Ems*

bunalia manibus exstructa (mit den Händen erbaute Plattformen), die Plinius der Ältere mit eigenen Augen sah oder von denen er hörte, als er in der Mitte des ersten Jahrhunderts den Norden bereiste. Viele der größeren *Terpen* wurden früher stark beschädigt. Die Bauern späterer Zeiten erkannten, dass die organischen Stoffe, die in den Hügeln eingeschlossen waren, einen hervorragenden Dünger abgaben, sodass viele Hügel fast völlig abgetragen wurden. Kleinere Hügel wurden durch Pflügen und Entwässerungsanlagen beschädigt und verschwanden oft schon nach kurzer Zeit vollständig. Doch die ausgedehnten Ausgrabungen einer Reihe von *Terpen* förderten viele lohnende Informationen über Siedlungsanlagen und ihre Geschichte zu Tage. Aufgrund der Tatsache, dass viele *Terpen* voll Wasser standen oder lange Zeit sehr feucht waren, sind die Bauten und Objekte oft außergewöhnlich gut erhalten und haben Einzelheiten bewahrt, die man an trockenen Stätten kaum noch findet.

Die frühesten bekannten *Terpen* stammen aus dem sechsten oder siebten Jahrhundert v. Chr. Sie wurden wahrscheinlich im Zuge einer Kolonisationsbewegung von den trockneren Regionen von Drenthe im Süden in Richtung der Lehmgebiete angelegt. Die Ausbreitung der *Terpen*-Bauweise gegen Ende des ersten Jahrtausends v. Chr. und ihre weitere Entwicklung ist allerdings viel bedeutender. In einigen Gebieten des Küstenlandes, zum Beispiel in Teilen Schleswig-Holsteins, hatten die örtlichen Gegebenheiten wahrscheinlich bis zum ersten Jahrhundert n. Chr. die Besiedlung stark eingeschränkt. Von den Stätten, die man bisher ausgegraben hat, begannen die meisten als flache Siedlungen. Ihr späteres Anwachsen zu Hügeln verursachten zum Teil die natürliche Ansammlung von Schuttmaterialien auf einer begrenzten Fläche, zum Teil aber auch das absichtliche Aufhäufen von Lehm, um Plattformen für Bauten zu erhalten. Viele Stätten entwickelten sich nicht über die Phase einer Flachsiedlung oder die ersten Phasen einer Hügelerrichtung hinaus. In Paddepoel bei Groningen bestanden während des ersten Jahrhunderts n. Chr. fünf oder sechs große Wohnsiedlungen nebeneinander im gleichen Gebiet, aber offensichtlich unabhängig voneinander[2]. Sie alle wurden verlassen, bevor der Hügel die erste Bauphase durchlaufen hatte. Aber viele *Terpen* sind wie Ezinge in der Provinz Groningen aus der langen beständigen Besiedlung ein und derselben Stätte entstanden. Dieser Ort, um die Mitte des ersten Jahrtausends v. Chr. eine Flachsiedlung, erlebte dann verschiedene Stadien kleiner *Terpen*-Erbauung und entwickelte sich bis zur späten vorrömischen Eisenzeit zu einer ansehnlichen Siedlung von 12 bis 15 strahlenförmig angeordneten Langhäusern. Inzwischen maß der Hügel fast drei Meter Höhe und 150 Meter im Durchmesser. Die Siedlung bestand, während ihre einzelnen Bauten häufig neu errichtet wurden, bis in die spätrömische Zeit, als sie in zahlreiche so genannte *Grubenhäuser* umgewandelt wurde. Obwohl

2 W. A. van Es, „Paddepoel" in: *Palaeohistoria,* 14, 1986, S. 187–352

andere *Terpen* über einen ähnlichen Zeitraum die gleiche Entwicklung durchliefen, erreichten nicht alle die Größe der Siedlung von Ezinge. Viele bestanden vermutlich aus Einzelgehöften oder waren kleine Weiler, die nur relativ kurze Zeit bewohnt wurden und den Wechselfällen persönlicher Schicksale und Veränderungen der natürlichen Umgebung leicht zum Opfer fallen konnten. Zahlreiche Stätten an den Küstenländern wurden vermutlich durch das Steigen des Meeresspiegels zerstört, wie es in weiten Teilen Nordeuropas vom späten dritten Jahrhundert an bezeugt ist. Durch diese starke Naturveränderung ging man in der späteren römischen Zeit wahrscheinlich dazu über, größere Siedlungen auf höheren Hügeln zu errichten.

Die ausgedehnteste und in jeder Hinsicht bedeutendste Ausgrabung einer Hügelsiedlung an der Küste ist bis jetzt die Grabung in Feddersen Wierde von 1955 bis 1963 in der Nähe von Bremerhaven oberhalb der Wesermündung[3]. Dort wurde ein großer unregelmäßiger Hügel von über 100 Metern Durchmesser genauer als jede andere Siedlung ihrer Art untersucht. Dabei erhielt man außerordentlich wichtige Ergebnisse über die soziale und ökonomische Ordnung dieses Ortes während der römischen Zeit. Da die Fundstelle etwa fünf Jahrhunderte lang bewohnt war, ist die Masse der gewonnenen Daten enorm, obwohl noch nicht einmal alles veröffentlicht worden ist. Doch die Grundzüge der Geschichte von Feddersen Wierde sind klar. Die Siedlung entstand im späten ersten Jahrhundert v. Chr., zu einer Zeit, als die direkte Umgebung immer noch leicht überflutet werden konnte. Spätestens im frühen ersten Jahrhundert n. Chr. bestanden bereits ansehnliche Langhäuser mit zusätzlichen Vorratslagern. Jeder dieser Wohnsitze lag auf seinem eigenen niedrigen Hügel: Die Verschmelzung zu einem einzigen Hügel erfolgte erst später. Die Siedlung nahm während der römischen Zeit ständig an Größe zu und entwickelte eine strahlenförmige Anordnung, wie man sie auch von einigen der holländischen *Terpen* kennt. Kurz nach 100 n. Chr. kam es am südöstlichen Rand der Siedlung zu einer wichtigen Neuerung. Ein großes Haus, das in seiner eigenen, mit Pfählen versehenen Einfriedung lag, beherrschte von nun an die Siedlung. Um diesen Wohnsitz und seine Nebengebäude befanden sich eine Anzahl von Bauten, die von Handwerkern benutzt wurden. Sie verarbeiteten vielfältige Materialien, unter anderem Holz, Leder, Knochen und Eisen. Dieses Handwerkerviertel unterstand offensichtlich den Bewohnern des angrenzenden Hauses. Es scheint sich hier um eine enge Beziehung gehandelt zu haben, die wohl bestimmte Dienste beinhaltete. Dieser weitere Hinweis auf eine gesellschaftliche Differenzierung aus frührömischer Zeit ist eine wichtige Bestätigung der Funde, die man in Siedlungen in Holland gemacht hat (vgl. Seite 66). Was diese Anordnung in Feddersen Wierde so interessant macht, ist die Tatsache, dass sie etwa zwei Jahrhunderte erhalten blieb. Ein so hohes Maß an

3 W. Haarnagel, *Die Grabung Feddersen Wierde, Band 2: Methode, Hausbau, Siedlungs- und Wirtschaftsformen sowie Sozialstruktur*

Stabilität wurde zumindest teilweise durch die Bedingungen begünstigt, die im Küstenmarschland herrschten. Es ist nicht klar, wie oft eine solche Vorherrschaft einzelner Familien in Nordgermanien vorkam. Doch müssen wir berücksichtigen, dass zum Beispiel in Jütland in der spätrömischen Zeit wahrscheinlich eine andere Gesellschaftsstruktur bestand.

Siedlungsplan von Peelo, Drenthe, Holland: ein einziges Langhaus beherrscht die Umgebung; frührömische Eisenzeit.

Wir finden auch Anzeichen für eine sozial gehobene Gruppe in Siedlungen völlig anderer Art. In Peelo bei Assen und Fochteloo, beide in Drenthe[4], liegen ansehnliche Langhäuser mit einigen Nebengebäuden in ihrem eigenen Gebiet, aber ohne eine Ansammlung anderer Wohnsitze in der Nähe. In beiden Fällen ist das Langhaus ein großer Bau: In Fochteloo ist es 19 Meter lang, in Peelo 27 Meter. Beide Fundstätten stammen aus der frührömischen Eisenzeit, das Gebäude in Fochteloo aus dem ersten nachchristlichen Jahrhundert. Wenn sie tatsächlich die Wohnsitze von Häuptlingen waren, was am wahrscheinlichsten ist, dann folgt daraus, dass in diesem Teil Germaniens schon ab einer relativ frühen Zeit soziale Unterschiede bestanden. Die Friesen hatten natürlich lange Zeit mit Rom in Kontakt gestanden, sodass man schon früh einen Anreiz für solche Differenzierungen besaß. Wir hören von einem friesischen Anführer aus dem ersten Jahrhundert namens Cruptorix, der in der römischen Armee gedient hatte und in seinem Stammesgebiet seine eigene Villa besaß. Es wäre nicht überraschend, wenn sie ähnlich wie die Stätten in Fochteloo und Peelo ausgesehen hätte. Gemeinschaftssiedlungen kannte man in Jütland und auf den dänischen Inseln schon lange, besonders in Grøntoft, wo es zeitlich aufeinander folgende, mit Pfählen umgebene Dörfer aus abgeteilten Langhäusern seit Mitte des ersten Jahrtausends v. Chr. gab. Die späteren Siedlungen waren zwar größer, doch sie ähnelten diesen in der allgemeinen Struktur. In Hodde in Südwestjütland zum Beispiel findet man Zeugnisse geordneter Siedlungen seit dem späten ersten Jahrhundert v. Chr. über fünf Jahrhunderte hinweg[5]. Diese Siedlungen veränderten ihre Lage innerhalb des Hauptsiedlungsgebiets mehrere Male, ohne es jedoch völlig zu verlassen. Die gleichen Siedlungsveränderungen finden wir in Vorbasse in Südjütland[6]. In spätrömischer Zeit befand sich dort eine Ansammlung von 20 Langhäusern mit Nebengebäuden, von denen jedes in seiner eigenen umzäunten Einfriedung lag. Zu dieser Zeit waren Handwerk und Ackerbau die wichtigsten Kennzeichen der lokalen Wirtschaft. Dies deutet auf eine Gemeinschaft hin, die Arbeitsteilung praktizierte, um einen möglichst hohen Nutzen aus den ihr zur Verfügung stehenden Ressourcen zu ziehen. Im Unterschied zu der Vormachtstellung eines Individuums oder einer einzigen Familie in Feddersen Wierde scheint in Vorbasse eine viel egalitärere Gemeinschaft gelebt zu haben, die aus mehreren statusgleichen Familien bestand. Es ist natürlich möglich, dass die Siedlung einem Häuptling unterstand, der nicht dort wohnte. Die Existenz solch großer Siedlungen wie dieser und anderer in Ginderup, Mariesminde und Nørre Fjand ist ein klarer Hinweis auf ein beachtliches Bevölkerungswachstum während der römischen Eisenzeit, das seine Spitze im vierten Jahrhundert erreichte. Die Auswirkungen dieses Wachstums und des damit einhergehenden Kampfes um Land und andere Ressourcen waren tief greifend und führ-

4 P. B. Kooi, G. Delger und K. Klaassens, „A chieftain's residence at Peelo" in: *Palaeohistoria,* 29, 1987, S. 133–144; A. E. van Giffen, „Prähistorische Hausformen auf Sandboden in den Niederlanden" in: *Germania,* 26, 1958, S. 35

5 S. Hvass, Hodde, *Et vestjysk landsbysamfund fra aeldre jernalder*

6 J. Jensen, *The Prehistory of Denmark,* S. 214–220; S. Hvass, „Die völkerwanderungszeitliche Siedlung Vorbasse, Mitteljütland", in: *Acta Arch.,* 49, 1978, S. 61–111

Siedlungsplan von Wijster, Drenthe, Holland: eine regelmäßig angeordnete Siedlung aus dem vierten Jahrhundert n. Chr.

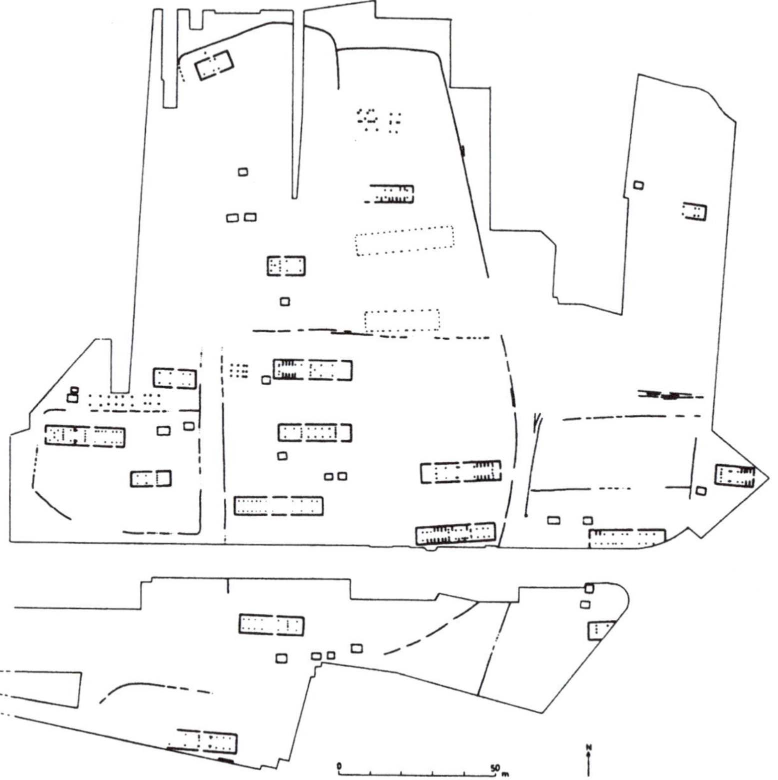

ten dazu, dass Wanderungen sowohl innerhalb des Gebiets als auch nach außen immer wichtiger wurden.

Die Entstehung großer Gemeinschaften wird durch Funde von Siedlungen aus der römischen Eisenzeit in Nord- und Mittelholland bezeugt. Die bedeutendste Einzelsiedlung befindet sich in Wijster, ebenfalls auf dem sandigen Boden von Drenthe[7]. Sie entwickelte sich aus einem einzelnen Bauernhof oder Weiler im ersten Jahrhundert v. Chr. durch einen sich beständig erweiternden Siedlungsplan zu einer regelmäßig angeordneten Siedlung von vielleicht 50 oder 60 Familien in spätrömischer Zeit. Das Maß an Planung, das sich in der Anlage der Straßen zeigt, die wiederum von Palisadenzäunen begrenzt waren, und eine gemeinsame Ausrichtung der bedeutendsten Langhäuser weist auf eine zentrale Autorität hin, die über beträchtliche Macht verfügte. Noch ist unklar, ob es sich dabei um eine Einzelperson, eine Familie oder um eine weiter gestreute Gruppe handelte. Das Gebiet, das die Wijster-Gemeinschaft kontrollierte, muss groß gewesen sein und eine mehr als ausreichende Versorgung für die Gruppe gewährleistet haben. Der Produktionsüberschuss fand in den Garnisonen und Siedlungen der römischen Provinz am Niederrhein einige Kilometer südlich raschen Absatz.

7 W. A. van Es, „Wijster: A native village beyond the Imperial frontier", S. 29

Kleinere Dorfgemeinschaften als Wijster konnten sich ebenfalls über lange Zeit halten. In Bennekom in Gelderland, nur 40 Kilometer von der römischen Grenze entfernt, vergrößerte sich eine Siedlung vom zweiten bis zum vierten Jahrhundert beständig. Während ihrer größten Ausdehnung bestand sie aus vier ansehnlichen Bauernhöfen mit ihren Nebengebäuden[8]. Die blühendste Wirtschaftsphase in Bennekom fällt wie auch in Wijster in das dritte und vierte Jahrhundert. Mit dem Zusammenbruch der römischen Macht am Rhein entfiel auch die Hauptstütze der wirtschaftlichen Ordnung in diesem Teil Germaniens. Sowohl Wijster als auch Bennekom verschwanden im frühen fünften Jahrhundert. Die Regionen direkt östlich des Rheins sind weit weniger gut dokumentiert als Holland und das Küstenland. Die derzeitigen Hinweise zeigen, dass dort eine Vielzahl von Siedlungsformen existierten, aber größere Ausgrabungen gibt es bis jetzt nur wenige. Eine umfassende Ausgrabungsstätte liegt in Haldern bei Wesel nahe am Rhein[9]. Der zentrale Teil dieser Siedlung wurde von zwei oder drei rechteckigen Gebäuden, allerdings nicht den üblichen abgeteilten Langhäusern, beherrscht. Bei einem der Gebäude handelte es sich um eine große Halle, die an die so genannte Cruck-Bauweise erinnert [Anm. d. Übers.: *crucks* sind gebogene Balken, die paarweise den Rahmen eines Hauses bilden]. Ein anderes Gebäude war ungewöhnlich breit. Es maß etwa neun auf sechs Meter und diente wahrscheinlich nicht als Wohnhaus, sondern besaß vielleicht eher eine gesellschaftliche oder religiöse Funktion. Um diese Gebäude lagen *Grubenhäuser,* die Arbeitsstätten und Unterkünfte für Abhängige boten. Es ist sicher, dass Haldern im ersten und zweiten Jahrhundert n. Chr. bewohnt wurde, aber wir können annehmen, dass sich die Siedlung später zu einem nahe gelegenen Ort verschob.

Siedlungen in den östlichen Regionen Germaniens wurden noch nicht so ausführlich untersucht wie die im Nordwesten. Es bestehen jedoch klare Anzeichen, dass bereits von einem frühen Zeitpunkt an Gemeinschaftssiedlungen existierten. Auf dem Bärhorst bei Nauen 50 Kilometer westlich von Berlin befand sich innerhalb einer Holzpalisade eine dicht angelegte Siedlung von ungefähr quadratischer Anordnung[10]. Etwa 30 Langhäuser könnten dort gleichzeitig gestanden haben, alle sorgfältig nach der gleichen Ost-West-Achse ausgerichtet, während in der Mitte der Einfriedung ein freier Platz blieb. Für eine Siedlung dieser Größe waren wenige Grubenhäuser oder andere Nebengebäude vorhanden, obwohl sich die Langhäuser vom Typ her unterschieden und eine Hierarchie gebildet haben könnten, die heute nur noch schwer zu erkennen ist. Die Datierungsergebnisse für den Bärenhorst wurden zwar nicht veröffentlicht, aber der Ort hat wohl im dritten Jahrhundert den Höhepunkt seiner Entwicklung erreicht. In der Berliner Region liegen noch andere bekannte Stätten, doch ihre Pläne zeigen beträchtli-

8 W. A. van Es, M. Miedema uns S. L. Wynia, „Eine Siedlung der römischen Kaiserzeit in Bennekom, Prov. Gelderland", in: *BROB* 35, 1985, S. 533–652.

9 R. von Uslar, „Die germanische Siedlung in Haldern bei Wesel am Niederrhein", in: *Bonner Jahrbücher* 149, 1949, S. 105–145

10 O. Doppelfeld und G. Behm, „Das germanische Dorf auf dem Bärhorst bei Nauen", in: *Prähistorische Zeitschrift,* 28–29, 1938, S. 284

che Unterschiede. In Kablow, 30 Kilometer östlich der Stadt, entstand eine Siedlung aus zwei Häuserreihen, aber sie entwickelte sich dann im dritten Jahrhundert zu einer Gruppe von mehr als 60 Gebäuden, einschließlich abgeteilter Langhäuser und großer ovaler Grubenhäuser. Am Nordende dieser großen Siedlung befand sich ein auffallender Wohnsitz, neben dem eine Reihe Lagerhäuser lag. Hier lebte aller Wahrscheinlichkeit nach der örtliche Häuptling oder Anführer. Nachdem sich die Siedlung so lange Zeit an der gleichen Stelle befunden hatte, wurde der Ort im dritten Jahrhundert allmählich verlassen und durch ein anderes großes Dorf in der Nähe ersetzt.

Burgen oder andere befestigte Plätze spielten in der Siedlungsgeschichte der Germanen nach bisherigen Erkenntnissen eine geringe Rolle[11]. Diese Feststellung könnte aber in die Irre führen, denn nur relativ wenige Fundstätten auf Bergkuppen wurden bisher im germanischen Kernland untersucht. An einigen Stellen finden sich Anzeichen für eine Besiedlung in der römischen Eisenzeit und während der Völkerwanderung, aber nur bei sehr wenigen wurde solchen Hinweisen mit den entsprechenden Ausgrabungen nachgegangen. In Südwestdeutschland und in Tschechien, wo die Tradition, auf Bergkuppen befestigte Orte zu errichten, schon lange vor der Ankunft der germanischen Siedler bestand, könnte man erst recht erwarten, dass diese Befestigungsanlagen entweder wieder verwendet oder neu erbaut wurden, besonders während der Unruhen in der späteren römischen Eisenzeit. Sicher ist, dass dies in den Gebieten am Oberrhein und der oberen Donau auch so geschah. Auf dem Glauberg etwa fünf Kilometer östlich des römischen *Limes* war ein vorstehender flacher Bergkamm von mehreren prähistorischen Gemeinschaften nacheinander besiedelt worden, bevor dort im frühen ersten Jahrhundert v. Chr. eine große Bergfestung entstand. Ihre Bewohner verließen sie vor der Errichtung der römischen Grenze in der Wetterau und sie blieb unbewohnt bis die Grenze um 260 n. Chr. aufgegeben wurde. Nicht lange danach erhielt der Bergkamm eine neue Befestigung, diesmal eine Steinmauer. Die Erbauer und Bewohner waren Alamannen, vielleicht die Untergebenen eines örtlichen Häuptlings oder *regulus,* die nun in die Gebiete zu ziehen begannen, die ihnen durch die römische Militärpräsenz bisher verwehrt geblieben waren. Die Besiedlung des Glaubergs dauerte vom frühen vierten bis zum Ende des fünften Jahrhunderts. Zu Beginn dieser Zeit behielt man die enge Verbindung zur römischen Welt bei, entweder durch Handel oder durch lokale Übereinkünfte. Über die innere Anordnung der Siedlung ist kaum etwas bekannt, weil 1945 die Berichte über die Ausgrabungen der dreißiger Jahre zerstört wurden. Doch die Fundamente von Steinhäusern und auch Werkstätten konnten identifiziert werden. Weiter südlich in Mittelfranken wurde die Bergfestung Gelbe Burg bei Dittenheim ebenfalls im vierten und fünften Jahrhundert

11 G. Mildenberger, *Germanische Burgen*

besiedelt. Die Verteidigungsanlagen aus der spätrömischen Phase waren ungewöhnlich mächtig. Sie bestanden aus einem riesigen, über 13 Meter langen Steinwall aus zwei Trockensteinmauern, die eine Masse von Stein und Erde verkleideten. Diesen riesigen Wall krönte wahrscheinlich noch eine hölzerne Brustwehr. Im Burginnern fanden sich reichlich Zeugnisse für die Besiedlung seit dem vierten Jahrhundert, hauptsächlich in Form von Fibeln und anderen Schmuckgegenständen, Gürtelteilen und Waffen sowie römischen und germanischen Tongefäßen. Der vorherrschende militärische Charakter der Funde deutet darauf hin, dass diese Burg von Kriegern genutzt wurde, die möglicherweise in römischen Diensten standen.

Obwohl stark befestigte Orte unter den Siedlungen der germanischen Völker bis jetzt in der Forschung noch keine große Rolle spielen, gibt es doch Anzeichen für das Bestehen örtlicher Festungen. Dabei handelte es sich jedoch nicht um die eindrucksvoll verteidigten Bergfestungen des keltischen Europa, obgleich die Nutzung einiger Burgen nachgewiesen ist. Die meisten der bekannten befestigten Plätze der Germanen bestanden aus verhältnismäßig kleinen Einfriedungen auf dem flachen Land, die eher von Holzpalisaden als riesigen Verteidigungsanlagen und Erdwällen umgeben waren. Eine davon ist die Heidenschanze bei Bremerhaven, eine Einfriedung von zehn Hektar, die durch eine starke Palisade im Ringgraben vor einem Erdwall geschützt wurde, der an seiner Rückseite durch eine Bretterwand verkleidet war. Die Anlage stammt aus dem ersten Jahrhundert v. Chr. und wurde bis in die frührömische Zeit genutzt; die Verteidigungsanlagen waren mehrfach erneuert worden. Innerhalb dieser Anlagen bestand wahrscheinlich wenig Raum für eine große Siedlung, sodass die Bedeutung der Heidenschanze vermutlich eher im Handel als in der Besiedlung zu suchen ist. Die Lage war sorgfältig ausgewählt, um das Land und die Flussläufe zu überblicken, die an der Mündung der Weser, selbst ein wichtiger Zugang vom Meer, zusammentrafen. Somit lag die Heidenschanze optimal, um als Verteilungsort für Güter, die von der Küstenzone ausgeführt wurden, und als Annahmestelle für Importe zu dienen.

Eine bemerkenswerte Reihe befestigter Orte wurde auf den sandigen Böden von Drenthe in Nordholland ausgegraben. Sie alle lagen an Stellen, die keinen taktischen Vorteil boten[12]. Es handelt sich hauptsächlich um geradlinige, mit Pfählen umgebene Einfriedungen. Vier von ihnen – in Zeijen, Vries und Rhee – wurden fast vollständig ausgegraben und alle stammen aus dem Zeitraum von 200 v. Chr. bis ins erste Jahrhundert n. Chr. Ohne Zweifel war der Aspekt der Verteidigung in diesen Stätten sehr wichtig. Zeijen I aus der späteren römischen Eisenzeit wurde durch einen fast vier Meter breiten Wall mit dicken Holzpalisaden an Vorder- und Rückseite geschützt. Vries war in seiner jüngsten Form nicht nur von einem Wall, sondern auch von drei zusätz-

12 H. T. Waterbolk, „Walled enclosures of the Iron Age in the north of the Netherlands", in: *Palaeohistoria* 19, 1977, S. 97–172

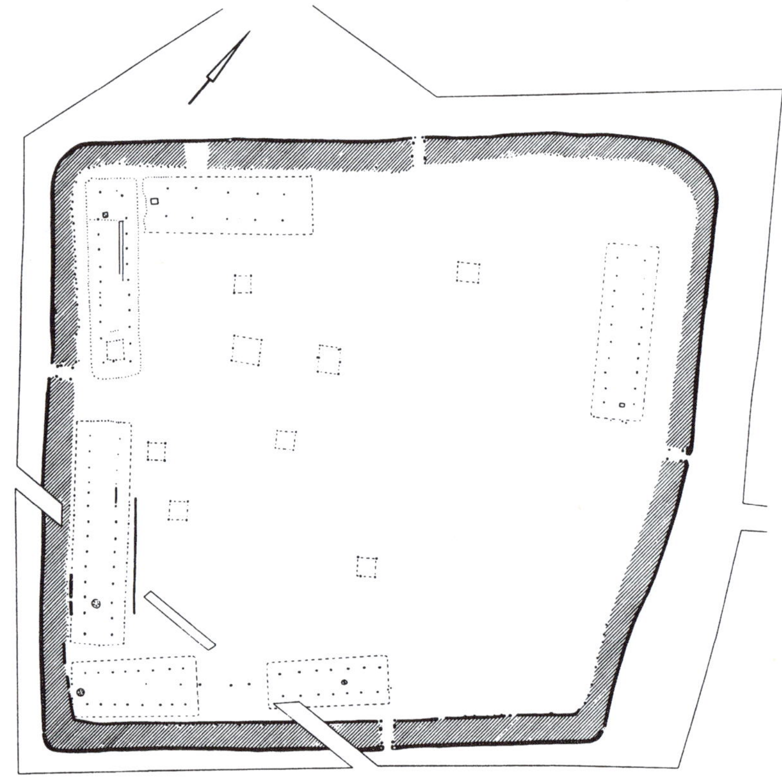

Siedlungsplan von Zeijen I, Drenthe, Holland: eine von Palisaden geschützte Siedlung aus der frührömischen Eisenzeit

lichen, außerhalb liegenden Palisadenzäunen umgeben. In ihrer inneren Struktur zeigen die Stätten beträchtliche Unterschiede. Der Innenraum von Zeijen I zeigt die Merkmale einer sorgfältigen Planung: Sechs große Langhäuser lagen in der Nähe der Verteidigungsanlagen und das Zentrum enthielt nur Bauten mit vier oder sechs Pfosten, die man gewöhnlich als Lager für Getreide oder andere Produkte betrachtet. Die spätere Stätte Zeijen II enthielt größtenteils Lagergebäude, die in der Nähe der Wälle errichtet wurden. Die Einfriedung in Vries enthielt immer nur wenige Gebäude und erkennbare Wohnhäuser sind besonders selten. Im Gegensatz dazu war das dicht angelegte Rhee hauptsächlich eine Einfriedung mit Wohnhäusern. Während ihrer ganzen Geschichte nahmen Langhäuser dort große Teile der inneren Fläche ein. Sowohl Rhee als auch Zeijen I könnten als Wohnsitze für mächtige Familien am Ort gedient haben, welche die Ressourcen und das Land dieses Gebiets kontrollieren wollten. Die Einfriedungen, die hauptsächlich Lagergebäude enthielten, könnten als Aufbewahrungsort für ihren Reichtum genutzt worden sein und deshalb ebenso starker Verteidungsanlagen wie jene um die Wohnsitze herum bedurft haben. Die Bild einer örtlich begrenzten Macht und der damit zusammenhängenden Rivalitäten kann durch die archäologischen Zeugnisse verdeutlicht werden. Es ist davon auszugehen, dass solche „Herrensitze“ zu diesem frühen Zeitpunkt wahrscheinlich auch in anderen Teilen Germaniens existierten.

Nicht alle Bauwerke lassen sich leicht in Kategorien wie Behausung, Lagergebäude oder Verteidigungsanlagen einteilen. In einer groß angelegten Untersuchung der nordfriesischen Insel Sylt wurden eine Anzahl von Siedlungen aus der Eisenzeit gefunden, unter ihnen die ungefähr kreisförmige Archumsburg auf einer kleinen Anhöhe, die von einem ursprünglich fünf Meter dicken Torfwall umgeben war und einen Raum von 100 Metern im Durchmesser begrenzte. Innerhalb dieser Einfriedung lagen Holzgebäude mit Wänden aus Flechtwerk und Stützpfosten in der Mitte. Auf den friesischen Inseln ist eine Anzahl von Erdwällen dieser Art bekannt. Als Verteidigungsanlagen können sie nicht überzeugen und ihre wahre Bedeutung ist noch nicht geklärt. Man könnte sie sich als Kultorte oder auch Versammlungsplätze für die Inselgemeinschaft vorstellen. Es ist auch möglich, dass solche Erdwälle auf dem Festland existierten, denn ihre Überreste sind vergänglich und vielleicht dem späteren Ackerbau zum Opfer gefallen.

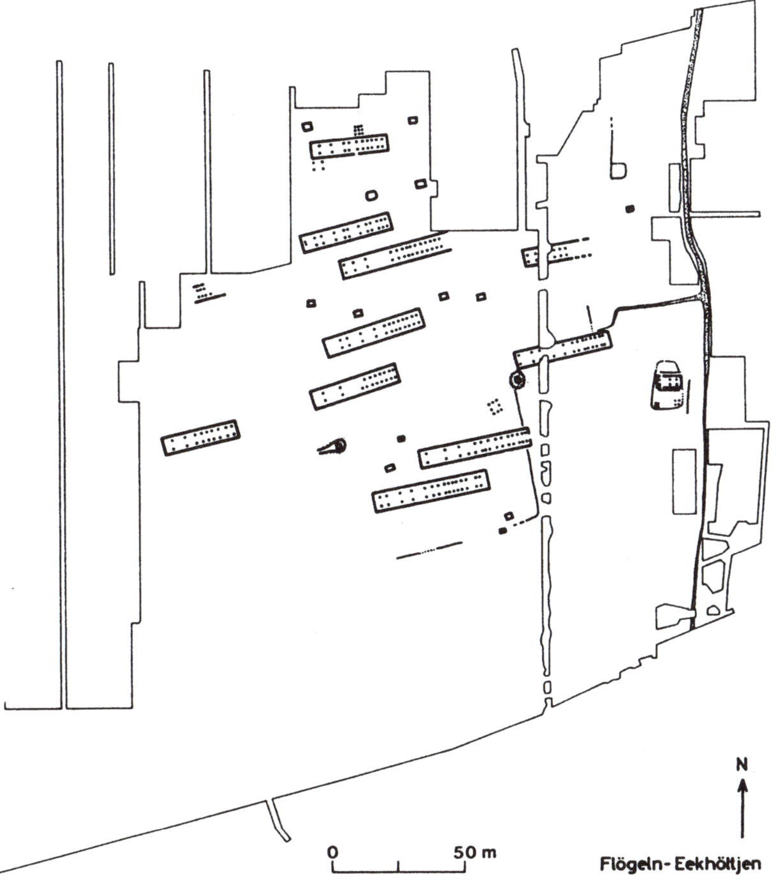

Siedlungsplan von Flögeln im Landkreis Cuxhaven; viertes bis fünftes Jahrhundert n. Chr.

In den germanischen Siedlungen in Holland gab es eine Reihe von unterschiedlichen einfachen Bauwerken und viele davon hinterließen nur sehr wenige Spuren. Bei neueren Grabungsarbeiten in den Poldern bei Assendelft konnte man kleine Häuser bis zu zehn Meter Länge identifizieren, die größtenteils durch Rinnen umgrenzt wurden, die wiederum entlang der vermutlich aus Torf errichteten Außenwand verliefen. Selbst die größeren Gebäude in diesen Siedlungen wurden durch kleine hölzerne Pfosten, kaum größer als Pfähle, gefügt. Diese Entdeckungen zeigen, dass die Untersuchungen zu diesen germanischen Gebäuden noch lange nicht abgeschlossen sind.

Die Landwirtschaft

Die Tierhaltung spielte in der Landwirtschaft der frühen Germanen eine sehr große Rolle[13]. Laut Tacitus bestand der Reichtum vieler Germanen in ihren Herden und ihrem Vieh. Dies wird durch die Wohnsiedlungen Germaniens und die dort gefundenen Tierüberreste bestätigt. Untersuchungen von Tierknochen aus einer Anzahl von Siedlungen im Norden zeigen, dass Rinder überall von größter Bedeutung waren; man schätzte sie sowohl wegen ihres Fleisches und ihrer Milch wie auch als Lasttiere, gefolgt von Schweinen, Schafen und in geringerem Maße von Pferden. Andere Haustiere wie Ziegen und Hühner finden sich in den meisten Dörfern und Weilern kaum. Bei den größeren Säugetieren wirkten sich Kreuzungen mit Tieren aus anderen Teilen Europas nur in ausgesprochen geringem Maße aus. Die wahllosen Züchtungen über Jahrhunderte hinweg führten unvermeidlich zu einem kleineren Körperbau der Tiere, sodass bestimmte Arten uns heute sicherlich wie Miniaturrassen erscheinen würden.

13 Der Großteil der folgenden Ausführungen ist zusammengefasst in G. Kossak, K.-E. Behre und P. Schmid (Hrsg.), *Archäologische und naturwissenschaftliche Untersuchungen an ländlichen und frühstädtischen Siedlungen im deutschen Küstengebiet vom 5. Jahrhundert v. Chr. bis zum 11. Jahrhundert n. Chr.*, Band 1, Bonn 1984 und in M. Todd, *The Northern Barbarians*, S. 100–114.

Die Rinder der Siedlungen an der Nordküste waren klein. Ihr Widerrist lag nicht höher als 1,1 Meter, sie waren schlank und hatten kurze Hörner. Die Pferde waren normalerweise kurz und kräftig gebaut, aber viele maßen bis zur Schulter nur 1,4 Meter. Die Schweine waren verhältnismäßig klein, obwohl sie ursprünglich von einer großen, wilden Rasse abstammten. Die Schafe und Ziegen entsprachen hingegen in der Größe denen der damaligen römischen Welt oder denen des Mittelalters. In fast allen Fundstätten herrschten Rinder als Haustiere vor. In Feddersen Wierde machen sie mehr als die Hälfte aller Haustiere aus; in Wulfshof beträgt ihr Anteil fast 70 Prozent. In den Küstenmarschländern mit reichlich Weideland bildeten Schafe die nächst größere Gruppe. In bewaldeteren Gebieten kam die Schweinehaltung nach der Rinderhaltung auf dem zweiten Platz. Pferde spielten nirgends eine sehr große Rolle und wurden wahrscheinlich hauptsächlich als Zugtiere gehalten. Doch Schlachtspuren auf einigen Pferdeknochen deuten darauf hin, dass sie gelegentlich auch verzehrt wurden. In den meisten Siedlungen gab es einige wenige Hunde, die vermutlich als Hüte- oder Wachhunde

Rekonstruktion einer Siedlung der römischen Eisenzeit in Lejre, Dänemark

eingesetzt wurden. In Feddersen Wierde begrub man Hunde häufig unter den Schwellen der Häuser als symbolische Wächter des Heims. Gelegentlich tauchen in den Funden Haushühner auf. Die Auswahl an verfügbarem Fleisch für den Haushalt war also beträchtlich. Eine verhältnismäßig große Anzahl der Tiere wurde in jungen Jahren geschlachtet, was erkennen lässt, dass saftiges Fleisch in der Ernährung eine große Rolle spielte. In einigen Siedlungen wurde etwa ein Drittel der Schafe während ihrer ersten 18 Lebensmonate getötet. Auch Ferkel wurden geschlachtet, Kälber jedoch weniger. Rinder hielt man eindeutig wegen ihrer Milch und der Produkte, die sich daraus herstellen ließen. Die Häute der ausgewachsenen Tiere wurden zu gegebener Zeit zu Leder verarbeitet und auf vielfältige Art verwendet.

Erstaunlicherweise spielte die Jagd auf Wildtiere in der Nahrungsversorgung nur eine sehr geringe Rolle. An den am ausführlichsten untersuchten Fundorten belaufen sich die Überreste wilder Säugetiere auf weniger als ein Prozent aller Tiere. Und dennoch kam in Germanien reichlich Wild, vor allem Auerochsen, Wildschweine, Rehe und Rotwild vor. Man konnte auch Fuchs-, Biber- und Otternfelle bekommen, aber die Jagd auf diese Tiere lässt sich nur selten nachweisen. Rotwild wurde vermutlich am häufigsten gejagt, zum Teil wegen seines Fleisches, zum Teil wegen seines Geweihes, aus dem man eine Anzahl von Geräten herstellte. Meeressäuger tauchen unter den in den Siedlung gefundenen Knochen nur selten auf. Delfin- und Walknochen wurden vermutlich von gestrandeten Tieren gesammelt. Robben gab es reichlich und man konnte sie leicht auf den Sandbänken der Ost- und Nordsee jagen. In Feddersen Wierde wurden relativ viele ihrer Knochen gefunden. Diese Tiere könnten den Küstenbewohnern Fleisch, Öl und Häute geliefert haben. Die Fischerei hatte für die Ernährung größere Bedeutung als die Jagd auf Säugetiere. Stör und Lachs wurden wahrscheinlich in Netzen gefangen, wenn sie vom offenen Meer in die Mündungen schwammen. Doch auch Kabeljau wurde gefangen und das bedeutet, dass man auch fern der Küste mit Booten fischte. Schollen und Flundern konnte man leichter in Küstengewässern fangen. Auch Schalentiere, besonders Muscheln, wurden gesammelt, doch nicht in großer Menge. Einige Küstenorte lebten wahrscheinlich zumeist von der Fischerei, zum Beispiel Nørre Fjand in Jütland, wo man große Mengen von Fischgeräten gefunden hat.

Das Getreide, das die nordgermanischen Bauern anbauten, ist in einer Vielzahl von Funden nachgewiesen, insbesondere in Form von Pollenspektren, Samenfunden und anderen Pflanzenüberresten in datierten Depots. Gerste wurde bereits seit dem zweiten Jahrtausend v. Chr. reichlich angebaut und sollte besonders als Graupen bis zum frühen Mittelalter das vorherrschende Getreide bleiben. Auch Hafer, der ursprünglich als Unkraut zwischen dem angepflanzten Korn gesammelt wurde, war weit verbreitet. Verschiedene Formen von Weizen, unter anderem Emmer und Einkorn, wurden wie bereits seit dem Neolithikum häufig angebaut. Roggen und Hirse waren unterschiedlich weit verbreitet, ähnlich wie andere Samen tragende Pflanzen, zum Beispiel Leindotter. Die am häufigsten angebauten Gemüse waren wohl Bohnen und Erbsen. Flachs wurde hauptsächlich wegen seiner ölhaltigen Samen angebaut, aber auch wegen der Fasern, die man zu Leinen verarbeiten konnte. Es gab verschiedene Wildpflanzen, die man sammelte, zum Beispiel Sellerie, Spinat, die Brassicae und Löwenzahn, Radieschen und Kopfsalat.

Es gibt wenig Anzeichen, dass Wildfrüchte und Beeren gesammelt wurden, und überhaupt keinen Hinweis auf Obstanbau. Holunderbeeren, Erdbeeren und Brombeeren sind in Siedlungen bezeugt, jedoch nur in geringen Mengen. Man konnte sie zur Herstellung von gegorenen Getränken verwenden oder sie frisch verzehren. Äpfel und Birnen waren offensichtlich nicht bekannt, dafür aber Pflaumen, Wildkirschen, Schlehen und Haselnüsse. Insgesamt bildeten sie in Nordeuropa während der Eisenzeit eine bescheidene Ergänzung zur Ernährung. Eine Pflanze, die aus einem anderen Grund angebaut wurde, war Färber-Waid, das in Feddersen Wierde und in Dänemark bezeugt ist. Man verwendete es zum Färben von Textilien.

Der germanische Durst war legendär. Trinkzubehör wie Hörner, Glasgefäße, Bronzebehälter und Silberpokale tauchen während der gesamten Zeit als häufige Beigaben in germanischen Gräbern auf. Was man tatsächlich getrunken hat, ist dagegen weniger klar. Oft wird angenommen, dass die Germanen römischen Wein tranken, aber nur wenige Anzeichen sprechen dafür, dass Wein in größerer Menge die römischen Grenze überquerte. Im Gegensatz zur Einfuhr römischer Weinamphoren in das frühere keltische Europa kommen sie in Germanien nur selten vor und andere Hinweise auf Weinkonsum lassen sich nur selten finden. Das nordeuropäische Hauptgetränk wurde aus vergorenem Getreide hergestellt. Man konnte es aus Rückständen in Trinkhörnern, die in Dänemark gefunden wurden, durch chemische Analyse als bierähnliches Getränk identifizieren. Das Vorherrschen von Gerste unter den angebauten Getreidesorten ließe sich zum Teil durch die Verwendung bei der Bierherstellung erklären. Es gab auch andere Getränke auf der Basis von Fruchtsäften, die man in Trinkhörnern nachgewiesen hat. Ein Horn, das in Skydstrup in Dänemark gefunden wurde, enthielt Spuren eines auf Honig basierenden Getränkes, des Met, der später in vielen Teilen des germanischen Europa beliebt war. Auf den Festen der Germanen floss aber vor allem Bier und die Größe einiger Gefäße spricht für sich selbst: Einige fassten mehrere Liter; ein einzelnes Trinkhorn konnte unter Umständen sogar neun bis 13 Liter fassen.

Die Bestattung der Toten

Die Untersuchungen über die germanischen Völker sind stark auf die Informationen angewiesen, die sich aus Gräberfeldern und Bestattungsriten erschließen lassen. Die Brandbestattung war schon im zweiten Jahrtausend v. Chr. fest etabliert und blieb während der nächsten tausend Jahre und bis in die historische Zeit die vorherrschende Art der Bestattung. Die ersten Körperbestattungen kamen im ersten Jahrhundert v. Chr. auf, doch sie beschränkten sich auf ziemlich begrenzte Gebiete in Dänemark, Südschweden und der Region an der unteren Weichsel. In Nordgermanien wird eine Reihe reich ausgestatteter Körpergräber, die so genannte Lübsow-Gruppe, oft einer gesellschaftlich hoch stehenden Gruppe zugeordnet, da die Gräber abseits der gewöhnlichen Brandgräber lagen und ihre Ausstattung auf den Zugriff auf Luxusgüter der römischen Welt hinweist. Die Körperbestattung kam in Südskandinavien häufiger vor als anderswo. Solche Gräber befanden sich oft unter einem Grabhügel oder Steinhaufen. Die Mehrheit der Bestattungen in allen germanischen Gebieten vor den Wanderungen waren jedoch Brandgräber. Sie lagen oft in ausgedehnten flachen Gräberfeldern; die größten unter ihnen konnten Tausende von Gräbern enthalten. Die meisten waren einfach ausgestattet und enthielten ein oder zwei Keramikgefäße, eine Fibel oder anderen Schmuck, ein Messer oder ein Spinnwirtel. In vielen Fällen wurden auch Opferspeisen und -getränke beigegeben, wie Funde von Tierknochen bezeugen. In den meisten Regionen enthielt nur ein verhältnismäßig kleiner Teil der Gräber Waffen oder Werkzeuge. In einigen Gegenden Nordgermaniens lassen die Grabbeigaben eine Trennung der Gräberfelder nach Geschlechtern erkennen. Die Mehrheit der Gräberfelder stammen jedoch von vollständigen Gemeinschaften und enthüllen wenig über den sozialen Status oder Reichtum des Einzelnen. Gräber von Kindern und Säuglingen kommen selten vor. Deshalb ist es wahrscheinlich, dass die kleinen Leichname weniger formell beseitigt wurden. Im Tisice-Gräberfeld in Böhmen beispielsweise enthielten nur neun von den insgesamt 104 Gräbern Kinder und keines davon war ein Kleinkind. Dennoch wurden auch Kindergräber gelegentlich mit reichen Grabbeigaben ausgestattet, die auf einen hohen sozialen Rang hinweisen, wie im Falle eines Jungen in Bornitz, der mit einem Gürtel, zwei Messern, zwei Sporen, silbernen Kleidungsverzierungen und einem Trinkhorn begraben wurde. Brandgräber kennen wir in verschiedenen Formen. Die üblichste war das Urnengrab, wobei die verbrannten Überreste eingesammelt und in einen Topf oder gelegentlich in ein Metallgefäß oder auch in ein Holz- oder Stoffbehältnis gelegt wurden. Das Ganze wurde dann in einer kleinen Grube begraben. Eine weitere häufig vorkommende Grabform enthielt die Überreste des Scheiterhaufens und Grabbeigaben sowie die Asche der Toten *(Brandgrubengrab)*, während bei einer dritten Form die eingeäscherten Überreste von der Urne und der anderen Grabausstattung getrennt aufbewahrt wurden *(Brandschüttungsgrab)*. Letztere kamen hauptsächlich im Norden, aber auch anderswo vor. Auch leere Gruben findet man in Gräberfeldern, wahrscheinlich Kenotaphe oder Opfer-*putei* (rituelle Gruben). In den östlichen Gebieten, besonders in Polen, liegen Gräberfelder, in denen Einzelgräber nicht existieren. Die Überreste der Toten und ihre Beigaben wurden in einer Schicht auf den Boden verstreut und dann mit Erde bedeckt.

Reich ausgestattete Gräber finden wir vor dem späten ersten Jahrhundert v. Chr. selten. In dieser Zeit gelangten erstmals Importe römischer Luxuswaren in den nördlichsten Teil Europas, hauptsächlich Gefäße aus Silber, Bronze, Glas und Keramik. Die hochwertigen Stücke wurden vermutlich lange Zeit benutzt, ehe man sie der Erde anvertraute. Einige Gräber in Dänemark aus dem ersten vorchristlichen Jahrhundert enthalten etruskische und kampanische Bronzegegenstände, die, als man sie begrub, mindestens 300 Jahre alt waren. Die außergewöhnlich hohe Qualität der schönsten Importstücke lässt sich ausgezeichnet an den beiden prächtigen augusteischen Silberkelchen und Bronzeutensilien aus einem Grab in Hoby auf der dänischen Insel Lolland demonstrieren, die ein ganzes Bankettservice bildeten. Die Silberkelche gehören zu den feinsten Erzeugnissen griechisch-römischer Metallverarbeitung, doch sie sind keineswegs die einzigen Zeugnisse dieser Kunst in Nordeuropa (vgl. S. 86).

Körperbestattungen waren bei den östlichen Völkern und in Skandinavien lange Zeit die übliche Bestattungsform. In der späteren römischen Eisenzeit verbreitete sich die Inhumierung vielleicht unter dem Einfluss einer veränderten Sitte in den römischen Grenzprovinzen in weiten Teilen Nord- und Mitteleuropas. Die Germanen, die sich ab dem vierten Jahrhundert in den Provinzen ansiedelten, übernahmen die Körperbestattung schnell. Die bemerkenswertesten Ausnahmen bildeten die angelsächsischen Eindringlinge in Britannien, von denen die Mehrheit noch lange nach ihrer Einwanderung an der Einäscherung festhielt. Die Goten beerdigten ihre Toten schon vor ihrer Ankunft im Römischen Reich und behielten diese Sitte bei, als sie sich in Gallien, Italien und Spanien niederließen. Die Grabbeigaben, normalerweise ziemlich bescheiden, bestanden gewöhnlich aus persönlichem Schmuck. Waffen und Kriegsausrüstung wurden gotischen Gräbern nur selten beigefügt, sodass sie sich von denen anderer Germanen oder römischer Provinzbewohner oft nur schwer unterscheiden lassen. Andere Völker wie die Burgunder übernahmen anscheinend die Bestattungssitten der Provinzbevölkerungen, bei denen sie sich angesiedelt hatten, und sind in den Funden daher kaum erkennbar. Das Gleiche trifft wahrscheinlich auf die Franken bei ihrer Ausdehnung nach Süden zu.

Kunstvolle Denkmäler auf dem Grab gehörten nicht zum germanischen Bestattungsritus. Theoderichs Mausoleum in Ravenna ist im Grunde ein römischer Bau. Sogar einfache Hügel oder andere Baulichkeiten über Gräbern scheinen in den meisten Regionen ziemlich selten gewesen zu sein, obwohl von den östlichen Völkern Tumuli errichtet und in Skandinavien Steinhaufen über die Gräber geschichtet wurden. In Skandinavien findet man besonders in Schweden zur Zeit der Völkerwanderung auch Steinkonstruktionen in der Form eines Schiffes und natürlich Gräber mit echten Schiffen und Booten für die vornehmeren Toten.

Die unter den Germanen zur Zeit der Völkerwanderung am weitesten verbreitete Nekropolenform waren die *Reihengräber*. In ihnen wurden die Leichname in langen abgetrennten Reihen beerdigt, wobei die frühesten Bestattungen oft in der Mitte liegen und danach nach außen erweitert wurden. Solche Gräberfelder nutzte man häufig sehr lange Zeit. Wir finden sie seit dem frühen fünften Jahrhundert auf beiden Seiten des Rheins. Danach wurden sie bei den Franken, Alamannen und ihren Nachbarn zur gängigen Bestattungssitte, bis sie sich schließlich in weiten Teilen West- und Mitteleuropas ausbreiteten. Die Ursprünge der Reihengräber werden noch immer diskutiert. Eine Verbindung zur Ausbreitung des Christentums ist möglich, aber nicht völlig überzeugend.

Bei den germanischen Bestattungsriten lässt sich allgemein ein gewisser Konservatismus oder ein Festhalten an bestimmten Bräuchen und Plätzen über längere Zeit hinweg feststellen, wie sich an den riesigen

Urnenfeldern Nordeuropas, an den Reihengräbern sowie an der Beibehaltung der Brandbestattung bei einigen Angelsachsen zeigt. Plötzliche oder dramatische Veränderungen kamen nur selten vor. Adlige und Könige wurden in manchen Fällen immer noch mit ihren irdischen Reichtümern begraben, lange nachdem sich das Christentum bei ihren Völkern durchgesetzt hatte und die Bestattung der Vornehmen in Kirchen üblich wurde.

Ein Aspekt der Gräberfelder, den man in Anbetracht der sorgfältigen Bestattung der Toten und ihrer Grabbeigaben vielleicht nicht erwartet, ist das Phänomen des Grabraubs, vor allem in der Zeit der Völkerwanderung. Dafür finden wir Zeugnisse in Gräbern, die sich in Bezug auf den Reichtum ihrer Ausstattung deutlich unterscheiden. Es ist heute gesicherte Erkenntnis, dass Diebe oft nicht lange nach der Bestattung in die Gräber eindrangen und ihren Inhalt fortschafften. Einige einst sehr reich ausgestattete Gräber wurden auf diese Weise fast leergeraubt. Für diese Störung der Totenruhe und das Ausrauben der Gräber liegen mehrere mögliche Erklärungen auf der Hand, unter anderem Diebstahl und die Notwendigkeit, einen Leichnam zur erneuten Bestattung wiederzuerlangen. Man hat auch vorgebracht, dass die erlaubte Zurücknahme von Grabgütern nach nicht allzu langer Zeit in Betracht zu ziehen sei, oder dass das Grab vielleicht nur als vorübergehende Ruhestätte der Toten betrachtet wurde. Wenn die Seele anderswo wohnte, gab es keinen Grund mehr, die Grabbeigaben in der Erde zu belassen – eine zwar denkbare Theorie, aber sie erklärt nicht, warum so viele prächtig ausgestattete Gräber erhalten blieben, ohne dass ihr Inhalt angerührt wurde. Deshalb hatte der Grabraub meistens wohl weniger mit Vorstellungen über das Leben nach dem Tod zu tun, sondern mit ganz normaler menschlicher Habgier.

Handel und Diplomatie

Die römische Diplomatie und die Germanen

Wenn fortschrittliche Kulturen und Mächte mit primitiven Völkern jenseits ihrer Grenzen konfrontiert werden, entwickeln sie normalerweise rasch Kontrollsysteme. Das geschieht manchmal direkt durch militärische Überwachung, doch häufiger durch diplomatische Mittel und politische Manipulationen: „Teile und herrsche" (im Sinne von „Entzweie, um zu gebieten") – dieses Prinzip gehörte zu den gängigen Methoden der römischen Staatskunst und wurde bei den Völkern Nordeuropas häufig und mit sichtbarem Erfolg angewandt. Obwohl die Hauptziele politischer Natur waren, hatte die römische Vorgehensweise auch auf andere Aspekte der germanischen Gesellschaft Einfluss, sodass eine Erklärung dieses Prozesses und seiner Auswirkungen notwendig ist.

Die römischen Bemühungen, die germanischen Stämme aus ihren eigenen Gesellschaften heraus zu kontrollieren, hatten bis zu ihrem Höhepunkt im Jahre 9 n. Chr. schon beträchtliche Fortschritte erzielt[1]. In keinem Fall aber verfolgte man dieses Ziel energischer als bei den Cheruskern, dem Kern einer Gruppe von Stämmen, die der Armee des Publius Quinctilius Varus eine vernichtende Niederlage zufügten. Die Cherusker hatten im Jahr 6 n. Chr. Arminius zu ihrem militärischen Anführer gewählt, wahrscheinlich nicht lange nachdem er als Befehlshaber über germanische Truppen in der römischen Armee gedient hatte. Man kann sich gut vorstellen, dass die Wahl des Arminius den römischen Befehlshabern zu diesem Zeitpunkt nicht unwillkommen war. Schließlich war er nicht der einzige Cherusker, der in römischem Dienst gestanden und den Profit, den man daraus ziehen konnte, kennen gelernt hatte. Sein Schwiegervater Segestes hatte sich, als die römischen Truppen die Gebiete östlich des Rheins nach 12 v. Chr. besetzten, Rom gegenüber als außerordentlich loyal erwiesen, sodass ihm von Augustus das römische Bürgerrecht verliehen wurde. Wie die Loyalität des Segestes erkauft worden war ist unbekannt, aber da er später seine Überzeugung äußerte, dass die Interessen Roms die gleichen seien wie die der Germanen, muss sein Gewinn schon sehr beachtlich gewesen sein. Segestes widersetzte sich heftig der Idee, gegen die römische Besatzung zu revoltieren und tat, was er konnte, um Arminius' Pläne an Varus zu verraten. Als sich die Ereignisse im Jahr 9 n. Chr. zuspitzten, nahmen er und sein Gefolge dann aber am Feldzug gegen die römischen Truppen teil und sie erhielten nach der letzten Schlacht ihren Anteil an der Beute. Trotzdem stand Segestes weiterhin auf der Seite der Römer und blieb

1 E. A. Thomson, *The Early Germans*, S. 72–108

im Streit mit Arminius, wobei er noch immer den Traum hegte, dass die Römer in das Gebiet östlich des Rheins zurückkehren würden. Nachdem er 15 n. Chr. während der Feldzüge des Germanicus schließlich bezwungen wurde, retteten ihn die Truppen des Arminius und er erhielt Zuflucht in der römischen Provinz Gallien. Er durfte seine Tochter und ihren (und Arminius') ungeborenen Sohn mitnehmen, der in Ravenna aufwachsen sollte.

Die Karriere des Segestes ist nicht nur aufgrund der Einzelheiten in diesem Fall aufschlussreich. Wir hören von ihm, weil er der Schwiegervater des großen Befreiers von Germanien war und weil seine Geschichte mit größeren Ereignissen zusammenhängt. Doch wie viele Häuptlinge gab es, die zwar unbekannt und unbenannt blieben, aber dennoch wie Segestes getreue Anhänger der römischen Macht waren? Wie viele Germanen erkannten, dass es für sie noch mehr zu erreichen gab als eine Karriere in der römischen Armee? Gleich zu Beginn der Beziehungen zwischen den Germanen und Rom klingt dieses Motiv an, das immer mitschwingen sollte, solange die römische Macht in Westeuropa Bestand hatte.

Ein noch näherer Verwandter des Arminius, sein Bruder Flavus, schlug ebenfalls eine sehr prorömische Laufbahn ein. Er hatte nach 4 n. Chr. als Kavallerist in der Armee des Tiberius gedient und diente auch noch 15 n. Chr. unter Germanicus. Er hielt Rom auch dann noch die Treue, als die Chancen auf einen endgültigen römischen Sieg in Germanien ein für alle Mal verloren waren. Tacitus lässt Flavus und Arminius in einem Streitgespräch die Beweggründe für ihre jeweilige Haltung diskutieren. Flavus führt hier seine finanziellen Belohnungen, militärischen Auszeichnungen, den Reichtum des Kaisers, die Größe Roms und die schreckliche Bestrafung, die auf seine Feinde warte, als Motive für seine Loyalität zum Römischen Reich an – ein zutiefst römischer Standpunkt, der aber auch zeigt, was einen germanischen Anführer am meisten beeindruckte. Dieselben Gründe lassen sich auch Boiocalus zuschreiben, einem Häuptling der Ampsivarier. Während des großen Aufstandes musste Arminius ihn in Ketten legen lassen. Doch dies hielt Boiocalus nicht davon ab, Rom weiterhin zu dienen. Er blieb einer Reihe von aufeinander folgenden Kaisern fünfzig Jahre lang ergeben. Doch brachte dieser Rekord seinem Volk keine Sonderbehandlung ein, als es mehr Land suchte, um sich darauf anzusiedeln.

An den Karrieren dieser Männer lässt sich die Macht des römischen Geldes deutlich ablesen, die sich auf vielfältige Weise äußerte, und die Leichtigkeit, mit der das Geld verwendet werden konnte, um die Kluft zwischen den Anführern und dem Hauptteil des Stammes zu nutzen und zu vertiefen. Dieser Abgrund tat sich bemerkenswert schnell auf, als die römischen Truppen jenseits des Rheins und der Donau vordrangen, was leicht zu erklären ist. Der Zugang zu einem Reichtum, von dem man vor der Ankunft der römischen Macht nur geträumt hatte, ermöglichte es den germanischen Anführern, ihr Gefolge reich zu beschenken und zu vergrößern. So konnten sie in einer Gesellschaft, die bis dahin wenig soziale Differenzierung erlebt hatte, nach mehr Macht streben. Man durfte die Möglichkeiten, die sich durch den Erwerb römischen Geldes eröffneten, nicht versäumen, auch wenn sie den Stammeszusammenhalt gefährdeten. Ein Furcht erregendes romfeindliches Volk wie die Cherusker konnte auf diese Weise geschwächt und schließlich sogar durch Kämpfe, die der römische Reichtum entfacht hatte, auseinander gerissen werden. Die römischen Erfolge in diesem Bereich der Diplomatie waren beträchtlich, nicht nur während der Herrschaft des Augustus und Tiberius, sondern auch später und besonders in den Gebieten nördlich der mittleren Donau. Als die Cherusker in den vierziger Jahren n. Chr. in der Geschichtsschreibung erneut in Erscheinung treten, hatten diese diplomatischen Schachzüge verheerende Folgen gehabt: In nur dreißig Jahren waren fast alle Anführer des Stammes beseitigt worden. Als bemerkenswerte Ausnahme überlebte Italicus, der Sohn des Flavus und Neffe des Arminius, der in Rom geboren war und immer noch dort lebte. Im Jahr 47 n. Chr. setzte ihn Kaiser Claudius wieder zum Oberhaupt der Cherusker ein, jedoch nicht als ihren einheimischen König, sondern als römischen Bürger, der die Macht über ein fremdes Volk ausübte. Eine solche Position erzeugte innerhalb der Stammesgesellschaft unweigerlich Spannungen, sodass es zu einem Kampf zwischen den einfachen cheruskischen Soldaten, die ihren Anführer unterstützten, und einer Gruppe von Kriegern kam, denen seine Zwangsherrschaft missfiel. Italicus gewann diese Runde, brachte aber später die Masse seines Volkes durch seine totalitäre Machtausübung gegen sich auf und wurde vertrieben. Schließlich wurde er mit Hilfe langobardischer Krieger wieder eingesetzt.

Die Diplomatie spielte bei den römischen Bemühungen, den Frieden an der mittleren Donau zu erhalten, eine große Rolle. Drusus Caesar setzte im Jahr 19 n. Chr. den Quaden Vannius als Herrscher über einen großen Bereich nördlich des Flusses ein. Vannius vergrößerte dieses Königreich gewaltig, indem er in Böhmen und Mähren Gebiete annektierte, bis er 50 n. Chr. von seinem eigenen Volk vertrieben wurde. An seine Stelle rückten seine Neffen Sido und Vangio, die in den folgenden zwanzig Jahren von Rom bereitwillig finanzielle Subventionen oder sogar militärische Unterstützung annahmen. Vannius und der Rest seiner Familie wurde von Rom nicht im Stich gelassen, sondern man kümmerte sich für den Fall um sie, dass sie irgendwann erneut römischen Interessen dienen könnten. Viel später, im dritten und vierten Jahrhundert, standen die Länder der mittleren Donau in einer besonders engen Beziehung zum römischen Reich, sodass das dortige Leben wohl sehr dem in den Grenzprovinzen selbst ähnelte (vgl. S. 136).

Nach dem ersten Jahrhundert wird über den diplomatischen Austausch zwischen Rom und germanischen Anführern nur wenig Genaueres berichtet, obwohl mit Sicherheit anzunehmen ist, dass er weiterhin eine entscheidende Rolle in dem Kontrollsystem einnahm, mit dem Rom die grenznahen Völker überzog. Die auf das Gesuch des Stammes hin erfolgte Einsetzung eines Königs über die Quaden während der Herrschaft des Antoninus Pius war Anlass genug für die Prägung einer römischen Münze *(Rex Quadis datus)*. Mit römischen Münzen bezahlte Subventionen, die sich einige Kaiser des ersten Jahrhunderts leisteten, wurden sicherlich auch von Herrschern aus dem zweiten Jahrhundert entrichtet. Dieses Mittel wurde zunehmend üblich, um sich Loyalität oder Ruhe zu sichern. Weitere Hilfen wie militärischer Beistand oder Nahrungsversorgung konnten geleistet werden, wenn es nötig war. Kostbare Geschenke für die Anführer und die Eliten der Barbaren gelangten ebenfalls über die Grenze und hinterließen auf vielfältige Weise Spuren in der Archäologie der Germanen. Für uns ist es heute schwierig, wenn nicht unmöglich, den Austausch von Geschenken vom Prozess des Handels zu unterscheiden, nicht zuletzt deshalb, weil sie eng miteinander verbunden waren.

Der Handel mit dem Römischen Reich

Die Handelsaktivitäten der Römer bei den germanischen Völkern sind sowohl unter dem Aspekt ihrer Bandbreite als auch ihrer geografischen Ausdehnung erstaunlich[2]. Von Nordholland durch die nordgermanische Ebene bis nach Norwegen und Schweden, vom Weichselbecken bis nach Westrussland, in den östlichen Ostseegebieten und in den Ebenen der Ukraine entlang den Tälern von Dnjepr und Don stößt man erstaunlich häufig auf die Erzeugnisse der Werkstätten in den römischen Provinzen. Dazu muss man sich noch vor Augen halten, dass die heutigen Funde nur einen winzigen Bruchteil der Menge darstellen, die ursprünglich in barbarische Hände gelangte. Bestimmte Güter sind in Gräbern und Weihefunden häufig erhalten, sodass wir einige Aspekte dieser Handelsbeziehungen besser kennen als andere. Bronze- und Silbergefäße, Glaswaren und Keramik erregten verständlicherweise mehr Aufmerksamkeit als weniger auffällige Fundstücke wie Fibeln. Andere Importe aus dem Römischen Reich wie Textilien und Nahrungsmittel tauchen in den archäologischen Zeugnissen größtenteils zwar nicht auf, könnten aber eine wichtige Rolle im Handelsverkehr gespielt haben. Einige Importe sind besonders schwierig zu erklären. Was soll man von der beträchtlichen Menge römischer Waffen aus spätrömischer Zeit halten, die im Norden gefunden wurden? Handelt es sich um die Beute eines erfolgreichen Kriegszugs, oder könnten sie über Händler nach Nordeuropa gelangt sein? Auch die römischen Münzen, am häufigsten silberne Denare in Hort- und Einzelfunden, werfen Fragen auf. Wer ver-

2 In letzter Zeit wurden wichtige neue Beiträge zu diesem Thema publiziert, insbesondere J. Kunow, *Der römische Import in der Germania libera bis zu den Markomannenkriegen;* U. Lund Hansen, *Römischer Import im Norden,* Kopenhagen 1987. H.-J. Eggers, *Der römische Import im freien Germanien* ist aber immer noch von Bedeutung.

wendete diese Münzen und zu welchem Zweck? Handelte es sich um eine echte Währung, auch wenn sie in ihrer Funktion beschränkt war, oder lag der Reiz dieser Münzen nur in ihrem Materialwert? Auch das Silbergeschirr kann unterschiedlich gedeutet werden. Einige der Stücke sind von solch außergewöhnlicher Qualität, dass sie sich durchaus als Geschenke von hochrangigen römischen Beamten erklären lassen, in einigen Fällen von Kaisern höchstpersönlich. Derart prächtige Stücke waren keine gewöhnlichen Handelswaren.

Die Organisation und Regulierung des Handels über die römische Grenze ist kaum dokumentiert. Die römischen *negotiatores* (Kaufleute) hinterließen mit Ausnahme ihrer Waren nur wenige Spuren ihrer Tätigkeiten. Wenn aber von ihnen berichtet wird, so liegt die Vermutung nahe, dass sich ihre Interessen nicht allein auf den Handel beschränkten. Zur Zeit Neros reiste ein römischer Ritter zu den Ostseeländern, wo er *commercia* (Handelsposten) besuchte, und kehrte mit großen Mengen an Bernstein für die Dekoration der kaiserlichen Spiele in Rom zurück. Er könnte auch andere Kontakte geknüpft und vielleicht Informationen gesammelt haben, die seine Handelstätigkeit nicht berührten. Bei Quintus Atilius Primus wissen wir es genauer: Er war bei den Quaden[3] nördlich der Donau wahrscheinlich im zweiten oder frühen dritten Jahrhundert tätig. Zuvor hatte er als Dolmetscher und Centurio bei den römischen Truppen gedient. Entweder hatte er sich später dem Handel mit den germanischen Siedlern nördlich der Grenze zugewandt, indem er mit Sicherheit die Kontakte nutzen konnte, die er während seiner Militärlaufbahn geknüpft hatte, oder er hatte die Handelsbeziehungen überwacht. Er starb im Quadengebiet, sodass wir annehmen können, dass er seine kommerziellen Aktivitäten von dort aus organisierte. Höchstwahrscheinlich hat es auch andere solcher Handelsposten gegeben, aber sie wurden nicht identifiziert. Männer wie Atilius waren in einer guten Position, um neben dem Handeln noch anderen Tätigkeiten nachzugehen. Das Sammeln von Nachrichten, ob nur gelegentlich oder systematisch, bildete oft die zweite Beschäftigung der Händler und Kaufleute, die Grenzen überquerten und Kontakte auf der anderen Seite unterhielten. Die österreichisch-ungarische Monarchie verließ sich ja auch auf jüdische Händler, um ihre Kommandeure über die militärische Entwicklung in Russland auf dem Laufenden zu halten. Ein ehemaliger Soldat wie Atilius hätte sicher genau gewusst, worauf er zu achten hatte, und jede Information, die er lieferte, wäre als zuverlässiger eingeschätzt worden als die eines nichtrömischen Agenten.

Die Germanen waren aber mehr als nur passive Empfänger der Waren, die von römischen Händlern geliefert wurden. Die Hermunduren nördlich der oberen Donau trieben Handel mit den Provinzen, nicht nur unter den kontrollierten Bedingungen an der Grenze, sondern auch in Augsburg, der Hauptstadt der Provinz Rätien. Es ist sicher, dass sie nicht

3 T. Kolnik, „Q. Atilius Primus – Interprex, Centurio und Negotiator" in: *Acta Arch. Hung.*, 30, 1978, S. 61

als einzige solchen Geschäften nachgingen. Im späten zweiten Jahrhundert legte Mark Aurel die Plätze und Tage fest, an denen zwischen den Markomannen und den Grenzprovinzen gehandelt werden durfte, nachdem eine Zeit lang ein ungeregelter Handel bestanden hatte[4]. Vermutlich fand der größte Teil des Warenaustausches zwischen Germanen und Römern in anerkannten Handelsposten in Germanien oder in größeren Handelsstationen statt. In der westlichen Ostseeregion stoßen wir auf so viele Importe aus dem Römischen Reich, dass wir ernsthaft von einem größeren Verteilungszentrum, vermutlich auf einer der dänischen Inseln ausgehen müssen, von dem aus die Waren in andere Gebiete Südskandinaviens weitergeleitet wurden. Die Geografie dieser Region erforderte solche Handelsknotenpunkte. Es ist wahrscheinlich, dass es im Reich ähnliche Handelszentren gab wie später in Hedeby und Birka. Die archäologischen Funde verraten viel über einige der

4 Cassius Dio, 1xxii. 15

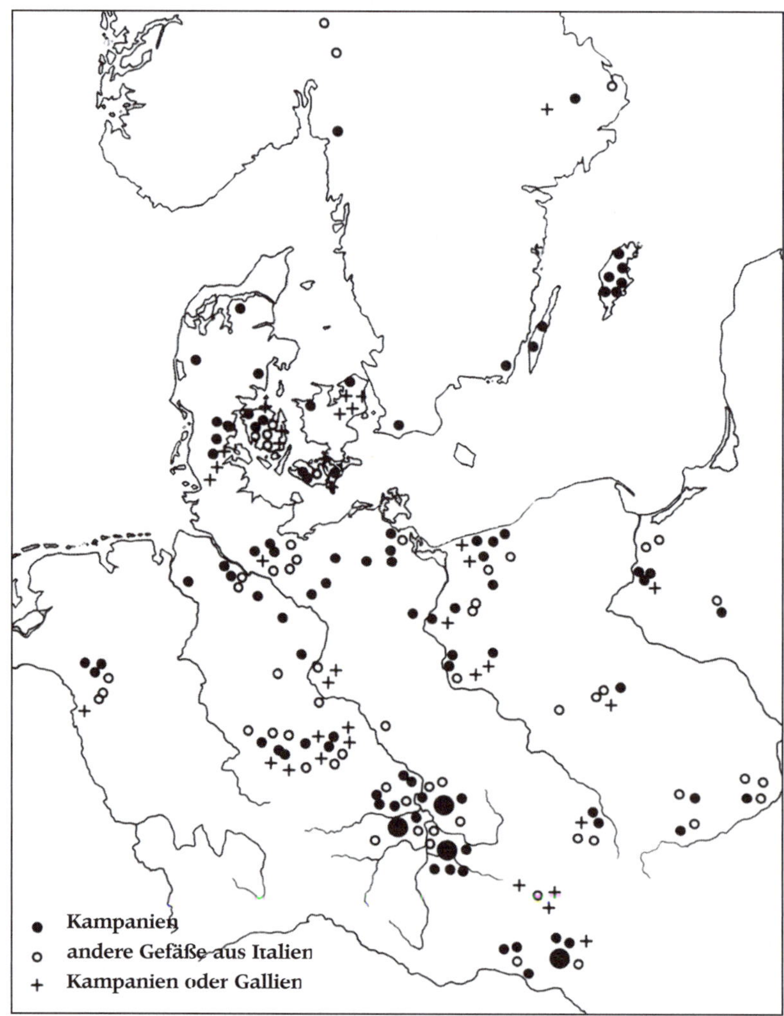

Importe frührömischer Bronzegefäße nach Germanien (nach J. Kunow)

Waren, die aus dem Reich in germanische Hände gelangten. Große Mengen an Bronzegefäßen (mehr als 1600 sind bezeugt) kennt man aus Gräbern und anderen Funden aus dem ersten und zweiten Jahrhundert. Die Stücke aus dem ersten Jahrhundert stammen überwiegend aus kampanischer Herstellung. Die vorherrschenden Typen sind elegante Weinbehälter, *trullei,* oder Pfannen mit flachen Henkeln, Krüge und flache Platten. Obwohl sie in großer Menge produziert wurden, sind diese Stücke von guter Qualität. Einige könnten eher Geschenke an germanische Führer als Handelsgüter gewesen sein. Bei vielen der importierten Bronzewaren handelt es sich um Trinkgeschirr: Eimer für die vorübergehende Lagerung, Schöpfkellen, Siebe zum Servieren und Trinkbecher aus Silber oder Glas. Im Laufe der Zeit gelangten auch Produkte aus gallischer Herstellung nach Germanien, die schließlich im späten zweiten Jahrhundert den Barbarenmarkt beherrschten. Das bemerkenswerteste Stück aus den nordwestlichen Provinzen war der so genannte Hemmoorer Eimer, ein kleiner Eimer mit Henkeln, dessen Rand oft ein Figurenfries zierte. Er wurde in Werkstätten bei Aachen hergestellt. Andere Bronzegefäße kamen aus den Ländern an der mittleren Donau, wieder andere vom nördlichen Balkan.

Unter den frühen Importen aus römischem Gebiet finden sich oft auch feine Glaswaren. Viele Stücke stammten ursprünglich vielleicht aus Italien, doch die genaue Lokalisierung der Werkstätten ist schwierig. Viele Produktionszentren bestanden wohl zur gleichen Zeit. Offensichtlich wurden die hochwertigen Glasgefäße von den germanischen Anführern sehr geschätzt. Die hauptsächlich aus Gräbern stammenden Funde aus dem westlichen Ostseegebiet sind besonders auffällig, aber fein gearbeitete Trinkbecher und Schüsseln wurden auch in Schweden, Polen und in großen Teilen Mitteleuropas gefunden. Einige Gefäße sind sehr selten oder sogar einzigartig und waren deshalb wahrscheinlich sorgfältig ausgesuchte Geschenke oder Gaben. Ein derartiges Stück ist die blaue Glasschüssel mit Silberüberzug und einem Band um den Rand, das die Aufschrift EVTVTWC („Viel Glück") trägt. Sie stammt aus einem Grab in Varpelev auf Seeland aus dem dritten Jahrhundert. Andere, spätere Produkte entsprachen vielleicht besonders dem germanischen Geschmack, zum Beispiel die gläsernen Trinkhörner, die im dritten Jahrhundert in Köln hergestellt wurden. Der Großteil der bekannten Glasfunde stammt aus dem dritten und vierten Jahrhundert. Nicht alle diese Gefäße müssen in den nordrömischen Provinzen angefertigt worden sein. Es ist möglich, dass auch die Städte an der Schwarzmeerküste Güter nach Südrussland und nördlich in das Weichselbecken und das östliche Ostseegebiet exportierten, doch sicher westlicher Herkunft sind die berühmten, mit Menschen- und Tierfiguren bemalten zylindrischen Becher. Von ihnen sind mehr als zwanzig Exemplare, hauptsächlich an der Ostseeküste und auf den dänischen Inseln bezeugt. Eine solche Verteilung unterstreicht die Tatsache, dass dieser Handelsverkehr über den Seeweg verlief. Unter den Warentypen, die vermutlich vom Schwarzen Meer stammen, sind Becher aus ziemlich dickem, olivgrünem Glas. Interessanterweise gelangten diese nicht nur in das östliche Ostseegebiet, sondern auch nach Südnorwegen, wo bis heute 15 Stück gefunden wurden. Die Nachfrage nach hochwertigen Glaswaren blieb auch dann noch bestehen, als die römischen Zentren ihre Produktion eingestellt hatten. Fränkisches Glas gelangte auch im fünften und sechsten Jahrhundert weiterhin nach Nordeuropa und wurde dort bei den Festen der Vornehmen verwendet.

Die auffälligsten römischen Exporte waren Silbergefäße, die ursprünglich als Tafelgeschirr gedacht und oft von außergewöhnlich hoher Qualität waren. Einzelstücke findet man normalerweise in Gräbern, besonders in den reich ausgestatteten Gräbern der Lübsow-Gruppe aus dem ersten und frühen zweiten Jahrhundert n. Chr. Besonders kunstvoll gefertigte Gefäße aus dieser Zeit sind in der nordgermanischen Ebene, in Dänemark und auf den dänischen Inseln gefunden worden. Stücke aus späterer Zeit erscheinen nördlich der Donau und im Hinterland des Schwarzen Meeres. Man sollte diese sehr schönen Stücke eher als Geschenke aus diplomatischen Gründen oder für hochrangige Persönlichkeiten interpretieren denn als Handelsware oder Beuteobjekte. Dies trifft sicher auch auf die beiden Becher aus dem Hoby-Grab zu, die zu einem reichen Tafelgeschirr aus Silber- und Bronzegefäßen gehörten, das aus der Mitte der augusteischen Regierungszeit stammt. Beide tragen den Namen ihres Herstellers Cheirisophos, das eingekratzte Zeichen eines früheren Besitzers Silius (man könnte vermuten, dass es sich dabei um den obergermanischen Legaten Caius Silius handelte) und auch die Gewichtsangabe der Stücke. Um vergleichbares zu den Hoby-Bechern zu finden, müssen wir uns schon den Schatz von Boscoreale von Pompeji anschauen. Silbergeschirr kommt weder als Einzelfund noch in Horten häufig vor, mit einer bemerkenswerten Ausnahme:

Der spektakulärste Silberfund aus dem frühen Römischen Reich wurde im Jahre 1868 von preußischen Infanteristen bei Hildesheim gemacht[5]. Er bestand aus 70 zumeist gut erhaltenen Silbergefäßen, die jahrzehntelang benutzt und repariert und schließlich verborgen worden waren. Einige Stücke sind von herausragender Qualität und wären auch an den vornehmsten Tischen des Reiches nicht fehl am Platze gewesen. Dazu gehört ein Teller mit der Darstellung der Athena auf dem Tellerboden und ein weiterer mit dem kleinen Herkules in Hoch-Relief. Der Großteil des Hortes scheint aus einer Reihe von Tafelgeschirren zu bestehen, aber er enthält auch Silbertabletts und einen aufklappbaren Dreifuß aus Silber für einen Tisch. Die Datierung des Hildesheimer Fundes wurde oft diskutiert. Zunächst ordnete man ihn dem ersten vorchristlichen

5 E. Pernice, *Der Hildesheimer Silberfund*, Berlin 1901; R. Nierhaus in: *Die Kunde*, 20, 1969, S. 52 zur Datierung

Silberner Teller der Athena aus dem Hildesheimer Hort

Jahrhundert zu, verlegte das Vergraben in die augusteische Zeit und zog eine Verbindung zu Quinctilius Varus. Von diesem Erklärungsansatz rückte man inzwischen ab. Man kann sich schwerlich vorstellen, dass Varus mit den scheppernden Stücken im Gepäck durch die Wälder an der Weser gezogen sein soll. Außerdem sind einige der Gefäße jüngeren Datums. Die Datierung des Vergrabens auf die Zeit Neros oder den Beginn der Flavierzeit ist wahrscheinlicher, obwohl die einzelnen Gefäße aus verschiedenen Zeiten des vorangegangenen Jahrhunderts stammen. Was brachte sie nach Germanien? Sie passen nicht recht zu den anderen Handelswaren. Ihre Qualität ist hoch, im freien Germanien ist kein vergleichbarer Hort bekannt: Die meisten anderen Silberimporte finden sich in Gräbern. Daher ist es angebrachter, die Bestandteile dieses Hortes als eine Folge von Importen von der augusteischen Zeit bis zur Mitte des ersten nachchristlichen Jahrhunderts zu betrachten, wobei die Stücke vielleicht als Geschenke für germanische Anführer oder sogar für ein einzelnes Herrscherhaus oder eine Stammesgruppe in der Region zwischen Weser und Elbe gedacht waren, mit denen auch nach 9 n. Chr. weiterhin Kontakt gehalten wurde.
Wir müssen uns nun mit wichtigen Funden auseinandersetzen, die vermehrt zwischen 1980 und 1990 auftauchten. Seit dem 19. Jahrhundert wurde mit Unterbrechungen von klassischen und byzantinischen Silber- und Bronzefunden aus Fundstätten in Süd- und Westrussland berichtet. Seit dem sechsten vorchristlichen Jahrhundert waren griechische Keramik- und Metallarbeiten aus den Kolonien am Schwarzen Meer ins Hinterland gelangt. Man hat auf dieses Material größere Auf-

6 V. V. Kropotkin, *Rimskie importnye izdelija v Vostočnoj Evrope*

merksamkeit verwendet als auf die weniger beeindruckenden römischen Importe. Nicht von einzelnen Silbergefäßen, sondern von einer ganzen Vielfalt von Gütern wird in der heutigen Forschung berichtet, und zwar nicht nur im Hinterland des Schwarzen Meeres, sondern bis weit in die Mitte des europäischen Teils von Russland. Diese neuen Informationen werden westlichen Wissenschaftlern gerade erst zugänglich gemacht und jeder Bericht darüber kann nur vorläufig sein. Man muß auch betonen, dass das, was wir im Moment kennen, nur ein winziger und nicht unbedingt repräsentativer Teil des Gesamten ist. Aber dabei zeigt sich schon deutlich, dass die Bewohner der russischen Steppen nicht nur Güter vom Schwarzen Meer und aus den Städten an der Ägäis erhielten, sondern auch aus Italien, den Provinzen an der mittleren Donau und vielleicht sogar aus Gallien. Der Großteil der bekannten Importe scheint aus der Zeit zwischen dem ersten vorchristlichen Jahrhundert und dem zweiten Jahrhundert n. Chr. zu stammen. Es handelt sich zum großen Teil um Objekte desselben Typs wie jene, die ins freie Germanien gelangten.

Seit dem 19. Jahrhundert ist bekannt, dass eine Reihe großer Tumuli im Tal des Don sehr reiche Grabbeigaben und Grabausstattungen enthalten[7]. Einige dieser Gräber werden seit 1970 mit erstaunlichen Ergebnissen ausgegraben. Römische Bronzewaren aus dem ersten und zweiten Jahrhundert sind reichlich vorhanden, viele typologisch mit jenen vergleichbar, die jenseits des Rheins und der Elbe gefunden wurden. Darunter befinden sich fein gearbeitete Silbergefäße, die letztendlich wohl aus Werkstätten im Mittelmeerraum stammten, aber wahrscheinlich durch die Handelsstädte am Schwarzen Meer in die Steppe am unteren Don, eine Region mit einer schwierigen und unruhigen Geschichte, gelangten. Es wäre vorschnell anzunehmen, dass dieses Material die örtlichen Häuptlinge nur auf einem einzigen Weg erreichte. Der Anteil der Beute aus den ungeschützten und reichen Städten am Schwarzen Meer könnte dabei genauso hoch liegen wie der Anteil des Handels. Der untere Don war auch eine Grenzregion zwischen der Steppe, die von Nomaden durchwandert wurde, und der abwechslungsreicheren Landschaft, in der sesshafte Bauernvölker siedelten. Diese Situation erforderte eine diplomatische Kontrolle und einige der besonders schönen Importstücke können daher auch in diesem Zusammenhang gesehen werden.

7 B. A. Raev, *Roman Imports in the Lower Don Basin* in: British Arch. Reports, International Series 278, 1986

Römische Importwaren sind in Westrussland viel weiter verbreitet als man gewöhnlich annimmt. Es ist allerdings verfrüht, bereits zum jetzigen Zeitpunkt von einem aussagekräftigen Korpus zu sprechen. Doch es wird zunehmend deutlich, dass römische Handels- und andere Kontakte bis in die östlichen Gebiete der germanischen Völker reichten, vielleicht bis hin zu den Flüssen, die ins Kaspische Meer fließen. Es ist daher nicht verwunderlich, dass man in Tretjaki am mittleren Don auf

ein Häuptlingsgrab stieß, das neben römischen Importen Metallarbeiten aus der chinesischen Han-Dynastie enthielt.
Auch römische Waffen und andere militärische Ausrüstungsgüter fanden ihren Weg weit über die Grenzen hinweg bis ins Elbebecken, nach Jütland und auf die Ostseeinseln und weiter nordwärts nach Schweden und Norwegen. Die spektakulärsten Beispiele finden sich in den großen Kultfundstätten in den Torfmooren von Thorsberg, Nydam und Vimose, die Mitte des 19. Jahrhunderts untersucht wurden, und von Ejsbøl und Illerup, die man in den letzten Jahren ausgrub. Römische Waffen kommen seit dem frühen zweiten Jahrhundert in Gräbern der nordgermanischen Ebene und in Südskandinavien mit einiger Regelmäßigkeit vor und werden ab Mitte des dritten Jahrhunderts häufiger. Unter den späteren Waffen, besonders den Schwertern, tauchten einige hochwertige Stücke auf. Tauschierte Klingen mit Stahlschneiden finden sich außergewöhnlich häufig in den Weihefunden von Jütland, während eine Reihe von Schwertern mit eingelegten Figuren von der Ukraine im Osten bis nach Norwegen im Westen vertreten ist. Neben weiterer Ausrüstung findet sich gelegentlich ein Helm, viele Speere und Spieße, Schildteile und Pferdegeschirr. Wie diese Waffen zu den nordischen Völkern gelangten, ist in der Forschung noch immer umstritten. Offensichtlich sind viele Erklärungen möglich, so unter anderem, dass es sich um Waren handeln könnte, die von den Germanen mitgebracht wurden, als sie von ihrem Dienst in römischen Einheiten zurückkehrten, oder um Geschenke für hochrangige Barbaren und dergleichen. Doch sollten wir den Handel nicht unberücksichtigt lassen, sowohl den illegalen wie auch den legalen[8]. Es stimmt zwar, dass vom frühen dritten Jahrhundert an, wenn nicht früher, Exporte von Waffen, Rüstungen, Eisen, Pferden, Geld, Korn, Salz und allen anderen Gütern, die einem Feind nützen konnten, gesetzlich verboten waren. Doch wie wirksam ließ sich in Anbetracht der Lage im Römischen Reich ein solches Verbot durchsetzen? Und können wir sicher sein, dass es die römischen Befehlshaber zu allen Zeiten und trotz aller Versuchungen einhielten? Der Gedanke an moderne europäische Staaten, die Sanktionen brechen oder Verbote von Waffenhandel ignorieren, die sie selbst erlassen haben, liegt da nicht weit. Wenn man die Masse der römischen Waffen im Norden, besonders der Schwerter, mit der kleinen Menge an einheimischen Entsprechungen vergleicht, so ist eine Art Waffenhandel ernsthaft in Betracht zu ziehen. Ob es sich dabei nur um eine inoffizielle Privatinitiative handelte oder ob der Handel sich mit der selektiven Unterstützung für fremde Mächte verband, lässt sich auf der Basis der gefundenen Zeugnisse nicht entscheiden.
Jeder, der den römischen Handel mit den Germanen untersucht hat, stellt fest, wie schlecht wir darüber informiert sind, was aus Germanien in die römische Welt gelangte. Es gab keine Edelmetalle, wenig andere

8 Dieser Punkt wird von J. Ilkjaer und J. Lønstrup bezüglich der Weihefunde von Illerup klar herausgestellt in: *Germania* 61, 1983, S. 95

Mineralien außer vielleicht Eisenerz und nicht viele andere Güter, welche die Beachtung der antiken Schriftsteller fanden. Frauenhaar für die Stricke der *ballistae* (Wurfmaschinen), Gänse und Schweineschmalz können im grenzüberschreitenden Handel nur eine geringe Rolle gespielt haben. Die Hauptexporte Germaniens waren vermutlich Sklaven, Tierprodukte wie Felle und Fleisch und vielleicht noch weitere landwirtschaftliche Erzeugnisse, doch sie lassen sich – wenn überhaupt – im archäologischen Fundgut nur sehr selten nachweisen.

Die bekannteste Exportware aus Germanien war vermutlich die in wirtschaftlicher Hinsicht bedeutungsloseste: Bernstein von der Ostseeküste. Der Bernsteinhandel blickte bereits auf eine prähistorische Vergangenheit zurück, bevor römische Kaufleute den Handelsrouten von der Donau zur östlichen Ostsee und besonders zur Halbinsel von Samland folgten, wie wir aus der Zeit Neros sicher wissen, aber vielleicht hatten sie die nordeuropäischen Handelsrouten auch schon viel früher bereist. Die archäologischen Zeugnisse für Bernsteinhandel haben sich in den letzten Jahren bemerkenswert vermehrt. In der Umgebung von Breslau (Wroclaw) sind am Übergang der Oder große Lager von Roh-

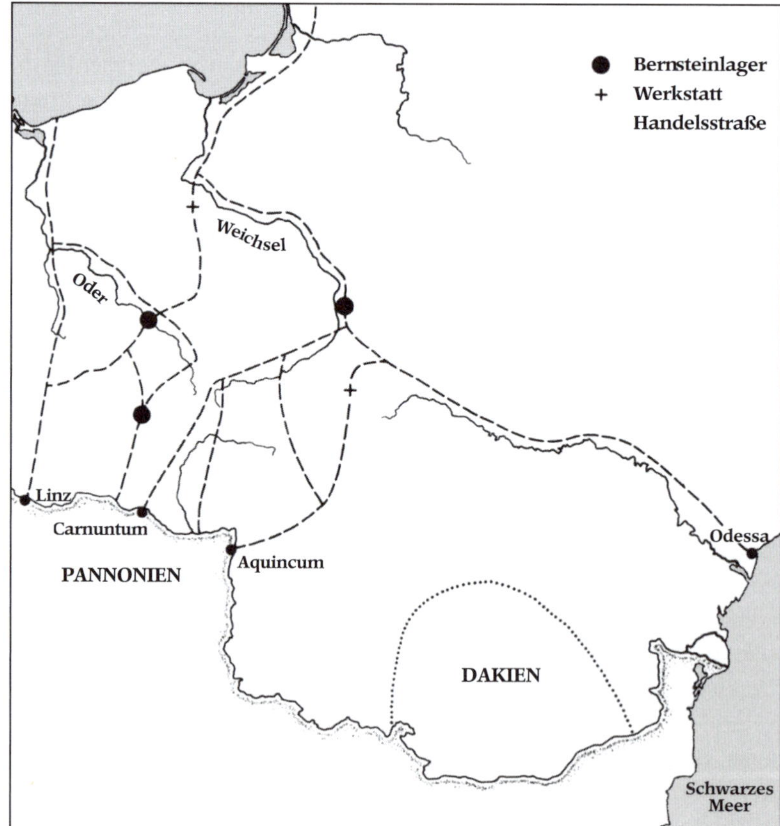

Die Bernstein-Straßen von der Donau und dem Schwarzen Meer an die Ostsee

bernstein gefunden worden. Doch sie werden auf das frühe erste Jahrhundert v. Chr. datiert und ihr eigentlicher Bestimmungsort war möglicherweise nicht Italien. Der deutlichste Hinweis auf die römische Verwertung von Bernstein ist neben den Stücken aus bearbeitetem Bernstein in der römischen Welt selbst die dichte Verteilung römischer Münzen, besonders von Sesterzen, nahe beim Samland. Die Kriege im späteren zweiten Jahrhundert behinderten offenbar den Handelsverkehr von Donauländern zur Ostsee, sodass Köln am Rhein zum späteren Zentrum des Bernsteinhandels aufstieg. Doch im vierten Jahrhundert gelangte Bernstein – vielleicht über sarmatische Zwischenhändler – noch immer an die untere Donau. Allerdings ist kaum vorstellbar, dass dieser Handel große Bedeutung erlangte, sonst würde man mehr Zeugnisse des großen wirtschaftlichen Reichtums der Ostseeregion wie Häute und Felle erwarten, wie wir sie aus späteren Jahrhunderten kennen. Es findet sich lediglich eine Andeutung in der *Germania* des Tacitus, aber es scheint keine anderen sicheren Hinweise auf Pelzhandel zu geben.

Ein größeres Handelszentrum wurde lange auf der dänischen Insel Fünen vermutet, besonders im Gebiet von Gudme im Osten der Insel, nur fünf Kilometer vom Meer entfernt[9]. Vor über hundert Jahren enthüllte eine bahnbrechende Untersuchung dieser Gegend von Frederik Sehested neben vielem anderen, dass es um Gudme reiche Funde aus der spätrömischen Zeit und der Zeit der Völkerwanderung gibt. In der jüngsten Vergangenheit wurde dieses Material durch viele neue Funde aus einem relativ begrenzten Gebiet vergrößert: Münzen, Fibeln und andere Schmuckstücke, Fragmente von Silbergeschirr, Brakteaten und dergleichen. Siedlungen und Grabstätten dieser Zeit tauchen ebenfalls auf und Verbindungen zu Städten an der Küste werden allmählich erkennbar. Insgesamt ergibt sich das Bild eines Machtzentrums mit weiten überseeischen Verbindungen seit der späten römischen Eisenzeit.

Die Masse der Gold- und Silberfunde an mehreren Stätten in Gudme ist erstaunlich und bis jetzt in Germanien ohne Parallelen. Besonders bemerkenswert sind die römischen Gold- und Silbermünzen, weil sie zum größten Teil Einzelfunde sind und nicht zu einem Münzschatz gehören. Die meisten von ihnen wurden wahrscheinlich im fünften und sechsten Jahrhundert verloren, doch einige wurden im dritten und vierten Jahrhundert deponiert. Andere Gold- und Silberstücke sind ebenso auffallend und man erkennt, dass einige hierher gebracht wurden, um sie von Handwerkern erneut bearbeiten zu lassen. Dieses Schicksal ereilte auch Teile des römischen Silbergeschirrs, die man in Stücke brach, um sie wieder einzuschmelzen. Brakteaten und Fibeln sind gleichfalls reichlich vorhanden und stammen wie die anderen Objekte aus einem riesigen Gebiet, das in der spätrömischen und Völkerwanderungszeit bewohnt oder genutzt wurde und wahrscheinlich 200 Hektar umfasste.

9 H. Thrane, „Das Gudme-Problem und die Gudme-Untersuchung" in: *Frühmittelalterliche Studien* 21, 1987, S. 1–48; K. Randsborg, „Beyond the Roman Empire: Archaeological Discoveries in Gudme on Funen, Denmark" in: *Oxford Journ. Arch.* 9, 1990, S. 355

Die Verbindung zum Seehandel zeigte sich auch bei der genauen Untersuchung des Gebiets. 1833 wurde zum ersten Mal darauf hingewiesen, als ein großer Goldschatz von über vier Kilogramm in Lundeburg gefunden wurde, einem Hafen an der Küste bei Gudme. Bei dem Fund von Gudme handelt es sich um den zweitgrößten Goldschatz aus der Zeit der Völkerwanderung in Dänemark. Grabungen an der Küste direkt nördlich des Hafens förderten nun eine große Fundstätte zu Tage, die aus der spätrömischen und der folgenden Zeit stammt. Wie die Ausgrabung in Gudme enthält sie sehr viele Objekte, unter anderem Stücke aus Edelmetall und römische Importwaren. In Lundeburg bestanden zwar Werkstätten, doch die Stadt erlangte hauptsächlich wegen ihres *emporiums* (Handelshafen), eines Vorläufers der bekannten *emporia* aus der Wikingerzeit in Hedeby und Birka, Bedeutung. Es muss natürlich auch andere Häfen im westlichen Ostseeraum gegeben haben, doch erst in letzter Zeit haben sie begonnen, ihre Geheimnisse preiszugeben. Einer von ihnen lag zur Zeit der Völkerwanderung offenbar in Nyborg ca. 17 Kilometer nördlich von Lundeburg. Ein deutlicheres Beispiel sind die reichen Funde in Dankirke bei Ribe in Südwestjütland, wo Importwaren aus dem fünften Jahrhundert, vor allem Glas, vorherrschen. Ein weiterer möglicher Hafen ist Sorte Muld bei Svaneke auf der Insel Bornholm. Hier liegt ein großer Siedlungskomplex nur zwei Kilometer vom Meer entfernt. Man findet vor allem Waren aus dem römischen Imperium, besonders Silbermünzen. Dort arbeiteten viele verschiedene Handwerker, unter anderem auch für die Herstellung von feinem Schmuck. Später wurden Waren aus dem Rheinland eingeführt. Wie die Handelsmechanismen an Orten wie Lundeburg und Sorte Muld genau funktionierten, ist noch nicht völlig klar. Doch man weiß ziemlich genau, dass örtliche Anführer im westlichen Ostseegebiet in der spätrömischen Zeit Kontakte (vielleicht sogar direkte) mit der römischen Welt unterhielten und darüber beträchtliche Mengen an Gold, Silber, anderen Metallen und möglicherweise weitere Waren, die nicht im Fundgut auftauchen, erwarben.

Der am häufigsten untersuchte Aspekt der Handelsbeziehungen zwischen Rom und den nördlichen Völkern sind die Münzen. Über die große Menge römischer Münzen, besonders Silbermünzen, die in Germanien gefunden wurde, ist schon häufig geschrieben worden[10]. Sie kommen sowohl in vergrabenen Münzschätzen (Horten), oft in beträchtlicher Anzahl, wie auch als Einzelstücke vor. Man kennt heute mehr als 500 Horte, gewiss nur ein Bruchteil dessen, was einst in der Erde vergraben wurde, und ein noch geringerer Teil der Geldmenge, die jenseits der römischen Grenzen umlief. Wenn heute ungefähr ein Promille der Münzen erhalten ist, dann muss die Gesamtmenge, die einst kursierte, in die Millionen gegangen sein. Dieses Phänomen war Tacitus am Ende des ersten nachchristlichen Jahrhunderts wohl bekannt.

10 S. Bolin, *Fynden av romerska mynt i det fria Germanien;* L. Lind, *Roman denarii found in Sweden;* U. Lund Hansen, *Römischer Import*, S. 229–232

Er bemerkte, dass die Germanen nahe der Grenze bei ihren Transaktionen Münzgeld verwendeten, während man im Landesinneren Tauschhandel trieb. Die Grenzgermanen bevorzugten die älteren Münzgeldsorten mit gezacktem Rand und dem Bild eines zweispännigen Wagens. Dies klingt zwar glaubwürdig, da die Denare der römischen Republik von der Art, die Tacitus beschreibt, über einen höheren Silbergehalt verfügten als die späteren Prägungen, doch wird diese Bemerkung durch die Funde aus dem ersten Jahrhundert nicht bestätigt. Nur wenige Münzen aus republikanischen Zeiten gelangten tatsächlich über die Grenze. Man könnte annehmen, dass die Prägungen von Augustus bis Nero in Germanien besonders beliebt waren (d. h. Münzgeld, das geprägt wurde bevor Nero den Silbergehalt der Denare verringerte). Doch auch dies lässt sich durch Grabungsergebnisse nicht bestätigen. Münzen aus dem späten ersten und zweiten Jahrhundert wurden in großen Mengen benutzt und auch in Horten deponiert. Erst mit den Prägungen des Commodus in den 80er Jahren des zweiten Jahrhunderts ebbte der Silberstrom stark ab, zum Teil, weil der Materialwert sehr zurückging, zum Teil sicher auch, weil sich nach den langen Markomannenkriegen die Beziehungen verändert hatten. Römische Münzen gelangten im frühen dritten Jahrhundert zwar immer noch nach Germanien, aber der Großteil dieses Geldes bestand aus älteren Prägungen. Nicht selten finden wir Münzen aus dem ersten und zweiten Jahrhundert in Schätzen, die im vierten oder sogar fünften Jahrhundert vergraben wurden.

Römische Münzen gelangten weiter nach Osten als oft angenommen. Die Münzmenge, die Westrussland erreichte, war beträchtlich. Erneut finden wir hier hauptsächlich Silbermünzen, goldene nur sehr selten und bronzene gelegentlich. Die größte Funddichte besteht im und um das Dnjepr-Becken. Weitere Funde lassen sich auch ostwärts in Richtung der Wolga nachweisen. Münzhorte scheinen häufiger als Einzelfunde zu sein, aber dieser Eindruck könnte auch nur aus der noch immer dürftigen Fundsituation resultieren. Viele der Münzen stammen aus dem späten ersten oder zweiten Jahrhundert, wobei ein Höhepunkt zwischen 160 und 180 erreicht wurde. Seit der Herrschaft des Commodus floss der Geldstrom spärlicher, obwohl auch hier weiterhin alte Münzen im Umlauf blieben und auch noch in ein oder zwei Jahrhunderten jüngeren Horten gefunden wurden. Wie waren diese Münzen in die Ukraine gelangt? Zwischen den Städten am Schwarzen Meer und den fruchtbaren Ebenen im Landesinneren hatten schon lange Handelskontakte bestanden. Ein entsprechender Anreiz lag im Getreide und anderen Landesprodukten, die von den römischen Provinzen sehr gerne aufgenommen wurden. Wenn die republikanischen Denare, die man in großen Mengen in Rumänien gefunden hat, dorthin im Austausch für Sklaven gelangten, könnten die Münzen aus der Ukraine aus demselben Grund gezahlt worden sein. Die ständigen Kriege der Nomaden und Halbnomaden in der Steppe sorgten wahrscheinlich für einen ständigen Nachschub an Sklaven.

Die Anzahl der Goldmünzen, die nach Germanien gelangten, scheint hingegen verhältnismäßig gering gewesen zu sein. Verstreute Goldfunde aus augusteischer Zeit im Gebiet der oberen Weser könnten möglicherweise Beutestücke aus der unglückseligen Armee des Varus sein. Ansonsten tauchen Aurei aus dem ersten und zweiten Jahrhundert, abgesehen von einer geringen Zahl von Horten, nur sporadisch auf. Erst im späten dritten Jahrhundert ändert sich dieses Bild auffallend. Eine Währung von so hohem Materialwert war vermutlich weniger attraktiv als Silbermünzen, was einiges über die Verwendung der Münzen aussagt. Tacitus erwähnt keine Bronzemünzen, aber diese gelangten ebenfalls über die Grenzen. Man findet sie nicht in großen Mengen, aber die Tatsache, dass sie überhaupt zu finden sind, ist bemerkenswert. Bronzemünzen aus dem ersten Jahrhundert sind weit verbreitet und nicht nur in den grenznahen Räumen anzutreffen. Um Lodz in Südpolen, über 400 Kilometer von der Donau entfernt, hat man verstreutes Münzgeld *(aes)* verschiedener Nennwerte nachgewiesen. In der Nähe der Ostseeküsten tauchen zwar selten, aber konstant ebenfalls Bronzemünzen auf. Im heutigen Lettland und Litauen findet sich eine erstaunlich große Anzahl von Sesterzen in Gräbern oder Siedlungen, möglicherweise eine lokale Auswirkung des Bernsteinhandels. Bronzemünzen des späten Römischen Reichs sind nicht häufig, doch sie kommen öfter vor, als man gewöhnlich annimmt. *Aes*-Münzen sind insgesamt so häufig und verbreitet zu finden, dass man daraus folgern kann, dass sie nicht nur als Kuriositäten oder Schmuck über die Grenzen gelangten.

Doch kehren wir zu den Silberhorten zurück. Es ist eindeutig erkennbar, dass ihre Zusammenstellung denen anderer Horte, die in den römischen Provinzen angehäuft wurden, ähnelt. Die Prägearten gleichen weitgehend denen, die in den Horten im Römischen Reich vergraben wurden. Es gibt keine erkennbaren Auswahlverfahren, wie oft behauptet wird. Die Schlussfolgerung bezüglich der Funktion des Münzgeldes im *Barbaricum* dürfte klar sein: Die Münzen hatten auf beiden Seite der Grenze den gleichen ökonomischen Wert und für sie galten, wenn sie aus dem Umlauf genommen wurden, diesselben Auswahlkriterien.

Wozu also wurden die Münzen jenseits der Grenzen genau verwendet? Es wird zunehmend schwierig, die Vorstellung abzulehnen, dass römische Silbermünzen die Funktion einer primitiven Währung besaßen, und zwar nicht nur nahe der Grenzen, wie Tacitus behauptet, sondern auch noch wesentlich weiter im Landesinneren. Die breite Verteilung vom Rhein bis zur Wolga, die Funde von Einzelmünzen sowie von Horten, die Zusammenstellung dieser Horte und die Funde kleiner Mengen von Bronzegeld weisen insgesamt darauf hin, dass Münzen nicht nur wegen ihres Materialwertes importiert wurden. Es muss aber betont werden, dass es sich nur um eine *primitive* Form von Währung handelte, die eher zur Erfüllung ausstehender Verpflichtungen, zur Bezahlung von Dienstleistung und zur Vermittlung von Geschenken, aber weniger zur Erleichterung alltäglicher Transaktionen verwendet wurde. In ihrer Funktion gleicht sie daher mehr den keltischen Münzen im vorrömischen Europa als der römischen Währung.

Bei diesem Bild müssen wir auch die Zahlungen der Römer an germanische Fürsten in Form von Münzgeld berücksichtigen, die gelegentlich von unseren Quellen erwähnt werden, aber jenseits der Grenzen vermutlich häufiger als Kontrollinstrument benutzt wurden als aus den literarischen Quellen allein deutlich wird. Die bloße Tatsache, dass Subventionen in Münzen bezahlt werden konnten, weist klar darauf hin, dass dem Münzgeld Funktionen zukamen, die über Schmuck oder Materialwert hinausgingen. Die meisten Forscher, die früher die römischen Exporte zu den nordeuropäischen Völkern zu erklären versuchten, und auch einige der heutigen Fachleute beschränken sich in ihren Erläuterungen auf ein System, in dem Güter gegen Güter oder Geld getauscht wurden. Aber der rein kommerzielle Austausch erklärt noch nicht ausreichend das ganze Fundmaterial, auf das wir jenseits der Grenzen stoßen, noch befriedigt er Wirtschaftsanthropologen, welche die Beziehungen zwischen fortschrittlichen und primitiven Gesellschaften untersuchen. Nach ihrer Ansicht schloss der Handelsaustausch zwischen solch ungleichen Gemeinwesen nicht den Handel mit Märkten und Zwischenhändlern mit ein. Die meisten Transaktionen waren nicht mit Handel verknüpft, sondern mit gesellschaftlichen Beziehungen, Diplomatie, politischem Status und Anerkennung. Dies bedeutet aber nicht, dass es im freien Germanien keinen erkennbaren Handel gegeben hätte, noch dass jenseits der Grenzen keine *negotiatores* aktiv gewesen wären. Vielmehr wissen wir genau, dass dies der Fall war. Doch müssen wir berücksichtigen, dass der Warenaustausch, der in *Barbaricum* stattfand, eine große Bandbreite umfasste und sich so komplex gestaltete, dass wir diese Vorgänge noch nicht vollständig verstehen können.

Ein Ansatz, um wenigstens die luxuriöseren Exporte aus der römischen Welt zu erklären, wäre, sie mit den Zielen und Bedürfnissen der barbarischen Oberschicht in Beziehung zu setzen. Die germanische Gesellschaft wurde eher von Kriegereliten geleitet als von Herrschern mit dauerhafter Macht. Römische Waren wurden jenseits der Grenzen verteilt, nicht auf einem offenen Markt, sondern innerhalb eines lockeren Systems kontrollierten Handels, das auch Beziehungen zuließ, die nicht nur oder nicht hauptsächlich wirtschaftlicher Natur waren. Im Mittelpunkt dieses Handels standen die barbarischen *principes,* die führenden Männer, die das Gefolge von Königen und anderen Anführern bildeten und deren Loyalität von ihren eigenen Anführern wie auch von

Rom umworben wurde. Sie geboten wahrscheinlich über die Güter, welche die nordischen Länder dem Römischen Reich bieten konnten: Kämpfer, Sklaven, Tierprodukte – nichts Außergewöhnliches also. Diese Arrangements dürften die meisten der römischen Importe im ersten und zweiten Jahrhundert erklären. Später änderte sich die Situation und die Funktionen des Handels wurden erweitert. Mehr gleichartige Objekte gelangten über die Grenzen und erreichten einen größeren Markt. Eine entsprechende Erklärung fällt nicht schwer. Die Barbarenführer erkannten die Vorteile, die in der Kontrolle über den Austausch liegen konnten: mehr Reichtum und größeres Ansehen. Solche Kontakte zum Römischen Reich waren deshalb für die Barbaren, die sie unterhielten, nicht unbedeutend. Im Gegenteil, es könnte ihnen sogar sehr geholfen haben, ihren politischen Einfluss im eigenen Volk zu vergrößern.

Religion, Kunst und Handwerk

Gottheiten und ihre Heiligtümer

Schriftliche Quellen über germanische Gottheiten vor der Wikingerzeit liegen nur sehr begrenzt vor. Die Berichte der römischen Schriftsteller darüber sind natürlich aus einem Blickwinkel verfasst, welcher sich an der eigenen Leserschaft orientierte. Das bedeutet, dass sie germanische Kulte wenn möglich mit denen römischer Gottheiten in Verbindung brachten. Daher wurde der oberste germanische Gott in der frührömischen Zeit, Tiwaz, von Tacitus mit Mars gleichgesetzt, weil Tiwaz in erster Linie ein Kriegsgott war. Doch die Germanen verehrten ihn ebenso sehr für seine Weisheit wie für seine kriegerischen Eigenschaften als einen mächtigen Gott. Sein Name ist letztendlich vom indoeuropäischen *dieus* abgeleitet, was einfach „Gott" bedeutete. Der griechische Zeus und römische *Dyaus,* ein früher Name für Jupiter, besitzen die gleiche Wurzel. Tiwaz war für die Germanen wahrscheinlich der oberste Gott des Himmels. Doch seine Herrschaft über die Schlacht war unbestritten. Eine Form seines Namens, Tyr, erscheint früh als Rune auf Waffen und vielleicht auch schon im zweiten Jahrhundert v. Chr. auf der Inschrift des Negau-Helmes (vgl. S. 19). In Skandinavien wurde er später von dem grausamen Gott Odin verdrängt, dem Herrn der Schlacht. Auf seine Macht als richtender Gott wird wahrscheinlich in römischen Inschriften Bezug genommen, die dem Mars Thingsus geweiht sind: Mars des Thing oder der Volksversammlung, der Hüter von Recht und Ordnung in der Gemeinschaft. Ein Kriegsgott, der auch über die Angelegenheiten der Menschen entscheidet, muss kein Widerspruch in sich sein. In einer Gesellschaft, die so vom Kampf bestimmt war wie die germanische, nimmt es nicht Wunder, dass der Gott, der über den Krieg herrschte, zugleich auch das angemessene Verhalten in der Gemeinschaft überwachte. Über die spezifischen Rituale zu Ehren des Tiwaz ist wenig bekannt. Der oberste Gott der Semnonen, dem in einem heiligen Hain Menschenopfer dargebracht wurden, könnte Tiwaz gewesen sein. Diejenigen, die den Hain betraten, wurden gefesselt, um die Macht des Gottes über seine Anhänger zu versinnbildlichen, so wie Tyr oder Tiwaz im Mythos den Wolf gefesselt hatte.

Der germanische Gott Donar wurde von den römischen Schriftstellern mit Herkules gleichgesetzt. Wie die griechisch-römische Gottheit verfügte Donar über gewaltige Körperkräfte, begab sich auf viele große Abenteuerreisen und kämpfte gegen Monster und Ungeheuer. Sogar das Kennzeichen des Thor, sein Hammer, konnte mit der Keule des Her-

1 J. de Vries, *Altgermanische Religionsgeschichte*; H. R. Ellis Davidson, *Gods and Myths of Northern Europe*

kules verglichen werden. Donar, später „Thor“ genannt, war der Gott des Donners und vielleicht auch des Himmels. Donnergötter wurden von den früheuropäischen Völkern, unter anderem Kelten, Balten und Slawen häufig in Wäldern verehrt und so verhielt es sich auch mit Donar. Ein Wald im Weserbecken war seinen Anhängern besonders heilig. Im Werk des begabten isländischen Gelehrten Snorri Sturluson, das im 13. Jahrhundert verfasst wurde, war Thor oder Donar der älteste Sohn des Odin und der Erde. Seine große Körperkraft erhielt er durch seinen Gürtel, einer der drei großen Schätze, die er besaß. Die anderen waren sein Hammer Mjöllnir und Handschuhe, mit denen er ihn halten konnte. Zwei andere Götter wurden anscheinend schon von einem frühen Zeitpunkt an verehrt: Njord und sein Sohn Freyr. Njord war der Herr der Meere und Winde und überwachte deshalb die Seefahrt, während Freyr über Sonne und Regen herrschte und so den Segen der Fruchtbarkeit verteilte. Freyrs Zwillingsschwester Freya, die berühmteste der weiblichen Germanengottheiten, wurde offenbar ebenfalls schon zu einem früheren Zeitpunkt verehrt. Sie war zuständig für Liebe und Ehe, aber sie herrschte auch über die Toten. Es finden sich noch viele andere Götter in Snorris Buch, aber die meisten erschienen wohl erst später im nordgermanischen Götterhimmel. Die Weltsicht, die sich in der skandinavischen Tradition zeigt, könnte jedoch frühere Elemente enthalten, zum Beispiel den Weltbaum Yggdrasil. Es handelte sich dabei um eine große Esche in der Mitte des Universums, deren Äste sich über Himmel und Erde erstreckten. Sie besaß drei Wurzeln: Eine reichte in die Welt der Götter, eine in die Welt der Riesen und eine dritte in die Welt der Toten. Einige der westgermanischen Gottheiten wurden in den römischen Provinzen verehrt. In Domburg auf der Insel Wacheren in der Nähe der Mündung des Altrheins stand während des zweiten und dritten Jahrhunderts ein Tempel der Göttin Nehalennia und wurde häufig von Kaufleuten vor ihrer Überfahrt von Niedergermanien nach Britannien besucht[2]. Über hundert Stücke von Skulpturen und Altären, viele von ihnen mit Inschriften, wurden aus dem Gezeitenkanal wieder geborgen, in den der Tempel schließlich gestürzt war, sodass die Ikonografie und der Kult der Nehalennia ungewöhnlich gut dokumentiert sind. Die Göttin wird oft auf einem Thron sitzend dargestellt, mit Getreide oder Obst in ihrem Schoß. Häufig zeigt sich ein Schiff neben dem Thron, sowie ein Hund, das einzige Tier, das mit ihr verbunden wird. Der Zusammenhang mit der Fruchtbarkeit ist offensichtlich und wie bei vielen anderen Fruchtbarkeitsgottheiten erstreckten sich ihre Macht auch über die Unterwelt. Der Hund symbolisiert diesen Aspekt ihrer Macht, wie vielleicht auch das Schiff. Die Kraft der Nehalennia schützte auch Schiffer auf dem Rhein und Seeleute auf dem offenen Meer. Die Ehrfurcht, mit der sie angebetet wurde, offenbart sich in der hochwertigen Qualität der Skulpturen, in den mit Inschriften ver-

2 A. Hondius-Crone, *The Temple of Nehalianna at Domburg,* Amsterdam 1955; *Deae Nehalenniae,* Middelburg/Leiden 1971

sehenen Altären in Domburg selbst und in Weihegaben rheinaufwärts bis nach Köln.

In der römischen Provinz Niedergermanien findet man viele Weihungen für die Matres und Matronae mit stark lokalen Verbindungen. Dies zeigt sich an Beinamen wie Aufaniae und Austriahenae. Diese Göttinnen sorgten ebenfalls für Fruchtbarkeit, aber in mehreren Fällen zeigen sich auch Verbindungen zum Leben nach dem Tod. Wir müssen aber betonen, dass diese Gottheiten nur in der provinzialrömischen Darstellung überliefert sind. Ihr vorrömischer Kultcharakter und selbst ihre vorrömische Existenz sind nicht bewiesen noch ist es sicher, dass östlich des Rheins Dreiheiten von Muttergöttinnen verehrt wurden. Nichtsdestoweniger stehen diese lokalen Göttinnen für Tausende von lokalen Kulten, die überall im germanischen Europa bestanden und die keine oder nur wenige Spuren ihrer Herrschaft über das Leben der Menschen hinterlassen haben.

Statuen oder Statuetten von Gottheiten und anderen übernatürlichen Wesen sind insgesamt nur selten zu finden. Wir kennen Bronzefiguren, die Götter darstellen könnten, aber man kann sie nicht befriedigend zuweisen. Eine Reihe kleiner bronzener Rinderfiguren aus Mitteleuropa könnte mit Fruchtbarkeitskulten in Verbindung gebracht werden, aber darüber hinaus gibt es wenig über sie zu sagen. Die beeindruckendsten Darstellungen göttlicher oder übernatürlicher Wesen sind eine Anzahl von hölzernen Idolen, die an heiligen Stätten in Torfmooren gefunden wurden. Normalerweise sind sie männlich, gelegentlich auch weiblich oder sie kommen in einigen Fällen paarweise vor. Ein auffälliges Paar einer männlichen und weiblichen Figur wurden in Braak in Holstein entdeckt. Die männliche Figur ist drei Meter hoch, die weibliche etwas kleiner. Die sexuellen Merkmale wurden bei beiden sorgfältig betont. Die kräftig geschnitzte männliche Figur aus Broddenbjerg in Jütland wurde mit einem aggressiv erigierten Geschlechtsteil gezeigt. Dieses Idol hatte auf einem Steinhaufen in einem Torfmoor gestanden, umgeben von Speisen als Opfergaben in Tongefäßen. Ein anderes Idol, das vermutlich mit dem Fruchtbarkeitskult zusammenhing, ist die männliche Figur aus Rude Eskilstrup auf Seeland. Sie trägt einen großen Ring (Torques) um ihren Hals und hält einen Laib Brot oder ähnliches in ihrem Schoß. In einigen Torfmooren wurden hohe Pfosten ohne irgendwelche Verzierungen aufgestellt, und zu ihren Füßen Opfergaben, darunter Tier- und Menschenopfer, niedergelegt. Solche Kultgegenstände werden im heidnischen Deutschland noch sehr spät erwähnt. Die Sachsen beteten bis ins späte achte Jahrhundert einen großen Holzpfahl namens Irminsul an, bis ihn Karl der Große zusammen mit dem reich ausgestatteten Heiligtum, in dem er sich befand, zerstörte.

In Quellen, Strömen und Flüssen wurden wie auch in anderen Teilen Europas Votivgaben versenkt. Am besten dokumentiert ist eine Serie von Opfergaben, die am Brodelbrunnen, einer Mineralquelle in Bad Pyrmont in Niedersachsen, dargebracht wurde. Sie stammten aus dem Zeitraum zwischen der späten vorrömischen Zeit und dem dritten Jahrhundert. Über 200 römische Fibeln wurden in die Quelle geworfen, ungefähr die gleiche Anzahl germanischer Fibeln und anderer Metallstücke, drei Denare und eine große emaillierte römische *patera* (Schale). Im Mittelalter und auch später suchte man den Brodelbrunnen zu Heilungszwecken auf. Diese heilenden Eigenschaften wurden vielleicht schon sehr viel früher geschätzt. Wir stoßen im germanischen Europa auch auf ausgehobene Kultschächte und Gruben, wenn auch nicht in großer Menge. Der bemerkenswerteste Schacht ist 3,5 Meter tief und wurde im thüringischen Greussen in Kalkstein gehauen. Er enthielt sechs Kultgefäße. Eines davon sieht aus wie ein Eber, ein anderes ist mit Ebermasken an den Seiten versehen, ein drittes ist in Form eines Raubvogels gestaltet. Der Eber wurde häufig als Symbol der Fruchtbarkeit verwendet, könnte aber als Wächter der Toten auch chthonische Macht besessen haben. Ein als Urne verwendetes Tongefäß in Form eines Ebers fand man auch im Gräberfeld in Liebenau in Niedersachsen. Eine Eberfigurine ziert den Deckel eines weiteren Gefäßes im Gräberfeld in Issendorf.

Die bekanntesten der germanischen Kultplätze sind die großen Weihedepots in Tümpeln und Torfmooren, vor allem in Dänemark und Norddeutschland. Einige wurden zwischen 1858 und 1865 von Conrad Engelhardt untersucht, besonders die in Nydam und Vimose und am Thorsberg, und Engelhardts Erkenntnisse bilden noch heute eine wichtige Grundlage für das Wissen über diese Kultform[3]. Eine Anzahl von Moorfunden wurde in letzter Zeit untersucht und erbrachte wichtige Ergebnisse, vor allem die Funde von Ejsbøl, Illerup und Skedemosse auf der Insel Öland. Diese großen Lager stammen aus der spätrömischen und der Völkerwanderungszeit, aber die Deponierung von Gegenständen, Tieren und sogar Menschen in Tümpeln und Torfmooren blickt auf eine sehr lange Tradition zurück. Man weiß heute, dass sie in Nordeuropa bis ins Neolithikum zurückreicht. Die größeren Depots, die in einigen Fällen wiederholt an derselben oder an einer nahe gelegenen Stelle entstanden, scheinen im späteren ersten vorchristlichen Jahrhundert angelegt worden zu sein und mit der Weihe einer beträchtlichen Menge von Kriegsausstattung in Verbindung zu stehen. Das früheste große Depot dieser Art liegt in Hjortspring auf der dänischen Insel Alsen. Der Großteil dieser Ausrüstungsgegenstände wurde vermutlich auf einmal im Moor versenkt, obwohl sich dies nicht mit völliger Gewissheit sagen lässt. Das ungewöhnlichste Stück in diesem Moorfund ist ein 19 Meter langes Schiff, das aus fünf miteinander vernähten Lindenholzplanken gebaut wurde. Dies war kein Schiff für das offene Meer, aber es könnte in den Buchten und Meeresarmen der westlichen

3 C. Engelhardt, *Thorsbjerg Mosefund;* ders., *Nydam Mosefund;* ders., *Kragehul Mosefund;* ders., *Vimose Fundet*

Ostsee leicht bis zu 24 Männer transportiert haben. Um das Boot herum lagen Waffen und andere Kriegsausrüstung, unter anderem 150 Schilde, 20 Kettenpanzer, über 130 Speerspitzen und sechs Schwerter in ihren Scheiden. Es fanden sich aber auch weniger kriegerische Gegenstände wie hölzerne Gefäße, Kisten und ein Eimer. Dieses Lager, wenn es tatsächlich homogen ist, mag aus einer kriegerischen Auseinandersetzung in diesem Gebiet um 100 v. Chr. oder etwas später resultieren. In den folgenden drei Jahrhunderten wurden kleinere Waffenmengen im Moor versenkt, aber die Weihungen größerer Mengen an Kriegsausrüstung sind erst für das späte zweite Jahrhundert wieder dokumentiert. Im dritten Jahrhundert gewinnen sie in Nydam, Illerup und Ejsbøl mehr und mehr an Bedeutung. Die zunehmende Häufigkeit von Kriegsausrüstungen in den Weihungen steht sicherlich mit den germanischen Erfolgen gegen die römischen Gegner in Beziehung. Eine weitere Ursache ist die wachsende Bedeutung lokaler Mächte in Nordeuropa und die Rivalität zwischen ihnen. Der Erfolg in der Schlacht wurde durch die Weihung der Beute an die Götter gefeiert, die den Sieg ermöglicht hatten. Die Tatsache, dass an einigen Stellen mehrere Opfergruben hintereinander angelegt wurden, unterstreicht die Bedeutung dieser Plätze über lange Zeit. Auf dem Thorsberg beispielsweise wurden Weihungen verschiedener Art über mehr als drei Jahrhunderte hinweg im gleichen Moor niedergelegt. Es ist zu vermuten, dass vor der Übergabe geweihter Gegenstände Zeremonien stattfanden. Viele der Waffen und anderen Stücke wurden beschädigt oder zerstört, bevor sie ins Moor geworfen oder gelegt wurden. Vielleicht symbolisierten sie die Niederlage eines Feindes und das Ende seiner Macht. Diese Praxis ist auch aus der frühen keltischen Welt häufig bezeugt.

Eine der größten und am besten untersuchten Weihungen stammt aus dem Moor am Thorsberg, ungefähr 20 Kilometer von Schleswig. Dabei handelte es sich nicht nur um einen reichen und vielfältigen Weihefund, sondern er wurde auch über eine lange Zeit angehäuft. Die dort gefundenen Fibeln stammen aus der Zeit vom zweiten Jahrhundert v. Chr. bis zum vierten Jahrhundert n. Chr. Auch die Tongefäße kamen aus verschiedenen Jahrhunderten. Kleinere Weihegaben wie persönlicher Schmuck, Keramiken und Tiere wurden während der frührömischen Zeit dort niedergelegt, in der Hauptsache vielleicht für Fruchtbarkeitsgottheiten als Dank für reiche Ernten. Im späten zweiten Jahrhundert änderte sich die Zusammenstellung der Gaben: Kriegsausrüstung herrschte in den Depots bis Ende des dritten Jahrhunderts vor. Das Fundmaterial umfasst viele römische Stücke, besonders die Gesichtsmaske eines silbernen Paradehelms, Teile eines weiteren Helms aus Bronze, Schildbuckel, Schwerter, Speere, Teile von Panzerhemden und Fibeln. Auch zwei bronzene Zierscheiben, die mit Silberfolie belegt waren, wurden gefunden (vgl. S. 116). Die germanischen Waffen sind ebenso vielfältig: unter anderem Speere mit Eschenschäften, Schilde, Langbogen, Pfeile, Pferdegeschirr und Zügel. Man fand auch Wollkleidung: Zwei Umhänge, zwei Hosen und eine prächtige langärmelige Tunika. Waffen und anderes Kriegsgerät wurden im späten dritten Jahrhundert wahrscheinlich zum letzten Mal als Weihgeschenk dargebracht, allerdings ist uns mindestens eine spätere Weihung einiger weniger Schwert- und Schwertscheidenteile bekannt.

Große Niederlegungen von Kriegsausrüstungen fanden weiterhin während des vierten Jahrhunderts an einigen Kultplätzen in Nordeuropa statt. Etwa 32 Kilometer nördlich des Thorsbergs liegt das Torfmoor von Nydam, wo Weihefunde auf einer Fläche von mehr als tausend Quadratmetern entdeckt wurden. Der Großteil dieser Gegenstände stammt aus dem dritten und vierten Jahrhundert und ein großer Teil wurde wohl bei zwei oder drei Gelegenheiten innerhalb dieses Zeitraums deponiert. Über 100 Schwerter, die meisten davon mit tauschierten Klingen aus römischer Herstellung, über 500 Speere und Wurfspieße, mehr als vierzig Bogen und Pfeilspitzen sowie Gürtel, Fibeln, Tongefäße, landwirtschaftliche Geräte und römische Münzen wurden ausgegraben. Auch drei Schiffe lagen in diesem Torfmoor. Eines davon wurde erfolgreich ausgegraben und wird nun im Museum von Schleswig aufbewahrt. Ein weiteres wurde aus dem Moor geborgen, nur um dann dem Krieg zwischen Dänemark und Deutschland im Jahr 1864 zum Opfer zu fallen und das dritte liegt noch immer im Moor. Wahrscheinlich wurden alle drei Schiffe mit Ausrüstung beladen und dann absichtlich versenkt. Das erhaltene Schiff ist etwa 20 Meter lang und in der Mitte fast drei Meter breit. Es wurde aus elf langen Eichenplanken hergestellt, fünf auf jeder Seite über einem gewaltigen Kiel. An jeder Seite befanden sich 15 Dollen, die am Dollbord befestigt waren. Die dreißig Ruderer wurden auf schmalen Bänken untergebracht, die an den Schiffsrippen festgemacht waren. Es gab keinen Platz für einen Mast, sodass das Schiff ausschließlich durch Ruder angetrieben wurde. Es handelt sich dabei ziemlich eindeutig um ein Kriegsschiff, das für die gezeitenlose Ostsee bestens geeignet war. Das Nydam-Schiff stammt wie viele der Waffen, die aus ihm geborgen wurden, aus dem späten vierten Jahrhundert und wurde vermutlich nach einer kriegerischen Auseinandersetzung in oder bei der Meerenge, welche die Insel Alsen vom Festland trennt, im Torfmoor versenkt.

Thorsberg und Nydam wurden Mitte des 19. Jahrhunderts ausgegraben und stellen die Wissenschaft noch immer vor große Probleme, obwohl die Funde nach den damaligen Standards genau untersucht und veröffentlicht wurden. Die modernen Untersuchungen der Weihefunde von Ejsbøl, Illerup und Skedemosse erbrachten noch viele weitere wichtige Erkenntnisse. In Ejsbøl wurden in einem Torfmoor zwei getrennte Komplexe identifiziert. Der eine befindet sich fast in der Mitte, der andere nahe am Rand des Torfmoors[4]. Die größere Gruppe von Gegenständen lag etwa in der Mitte des Moors, insgesamt ca. 500 Fundstücke, die alle auf einen bestimmten Zeitpunkt im späten vierten Jahrhundert datiert werden können. Das kleinere Depot am Rand des Moores in der Nähe der Küste wurde Anfang des fünften Jahrhunderts ebenfalls auf einmal niedergelegt. Die Funde in der Moormitte sind ungewöhnlich homogen, was darauf hinweist, dass die Ausrüstung von bis zu 200 Kriegern zum gleichen Zeitpunkt dem Moor anvertraut wurde. Mehr als 200 Wurfspieße und 190 Speere, mindestens 160 Schilde sowie 60 Schwerter, 60 Gürtel und 62 Messer wurden gefunden. In der Truppe von etwa 250 Mann müssen also etwa 60 Krieger ein Schwert getragen haben. Das Hauptdepot in Illerup bei Aarhus war älter (etwa 200 n. Chr.) und enthielt eine große Anzahl von Objekten – mindestens 10 000 von ihnen wurden entdeckt[5]. Diese Masse an Ausrüstung war vermutlich auf einmal in einem See von etwa 400 auf 325 Meter Fläche versenkt worden. Mehr als 100 Schwerter hatte man ins Wasser geworfen. Über die Hälfte davon trägt Stempel, die auf römische Herstellung hinweisen.

4 M. Ørsnes, „The weapon find in Ejsbøl Moss at Haderslev", 232.

5 J. Ilkjaer und J. Lønstrup, „Der Moorfund im Tal der Illerup-Å bei Skanderborg in Ostjütland" in: *Germania,* 61, 1983, S. 95

Nicht alle Weihedepots aus der spätrömischen Eisenzeit enthielten hauptsächlich Waffen. In Skedemosse auf Öland begann die Tradition von Weihungen im dritten Jahrhundert und endete im sechsten; die meisten fallen ins vierte und fünfte Jahrhundert[6]. Goldene schlangenköpfige Ringe und Fingerringe wurden mit anderem persönlichen Schmuck geopfert. Auffälliger aber sind die Überreste von Tieropfern, besonders Pferden, und Menschenopfern. Mehr als hundert Pferde lassen sich in den Skelettresten identifizieren. Pferdegeschirr bildet einen Großteil der Metallgegenstände in diesem Moor. Vermutlich wurde mit diesen Gaben ein Pferdegott verehrt. Die menschlichen Überreste stammten von fünfzig Personen beider Geschlechter und aller Altersstufen. Das Thema Menschenopfer bedarf der näheren Betrachtung.

6 U. E. Hagberg, *The Archaeology of Skedemosse*

Menschenopfer

Eine der frühesten Beschreibungen der Kultpraktiken eines germanischen Volkes, nämlich jene von Strabon über die Kimbern, beschäftigt sich mit Menschenopfern. Weiß gekleidete Priesterinnen versahen die Opferung ausgewählter Kriegsgefangener, indem sie sie über große Bronzekessel beugten und ihre Kehlen durchschnitten, sodass ihr Blut in die Gefäße darunter floss. Auch Orosius hatte von dem Brauch der Kimbern vernommen, ihre Gefangenen gemeinsam mit der Beute zu opfern, die man den besiegten Feinden abgenommen hatte:

„Nach einem langen und seltsamen Gebet begannen sie ihre ganze Beute zu zerstören. Kleidung wurde in Stücke geschnitten und weggeworfen. Gold und Silber wurde in den Fluss geworfen, die Brustplatten der Männer wurden in Stücke geschnitten, Pferdegeschirr wurde zer-

Kopf eines Kriegers mit suebischem Haarknoten, der auf einen hohen Rang hinweist, aus einem Torfmoor in Osterby, Schleswig-Holstein

schlagen und die Tiere in Strudeln ertränkt. Die Männer wurden mit Schlingen um den Hals an Bäumen erhängt."

Der Brauch, besiegte Feinde und ihre Ausrüstung dem Gott oder den Göttern des Krieges zu weihen, taucht in den Quellen über die römische Eisenzeit und über das spätere heidnische Skandinavien immer wieder auf. Die Chatten und Hermunduren führten Krieg um den Besitz eines Flusses zwischen ihren Gebieten. Beide Seiten gelobten ihren jeweiligen Kriegsgöttern, ihre Feinde und die Kriegsbeute zu opfern. Die siegreichen Hermunduren erfüllten ihr Gelöbnis. Doch die Opferung von Menschen diente keineswegs nur der Verehrung der Kriegsgötter. Auch Fruchtbarkeitsgottheiten konnten durch ein Menschenopfer günstig gestimmt werden. Die Stämme in Jütland und Schleswig-Holstein verehrten eine Fruchtbarkeitsgöttin namens Nerthus, die gelegentlich das Reich der Menschen besuchte, wahrscheinlich einmal im Jahr. Sie wurde auf einem Wagen gezogen, den nur ihr Priester berühren oder von innen sehen durfte. Das Heiligtum der Göttin war ein heiliger Hain auf einer Insel in einem See. Wenn sie nach jeder Prozession dorthin zurückkehrte, wurden ihr Bild und ihr Wagen im See rituell von Sklaven gereinigt, die man danach ertränkte.

Konkrete Beispiele von Opferung oder ritueller Tötung von Menschen beider Geschlechter sind in der Archäologie der frühen Germanen bezeugt, gelegentlich in dramatischer Form. Die ursprüngliche Bedeutung dieser Vorgänge ist heute fast unmöglich zu bestimmen. Insbesondere lässt sich zwischen Opferung aus religiösen Gründen und richterlicher Strafe kaum genau unterscheiden. Doch zumindest in einigen

Fällen weisen die Umstände eindeutig auf wichtige Rituale hin, die mit Menschenopfern verknüpft waren. Man kann sie bei menschlichen Überresten nachweisen, die in Torfmooren gefunden wurden, und durch Beifunde oder technische Untersuchungen der Depots, in denen sie lagen, auf die vorrömische und römische Eisenzeit datiert werden[7]. Diese Überreste reichen von vollständigen und meist bemerkenswert gut erhaltenen Leichen bis zu Körperteilen und Gruppen verstreuter Knochen. Die bekanntesten Funde sind die vollständigen Leichen, die man in Tollund, Graubålle und Windeby, alle in Dänemark, geborgen hat, aber man stößt an vielen Stellen in Nordeuropa auf Moorleichen, so auch in Norddeutschland, Polen, in den Niederlanden und auf den britischen Inseln. Die Bräuche, die zu diesen Opferungen in Sümpfen oder Tümpeln führten, existierten keineswegs nur bei den frühen Germanen. Die keltischen Völker Britanniens kannten ähnliche Praktiken, wie der Fund einer Moorleiche im Moor von Lindow im Jahr 1980 zeigt. Die bekannte Männerleiche, die in Tollund gefunden wurde und heute auf ungefähr 200 n. Chr. datiert wird, weist alle Spuren eines besonderen Opfergangs auf, der durch ein spezielles Mahl aus Samen und Körnern vorbereitet und unter genauer Einhaltung eines festgesetzten Rituals durchgeführt wurde. Das Gleiche gilt für eine Leiche, die in Graubålle in Jütland gefunden wurde; es handelt sich um einen nackten Mann von etwa 30 Jahren mit durchschnittener Kehle. Wie bei dem Mann von Tollund enthielt auch sein Magen die Überreste einer Schleimsuppe aus vielen verschiedenen Samen. In Torfmooren finden sich auch weitere Leichname, die auf andere Weise geopfert wurden. In Windeby in Schleswig barg ein Moor mindestens zwei Leichen. Die eine war ein junges Mädchen von etwa 15 Jahren und fünf Meter weiter davon entfernt lag ein Mann. Der Leichnam des Mädchens war nackt bis auf einen Kragen aus Rinderhaut um ihren Hals und eine Binde über ihren Augen.

7 A. Dieck, *Die europäischen Moorleichenfunde,* Neumünster 1965

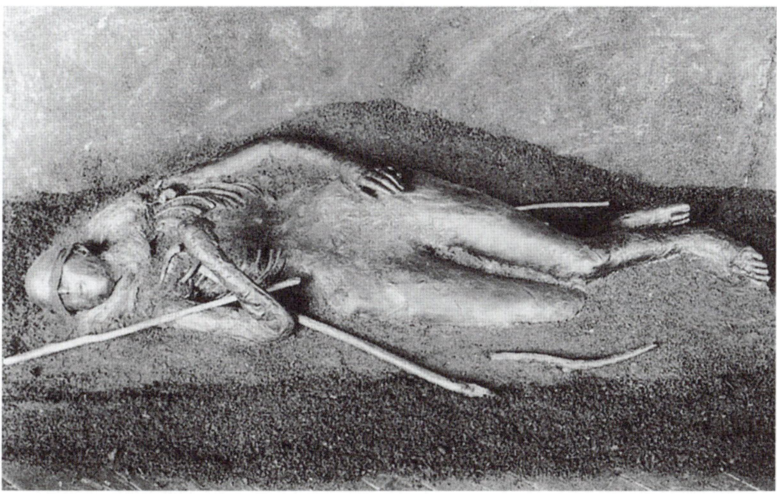

Leiche eines Mädchens, das in einem Torfmoor in Windeby, Schleswig-Holstein, gefunden wurde; die Augen sind verbunden, das Haar geschoren; über ihre Leiche wurden Holzstangen gelegt.

Man konnte nicht erkennen, wie sie gestorben war; wahrscheinlich wurde sie ertränkt, denn die Leiche war mit Ästen und einem großen Stein bedeckt. Der Mann hatte einen Haselzweig um seinen Hals, mit dem er offensichtlich erwürgt worden war. Er wurde ebenfalls durch Äste im Wasser und Schlamm gehalten.

Einige Fälle weisen Anzeichen für Handlungen *post mortem* auf. Die Leiche eines dreißigjährigen Mannes, der in Dätgen im Schleswig gefunden wurde, ließ die Durchbohrung seines Herzens als Todesursache erkennen. Danach wurde er enthauptet und der größte Teil seiner Haut entfernt. Auch über ihn warf man Äste, doch in seinem Fall handelte es sich nur um eine Formalität. Die Leichen in Windeby und Dätgen könnten zu den Menschen gehören, die von ihrer Gemeinschaft wegen eines Verbrechens oder nicht gesellschaftskonformen Verhaltens zum Tode verurteilt wurden. Tacitus wusste von Strafen wegen Ehebruchs und Sittenlosigkeit, die darin bestanden, die Schuldigen in Sümpfe zu werfen und durch Gewichte zu beschweren. Es ist möglich, dass die bekannten Opfer in den nordischen Torfmooren aus noch anderen Gründen dort ihr Ende fanden. Bei einigen handelte es sich vielleicht um aus ihrer Gemeinschaft Ausgestoßene, die man fürchtete oder hasste, zum Beispiel Geisteskranke und Psychotiker. Einige könnten Verräter gewesen sein oder der gesellschaftlichen Gruppe, der sie angehörten, auf andere Weise geschadet haben. Die Enthauptung und Enthäutung, der manche Leichen unterzogen wurden, könnten diese Vorstellung stützen, denn diese Behandlung deutet auf eine apotropäische, also Unheil abwehrende Funktion hin. Obwohl man Menschenopfer nur mit großer Schwierigkeit von der Mehrheit der Moorleichen unterscheiden kann, gibt es bestimmte sich wiederholende Kennzeichen, die sich leicht in das Bild einer rituellen, religiös motivierten Tötung einfügen lassen. Erstens ist klar, dass eine Anzahl der besterhaltenen Leichen von Menschen stammen, die keine Handarbeit verrichtet und vermutlich einer gehobenen sozialen Schicht angehört hatten. Dies trifft beispielsweise auf den Mann in Tollund und eine ziemlich füllige fünfzigjährige Frau in Haraldskjaer zu. Zweitens wurde eine beträchtliche Anzahl durch Erhängen oder Erwürgen getötet. Oft fand sich noch ein Seil oder ein Riemen um ihren Hals. Drittens wurde, wenn der Zustand des Mageninhalts noch eine Analyse erlaubte, häufig deutlich, dass die letzte Mahlzeit aus einer Schleimsuppe aus oft sehr unterschiedlichen Samen bestand. Sie dürfte wohl kaum die übliche Nahrung der Menschen der späten Eisenzeit gewesen sein und war höchstwahrscheinlich ein rituelles Mahl, das möglicherweise in Beziehung zum Zweck der Opferung stand. Diese Merkmale lassen sich alle leichter als Begleitumstände einer Opferung erklären als auf andere Weise. Doch welchem Zweck diente die Opferung? Hier kann man nur spekulieren, denn es besteht keine erkennbare Verbindung zu den für den Krieg zuständigen Gottheiten.

Mythos und Ritual

Die Einblicke in die Welt des germanischen Mythos sind nur flüchtig, aber ein einziger solcher Blick offenbart eine Fülle von Einzelheiten, die ahnen lassen, wie viel verloren gegangen ist. Die beiden berühmten goldenen Hörner, die in Gallehus in Süddänemark gefunden wurden – das

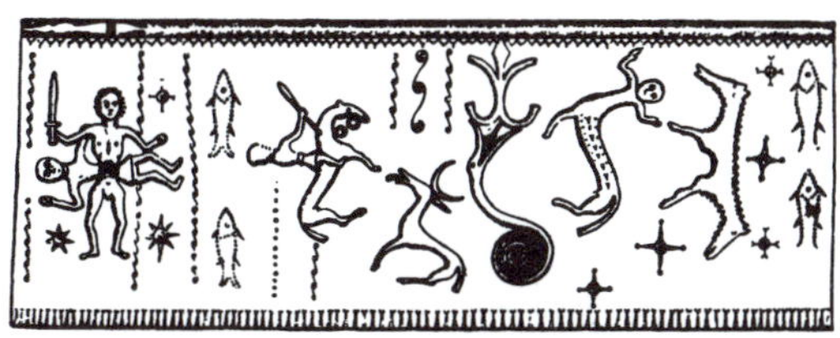

Motive und Inschrift auf einem der goldenen Hörner von Gallehus, Dänemark (Zeichnung nach E. Oxenstierna, Die Goldhörner von Gallehus, Lindigo 1956)

eine 1639 und das andere 1734 – sind heute nur noch auf Stichen bekannt. Sie zeigen eindeutig Verbindungen zur Götterwelt Nordeuropas, obwohl die Zeichnung auch von anderswo stammende Motive erkennen lässt[8]. Die Einzelheiten der Verzierungen ordnen die zwei Hörner in die erste Hälfte des fünften Jahrhunderts ein. Der Hersteller hat seinen Namen auf dem einen der beiden in Runen verewigt: „Ich, Hlewagast, Sohn des Holt, machte dieses Horn." Die Friese auf den beiden Objekten wurden seit dem 17. Jahrhundert häufig diskutiert. Auch wenn sich manches der Deutung entzieht, stellen die Stiche wahrscheinlich einen Zyklus von Zeremonien und Kultfesten dar. Die beiden Hörner zeigen in ihrer Thematik enge Verbindungen: Einige bestimmte Figuren finden sich auf beiden. Die Friese bilden ziemlich genau und oft mit bemerkenswerten Einzelheiten Handlungen und Riten ab. Möglicherweise hatten die Szenen eine bestimmte Reihenfolge, die mit der Reihenfolge von Kultpraktiken zusammenhing. Diese wiederum könnten mit dem Kreislauf der Jahreszeiten verbunden gewesen sein. Man hat glaubhaft argumentiert, dass auf dem einen Horn Frühlings- und Sommerriten und auf dem anderen Herbst- und Winterriten erscheinen. Doch auch diese Erklärung ist nicht völlig gesichert, weil sich viele Szenen und Symbole nicht deuten lassen, aber wahrscheinlich liegt der gesamten Gestaltung irgendein mythischer oder kultischer Zyklus zugrunde. Der Versuch, unter den abgebildeten Figuren bekannte Gottheiten zu identifizieren, bedeutet eine Herausforderung. Der oberste Teil des Horns mit der Runeninschrift stellt zwei größtenteils nackte, aber Helme mit gebogenen Hörnern tragende Figuren dar. Die eine hält eine Sichel und eine Rute, die andere einen Speer, eine Rute und einen Ring. Ihre Beine sind gebeugt, als ob sie hüpfen oder tanzen würden. Neben jeder der beiden steht ein Krieger, der einen Torques um den Hals und Schwert und Schild in den Händen trägt und ebenfalls zu tanzen scheint. Die behelmten Figuren wurden von einigen mit Tiwaz und Freyr oder Tiwaz und Wodan identifiziert. Doch eine fundierte Begründung dafür existiert nicht. Es könnte sich genauso gut um Priester oder Anbeter dieser oder anderer Götter handeln. Sie könnten aber auch die nordgermanischen Zwillingsgötter darstellen, von denen mehrere Quellen berichten: Tacitus nannte sie „Alci" und schrieb, dass sie von den Naharvalen verehrt wurden. Andere Schriftsteller lokalisieren sie an der Nordseeküste. Die Bilder könnten auch bestimmte Kulte darstellen, zum Beispiel einen Fruchtbarkeitskult, der durch säugende Tiere und Schlangen symbolisiert wurde. Der Pferdekult ist auf den beiden Hörnern vorherrschend und steht vielleicht mit einem Himmelsgott in Verbindung. Zweimal ist ein Pferd abgebildet, das von einem Bogenschützen erlegt wird, ein anderes trägt einen Reiter und ein weiteres wird von einem Mann mit einer Sichel oder einem gebogenen Messer geführt. Dahinter könnten sich Hinweise auf Pferdeopfer verbergen,

8 E. Oxenstierna, *Die Goldhörner von Gallehus*, Lindigö 1956

was an die Pferde und ihre Geschirre im Moor von Skedemosse auf Öland denken lässt (vgl. S. 103). Auf den Hörnern sind auch andere Szenen und Symbole abgebildet, die wir mit Opferungen oder anderen Riten in Verbindung bringen können. Ein Bogenschütze zielt auf eine ausgebreitete, von einem menschlichen Kopf gekrönte Tierhaut. Sein Ziel symbolisiert vielleicht wie im späteren Skandinavien die Fruchtbarkeit. Ein dreiköpfiges Monster mit einer Axt führt einen Ziegenbock. Auch dazu finden sich im späteren europäischen Mythos Entsprechungen, die sich an Fruchtbarkeit knüpften und bei Wintersonnwendfeiern und Hochzeiten erschienen. Die Hörner von Gallehus bleiben rätselhaft, aber sie lassen keinen Zweifel am Reichtum der übernatürlichen Vorstellungswelt der Nordgermanen in der früheren Völkerwanderungszeit. Sie verdeutlichen auch, dass Kontakte zu einer viel größeren Welt zu diesem Reichtum an Metaphorik und Symbolik beitrugen. Sie sind daher von unschätzbarem Wert, weil sie die kulturellen und religiösen Verbindungen über große Entfernungen hinweg offenbaren. Die Bewohner des nördlichsten Germanien waren zu dieser Zeit großer Umwälzungen keinesfalls vom Rest Europas abgeschnitten. Eine weitere Reihe von Symbolen zeigt sich auf einer Anzahl von gravierten und ursprünglich bemalten Steinen auf der Insel Gotland[9]. Diese wurden zwischen dem fünften und elften Jahrhundert hergestellt. Durch den Verlust der gemalten Einzelheiten erscheint jede Interpretation als Wagnis, aber man ist sich allgemein einig, dass die Steine insgesamt zur Erinnerung an die Toten, vermutlich die sozial höher gestellten der Inselgemeinschaft dienten. Einige finden sich in kleinen Gruppen, andere in niedrigen Steinhaufen, während man von wenigen weiß, dass sie über Grabstätten standen. Unter den immer wiederkehrenden Symbolen fällt eine runde Zeichnung besonders auf, die einen großen Teil der Oberfläche einnimmt. Innerhalb der Hauptzeichnung können kleinere Kreise – oft in Drehbewegung – gemalt sein. Man hat sie als Sonnenscheibe identifiziert. Dieses Symbol wurde schon viel früher in Skandinavien gefunden und daher an die Verehrung eines Himmelsgottes geknüpft. Man findet häufig drachenähnliche Ungeheuer, die gelegentlich Menschen verfolgen. Sie repräsentieren vielleicht den Tod und das für alle Menschen unausweichliche Schicksal. Auch das Schiffsmotiv könnte mit einer Reise zum Leben nach dem Tod zusammenhängen, obwohl es auch mit der Bahn der Sonne am Himmel assoziiert wurde. Ein Stein, der in Sanda gefunden wurde, zeigt einen Baum, vielleicht den Weltenbaum Yggdrasil als Symbol des Universums, ein Ungeheuer und ein Schiff. Eine Anzahl kleinerer Steine, die man auf das fünfte Jahrhundert datiert, zeigen andere Symbole: Der Flug von Gänsen oder Enten könnte die Reise der Seele darstellen. Das Pferd erscheint immer wieder, was an die Hörner von Gallehus erinnert und vielleicht mit dem Kult einer Himmelsgottheit zusammenhängt.

9 S. Lindqvist, *Gotlands Bildsteine*

Der Brauch, diese auffälligen Denkmäler zu errichten, dauerte bis in die christliche Zeit hinein. Einige der späteren Steine greifen auf Mythen und Episoden zurück, die in den Heldensagen vorkommen.

Die Weissagung spielte bei den religiösen Praktiken der Germanen eine wichtige Rolle. Diejenigen, welche die Zukunft voraussagten und Botschaften der Götter an die Menschen übermittelten, genossen in der Gesellschaft hohe Verehrung. Die berühmtesten Wahrsager waren Frauen. Veleda, die ihre Prophezeiungen von einem Turm herab verkündigte, war eine hoch angesehene Seherin der Germanen am Niederrhein zur Zeit des Aufstandes der Bataver und ihrer Verbündeten im Jahr 69 und sie besaß großen Einfluss auf den Anführer der Rebellen Julius Civilis. Wenig später verkündete die Seherin Ganna vor dem Kaiser Domitian die Zukunft. Die Beobachtung des Vogelfluges und -gesanges war in Nordeuropa ein beliebtes Mittel, um wahrzusagen. Bestimmten Vögeln, unter anderem Raben, schrieb man auch noch in viel späterer Zeit die Gabe der Prophetie zu. Auch Pferde konnten Orientierungshilfen für die Zukunft bieten, wenn ihr Schnauben und Wiehern von Priestern oder Königen ausgelegt wurde. Verbreiteter war wohl die Weissagung aus Zeichen, die man in Ruten aus Obstbäumen oder andere Holzstücke schnitzte. Eine solche Methode findet sich bei vielen primitiven Völkern und erinnert in der germanischen Welt natürlich an den Gebrauch der Runen.

Bis weit in die Völkerwanderungszeit hinein waren die germanischen Völker zum großen Teil des Lesens und Schreibens unkundig. Erst im vierten Jahrhundert ist ein Versuch bezeugt, eine germanische Sprache in die Schriftlichkeit zu übertragen, eine fast übermenschlich scheinende Anstrengung. Mitte des vierten Jahrhunderts übersetzte Wulfila, der Bischof der Goten nördlich der unteren Donau, die Bibel ins Gotische und schuf zu diesem Zweck ein besonderes Alphabet. Schon früher hatte man ein aus Zeichen bestehendes Kommunikationssystem entwickelt, obwohl es nur für bestimmte Zwecke und in sehr begrenztem Umfang benutzt wurde. Der Ursprung dieser Zeichen, die seit dem 17. Jahrhundert als „Runen" bekannt sind (die ursprüngliche Bezeichnung kennen wir nicht), liegt völlig im Dunkeln[10]. Die frühesten datierbaren Runen stammen aus dem späten zweiten Jahrhundert n. Chr., wobei ihre Ursprünge vielleicht ins vorangegangene Jahrhundert zurückreichen. Die meisten frühen Zeichen bedeuten ein einziges Wort und finden sich auf Waffen oder persönlichen Schmuckstücken. Die größte Ansammlung an Inschriften wurde im westlichen Ostseegebiet gefunden, wo auch die meisten späteren Runeninschriften auftauchten.

10 R. I. Page, *Runes*, London 1987

Es gibt keine erkennbaren Vorbilder der Runen. Man hat das griechische oder lateinische Alphabet dafür vorgeschlagen, aber keines von beiden erscheint aufgrund der Typologie oder historischen Wahrscheinlichkeit denkbar. Vier Zeichen könnten mit lateinischen Buch-

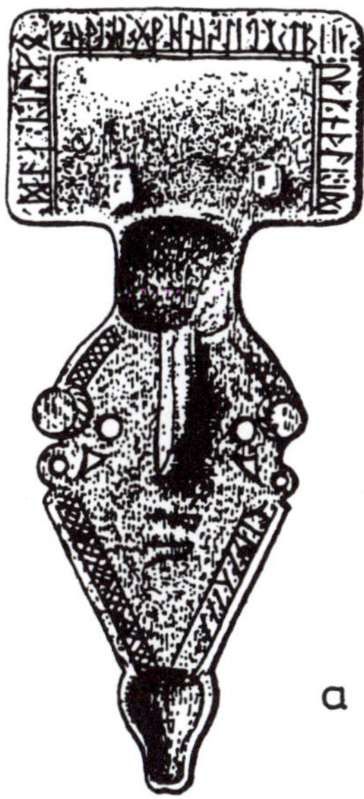

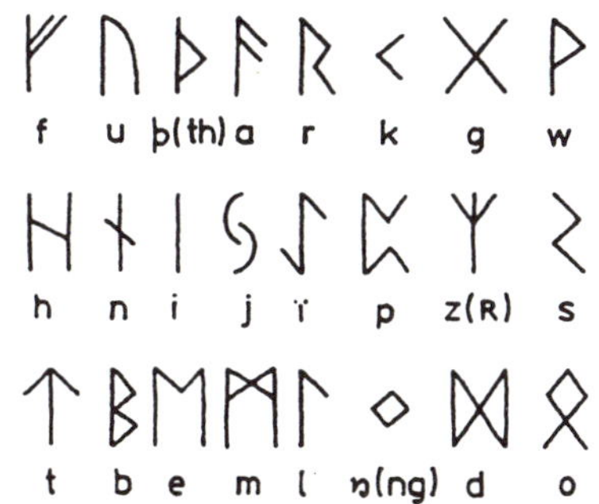

a) Fibel mit Runeninschrift aus Charnay (Dep. Saône-et-Loire) Frankreich, spätes sechstes Jahrhundert; b) das Runenfuthark (Zeichnungen nach R. I. Page, Runes, London 1987)

staben in Verbindung gebracht werden, die anderen zwanzig Zeichen im frühen Runenfuthark zeigen keinen erkennbaren Zusammenhang zum Lateinischen. Wesentlicher ist die Behauptung, dass neun der Runen Ähnlichkeit mit Buchstaben in mehreren norditalischen Schriften aufweisen, die in den Alpenregionen bis ins erste nachchristliche Jahrhundert benutzt wurden, sodass eine Überlappung mit den Vorläufern der Runen möglich ist. Doch diese Hypothese lässt einige größere Probleme ungelöst. Nicht bei allen Runen ist es wahrscheinlich, dass sie von italischen Buchstabenformen abgeleitet wurden. Mindestens zwölf Zeichen im Futhark zeigen keine Verbindung zu allen bisher bekannten Buchstaben. Außerdem besteht eine große geografische Lücke zwischen den norditalischen Inschriften und den frühesten bekannten Runen in Germanien. Es ist möglich, dass Runen auf vergänglichem Material wie Holz diese Lücke gefüllt haben, aber sie konnten bisher noch nicht nachgewiesen werden. Die Frage bleibt ungelöst, doch die Parallelen zwischen einigen Zeichen und den Buchstabenformen in italischen und lateinischen Schriften scheinen tatsächlich zu existieren. Solche Verbindungen könnten am ehesten in den Alpen und in den direkt nördlich daran anschließenden Gebieten entstanden sein.

Das Christentum

Es gibt nur sehr wenige Anzeichen dafür, dass religiöse Kulte der Römer auf die Germanenvölker außerhalb des Imperiums vor dem vierten Jahrhundert eingewirkt hätten. Die Germanen, die in der römischen Armee dienten, brachten ihre eigenen Kulte mit, wie sich im Falle einiger Einheiten des dritten Jahrhunderts am Hadrianswall erkennen lässt. Denkbar wäre, dass manche Germanen, die in die römischen Provinzen kamen, dort Anhänger einer oder mehrerer römischer Götter wurden und diesen Glauben in ihre Heimat mitnahmen, wie jener Alamanne, der Serapis zu verehren begann und später seinen Sohn nach diesem Gott benannte. Doch gibt es keinen Grund anzunehmen, dass eine solche Vermittlung von Kulten üblich war. Mit einer großen Ausnahme, auf die einzugehen sein wird, besaß das Christentum auf die Germanen vor ihrem Eindringen in das Römische Reich kaum größeren Einfluss. Es gab vor dem sechsten nachchristlichen Jahrhundert keine geplanten Versuche, die Barbarenvölker zum Christentum zu bekehren, obwohl die Rugier an der mittleren Donau oder einige von ihnen tatsächlich Christen wurden, bevor sie nach Noricum zogen. Gelegentlich wird über einzelne Übertritte zum Christentum jenseits der römischen Grenzen berichtet:

Kurz vor dem Jahr 397 reiste ein Christ von Italien ins Land der Markomannen jenseits der mittleren Donau. Dort traf er Königin Fritigil und erzählte ihr von dem großen Ambrosius, dem Bischof von Mailand. Fritigil war von seinen Reden so beeindruckt, dass sie die Lehre Christi annahm und Ambrosius durch ihren Gast bitten ließ, sie in seinem Glauben zu unterweisen. Der Bischof antwortete ihr mit einem Brief, der als Katechismus diente. Dieser Fall ist zwar interessant, aber doch fast nur ein Einzelfall, denn von einem vergleichbaren Kontakt zwischen einem Christenführer und einem germanischen Herrschaftshaus wurde vor der Hauptphase der Völkerungwanderungszeit nicht berichtet. Wir müssen auf jeden Fall zur Kenntnis nehmen, dass nicht Ambrosius den Kontakt einleitete, sondern nur die Gelegenheit wahrnahm, als sie sich ihm bot. Wie sich sein Brief an die Markomannenkönigin auswirkte, ist unbekannt, aber wahrscheinlich erreichte er wenig. Wenn andere derartige Kontakte über die Grenzen hinweg tatsächlich bestanden, dann waren sie wohl kaum besonders zahlreich.

Nur ein einziges germanisches Volk wurde christianisiert, bevor es ins Römische Reich einfiel.[11] Die Ausbreitung des christlichen Glaubens unter den Goten ist unauflösbar mit dem Leben und Werk von Ulfila oder Wulfila verbunden, der als gebürtiger Gote später Bischof seines Volkes und Stammesführer wurde. Er kam um 311 als Enkel eines kappadokischen Kriegsgefangenen, der bei einem der großen Raubzüge vor 270 gefangen genommen war, auf die Welt. Das Christentum hatte in den gotischen Gemeinschaften jenseits der Reichsgrenzen überlebt, und mehr als nur das. Nach 250 wurden viele römische Kriegsgefangene in die Gebiete nördlich der Donau und des Schwarzen Meeres gebracht und die Christen unter ihnen hatten einige ihrer gotischen Herren zu ihrer Religion bekehrt. Wie groß die christliche Gemeinde im Land der Goten war, lässt sich nicht abschätzen, aber sie war eindeutig groß genug, um die Aufmerksamkeit der römischen und griechischen

11 E. A. Thomson, *The Visigoths in the Time of Ulfila*

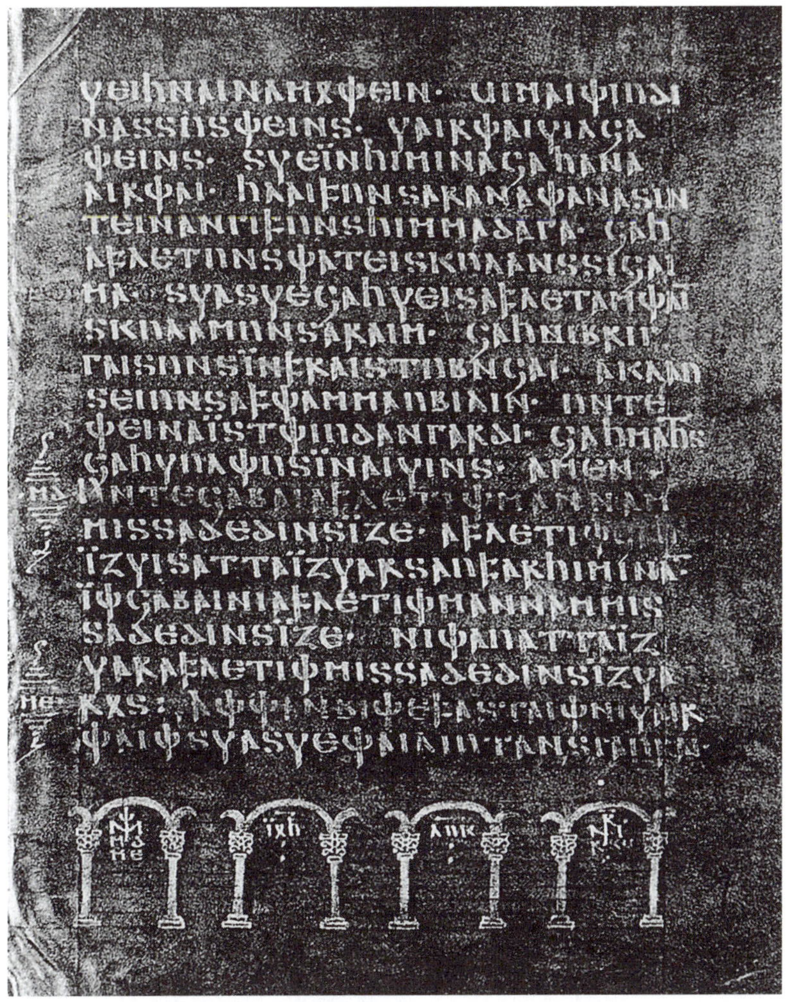

Eine Seite aus der gotischen Wulfila-Bibel

Missionare zu gewährleisten. Viele der verschleppten römischen Christen wurden wahrscheinlich in das Reich am Bosporus geschickt, das seit dem Toleranzedikt von 311 das Christentum als offiziellen Glauben anerkannte. Welche Schicht der gotischen Gesellschaft am meisten von der neuen Religion beeinflusst wurde, können wir nicht wissen, aber Wulfia selbst bekleidete offensichtlich einen hohen gesellschaftlichen Rang, da er in seinen Zwanzigern eine gotische Delegation nach Konstantinopel begleitete. Er beherrschte auch Latein und Griechisch und besaß ausreichend Mittel und Zeit, um zu reisen. 341 wurde er mit dreißig Jahren zum Bischof der Christen im Land der Goten geweiht. Diese Mission sollte er vierzig Jahre lang erfüllen. In den ersten sieben Jahren betreute er die Goten nördlich der Donau. Nachdem man ihn von dort vertrieben hatte, zog er in die Provinz Mösien und führte die dort ansässigen Goten bis zu seinem Tod. In Mösien predigte er und beschäftigte sich mit seinem großen Lebenswerk, der Übersetzung der Bibel ins Gotische. Dafür musste er erst ein gotisches Alphabet schaffen, indem er griechische Buchstaben als Grundlage nahm und ihnen lateinische und Runenzeichen hinzufügte.

Obwohl die meisten germanischen Völker bei ihrer Ankunft in der römischen Welt Heiden waren, traten sie innerhalb von einer oder zwei Generationen fast alle zum christlichen Glauben über. Die Gründe liegen auf der Hand. Das Christentum wurden im Großen und Ganzen mit dem Gemeinwesen des Römischen Reichs gleichgesetzt. Diejenigen, die außerhalb der römischen Zivilisation lebten, lagen deshalb normalerweise auch außerhalb der Reichweite Christi. Waren die Germanenvölker aber erst einmal innerhalb der römischen Grenzen, taten sie es ihren Anführern nach und übernahmen die offizielle Religion der Provinzen, in denen sie sich niederließen, nämlich den christlichen Glauben. Sehr viele von ihnen wurden jedoch keine Katholiken, sondern traten zum Arianismus über. Arius, ein Priester aus Alexandria, versetzte die östliche Kirche im frühen vierten Jahrhundert in Aufruhr, weil er behauptete, dass Christus näher an der Schöpfung sei als am Schöpfer, dass also der Sohn Gottes mit Gott selbst nicht wesensgleich sei. Arius erhielt die Unterstützung mächtiger Bischöfe und aus einem örtlich begrenzten Streit entwickelte sich ein erbittertes Schisma. Aus der Tatsache, dass mehrere größere Germanenvölker zum Arianismus übertraten, resultierte eine schärfere Abgrenzung gegenüber der christlichen Bevölkerung des Römischen Reiches, als sonst wohl zu erwarten gewesen wäre. Die germanischen Reiche jedoch waren ihrerseits tolerant gegenüber dem katholischen Christentum; die Ausnahme bildete das Wandalenreich in Afrika. Der Arianismus der germanischen Siedler, insbesondere der Goten, warf noch bis in das sechste Jahrhundert theologische und politische Probleme auf und wurde oft zur Rechtfertigung von Maßnahmen gegen eine gegnerische Faktion oder Macht herangezogen. Mit der Bekehrung der Westgoten zum Katholizismus zwischen 580 und 590 verschwanden allmählich die letzten Ausläufer dieser alten Auseinandersetzung.

Die Handwerkskunst

Da es in den von den Germanenvölkern bewohnten Gebieten keine natürlichen Goldvorkommen gab, konnte sich auch so lange kein Goldschmiedehandwerk entwickeln, bis Kontakte von außen diesen Rohstoff verfügbar machten. Der Zustrom an Gold war im ersten und zweiten Jahrhundert nur bescheiden. Das meiste davon wurde aus der römischen Welt geliefert, aber ein Teil kam auch aus dem Schwarzmeergebiet. Während des dritten Jahrhunderts nahm dieser Strom merklich zu und schwoll besonders seit dem späten vierten Jahrhundert weiterhin an. Eine wahre Goldflut strömte in Form importierter

Münzen aus der oströmischen Welt (vgl. S. 215) im fünften und sechsten Jahrhundert nach Skandinavien. Die frühesten Objekte aus Gold, die von germanischen Handwerkern hergestellt wurden, sind kleine Schmuckstücke, hauptsächlich Anhänger und Ringe, die aus dem späten ersten Jahrhundert n. Chr. stammen. Man weiß nur von wenigen großen Goldobjekten aus der frührömischen Eisenzeit. Die bedeutendste Ausnahme stellt ein prächtiger Halsreif dar, der in Havor auf der Insel Gotland in einer kleinen befestigten Stätte, vielleicht dem Sitz eines Häuptlings, gefunden wurde[12]. Der Torques lag in einem Hort, der auch sechs römische Bronzegefäße aus dem ersten nachchristlichen Jahrhundert enthielt, und um oder kurz nach 100 n. Chr. vergraben worden war. Der Reif misst im Durchmesser 24 Zentimeter und besteht aus rechteckig geschnittenen, ineinander verschlungenen Golddrähten. Als Endstücke dienen hohle Kugeln, die bis auf einen Filigrandraht unverziert sind. Die schmucklosen Oberflächen der Kugeln stehen in einem hübschen Kontrast zu den kegelförmigen Streben der Endstücke, die mit halbmondförmigen Filigrandrähten verziert wurden, in die ein Stierkopf gesetzt war. Das Design dieses Halsrings aus Havor ist so gekonnt und überzeugend und die technische Ausarbeitung so hoch, dass man dieses Stück eindeutig als das Stück eines Goldschmiedemeisters identifizieren kann. Aber wo arbeitete er? In Skandinavien ist ein weiterer Torques mit ähnlichen Merkmalen in Dronninglund in Dänemark bekannt. Mindestens drei Torques des gleichen Typs sind in Südrussland bezeugt, einer in Olbia am Schwarzen Meer, die anderen beiden in einem Hortfund bei Kiew. Die Verarbeitung anderer Goldschmuckstücke im Hinterland des Schwarzen Meeres ähnelt im Großen und Ganzen diesen Torques und den Stücken aus Havor und Dronninglund. Es scheint deshalb einigermaßen klar, dass diese Art der Gestaltung und die technischen Fachkenntnisse ursprünglich aus dem Gebiet des Schwarzen Meeres stammten. Doch Formen und Techniken können von einer Werkstatt zur nächsten weitergegeben werden. Handwerker können fortziehen und es ist nicht unmöglich (wenn auch nicht sehr wahrscheinlich), dass ein geschickter Metallarbeiter im späten ersten Jahrhundert n. Chr. aus den Schwarzmeergebieten nach Südskandinavien zog. Neben den Halsringen von Havor und Dronninglund fand man im westlichen Ostseegebiet eine Anzahl kleiner und ebenso filigran gearbeiteter Goldobjekte aus der frührömischen Eisenzeit. Die Möglichkeit, dass es eine Werkstatt auf einer der Ostseeinseln gab, ist daher nicht völlig von der Hand zu weisen.

12 E. Nylen, „Die älteste Goldschmiedekunst der nordischen Eiszeit und ihr Ursprung" in: *JRGZM* 15, 1968, S. 75

Vom späten zweiten Jahrhundert an machte die Gestaltung von Goldschmuck erkennbare Fortschritte, besonders durch die Verwendung von Halbedelsteinen oder anderen bunten Steinen. Reich ausgestattete Gräber enthielten in zunehmendem Maße Fibeln und andere Schmuckstücke mit eingelegtem Granat als auch mit anderen Steinen. Ein Grab in Hassleben in Mitteldeutschland vom Ende des dritten Jahrhunderts enthielt eine prächtige Goldfibel mit zwei polierten, aber noch ungeschliffenen Granatsteinen sowie reichen Filigranschmuck. Ein weiteres Häuptlingsgrab in Aarslew auf der Insel Fünen barg unter anderem eine Brosche mit einem großen Granat über dem Bügel, einem eingelegten Granat am unteren Ende und sechs weiteren Steinen auf den anderen Flächen. Die Entwicklung in der Schmuckherstellung zu einem polychromen Stil war eines der bedeutendsten Kennzeichen der spätrömischen Eisenzeit und eröffnete das glänzendste Kapitel der germanischen Metallverarbeitung. Die künstlerischen Einflüsse, die dabei eine Rolle spielten, waren zahlreich und vielfältig. Seit dem späten vierten Jahrhundert können wir die Fortschritte in der Technik und Gestaltung nicht länger nur dem kulturellen Einfluss der gotischen Handwerkskunst zuschreiben. Wir müssen auch die Einwirkung römischer Juweliere, die selbst ab dem dritten Jahrhundert mit den Möglichkeiten polychromer Einlegearbeiten in Gold und Silber experimentierten, berücksichtigen ohne die Kreativität der nordgermanischen Handwerker zu unterschätzen, denn hierfür gibt es zunehmend reichliche Zeugnisse auf vielfältigen Gebieten. Die Verwendung von Gold- und Silberfolien auf Schmuck, Gürtelschnallen und sogar Waffen ist ein weiteres

Eine der beiden Thorsberger „phalerae", römischer Militärschmuck mit künstlerischen Applikationen eines germanischen Handwerkers

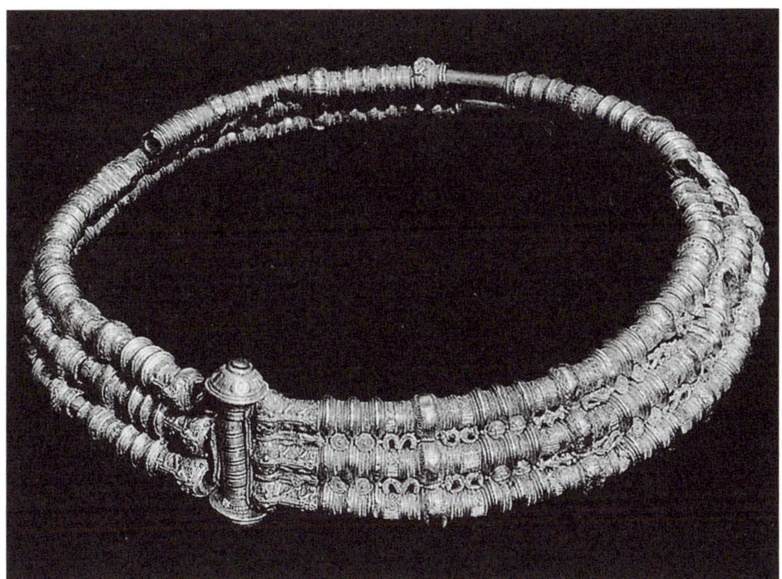

Goldener Halsring aus Ålleberg, Schweden; fünftes Jahrhundert n. Chr.

Kennzeichen der germanischen Metallverarbeitung in der spätrömischen Eisenzeit.

Den Anstoß für diese Technik müssen wir in den römischen Metallarbeiten suchen, die ihren Weg nach Germanien fanden, wie insbesondere der Typus des Hemmoorer Eimers, dessen Rand Tierfriese und andere Motive umlaufen, und auch die Zierscheiben, für welche zwei außergewöhnliche Beispiele in den beiden *phalerae* vorliegen, die in dem Weihedepot vom Thorsberg gefunden wurden[13]. Es handelt sich um Bronzescheiben, die mit einer vergoldeten Silberfolie überzogen sind. Die eine ist zwar nur in Bruchstücken erhalten, aber sie trug eindeutig einen Fries mit laufenden Tieren auf der äußeren Fläche. Die vollständiger erhaltene Scheibe zeigt auf ihrer Mittelfläche neun männliche Masken und auf der äußeren Fläche wechseln sich vier große runde Scheiben mit jeweils einer sitzenden Darstellung des Mars ab. Wahrscheinlich stammen beide Scheiben aus den römischen Provinzen des späten zweiten oder frühen dritten Jahrhunderts. Irgendwann im dritten Jahrhundert fügte ein germanischer Handwerker einige Tierfiguren aus massivem Gold in gänzlich germanischem Stil hinzu. Diese kleinen Tiere gehören zu den frühesten figurativen Abbildungen der germanischen Kunst. Ungefähr aus der gleichen Zeit stammen einige kleine Scheibenfibeln mit Tierdarstellungen.

13 J. Werner, *Die beiden Zierscheiben des Thorsberger Moorfundes*

Schmuckstücke aus reinem Gold wurden in der spätrömischen Zeit in relativ großer Menge gefertigt. Auffällig darunter sind die im westlichen Ostseegebiet bekannten Torques, die schlangenköpfige Endstücke aufweisen. Im vierten Jahrhundert stellte eine Werkstatt in der Nähe des Niederrheins Halsringe mit dicht nebeneinander liegenden gestanzten und gestempelten Mustern her. Noch kunstvollere Halsringe und Halsketten wurden in Südskandinavien seit dem frühen fünften Jahrhundert gefertigt. Sie bestanden aus dünnen Goldröhren, die mit reichem Filigran und Granulation verziert waren. Filigranarbeiten, bei denen winzige Goldkügelchen an Drähte oder auf ebene Flächen gelötet oder heißgesiegelt wurden, erreichten ihren handwerklichen Höhepunkt in den Halsringen von Ålleberg, Möne und Färjestaden, die alle aus dem späten fünften oder sechsten Jahrhundert stammen. Zu diesem Zeitpunkt beherrschte die *Cloisonné*-Technik die Feinschmuckverarbeitung bereits in allen Teilen des germanischen Europa und damit stand die größte aller germanischen Errungenschaften auf dem Gebiet der Metallverarbeitung kurz vor ihrem Durchbruch.

Das weite Verbindungsnetz der Germanenvölker, das von den südrussischen Steppen bis nach Skandinavien und von Byzanz bis nach Gallien reichte, schlug sich auch in den schönsten Metallarbeiten des fünften und sechsten Jahrhunderts nieder. Die Versorgung der Germanen- und Nomadenwelt mit Gold nahm im fünften Jahrhundert stark zu, wie in den Funden von Solidi und Medaillons weit jenseits der römischen Grenzen deutlich wird. Die Barbarenführer erhielten goldenes Tafelgeschirr und Goldbarren in fantastischen Mengen und scheuten sich nie, ihren Reichtum zur Schau zu stellen. Nun konnten sie noch mehr zeigen und die Handwerker in ihren Diensten wurden zweifelsohne ermutigt, Schmuckstile zu entwickeln, welche der Vorliebe jener Zeit für üppigen Formenreichtum entsprachen. Die Fortschritte in der Metallverarbeitung seit dem späten vierten Jahrhundert wurden einst den kulturellen Einflüssen zugeschrieben, die durch den Zusammenbruch der Gotenvölker an der Nordküste des Schwarzen Meeres nach den Hunneneinfällen zwischen 370 und 380 freigesetzt worden waren. Doch es wird allmählich deutlich, dass diese Erklärung nicht ausreicht. Die Funde reicher Gräber und Horte in der unteren Donauregion und in den Karpaten haben unseren Kenntnisstand deutlich erweitert. Jetzt wird klar, dass seit der ersten Hälfte des fünften Jahrhunderts eine Gruppe innovativer Goldschmiede in einem begrenzten Gebiet nördlich der unteren Donau arbeitete. Von den prächtig ausgestatteten Gräbern in Apahida bei Klausenburg/Cluj, die im 19. Jahrhundert gefunden wurden, weiß man heute, dass sie nicht die einzigen Fürstengräber in dieser Gegend waren[14]. Ein weiteres wurde in der Nähe gefunden. Alle Gräber stammen etwa aus der Mitte des fünften Jahrhunderts. Nicht weit entfernt in Cluj-Someseni lässt sich ein Hort von Goldobjekten, der unter anderem eine Brustplatte und die Beschläge eines prächtigen Gürtels enthält, dem gleichen Fürstenmillieu zuordnen. Diese Schätze und die aus Apahida wurden wahrscheinlich von denselben Kunsthandwerkern gefertigt. Aus dem gleichen Gebiet stammt der reichste und erstaunlichste Hort des fünften Jahrhunderts, der große Schatz von

14 K. Horedt und D. Protase, „Das zweite Fürstengrab von Apahida", S. 174–220

Pietroasă, der 1837 gefunden wurde[15]. Bei ihm handelt es sich um eine Sammlung goldener und silberner Stücke, die eine so außergewöhnliche Vielfalt und Qualität und ein so hohes Gewicht (der Hort enthielt 18 Kilogramm Gold) aufweisen, dass man ihn lange Zeit mit einem der größten Ereignisse der gotischen Geschichte verband, der Zerstörung der gotischen Königreiche nach 370 durch die Hunnen. Dieser Hort wurde aber zu spät vergraben, um einen Zusammenhang herzustellen. Die Objekte stammen aus dem späten vierten und frühen fünf-

15 A. Odobescu, *Le trésor de Petrossa*; E. Dunareanu-Vulpe, *Der Schatz von Pietroasă*, Bukarest 1967

Fibel in der Form eines Adlers aus dem Schatz von Pietroasă, Rumänien

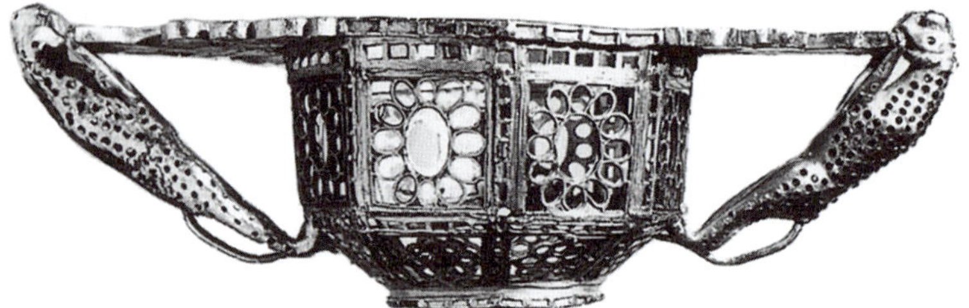

Becher mit zwei Henkeln in der Form von Panthern aus dem Schatz von Pietroasă, Rumänien

ten Jahrhundert und der ganze Schatz wurde 450 in die Erde versenkt. Es handelt sich nicht um einen Grabschatz, sondern eher um den Schatz eines Anführers oder möglicherweise einen religiösen Schatz, der während einer unruhigen Zeit zur sicheren Verwahrung vergraben wurde.

Im Hort von Pietroasă treffen wir auf eine Anzahl einzigartiger und idiosynkratischer Stücke. Das beeindruckendste ist eine massiv goldene Platte, deren Inneres mit einem Fries von Göttern und anderen Figuren in Hochrelief verziert ist. Im Zentrum sitzt eine weibliche Figurine auf einem Thron und hält einen Kelch in ihren hohlen Händen. Die Friesumfassung stellt eine Gruppe von Gottheiten dar, einige in klassischer Aufmachung, andere mit Attributen, die leichter dem germanischen Götterhimmel zuzuordnen sind. Ein mächtiger Gott, der eine Keule und ein Füllhorn hält und auf einem Thron in der Form eines Pferdekopfes sitzt, ist vermutlich eher Donar als Herkules. Ein Heldenkrieger in voller Rüstung mit drei Haarknoten ist offensichtlich ein Barbarengott, während ein Trio von Göttinnen vermutlich die germanischen *Matres* darstellt. Die Göttin, die über dem Ganzen thront, lässt sich auch nicht so einfach in die griechisch-römische Götterwelt einordnen. Man sollte sie eher als Göttermutter der Barbaren betrachten. Unter den Stücken von Pietroasă finden sich Erzeugnisse aus spätrömischen Werkstätten, unter anderem eine unverzierte, sieben Kilo schwere goldene Servierplatte und ein Krug. Doch vier große Goldfibeln in Form von Raubvögeln, die so gestaltet waren, dass sie auf der Schulter ihres Trägers saßen, gehörten offensichtlich zur Welt der Barbaren. Zwei polygonale, einst mit Edelsteinen reich verzierte Goldkelche, deren Henkel die Form springender Panther besitzen, tragen pontische oder sogar persische Stilmerkmale. Bekanntere Stücke sind die vier Halsringe, von denen einer die Runeninschrift *Gutani o wi hailag* trägt. Sie könnte man als Dedikation an den „Gott, der die Goten beschützt, sehr heilig und unverletzlich" interpretieren.

Der Geschmack an reich verzierten Goldarbeiten mit Edelsteinen gelangte über Geschenke auf höchster Ebene aus den Donauländern nach Italien, Gallien und Nordgermanien. Deshalb konnte ein fränkischer König in Nordgallien im späten fünften Jahrhundert umgeben

von künstlerisch hochwertigen Objekten begraben werden, die jedem germanischen Königshof in Europa zu Ehre gereicht hätten.
Silber in beträchtlicher Menge erreichte die germanischen Völker schon im ersten Jahrhundert n. Chr. Von dieser Zeit an machte die Silberverarbeitung beständig Fortschritte. Ein winziger Silberbecher in dem reichen Grab von Hoby könnte das früheste bekannte Silbergefäß darstellen, das von einem germanischen Silberschmied gefertigt wurde. Danach folgten zwei Becher aus einem der Lübsow-Gräber, nicht weniger als fünf aus Leg Piekarski in Polen und zwei aus Dollerup in Jütland. Die frühe Reaktion auf den Import römischer Silbergefäße ist interessant, obwohl die Verarbeitung dieser frühen Stücke keinen hohen Standard aufwies. Silber wurde häufig als dekoratives Element für andere Metalle verwendet. Intarsienarbeiten auf Bronze und Eisen erfreuten sich als Verzierungstechnik besonderer Beliebtheit, obwohl auch Filigranarbeiten verbreitet waren. Einlegearbeiten setzen die Verwendung eines Gravierwerkzeuges und eines Hammers voraus. Zur Verzierung wurde auf der Metalloberfläche eine Kerbe herausgeschnitten, deren Oberkanten leicht nach innen gebogen waren. Der Silberdraht, der eingelegt werden sollte, wurde dann eingehämmert und durch die hervorstehenden Kanten festgehalten. Silberintarsien wurden auf vielen persönlichen Schmuckstücken, Schnallen, Gürtelplatten und Waffen eingefügt. Zu den am feinsten gearbeiteten Stücken zählen Sporen, deren Oberflächen mit Filigranarbeiten bedeckt sind, während die Dornen mit einem Netz aus Intarsien versehen wurden. Solche Sporen wurden seit dem späten zweiten Jahrhundert hergestellt. Armreifen und Ringe aus massivem Silber finden wir häufig in reicher ausgestatteten Gräbern aus der gleichen Zeit. Ein beliebter Typ war der Armreif oder die Armspange mit schlangenköpfigen Enden. Auch Silberfibeln sowie mit Silberfolie überzogene und gelegentlich vergoldete Stücke sind bezeugt. Anspruchsvollere Erzeugnisse stellte eine Reihe kleiner Silberbecher dar, von denen fünf auf der Insel Seeland entdeckt wurden, wo sie vermutlich auch hergestellt worden waren. Zwei wurden in reichen Gräbern in Himlinghøje gefunden, zwei in Vallöby und ein weiterer in Nordrup. Offensichtlich waren sie von römischen Gefäßen inspiriert worden, denn alle fünf tragen Friese in Goldfolie unter ihren Rändern, die an die Friese der Hemmoorer Eimer erinnern. Die Becher von Himlinghøje zeigen galoppierende Tiere und Männer mit Dolchen, die ein Ritual ausführen. Die anderen bilden einfachere Tiermotive ab. All diese Stücke stammen aus dem späten dritten Jahrhundert und wir können sie als das Werk einer lokalen Gruppe von Kunsthandwerkern für eine begrenzte Klientel von Anführern betrachten.
Antike Autoren, insbesondere Tacitus, hielten die Eisenerzvorkommen in Germanien fälschlicherweise für gering und glaubten, dass sich die Germanen in der Verarbeitung dieses Metalls nicht auskannten.

Tatsächlich aber gab es in Nord- und Ostgermanien viele große und zugängliche Lager von eisenhaltigem Gestein. Die wichtigsten, die in der Antike abgebaut wurden, liegen im Ruhrtal, im Harz, in Schleswig-Holstein und in Jütland (hauptsächlich Sumpfeisen), in Böhmen, in der Slowakei, in Schlesien und im Bergland von Lysogora in Polen. Letzteres verfügte über die reichsten Lagerstätten, besonders bei den heutigen Städten Opatow und Ostrowice. Die großen Mengen an Schlacke und die Reste von Schmelzöfen weisen dort auf die Existenz großer Produktionsstätten über einen langen Zeitraum vom ersten bis zum vierten Jahrhundert n. Chr. hinweg hin. Das meiste Eisenerz wurde im Tagebau gewonnen, doch auch Minenschächte wurden gegraben. In Rudki beispielsweise reicht ein Schacht 18 Meter in die Tiefe und von seinem Boden aus wurde eine Reihe von Stollen an Erzadern entlang angelegt. In der Rudki-Mine entdeckte man Schaufeln, Keile und andere Bergbaugeräte sowie gebrannte Tongefäße aus der römischen Eisenzeit. In den Bergen von Lysogora kennen wir über 50 Stätten, an denen zum Teil recht viele Schmelzöfen bezeugt sind. In einer Werkstatt in Stara Slupia wurden bisher über 150 Schmelzöfen gefunden. An diesen Stätten existierte eine erstaunlich zentralisierte Produktion, sodass sich die begründete Frage stellt, wohin die Erzeugnisse vertrieben wurden. Dafür kommen nicht nur die benachbarten Gebiete in Frage, sondern vielleicht auch die römischen Donauprovinzen. Große Werkstätten wurden auch in Böhmen gefunden. In Einrichtungen dieser Größenordnung arbeiteten natürlich Spezialisten in einer geordneten und zumindest teilweise industrialisierten Gemeinschaft. Daraus ergibt sich das unerwartete Bild eines höchst zentralisierten Handwerks.

Das Eisenerz wurde in einer Vielzahl verschiedener Öfen geschmolzen. Die wahrscheinlich üblichste und sicherlich wirksamste Methode war das Schmelzen in einem Schachtofen, dem in den römischen Provinzen verbreiteten Schmelzofentyp. Der Schachtofen gelangte im ersten Jahrhundert n. Chr. auf unbekannte Weise nach Germanien. Er bestand im Wesentlichen aus einem kurzen, normalerweise zwischen fünfzig Zentimeter und einem Meter hohen Lehmkamin, der sich über einem in den Boden gegrabenen Feuerraum befand. Der Kamin war unten durchlöchert, sodass Luft eindringen konnte. Der obere Teil des Schachtes wurde mit Erz gefüllt und ein Feuer in der Grube darunter entzündet. Wenn es brannte, reichte der Luftzug normalerweise aus, um den Schmelzprozess des Erzes in Gang zu halten. Zusätzlich konnten, wenn nötig, Gebläse verwendet werden. Schmelzöfen dieser Art kennen wir aus dem Elbebecken, dem Rhein-Weser-Gebiet, aus Schleswig-Holstein und aus den Flachlandgebieten an der Küste. Obwohl sie einfach zu bauen und relativ unkompliziert zu bedienen sind, konnten sie Eisen von ziemlich hoher Qualität produzieren. Eisenerz beginnt ab etwa 700 Grad Celsius zu schmelzen und der Schachtofen konnte Temperaturen bis zu 1200 Grad Celsius erzeugen. Bei ungefähr 1050 Grad Celsius wird Eisen flüssig und läuft zum Boden des Schachtes hinunter. Danach konnte die Schlacke abgestochen werden und man erhielt nach dem Auskühlen Roheisen. Dieses Metall ließ sich zu Barren oder direkt zu Geräten und Waffen verarbeiten. Das von germanischen Schmieden hergestellte Eisen erreichte eine sehr hohe Qualität, die der Eisenproduktion im Römischen Reich wahrscheinlich kaum nachstand. In der spätrömischen Eisenzeit wurde eine besonders harte Form von Eisen von Schmieden verarbeitet und zur Herstellung von Schwertern und Messerklingen verwendet. Das Können der germanischen Schmiede steht außer Frage und ihre Fertigkeiten wurden in späteren Legenden stark mystifiziert. Die Tatsache, dass man Schmieden zum Teil ihre Werkzeuge in die Gräber legte, weist auf ihre anerkannte und besondere Stellung in der germanischen Gesellschaft hin, lange bevor diese in den frühmittelalterlichen Gesetzen festgelegt wurde.

Die Keramik der frühen Germanen wurde oft zu ihrem Nachteil mit den hochentwickelten Produkten der La-Tène-Kultur in Mittel- und Westeuropa verglichen. Die vorherrschende Uniformität der handgefertigten Gefäße, die in den großen Urnenfeldern Nordeuropas gefunden wurden, hat die Tatsache verschleiert, dass in vielen Gebieten Germaniens Keramik von herausragender Qualität – oft mit hübschen gerollten oder gestempelten Verzierungen – hergestellt wurde. Aber keineswegs alles war handgefertigt. Die Töpferscheibe wurde im dritten Jahrhundert sicherlich in einigen Gegenden eingesetzt, unter anderem in Schlesien, Brandenburg, im Harz und in dem Gebiet zwischen Oder und Weser. Einige der Gefäße, die man zu dieser Zeit auf der Töpferscheibe herstellte, sind offenbar römischen Mustern nachgebildet. Die Möglichkeit, dass römische Kunsthandwerker, vielleicht zum Teil Gefangene aus den Grenzprovinzen, in Germanien arbeiteten, kann nicht völlig zurückgewiesen werden. Obwohl der größte Teil der in germanischen Siedlungen verwendeten Alltagskeramik in Herden oder möglicherweise Tonöfen gebrannt wurde, kennen wir in vielen Gegenden von Jütland bis nach Südpolen gut konstruierte Brennöfen vom Aufwind-Typ, der in den römischen Provinzen weit verbreitet war. Sein Feuerraum besteht meistens aus einer in den Boden gegrabenen Grube, über die der Brennofen gebaut ist. Zum Brennen wurden die Tongefäße in den kuppelförmigen Brennofen gestellt, der hauptsächlich aus Lehm bestand. Die Hitze, die im Feuerraum erzeugt wurde, musste für die richtige Brenntemperatur 750 bis 850 Grad Celsius erreichen. Der natürliche Luftzug trug die Hitze hinauf in den Brennofen, dessen Temperatur dadurch geregelt wurde, dass man die heißen Gase durch ein oder mehrere Löcher in der Außenwand entweichen ließ. In einigen Gebieten ist deutlich zu erkennen, dass besonders schöne Töpferwaren von Spezialisten ihres Handwerks und nicht nur von einer Hausfrau oder einem Hausangestellten hergestellt wurden. Die fein polierten, dunkelgrauen und schwarzen Waren vom Mittel- oder Unterlauf der Elbe mit ihren geometrischen Flächen und gerollten Verzierungen stammen vermutlich aus zentralisierten Werkstätten. Ebenso weist die Häufung von Tonbrennöfen an einigen Stellen in Polen auf eine geordnete Produktion in derartigen Werkstätten hin. Dass dies auch anderswo so war, insbesondere in der spätrömischen Eisenzeit, ist zumindest sehr wahrscheinlich.

Das Weben von Wollstoffen hatte in Europa eine lange Vorgeschichte. Gewänder von hervorragender Qualität sind seit der frühen Bronzezeit in Skandinavien bekannt[16].

16 M. Hald, *Olddanske Tekstiler*, Kopenhagen 1950

Im späten ersten Jahrtausend v. Chr. gab es bereits viele verschiedene Gewebe, das üblichste und einfachste unter ihnen war der Moiré, bei dem die Fäden über- und untereinander verlaufen. Stoffe dieser Webart verwendete man wohl in den meisten germanischen Gebieten. Köperstoffe, bei denen der Schussfaden über und unter einer Anzahl von Kettenfäden verläuft, tauchten zunehmend seit der Eisenzeit auf. Sie boten bei der Verarbeitung vielfältige Variationsmöglichkeiten, zum Beispiel Fischgräten-, Zickzack- und Zahnornamentmuster. Die Qualität der Wolltextilien verbesserte sich während der römischen Eisenzeit in großem Maße. In ihrer höchsten Ausprägung konnte die germanische Webkunst ebenso feine Textilien hervorbringen, wie sie aus der römischen Welt bekannt sind. Für Gewänder von außergewöhnlicher Qualität wie beispielsweise der Thorsberger Mantel und der Umhang von Vehnemoor müssen professionelle Handwerker verantwortlich gewesen sein, obwohl ein großer Teil der Webarbeit ohne Zweifel im häuslichen Bereich ausgeführt wurde. In einigen Siedlungen, zum Beispiel in Wijster (vgl. S. 66), weisen die Mengen von Webstuhlgewichten und Spinnwirtel auf die Existenz großer Werkstätten mit einer erheblichen Produktion hin. Man weiß auch, dass in zahlreichen nordeuropäischen Siedlungen Schafe gehalten wurden, sodass sie neben Milch und Fleisch auch Wolle liefern konnten. Leinen ließ sich aus Flachs gewinnen. Tacitus berichtet von Untergewändern aus Leinen, die jedoch archäologisch noch nicht nachgewiesen werden konnten. Drei Jahrhunderte später, als die Goten sich im Reich anzusiedeln begannen, wurden ihre Leinengewänder von den römischen Provinzbewohnern sehr bewundert.

Wir sind in der glücklichen Lage, eine relativ große Anzahl erhaltener Kleidungsstücke aus den nordischen Torfmooren sowie Abbildungen von Germanen auf römischen Skulpturen oder Münzen zu besitzen. Auf römischen Reliefs erscheinen Frauen meistens in einem langen Kleid, das unter der Brust oder gelegentlich um die Taille gerafft ist und häufig keine Ärmel hat. Eine Bluse oder ein kurzer Rock konnten unter dem Kleid und ein Tuch um den Hals getragen werden. Ein Gewand aus

Huldremose in Dänemark war ein langes Kleid mit weiten Ärmeln, das in der Taille gerafft wurde und am Hals eine große Falte bildete, die vielleicht als Kapuze gedient hatte. Es handelte sich um ein vielseitiges Kleid, das sich für die Kälte und den Regen in Nordeuropa gut eignete. Das andere Gewand aus Huldremose ist interessanter: Über einem Wollrock wurde ein Umhang aus Haut getragen und ein Tuch mit einer Knochennadel befestigt. Die Männerkleidung bestand aus einer dicken Tunika oder einem Hemd, das über der Hose getragen wurde, sowie einem kurzen oder langen Umhang. Die Hosen waren normalerweise lang, manche bedeckten sogar die Füße, aber auch knielange Hosen waren bekannt. Im Thorsberger Moor fand man mehrere fast vollständig erhaltene lange Hosen. Die Tunika wurde oft in der Taille gegürtet und konnte bis zu den Hüften oder Oberschenkeln reichen. Man trug Schuhe aus Leder, die mit Lederriemen gehalten wurden, aber wahrscheinlich besaß nicht jeder überhaupt Schuhe. Germanen beider Geschlechter wurden auf römischen Reliefs normalerweise ohne Kopfbedeckung dargestellt, obwohl man sie gelegentlich in Torfmooren findet, wie die Lederkappe, die der Mann aus Tollund trug. Die wesentlichen Merkmale der Männerkleidung veränderten sich bis in die Völkerwanderungszeit kaum. Im siebten Jahrhundert findet man noch Darstellungen fränkischer und langobardischer Krieger, welche die gleichen Tuniken oder Hosen trugen wie jene, die man auf dem Thorsberg gefunden hat.

Geschickte Holzverarbeitung offenbart sich in einer Vielzahl von Objekten; sie reichen von Häusern und Schiffen bis zu kleinen Haushaltsbehältern. Der Rohstoff war im Überfluss vorhanden und die Holzverarbeitung hatte spätestens in der Jungsteinzeit begonnen. Bisher wurde nur eine Schreinerei gefunden, und zwar in Feddersen Wierde, aber dieses Handwerk wurde sehr wahrscheinlich in den meisten Siedlungen ausgeübt. Die Werkzeuge eines Schreiners entsprachen teilweise den heutigen: Holzhammer, Axt, Breitbeil, Ahle, Meißel, Hobel, Grobfeile, Bohrer und Messer. Das herausragende Können, das die Germanen auf dem Gebiet der Holzverarbeitung erreichten, zeigt sich deutlich bei den uns erhaltenen hölzernen Servierplatten, Kelchen, Schüsseln und Eimern, die in mit Wasser gefüllten Weihungen und Quellen gefunden wurden, aber es offenbart sich auch in größeren Erzeugnissen wie den abgeteilten Langhäusern, Schiffen und Wagen.

Die Ursprünge der germanischen Kunst

Der germanischen Kunst liegen vielfältige Wurzeln und Einflüsse zugrunde. Die frühesten erhaltenen Werke, die sich eindeutig als germanisch bezeichnen lassen, stammen aus dem späten zweiten und frühen dritten Jahrhundert. In dieser Zeit wurde die germanische Kultur in vielfacher Hinsicht geprägt. Erhalten sind hauptsächlich Metallarbeiten und aus Metall stellten auch die germanischen Kunsthandwerker im späteren frühmittelalterlichen Europa einige ihrer schönsten Werke her. Dies bedeutet jedoch nicht, dass Kunsthandwerk nicht auch mit anderen Materialien betrieben wurde, sondern nur, dass bloß sehr wenig in anderen Materialien erhalten ist. Schon sehr früh besaßen römische Importwaren großen Einfluss auf die Motive und Gestaltung, die von den germanischen Künstlern gewählt wurden. Die Mensch- und Tierformen auf den aus dem Römischen Reich eingeführten Metall- und Glasgefäßen regten zur Nachahmung an, wie sich an den Silberbechern von Seeland sehr gut ablesen lässt (vgl. S. 121). Die Darstellung von Menschen und Tieren kam vor dem späten zweiten Jahrhundert sehr selten vor. Danach aber findet sie sich in zunehmendem Maße auf Scheibenfibeln, *phalerae*, Trinkgefäßen, Waffen und als Statuetten. Auch keltische Formen zeigen sich auf germanischen Metallarbeiten, in einigen Fällen zu einem erstaunlich späten Zeitpunkt. Man hat schon lange darauf hingewiesen, dass einige Motive auf den Hörnern von Gallehus (etwa 400 n. Chr.) aus dem keltischen Formenschatz übernommen worden sind.

Den größten Einfluss auf die germanische Kunst im späten vierten und frühen fünften Jahrhundert übte die Kerbschnitt-Technik auf den Metallarbeiten der römischen Provinzen aus[17]. Entlang der Rhein- und Donaugrenze produzierten Werkstätten im späten vierten Jahrhundert hauptsächlich Bronzeobjekte mit dieser Verzierung. Zu den typischsten Stücken gehören die Schnallen, Gürtelglieder und Endstücke, welche die breiten Militärgürtel und die übrige Ausstattung der Krieger verzierten. Einige Stücke gerieten in die Hände germanischer Soldaten in römischen Diensten, die sie wiederum zurück in ihre Heimat nach Nordeuropa brachten. Dort wurde die Kerbschnitt-Technik kopiert und auf eine größere Vielfalt von Objekten übertragen, die ihrerseits für die Handwerker der nächsten drei Jahrhunderte als Vorbilder dienten. Die Kerbschnitt-Technik erscheint für Holzarbeiten passender als für Metallformen und wurde wohl ursprünglich bei Holz angewandt. Zu ihren Gestaltungsformen gehören geometrische und Schachbrettmuster sowie kreisförmige Rosetten, Flechtmuster und Spiralen. Diese Muster fanden auch in der Metallverarbeitung Verwendung, wo sie in Bronze gegossen, mit einem Gravierwerkzeug überarbeitet, oft versilbert oder teilvergoldet und poliert wurden. Als im fünften Jahrhundert mehr Gold zur Verfügung stand, geriet die Vergoldung von Kerbschnittarbeiten schwerer und üppiger. Mit der Zeit sollte sich die Kerbschnitt-Technik in der ganzen germanischen Welt ausbreiten und wurde zu einem der beliebtesten Elemente in der frühmittelalterlichen Ornamentik.

Im späten vierten Jahrhundert war im Norden ein bestimmter Ornamentstil entstanden, bei dem der Kerbschnitt-Verzierung Tierformen

17 Zu den Ursprüngen der germanischen Ornamentstile vgl. G. Haseloff, *Die germanische Tierornamentik der Völkerwanderungszeit*

hinzugefügt wurden. Dieser Stil zeigt sich in den großen Weihefunden von Nydam und Ejsbøl und in reicheren Gräbern auf Fibeln und anderem Schmuck. Die Körper von Tieren und Vögeln wurden, oft geschmeidig gebogen, mit großer Kunstfertigkeit gestaltet. Die Köpfe der Figuren waren häufig über ihren Rücken gewendet. Tierköpfe wurden auch einem Zwillingskopf gegenübergestellt, gelegentlich mit einem menschlichen Kopf oder einem anderen Objekt dazwischen. Man könnte vermuten, dass einige dieser Bilder symbolische Bedeutung besaßen, aber wenn dies so war, dann ist uns ihr Sinn verloren gegangen.

Ungefähr zur gleichen Zeit entwickelte sich das Metallhandwerk tief im Südosten sehr deutlich weiter. Bereits im dritten Jahrhundert wurden Edel- und Halbedelsteine auf Schmuck und Waffen aufgesetzt. Daraus entstand ein polychromer Stil, der grell und geschmacklos wirken konnte, aber in seinen schönsten Exemplaren hervorragende Effekte erzielte. Der Ursprung dieses Ornamentstils hängt eng mit den Kontakten zwischen den ostgermanischen Völkern und den Nomaden aus Südrussland und dem Nordiran zusammen. Seine Ausbreitung nach Westen wurde lange Zeit mit den Wanderbewegungen der Goten und ihrer Verbündeten im späten vierten Jahrhundert in Verbindung gebracht, doch scheint diese Erklärung immer unbefriedigender. Offensichtlich existierte im Raum nördlich der unteren Donau am Fuß der Karpaten kurz nach 400 v. Chr. ein größeres Fabrikationszentrum der besten Waren in diesem Stil (vgl. S. 118). Er verbreitete sich rasch über ganz Europa bis nach Gallien, Italien und Skandinavien. Der Stein, der am häufigsten zur Verzierung dieser Schmuckstücke eingesetzt wurde, war der Granat, der zum Teil in Böhmen gekauft wurde, zum Teil vielleicht über nomadische Zwischenhändler auch aus Indien oder möglicherweise aus Kleinasien kam[18]. Er entwickelte sich zwischen dem fünften und dem siebten Jahrhundert zum beliebtesten Schmuckstein der germanischen Juweliere, da seine funkelnden Farben so hervorragend mit dem Gold harmonieren.

18 B. Arrhenius, *Merovingian Garnet Jewellery*, ist eine bedeutende Untersuchung aus neuerer Zeit.

Ab dem fünften Jahrhundert entwickelten die metallverarbeitenden Kunsthandwerker in Nordeuropa einen bestimmten Ornamentstil, der ein vierfüßiges Tier im Profil darstellt. Die Linien des Tieres sind geschmeidig gezeichnet und das Hauptaugenmerk liegt auf dem Kopf und seinen Beinen. Oft werden zwei Tiere einander gegenüber gestellt, mit einer Menschenmaske oder einer menschlichen Figur dazwischen. Der eigentliche Ursprung dieses Motivs lag in der spätrömischen Metallgestaltung, aber das recht friedliche Vorbild wurde in eine geheimnisvolle Darstellung von Wildheit und Grauen verwandelt. Diesen Stil untersuchte der Wissenschaftler Bernhard Salin als erster genauer und bezeichnete ihn als Stil I[19]. Die neuen Motive fanden im fünften Jahrhundert bei den Metallarbeitern in weiten Teilen Westeuropas in viel-

19 Salins Buch *Die altgermanische Thierornamentik*, Stockholm 1935, verdient immer noch Beachtung.

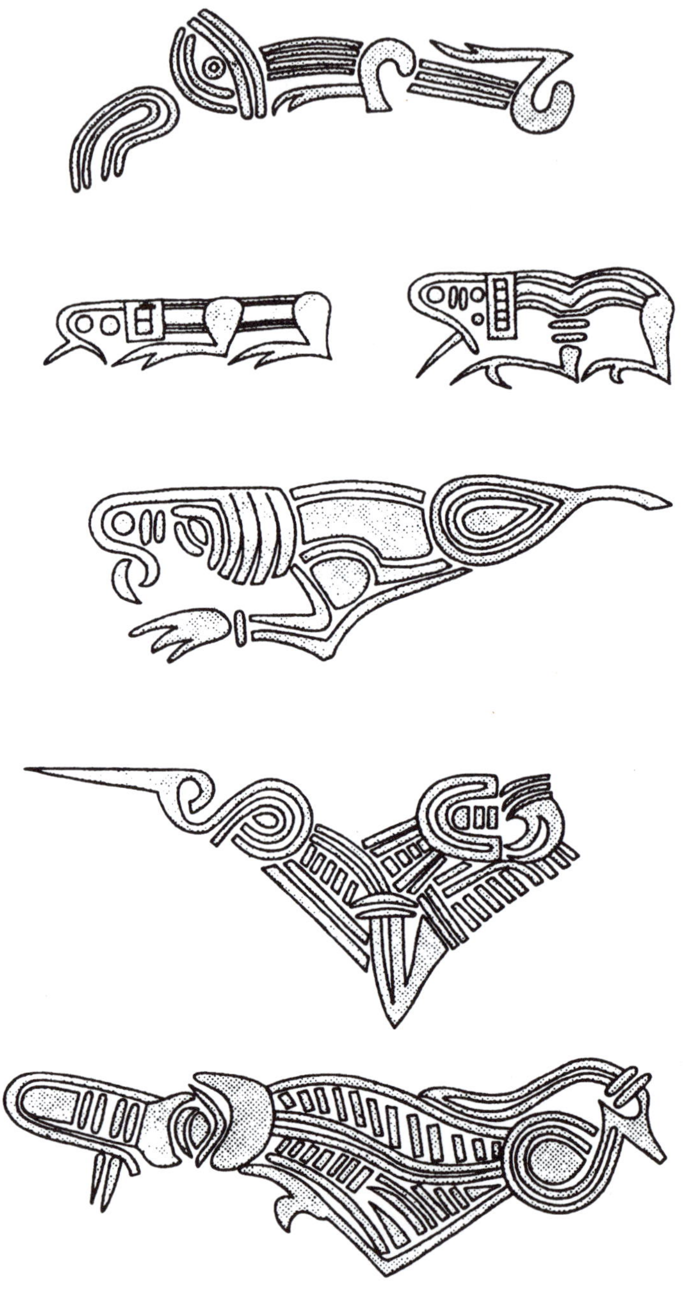

Details einer Verzierung im Stil I (nach G. Haseloff)

fältigen Formen Verwendung. Gegen Ende dieses Jahrhunderts breiteten sich Flechtornamente, aus der Mittelmeerwelt kommend, zunehmend nach Norden aus und wurden nach 500 immer mehr mit den Tierformen von Stil I kombiniert. Durch die Kontakte zwischen Franken und Ostgoten in Italien und ihren byzantinischen Nachfolgern wurde dieser neue Stil rasch verbreitet. Im Laufe des sechsten Jahrhunderts wurden die verschlungenen Fantasietiere in Salins Stil II auf feinen Metallarbeiten zum Standard und verflochten sich immer kunstvoller. Im siebten Jahrhundert erreichte dieser Kunststil auf den skandinavischen und sächsischen Schmuckstücken schließlich seinen Höhepunkt. Einige Einflüsse wirkten auf die Kunsthandwerker im Norden aber auch direkter ein. So wurden Geschenke römischer Kaiser an germanische Fürsten in Form von Goldmedaillons jenseits der Grenzen gefunden. Besonders auffällig zeigt sich das im Fall des Hortfundes in Szilagy-Somlyo in Ungarn. Er enthielt 24 Medaillons der Kaiser Maximian, Constantius II., Valens, Valentinian I. und Gratian. Das jüngste Stück des Schatzes stammte aus dem Jahr 367 n. Chr. Hier handelte es sich um eine Sammlung kostbarer Geschenke, die ein örtliches Herrscherhaus über mehrere Generationen hinweg zum Ausgleich für seine Loyalität Rom gegenüber angehäuft hatte. Einige dieser Einzelstücke wurden von germanischen Kunsthandwerkern zusätzlich gefasst und eines erhielt durch einen Rahmen aus Granatsteinen eine zusätzliche Verzierung. Andere Goldmedaillons gelangten im späten vierten Jahrhundert nach Skandinavien, wo man sie als Modelle zur Nachahmung verwendete. Die meisten gelangten wahrscheinlich nach 360 in einer Zeit schwerer Unruhen an der Rheingrenze dorthin. Diese und spätere Importe von Goldmedaillons bildeten die Prototypen für die Brakteaten, die zu den typischsten nordischen Schmuckstücken in der Völkerwanderungszeit gehören[20]. Die meisten Brakteaten, nämlich mehr als

20 M. B. Mackeprang, *De nordiska Guldbrakteater,* ist immer noch nützlich, obwohl inzwischen bedeutende neue Funde hinzugekommen und Beiträge zu ihrer Herstellung erschienen sind.

Brakteat aus Åsum, Schweden

Detail eines Brakteaten aus Gerete, Gotland

260 von insgesamt über 600 Exemplaren, wurden in Südskandinavien, insbesondere in Dänemark gefunden. Wie ihre Vorbilder waren sie wahrscheinlich Geschenke von Anführern an ihre Krieger. Sie wurden vielleicht nicht nur als Symbol der Auszeichnung getragen, sondern auch als Schutzamulette. Die frühen Darstellungen erinnern sehr an die Profilporträts römischer Kaiser auf Münzen und Medaillons. Im Laufe der Zeit wurden die Köpfe immer grotesker gestaltet, bis sie in Stil I ganz verschwanden und durch krummlinige Ornamente ersetzt wurden.

Bevor dieses Stadium erreicht war, zeigen sich deutliche Verbindungen zum Reich der Götter und Helden, die den Trägern dieser Stücke Schutz bieten konnten. Die Herstellung von Brakteaten hat eine breite Diskussion angeregt, besonders über die Frage, ob sie mit Hilfe von Lehm- oder Metallformen produziert wurden, oder ob sie mit Matrizen aus einem organischen Material wie Holz, gepolstert mit Stoff oder Leder, gefertigt wurden. Die Funde scheinen eher auf die Verwendung von Matrizen als von Lehm- oder Metallformen hinzuweisen, denn identische oder beinahe identische Brakteaten kommen relativ selten vor. Außerdem wurden bisher keine derartigen Formen gefunden, während die Pressung eines dünnen Goldrohlings auf einer Matrix sehr gut mit einigen kleineren Details, die man auf den fertigen Stücken sieht, zu vereinbaren wäre. Obwohl die größte Anzahl von Brakteaten in Skandinavien bezeugt ist, findet man sie auch in Deutschland und anderswo in Mitteleuropa, im fränkischen Gallien und in Südengland.

II Das germanische Europa

Grenzgesellschaften

Die Grenzen, die jahrhundertelang zwischen den Stammesgesellschaften und einem fortschrittlichen zentralistischen Staat bestanden, beeinflussten natürlich beide Seiten auf vielfältige Weise. Diese Aspekte der römischen Grenzen finden zunehmend Beachtung; auch die prägenden Auswirkungen der frühmittelalterlichen Grenzsysteme wurden von Historikern untersucht. An und jenseits der römischen Grenzen lässt sich ab dem dritten Jahrhundert die Entstehung von Grenzgesellschaften beobachten, die weder nur aus römischen Provinzbewohnern noch allein aus Barbaren bestanden. Typischerweise entwickelten solche Gesellschaften an lange bestehenden Grenzen eine materielle Kultur, die Elemente von beiden Seiten aufnahm, während sie Teil der herrschenden politischen Ordnung blieben. Wenn diese Ordnung geschwächt wurde oder zusammenbrach, blieb eine Grenzgesellschaft häufig bestehen und füllte das politische Vakuum aus. Entlang der Rhein- und Donaugrenzen lassen sich spätestens ab dem späten dritten Jahrhundert mehrere solcher Gesellschaften erkennen.

Am Niederrhein verstärkten sich seit dem zweiten Jahrhundert die wirtschaftlichen Verbindungen über die Grenzen hinweg, zumindest zum Teil deshalb, weil die römischen Garnisonen mit Nahrung und anderen Waren versorgt werden mussten. Die Wirtschaftsgemeinschaft, die daraus entstand, lässt sich in Siedlungen wie Wijster und Bennekom (vgl. S. 66) erkennen. Nicht nur die regelmäßige Planung dieser Orte weist auf ein System hin, das deutlich unter dem Einfluss einer römischen Provinzialordnung stand. Die Konzentration wirtschaftlicher Aktivitäten an bestimmten Orten verweist darauf, dass Kräfte von außen, entweder im Rahmen eines privatwirtschaftlich betriebenen oder direkt von den offiziellen römischen Bedürfnissen geleiteten Handels einwirkten. Im vierten Jahrhundert hatten sich die Beziehungen offensichtlich verändert. Kriegergräber, die sowohl römische als auch germanische Ausrüstung enthalten, findet man auf beiden Seiten der alten Grenze ebenso wie Horte mit römischen Goldmünzen. Im Jahr 400 bestanden germanische Siedlungen im Maastal und vielleicht auch anderswo in den Provinzen. Die alte Grenze bildete praktisch kein militärisches Hindernis mehr, noch war sie eine kulturelle Grenze. Eine zunehmend unabhängige Grenzgesellschaft war entstanden.

Am Oberrhein ist die Sache weniger klar, doch es bestehen Hinweise auf eine engere Beziehung zwischen den alamannischen Kantonen und dem Grenzland, als man gewöhnlich annimmt. Nach dem Fall des *Limes*

Der römische Limes in Germanien

um 260 wandten die Barbaren ihr Interesse langsam aber merklich dem zu, was die Provinzen zu bieten hatten. Alamannische Gruppen wurden in die römische Armee aufgenommen; einige Barbaren wohnten auf römischen Landgütern und im Rheintal selbst gelangten germanische Waren in einige Grenzkastelle und Wachtürme.

Bemerkenswerter ist die Situation nördlich der mittleren Donau. In diesem Gebiet bestanden schon lange, mindestens seit der Herrschaft des Tiberius, enge diplomatische Beziehungen mit germanischen Anführern. Nach dem Verstummen der schriftlichen Quellen zeigen die archäologischen Zeugnisse weiterhin enge Verbindungen zwischen den Provinzen und den in Mähren und der Slowakei ansässigen Völkern.

Auf Barbarengebiet entstanden dort, wo vermutlich die Wohnsitze auserwählter Germanenfürsten lagen, Gebäude im römischen Stil. Römische Waren wurden reichlich importiert und zwar nicht nur Luxusgüter, sondern auch eine Vielfalt unterschiedlichster Gebrauchsgegenstände. Die materielle Kultur dieser Region unterschied sich von derjenigen der angrenzenden römischen Provinzen nicht sehr. Was man einst als „moralische Grenze" am Rhein und der Donau bezeichnet hatte, war bis zum vierten Jahrhundert radikal verändert und an einigen Stellen sogar völlig beseitigt worden.

Diese Entwicklungen wirkten sich auf die Ursprünge der Völkerwanderung deutlich aus. Viele Barbaren gelangten ins Reich und zwar nicht aus weit entfernten Teilen Europas, sondern aus relativ grenznahen Gebieten, die schon durch die römischen Waren und Lebensweise geprägt waren. In einigen dieser Gegenden hielt die enge Beziehung zwischen Barbaren und Provinzbewohnern ein oder zwei Jahrhunderte lang, bevor die großen Völkerwanderungen begannen. Als die Germanen dann tatsächlich in die römische Welt eindrangen, war sie für viele längst keine fremde Welt mehr.

Die gotischen Königreiche

Die Herkunft der Goten

Der Aufstieg der Goten zu einer bekannten Macht im dritten Jahrhundert ist nicht besser dokumentiert als das Auftauchen der Franken und Alamannen. In den gotischen Überlieferungen selbst wurde ihre Herkunft von Gothiscandza hergeleitet, einer Landschaft, die irgendwo in Südskandinavien gelegen haben soll, und sie berichteten von langen Kämpfen mit ihren Nachbarn, den Wandalen und Lugiern[1]. Nach der Legende zogen sie wegen Übervölkerung aus ihrer angestammten Heimat zwischen Oder und Weichsel fort, wanderten geschlossen nach Südosten und ließen sich nördlich des Schwarzen Meeres nieder. Eine große Wanderung der Goten wird durch archäologische Zeugnisse nicht gestützt, weshalb es sich dabei fast mit Sicherheit nur um einen Entstehungsmythos der Goten handelt. Was sich vom späten zweiten Jahrhundert n. Chr. an aber zeigt, ist eine langsame Verschiebung der Kultur des Oder-Weichsel-Gebiets in die Ukraine. Dieser Prozess dauerte über ein Jahrhundert. Es ist möglich, dass sich dabei Bevölkerungsgruppen verschoben, aber es muss sich nicht um Massenwanderungen eines Stammes gehandelt haben. Eher sollte man diesen Prozess als einen Zug von Kriegergruppen betrachten, die von den reichen Ländern der Ukraine und dem Reichtum der Schwarzmeerstädte angezogen wurden. Auf ihrem Weg stießen vielleicht andere Gruppen, insbesondere von Völkern aus den westlichen Steppengebieten, mit ähnlichen Zielen zu ihnen. Die Goten kamen in eine Region, in die während der vorangegangenen Jahrhunderte schon oft Menschen eingedrungen waren und die deshalb in der Tat eine sehr gemischte Bevölkerung aufwies. Wahrscheinlich handelte es sich bei dem Volk, das die Römer „Goten“ nannten, von Anfang an um eine sehr heterogene Menschenansammlung und es lässt sich unmöglich definieren, was genau „gotisch“ an ihnen ist. Sicher ist aber, dass die Goten Mitte des dritten Jahrhunderts zur Furcht erregendsten Militärmacht jenseits der unteren Donaugrenze geworden waren[2]. Die Existenz einer aufsteigenden Barbarenmacht nördlich der Donau wurde zum ersten Mal im Jahr 238 deutlich, als eine gotische Armee die Donau in der Nähe der Mündung überquerte und die Provinz Moesia Inferior plünderte. Sie erhielten von der römischen Regierung Geldzahlungen, bevor sie sich zurückzogen und die Gefangenen zurückgaben, obwohl es möglich ist, dass sie von ihr schon davor finanzielle Unterstützung erhalten hatten. Kurz darauf tauchten Goten – vielleicht aufgrund eines offiziellen Vertrags, der im

1 R. Hachmann, *Die Goten und Skandinavien*, Berlin 1970

2 H. Wolfram, *History of the Goths*, Berkeley, California 1988, S. 42–55

Jahr 238 geschlossen wurde – in den römischen Armeen auf, die gegen die Perser unter Gordian III. kämpften. Im Zuge der römischen Erfolge an der Donaufront zwischen 240 und 250 n. Chr. wurden die Subventionszahlungen gestoppt, woraufhin die Goten und andere Germanen im Jahre 250 unter ihrem König Kniva, einem der klügsten und fähigsten germanischen Anführer, einmarschierten. Er gebot über eine Streitmacht, die aus Karpen, Bastarnern, Taifalen, Wandalen und Goten bestand; sogar einige römische Deserteure hatte er angeworben. Der Feldzug war ungewöhnlich gut organisiert und wurde in drei großen Schlägen auf verschiedene Ziele ausgeführt. Die Karpen griffen Dakien an, eine gotische Streitmacht stieß in die Dobrudscha-Ebene vor, während Kniva selbst eine Armee nach Moesia Inferior führte. Der Angriff auf Dakien verlief nicht erfolgreich und die Karpen wurden vertrieben. Doch Kniva setzte die beiden anderen Armeen geschickt ein, griff Nikopolis an und belagerte Philippopolis. Dann stellte er die römische Armee nahe des heutigen Stara Zagora und schlug sie in die Flucht. Philippopolis fiel an die Eindringlinge. Dass eine gut verteidigte Stadt an eine barbarische Streitmacht fiel, war ungewöhnlich und teilweise durch einen internen Machtkampf der Verteidiger bedingt. Die Goten wurden ermutigt, in der römischen Provinz zu überwintern und kehrten im folgenden Frühjahr 251 zurück. Dabei wurden sie in einem Sumpfgelände bei Abrittus von einer römischen Armee gestellt. Auf diesem Terrain konnte Kniva seine taktischen Fähigkeiten voll entfalten, sodass die Goten einen umfassenden Sieg errangen. Der römische Kaiser verlor sein Leben und der Rest seiner Armee wurde unter Schwierigkeiten und erst nach der Zahlung eines Lösegelds an die Sieger befreit.

Dieser Erfolg der Goten löste mehrere größere Invasionsbewegungen im nördlichen Balkan und in Kleinasien aus. Weil in den Gebieten nahe der Donaugrenze so viel zerstört worden war, sahen sich die Eindringlinge gezwungen, immer weiter in der Ferne Beute zu machen. Ab 255 verfolgten die Goten und andere Gruppen, insbesondere ihre sarmatischen Nachbarn, mit Raubüberfällen vom Meer aus eine neue Angriffstaktik. In den Häfen an der nördlichen Schwarzmeerküste, die einst von den griechischen und römischen Händlern angefahren worden waren, gingen die Barbaren an Bord und tauchten rasch vor den Mauern großer Städte auf, die seit Jahrhunderten keinen größeren Krieg erlebt hatten. 256 fiel die Stadt Pityus an sie, danach eroberten sie sogar die reiche Stadt Trapezunt, deren Garnison beim Anblick des Feindes einfach die Flucht ergriff. Im folgenden Jahr fand eine Invasion vom Meer her statt, deren Ausmaße wenige für möglich gehalten hatten: Die Goten und ihre Verbündeten überquerten das Schwarze Meer, segelten durch den Bosporus und trafen in Chalkedon auf eine römische Streitmacht. Erneut floh die Garnison einer Stadt, ohne Widerstand zu leisten. Die reichen Länder Bithyniens lagen nun offen vor ihnen und die

Invasoren eroberten in rascher Folge Apamea, Nikomedia, Nicaea und Prusa. Die Beute, die bei dieser Invasion gemacht wurde, muss enorm gewesen sein. Zahlreiche Gefangene aus Kleinasien wurden in die Heimat der Goten verschleppt, wo sie oder ihre Nachfolger später das Christentum verbreiteten (vgl. S. 112).

Ein Jahrzehnt später folgte mit dem Überfall auf Griechenland die größte und verheerendste gotische Invasion in die östlichen Provinzen. Eine große Flotte brachte Goten vom Dnjestr und Heruler vom Asowschen Meer zum Bosporus, wo sie ohne Erfolg Byzanz angriffen. Die Flotte zog weiter in die Ägäis und unterteilte sich in Athos in drei unabhängig voneinander operierende Flottillen. Horden von Herulern griffen Thessalonike und andere Städte in Chalkidike an. Eine gemischte Streitmacht wendete sich erneut in Richtung Kleinasien, griff auf dem Weg Kreta und Zypern an und plünderte dann Troia und den Artemistempel in Ephesos. Die Armee, die in Griechenland landete, errang die größte Beute: Olympia, Argos, Korinth, Sparta und Athen fielen allesamt in ihre Hände. Doch die Rückkehr von Griechenland und der Ägäis sollte sich nicht einfach gestalten. Die riesige Flotte (wir hören von 2000 Schiffen) wurde in der nördlichen Ägäis durch Stürme stark beschädigt und hatte viele Verluste zu beklagen. Die Heruler um Thessalonike wurden von Kaiser Gallienus, der mit großem Erfolg schwere Kavallerie gegen sie einsetzte, in einer Schlacht gestellt. Die Goten in Griechenland marschierten in die Berge von Epirus, wo sie eine verheerende Niederlage gegen den neuen Kaiser Claudius, mit dem späteren Beinamen „Gothicus“, erlitten. Die restlichen Kriegerhorden wurden versammelt, um in den Dienst der römischen Armee aufgenommen oder in den Donauprovinzen angesiedelt zu werden, was für die meisten wohl angenehmer war als in ihre Heimat zurückzukehren.

Diese Erfolge der Goten fanden ihr plötzliches Ende gerade zu einem Zeitpunkt, als man noch größere Invasionen von ihnen im östlichen Mittelmeer befürchtete. Im Jahr 270 besiegte Aurelian die Wandalen in Pannonien und die Juthungen in Norditalien. In den nächsten Jahren verfolgte der Kaiser jede gotische Armee, die ins Reich eindrang oder es nach einem Raubzug wieder verließ, und vernichtete sie auf ihrem eigenen Gebiet. Über die Schlacht ist nur wenig bekannt, außer dass die Goten viele Krieger, darunter König Cannobaudes, verloren; von 5000 Toten wurde berichtet. Der römische Sieg brachte die Entscheidung und bewirkte eine Neuordnung der Barbarenvölker im Osten. Die Bastarner, wahrscheinlich der größere Teil dieses Volkes, siedelten sich im Römischen Reich an. Die Karpen wurden ebenfalls auf dem Nordbalkan ansiedelt und dort schlossen sich ihnen auch andere Barbarengruppen an. Gegen Ende des dritten Jahrhunderts tauchten die Gepiden nördlich der Donau in einem Gebiet auf, das von da an die Goten in zwei große Blöcke trennte. Ihre Spaltung in Ostgoten und Westgoten entstand durch diese Wanderung. Die Terwinger bewohnten das Land nördlich des Dnjestr und die Greuthungen siedelten im Osten hinter dem Asowschen Meer. Im Verlauf des nächsten halben Jahrhunderts und darüber hinaus festigten die Westgoten ihre Macht zwischen Dnjestr und Donau, größtenteils auf Kosten der Sarmaten. Beziehungen mit dem Römischen Reich wurden im Jahr 332 durch einen Vertrag stabilisiert, der eine jährliche Zahlung zum Ausgleich der Truppen vorsah und die Wiederaufnahme des Handels mit den Donauprovinzen erlaubte. Die Goten waren wahrscheinlich schon vor 332 römische Föderaten, aber Konstantins Vertrag ist das erste sichere Zeugnis dafür. Bis zum Hunnensturm war die gotische Macht nördlich der Donau gesichert.

Die Westgoten

Im Jahr 376 begannen sich an der unteren Donau immer mehr Germanen zu sammeln: Tausende, die am Südufer verzweifelt vor den raubgierigen Hunnen Schutz suchten. Nur zwei Jahre später fügte diese Armee aus landlosen Flüchtlingen Rom die größte Niederlage seit vielen Jahrzehnten zu und tötete sogar den Kaiser. Dreißig Jahre danach sollten ihre Söhne ganz Italien durchqueren und Rom selbst erobern. Der Weg zu diesen Siegen war mühsam und sobald sie errungen waren, erwiesen sie sich als von kurzer Dauer. Die erste der großen Invasionen in das Römische Reich sollte den Barbaren genauso viel Leid bringen wie dem Reich selbst. Es dauerte zwei Generationen, bis die Westgoten in den westlichen Provinzen eine sichere Heimat fanden. Ihr Streben, in der sich verändernden Welt einen festen Platz zu finden und die Anstrengungen ihrer Anführer, zumindest einen Anteil an der Macht Roms für sich zu gewinnen, versetzten dem Reich den ersten gewaltigen Schlag und trafen es mitten ins Herz, sodass es sich nie wieder vollständig davon erholen sollte. In den wenig mehr als dreißig Jahren, in denen die Westgoten von den Ufern der Donau bis zu den Palästen Roms vordrangen, formten sie Westeuropa aus den Provinzen einer Mittelmeermacht zu Barbarenreichen um, von denen jedes auf seine Weise Rom nacheiferte[3].

3 H. Wolfram, *History of the Goths*, Berkeley, California 1988, S. 117–150

Die Schlacht von Adrianopel hätte nicht stattfinden müssen. Fritigern, der Anführer der Westgoten, führte heimlich Bündnisverhandlungen mit dem oströmischen Kaiser Valens. Er gab an, er selbst wolle sich nur mit Rom verbünden, er könne jedoch die Wildheit seiner Goten nicht zügeln noch sie für ein Bündnis gewinnen, wenn ihnen Valens nicht seine Macht demonstriere. Es ist wahrscheinlich, dass dieser Vorschlag ernst gemeint war. Fritigern hatte wenig zu gewinnen, wenn er ein doppeltes Spiel spielte, während die ganze Zeit die Armeen des Augustus des Westens (Valentinian) auf den Balkan vorrückten. Und er hatte Recht mit seiner Einschätzung der Stimmung unter den Goten. Nach der schlimmen Behandlung durch Rom in den vergangenen zwei Jahren waren die Goten nicht geneigt, sich für ein Bündnis mit Rom zu entscheiden, auch wenn es ihnen letztendlich die Aussicht auf Land eröffnet hätte. Es war auch nicht unvernünftig, dass Valens die Angebote Fritigerns ernst nahm. Die beiden Führer mögen für eine Einigung auf der Basis von Verhandlungen gewesen sein, andere waren es nicht: Zwei römische Offiziere eröffneten die Schlacht ohne Rücksicht auf ihre Vorgesetzten. Innerhalb eines einzigen Tages wurde ein großer Teil ihrer Armee durch die gotische Infanterie vernichtet oder durch die gotischen Reiter zersprengt, der Kaiser war tot oder tödlich verwundet.

Vor der Schlacht hatte Fritigern sich selbst von der Masse seines Volkes distanziert, indem er heimlich mit dem oströmischen Kaiser verhandelt hatte. Zwei Jahre zuvor nämlich hatten die Goten in ihrer Verbitterung aufgrund ihrer Behandlung durch römische Befehlshaber einander heilige Eide geschworen, die Römer mit allem, was in ihrer Macht stehe, zu zermürben und nicht eher zu ruhen, bis sie die Herren des Römischen Reiches wären. Fritigern verhielt sich nun nicht anders als viele andere barbarische Anhänger Roms. Nach Adrianopel begann Kaiser Theodosius, weil er die Goten nicht in der Schlacht stellen konnte, den Willen ihrer Führer durch diplomatische Mittel zu untergraben. Hochrangigen Goten wurden Geschenke und Ehrungen aufgedrängt und es dauerte nicht lange, bis sich unter ihnen eine beachtliche römischdenkende Splittergruppe bildete, angeführt von einem gewissen Fravittas, der eine römische Frau geheiratet und den Namen Flavius angenommen hatte. Theodosius konnte die gotischen Adligen von den erst kürzlich geschworenen trotzigen Eiden ziemlich leicht abbringen, aber die gotischen Fußsoldaten sahen keine Veranlassung, sich der römischen Sache zu unterwerfen. Durch den Sieg bei Adrianopel hatten sie nichts oder nur wenig gewonnen. Sie waren immer noch in einem kleinen Gebiet einer nicht gerade reichen römischen Provinz eingeschlossen und nun wurde eine weitere römische Armee gegen sie ausgehoben, zu der auch unzufriedene Goten gehörten. Einige der gotischen Führer traten damals in römischen Dienst, darunter Modaharius (Modares), der bald eine Truppe gotischer Plünderer zu vernichten hatte. Rom gewann rasch die Oberhand. Im Jahr 380 wies es den Reiterheeren der Alanen und Hunnen, die zum Erfolg in Adrianopel beigetragen hatten, als Föderatengruppe Siedlungsräume in Pannonien zu. Im Jahr 382 akzeptierte der Großteil der Goten die Bedingungen eines Bündnisvertrages *(foedus)* und wurde in Thrakien und Mösien zwischen der Donau und dem Balkangebirge angesiedelt. Die Vereinbarungen sind uns in groben Zügen bekannt:

Das Gebiet, das den Goten überlassen wurde, durften sie ohne Steuerabgaben bewohnen, aber es blieb römisches Territorium. Die Barbaren konnten Angehörige des römischen Staates werden, doch das Recht des

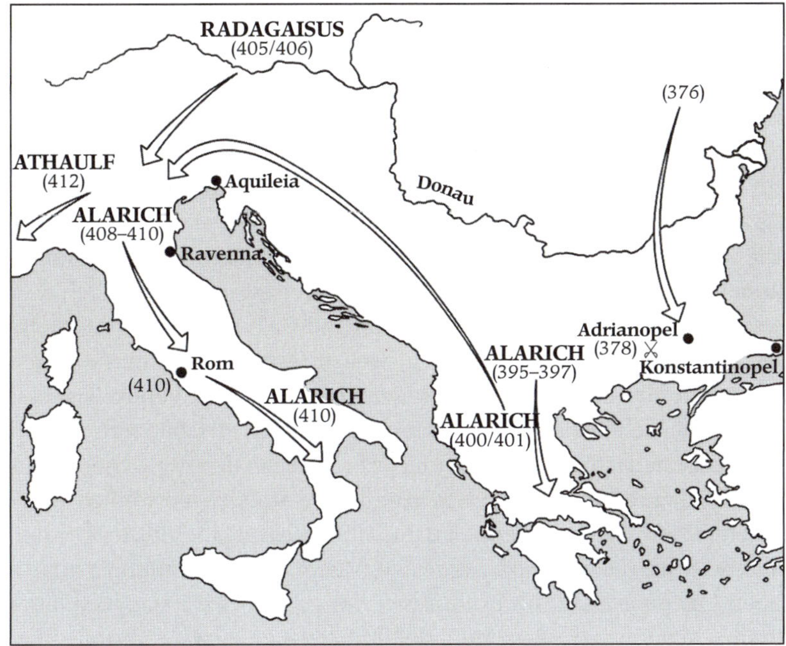

Züge der Westgoten von der Donau nach Gallien

connubium (legale Heirat mit Römern) wurde ihnen nicht gestattet. Im Austausch für das Siedlungsrecht mussten sie Rom militärische Dienste leisten, sollten aber unter dem Kommando ihrer eigenen Anführer stehen. Die Goten waren daher nicht in einer Enklave an der Grenze eingeschlossen, sondern über ein weites Gebiet verteilt und lebten dort zusammen mit der römischen Bevölkerung „unter einem Dach". Das Abkommen sollte durch die Ansiedlung anderer Föderaten in einigen der anderen westlichen Provinzen erreicht werden.

Aus römischer Sicht war die gotische Ansiedlung vermutlich das Beste, worauf man hoffen konnte, und hinter der lockeren Integration von Barbaren in die Struktur einer Provinzgesellschaft standen viele praktische Überlegungen. Die Grenze an der unteren Donau wurde ebenfalls stabilisiert, zumindest eine Zeit lang. Nördlich des Flusses kam es immer noch zu Wanderbewegungen der Barbaren, aber nach diesen Ereignissen fand keine große Invasion mehr statt, auch nicht als die Donau 384/385 zufror. Es bestanden aber weiterhin Kontakte zwischen den Goten außerhalb des Reiches und denjenigen, die jetzt innerhalb der Reichsgrenzen lebten. Prinzessin Gaatha reiste mit ihrer Tochter Dulcilla aus dem Land der Goten nördlich der Donau nach Kyzikos in Kleinasien und trug Märtyrerreliquien bei sich; später konnte sie in ihre barbarische Heimat zurückkehren. Hinter dieser Reise verbarg sich möglicherweise eine diplomatische oder politische Absicht: Gaathas Sohn Arimir war der Führer einer Gruppe von Terwingern, einem heidnischen Volk, das die Römer hasste. Obwohl seine Adligen mit dem

Übertritt zum Christentum liebäugelten, war Gaathas Mission nicht ohne Risiken: Auf ihrer Rückreise wurde ihre Begleiterin von heidnischen Goten gesteinigt. Gleichgültig, was diese Frau auch immer versucht haben mag – ihre Reisen enthüllen eine Welt, in der christliche Goten heilige Reliquien in eine antike griechische Stadt bringen und bei ihrer Rückkehr mit ihren eigenen heidnischen Landsleuten in Konflikt geraten konnten.

Die westgotischen Mannschaften gewannen durch ihren Sieg in Adrianopel und dem daraus folgenden Bündnisvertrag wahrscheinlich weit weniger, als sie erwarteten. In Thrakien und Dakien konnten sie erfolgreich zusammengehalten werden, weil ihre Anführer ihren eigenen Reichtum und Einfluss innerhalb der römischen Welt vergrößern und das oströmische Reich nicht stürzen wollten. 400 erhoben sich die beiden gotischen Offiziere Gainas und Tribigil, die in den römischen Streitkräften dienten, gegen die Regierung, weil sie sich persönlich mehr Macht erhofften. Gainas erhielt dann selbst die Aufgabe, die Revolte niederzuwerfen und war so in der Lage, Macht in Konstantinopel auszuüben (der neue Name für Byzanz, seit Konstantin es zur Hauptstadt des Römischen Reiches gemacht hatte) und gleichzeitig die Kontrolle über seine gotischen Krieger zu behalten. Schließlich aber besiegte ihn ein anderer Gote, Fravittas, der eine zusammengewürfelte „römische" Armee kommandierte, und vertrieb ihn aus dem Reich. Nichts verdeutlicht besser den Einfluss der gotischen Führer an den höchsten Stellen in dieser Zeit und die Loyalität der westgotischen Krieger, die ihrem Anführer bedingungslos folgten, gleichgültig welcher Sache er diente. Während die Karriere des Gainas schnell scheiterte, fanden die Goten einen anderen Herrscher, der ihre Loyalität zu einer mächtigen Waffe gegen Rom ausbauen sollte.

Um 395 war Alarich, einer der in Mösien angesiedelten Goten, der anerkannte Anführer des innerhalb der Reichsgrenzen lebenden gotischen Volkes. Im Jahr 391 war er zum ersten Mal in Erscheinung getreten, als er eine Barbarentruppe führte, die bis südlich des Balkangebirges vorgedrungen war und somit den Vertrag von 382 gebrochen hatte. Alarichs lange Karriere als Armeeführer wurde im Rückblick von seinen Erfolgen von 408 bis 410 so geprägt, dass man möglicherweise übersieht, dass er viele kleinere Gefechte verlor und so lange auch keine größere Schlacht gewinnen konnte, bis in Italien schließlich fast keine römische Militärorganisation mehr bestand. Dennoch hielt er sich 15 Jahre lang an der Macht über sein Volk, vielleicht weil er stets das Ziel im Auge behielt, ein Gebiet zu finden, in dem sich die Goten endlich niederlassen konnten. Allerdings erfüllte er die Bedingungen seiner verschiedenen Abkommen mit der römischen Regierung genauso wie seine Vorgänger seit der Überquerung der Donau. Dennoch gelang ihm auch in Italien kein dauerhafter Erfolg, und als Alarich starb, hatten die Westgoten immer noch keine Heimat im Reich gefunden.

Die erste Phase seiner Operationen war auf Griechenland und Illyricum gerichtet. Im Jahr 397 überließen ihm die Römer Epirus und seine Städte und ernannten ihn zum *magister militum* der Provinz Illyricum. Hätte er seine Macht auf dem Balkan gefestigt, hätte sich ihm vielleicht die Chance geboten, Konstantinopel unter seine Kontrolle zu bringen. 401 überließ er aber Gainas diese Beute und wandte sich Italien zu. Dort hoffte er, seine Ziele und die seines Volkes vielleicht besser durchzusetzen. Im nächsten Jahrzehnt belagerten die Westgoten Gebiete in Norditalien und entwickelten in ihren Angriffen auf die dortigen großen Städte immer mehr Mut. 401 bis 402 marschierten sie gegen Mailand und zwangen Kaiser Honorius zum Rückzug nach Ravenna. Danach bedurften sogar Stilichos beeindruckende diplomatische Fähigkeiten die Unterstützung durch Waffengewalt, wobei einige Armeen zum Teil von der Rheingrenze und von Britannien abgezogen wurden. An Ostern 402 griff die römische Armee mit starker Unterstützung der alanischen Kavallerie und unter dem Kommando des Alanen Saul die Goten außerhalb der Stadt Pollentia während ihres Gottesdienstes an und zersprengte sie. Obwohl dieses Gefecht als großer römischer Sieg gepriesen wurde, konnte es die gotische Bedrohung im Norden nicht verringern. Alarichs Streitmacht wurde in Verona erneut angegriffen und wieder besiegt, jedoch nicht vernichtet. Es war nun Zeit für ihn, sich aus Stilichos Reichweite nach Illyricum oder Pannonien zurückzuziehen. Ein Bericht behauptet, er hätte sich zu dieser Zeit mit Stilicho verschworen, Konstantinopel anzugreifen, und diese Geschichte ist nicht völlig unglaubwürdig. In der kurzen Ruhepause, die nun folgte, musste Italien eine weitere Goteninvasion hinnehmen, diesmal von einer gemischten und angeblich großen Armee unter dem Kommando von Radagaisus, einem ehemaligen Gefährten Alarichs. Gerade die enorme Größe dieser Streitmacht könnte sie auch ins Verderben gerissen haben, denn sie vermochte sich in dem rauen Land des Apennin nicht zu verpflegen und wurde vom Hungertod schmählich besiegt.

Die Lektionen aus seinen eigenen Niederlagen in Pollentia und Verona und aus dem Schicksal des Radagaisus brachten Alarich nun zur Überzeugung, dass seine beste Chance auf dauerhaften Erfolg in Italien darin bestand, Rom einzunehmen. Im Jahr 408 fiel er erneut auf der Halbinsel ein und stieß zur Hauptstadt vor, wobei er kleinere Ziele außer Acht ließ. Im September belagerte er Rom. Nachdem Alarich eine große Menge Gold, Silber und andere Schätze erpresst hatte, war er bereit, die Belagerung aufzuheben und sich zurückzuziehen, weil ihm die Beute genügte, die er an seine Gefolgsmänner weitergeben konnte. Seine eigene Position blieb unbestimmt, denn er besaß kein formales Amt und kein Teil Italiens wurde ihm und seinem Volk zugewiesen. Die Zeit war reif für eine endgültige Entscheidung über das Hauptproblem der gotischen Ansiedlung, doch die Chance wurde vertan. Im nächsten Jahr wurde die Stadt erneut eingeschlossen und wieder standen in den Verhandlungen die Beziehungen Alarichs zu Rom im Mittelpunkt. Die gotischen Forderungen waren bescheiden, wenn man bedenkt, dass sie Italien praktisch im Würgegriff hatten. Er bat nun um Siedlungsraum in Noricum für sein Volk und bot im Gegenzug an, aus Norditalien abzuziehen und Rom gegen jeden Feind militärisch beizustehen. Die römischen Verhandlungsführer hielten diese Zugeständnisse für mehr als sie erhoffen konnten, aber Kaiser Honorius hielt die endgültige Zustimmung immer noch zurück. Diese konfuse Situation löste sich auf eigenartige Weise, als die Bürger Roms ihren Stadtpräfekten Attalus als Kaiser bejubelten, der dann sofort Frieden mit Alarich schloss, ihn zum Oberbefehlshaber der Armee *(magister utriusque militae)* erhob und seinen Schwager Athaulf zum Befehlshaber über die Gardetruppen *(comes domesticorum)* ernannte. Alarichs Aufmerksamkeit richtete sich nun auf Afrika und die nordafrikanischen Getreidelieferungen nach Rom, obwohl er Attalus nicht überreden konnte, eine gotische Armee dorthin zu schicken, um die Häfen offen zu halten. Erneut schaffte er es nicht, die Angelegenheiten unter seine Kontrolle zu bringen, verließ Rom und zog sich nach Norditalien zurück. Die Position des Attalus war nie besonders fest gewesen und brach im Frühjahr 410 völlig zusammen. Alarich wandte sich nun an Honorius und bot ihm seine Loyalität an. Der Frieden zwischen Rom und den Goten lag in greifbarer Nähe, aber die Hoffnungen zerschlugen sich erneut, diesmal durch die Intervention des Goten Sarus, eines ehemaligen Gefolgsmannes von Stilicho. Es gibt keine Anhaltspunkte für sein Motiv, sich einem Vertrag zwischen Honorius und den Goten in den Weg zu stellen. Als mögliche Erklärung könnte privater Hass auf Alarich und Athaulf dienen oder eine Blutfehde zwischen den führenden gotischen Familien. Doch für beides fehlen uns die Beweise.

Alarich zog erneut südwärts nach Rom. Diesmal musste er die Stadt nicht lange belagern. In der Nacht des 24. August durchbrachen die Goten die Stadtmauer an der Nordseite am Salarischen Tor, in der Nähe des Monte Pincino und der Gärten des Sallust. Es handelte sich nicht um einen schwach verteidigten Mauerabschnitt; deshalb steht zu vermuten, dass Sympathisanten den Zugang von innen ermöglichten oder er mit Hilfe derer geschaffen wurde, welche nicht noch einmal die gleichen schlimmen Entbehrungen wie zwei Jahre zuvor erleben wollten. Es ist wenig darüber bekannt, was in den wenigen Tagen folgte, in denen die Goten Rom in ihrer Gewalt hatten. Die Berichte des Orosius über Plünderungen klingen sehr glaubhaft: Es kam nur selten vor, dass irgendein germanisches Volk eine größere Stadt eroberte, geschweige denn ein solches Schatzhaus von Gold und Silber wie Rom. Doch ist auch festzuhalten, dass Alarich befahl, die Kirchen zu verschonen und Menschenleben zu achten. Reiche Wohnhäuser waren naheliegende Ziele und einige auf dem Aventin, dem Caelius und dem Quirinal brannten vollständig nieder. Auf dem Forum wurde die Basilika zum Teil ihres Silbers beraubt und es wird berichtet, dass Goten über den jüdischen Schatz, den Titus aus Jerusalem nach Rom gebracht hatte, herfielen. Andere Reichtümer wurden vergraben wie der auf dem Esquilin versteckte Schatz, der das Hochzeitschmuckkästchen einer Dame namens Projecta enthielt. Man kann sich auch ohne Augustinus' Aussagen leicht vorstellen, dass trotz Alarichs Befehlen viele Römer starben und andere Misshandlungen erlitten.

Die Leidenszeit der Römer dauerte nicht lange, nach einer Woche oder sogar schon nach wenigen Tagen war alles vorüber. Die Goten marschierten mit ihrer Beute und ihren Gefangenen südwärts durch Kampanien nach Kalabrien. Alarich hatte sich wieder seinem Plan zugewandt, nach Afrika überzusetzen und zog eine Flotte für die Expedition zusammen, die über Sizilien führen sollte. Schlechtes Wetter verzögerte die Abreise jedoch. Dann starb Alarich plötzlich nach kurzer Krankheit und damit endete auch die gotische Bedrohung in Italien. Wäre er in der Lage gewesen, Afrika zu erobern und die dortigen Kornvorräte zu kontrollieren, hätte er zum uneingeschränkten militärischen Herrscher des Westens aufsteigen und den Mantel Stilichos tragen können. Er hätte auch ein beständiges Königreich für die Westgoten in Italien gewinnen können. Daran mussten diejenigen seiner Anhänger denken, die ihn in einem Flussbett bei Cosenza beisetzten, und auch daran, dass ihr Volk sein gelobtes Land noch immer nicht gefunden hatte und der Weg von der Donau immer noch weiter führte. Alarichs Goten hatten den Glauben der Menschen an die Unsterblichkeit Roms erschüttert und so eine tausend Jahre alte Gewissheit zerstört, aber sie waren immer noch heimatlos.

Nun wurde Athaulf zum König der Westgoten ausgerufen. Dieser Mann hatte bereits erkannt, dass er mehr erreichen würde, wenn er für die römische Sache eintrat als wenn er den Sitz der römischen Macht angriff. Der berühmte Bericht des Orosius über eine Äußerung Athaulfs gegenüber einem Römer in seinem Kreis, dass er seine Einstellung zu Rom geändert habe, muss als erste klare politische Aussage eines Barbarenkönigs für die Integration seines Volkes ins Römische Reich gewertet werden. Der Traum, diesen Namen auszuradieren und ihn durch „Gothia", beherrscht von Kaiser Athaulf, zu ersetzen, war endgültig ausgeträumt. Weil er das Römische Reich nicht in ein Gotisches Reich umwandeln konnte, wollte er ihm durch gotische Stärke wieder seine alte Größe verleihen. Diese veränderte Einstellung entstand auch aus der Erkenntnis, dass die Westgoten zu unzivilisiert waren, um Gesetzen zu gehorchen und es ohne Gesetze keinen Staat geben konnte.

Wenn sie in der römischen Welt leben wollten, mussten sie wie Römer leben und ihr Anführer musste wie ein Kaiser herrschen.

Der genannten Äußerung folgte eine wichtige Ankündigung. Im Jahr 414 heiratete Athaulf auf den Rat eines Römers in Narbonne die römische Prinzessin Galla Placidia nach römischen Brauch. Diese Dame war im Jahr 410 in Rom gefangen genommen und seitdem als Geisel gehalten worden. Der gotische König, der die Wolltunika eines römischen Bräutigams trug, heiratete die vornehme, in ein römisches Festtagsgewand gekleidete Frau und später feierte das Paar bei einem Hochzeitslied, das von einem entthronten Kaiser dargebracht wurde. Es spielte keine Rolle, dass viele der Geschenke aus Gold und Edelsteinen, mit denen die Braut überhäuft wurde, wenige Jahre zuvor aus Rom geplündert worden waren. Nur wenige Römer konnten Reichtum widerstehen, gleichgültig woher er stammte. Römer und Westgoten wurden durch diese Hochzeit vereint und ein später geborenes Kind erhielt einen kaiserlichen Namen – Theodosius. Diese viel versprechende Verbindung endete nach nur einem Jahr abrupt, als Athaulf von seinen eigenen Gefolgsleuten ermordet wurde. Innerhalb kürzester Zeit befanden sich die Westgoten in der schlimmsten Lage, die sie seit ihrer Ankunft im Reich hatten durchstehen müssen. Der größte Teil saß in Südgallien, lebte dort mehr schlecht als recht und war wahrscheinlich weitgehend von römischen Zuschüssen abhängig. Als der römische Befehlshaber Constantius diese Unterstützung beendete und die Goten vom Meer her blockierte, befanden sie sich bald in einer unerträglichen Situation. Viele flohen nach Nordspanien und versuchten dann, nach Südafrika überzusetzen. Im Jahr 416 brach ihr Widerstand schließlich völlig zusammen und im Austausch von Nahrung stimmten sie zu, den Römern gegen die Wandalen und deren Verbündete in Spanien beizustehen. Kurz darauf, im Jahr 418, rief Constantius sie zurück über die Pyrenäen und siedelte sie in Aquitania Secunda an[4].

4 M. Rouche, *L'Aquitaine des Wisigoths aux Arabes, 418–781*; E. A. Thomson, *Romans and Barbarians: The Decline of the Western Empire*, S. 23–37

Endlich hatten die Goten ihr Land zwischen der Garonne und der Loire, aber sie hatten es zu römischen Bedingungen. Dort blieben sie dreißig Jahre lang, im Wesentlichen passiv unter schwachen Anführern, bis sie der Einfall der Hunnen im Jahr 451 aufrüttelte. Ihr neugewonnenes Land gehörte zu den besten in Gallien. Salvian lobte seine Weinberge, seine üppigen Wiesen und die reichen Ernten als das reinste Paradies. Wie sich die Goten in Aquitanien genau verteilten, ist nicht bekannt, aber sie können über diese riesige Fläche kaum gleichmäßig verstreut gewesen sein, denn es gelang ihnen, über die folgenden Generationen hinweg immer noch ihren Zusammenhalt zu bewahren. Die gotischen Könige nutzten Toulouse im tiefsten Süden dieses Gebiets als Zentrum, was darauf hinweist, dass die obere Garonne (wo sich ausgedehnte spätrömische Villen befanden) ein großes Kernsiedlungsgebiet war. Die weite Ebene der Saintonge und des Poitou war eine weitere Region, in der wahrscheinlich barbarische Föderaten angesiedelt wurden, obwohl das nicht direkt bewiesen ist. Sie bekamen offensichtlich kein Land in den Hügeln der Auvergne und des Limousin, denn erst nach der Mitte dieses Jahrhunderts hören wir von ihren schweren Überfällen in dieser Gegend.

Über die Geschichte und innere Organisation des Königreichs, das von gotischen Königen in Toulouse und Bordeaux regiert wurde, ist uns wenig überliefert. Es ist ziemlich sicher, dass während der langen Herrschaft des ersten Westgotenkönigs Theoderichs I. von 418 bis 451 das mit Constantius abgeschlossene *foedus* von den Goten beachtet wurde. Das heißt, ihre militärische Stärke reichte nie aus, um römisches Gebiet in der Provence oder Auvergne offen anzugreifen, wenn ein römischer Befehlshaber zur Stelle war, um sie zurückzuschlagen. Theoderich war ein vorsichtiger Monarch, der die Kampfeslust seines Volkes gegenüber seinen Nachbarn und die persönlichen Ziele seiner Adligen im Gleichgewicht zu halten verstand. Einige von ihnen begannen bereits, sich wie die Großgrundbesitzer zu verhalten, in deren Landgüter sie eingefallen waren. Theoderich reizte natürlich die Möglichkeit, das untere Rhônetal zu annektieren, aber seine Versuche scheiterten an dem entschlossenen römischen Widerstand. Es könnte ihm eventuell gelungen sein, das westgotische Territorium nach Norden in Richtung des Mittellaufs der Loire auszudehnen, aber ansonsten behielt ihr Reich seine ursprünglichen Grenzen.

Der Hunneneinfall in Gallien im Jahr 451 stellte Theoderichs Treue zum römischen Bündnispartner nicht auf die Probe, denn die Westgoten hatten durch die Präsenz der hunnischen Armee in Gallien nichts zu gewinnen. Goten bildeten den Kern einer gemischten Armee, die den hunnischen Ansturm nach Gallien auf den Katalaunischen Feldern stoppte und die Eindringlinge nach Italien zurückdrängte. Theoderich starb auf dem Schlachtfeld, aber sein gleichnamiger Sohn hielt an dem Bündnis mit Rom als der einzig realistischen Möglichkeit fest.

Die materielle Kultur des westgotischen Königreichs in Gallien ist mit Ausnahme eines bemerkenswerten Aspekts quantitativ und qualitativ wenig beeindruckend. Wir kennen die Einzelheiten der gotischen Siedlungen kaum. Die wichtigsten westgotischen Zentren bildeten erhaltene spätrömische Städte. Die germanische Nutzung von Villen und Gütern wird natürlich in der Geschichtsschreibung erwähnt, doch wurde sie durch Ausgrabungen erstaunlich wenig erhellt. In kultureller und kommerzieller Hinsicht scheint Aquitanien im fünften Jahrhundert verhältnismäßig isoliert gewesen zu sein. Der Handel von Luxuswaren aus Metall zwischen Italien und Nordgallien dehnte sich nach Westen so wenig aus wie die Münzen aus Münzstätten der Provence und in Norditalien. Das Königreich war von den Häfen und Werkstätten des westlichen Mittelmeerbeckens sehr stark abgeschnitten, was sich in vorhersagbarer Weise auswirkte. In den ohnehin dürftigen archäologischen Zeugnissen weist nur sehr wenig auf ein blühendes kulturelles Leben hin und wir finden so gut wie keine Hinweise auf das Wirken innovativer und origineller Handwerker. Gestempelte Keramik, letztendlich von nordafrikanischer *terra sigillata* (lat. „gesiegelte Erde", Geschirr aus rotem Ton, mit Verzierungen und dem Fabrikstempel versehen) abgeleitet, wurde in Aquitanien in großer Menge produziert, aber sie folgte der spätrömischen Tradition und wurde vermutlich von römischen Handwerkern hergestellt. Es fällt auf, dass die Außenmärkte, wohin diese Keramiken verkauft wurden, im Norden und Westen lagen: Ein absatzfähiger Markt an der Mittelmeerküste Galliens existierte nicht. Metallarbeiten und Schmuck, die Hauptstützen der archäologischen Chronologie in anderen Teilen des barbarischen Westens, kommen erstaunlich selten vor. Nur drei oder vier mit Sicherheit westgotische Stücke sind bezeugt und wurden allesamt nach Aquitanien importiert.

Aus dem Norden gelangten nur wenige fränkische Importe nach Aquitanien und genauso wenige burgundische Importstücke aus dem Osten. Gürtelgarnituren tauchen in beträchtlicher Menge auf, aber sie sind in ihrer Gestaltung und Verzierung offensichtlich von spätrömischen Vorbildern abgeleitet. Die große Seltenheit von Fibeln und verzierten Nadeln in Aquitanien weist darauf hin, dass sich die westgotische Kleidung, besonders die Obergewänder, sehr von der Kleidung der Franken und Burgunder unterschied. Aber das überrascht nicht angesichts der Tatsache, dass die Westgoten schon ein halbes Jahrhundert im Reich lebten, sodass ihre Kleidung vermutlich auch der Tracht der römischen Provinz ähnelte. Zusammenfassend lässt sich sagen, dass das Fehlen einer bestimmten westgotischen materiellen Kultur in Aquitanien am besten damit zu erklären ist, dass sie sich ziemlich rasch an die erhaltene gallisch-römische Ordnung anpasste. Die von Athaulf und Theoderich geführten vornehmen Westgoten und ihre Gefolge übernahmen bereitwillig das Leben in der Provinz, das noch immer das Wesen und den Reichtum der spätrömischen Welt widerspiegelte. Daher haben sie in der Archäologie dieser Region keine Spuren hinterlassen.

Angesichts der künstlerischen Armut im Bereich der Metallarbeiten und anderer Kleinobjekte erschienen die verzierten Marmorsarkophage umso außergewöhnlicher. Man findet sie in oder nahe bei großen Zentren wie Toulouse, Bordeaux und Agen sowie in der Provence in Béziers und Narbonne. Der größte Teil wurde aus Marmor aus St. Béat im oberen Garonnetal hergestellt. Man hat sie unterschiedlich datiert, aber ein Beginn um die Mitte des fünften Jahrhunderts und eine Blütezeit um 450 bis 525 lässt sich mit den stilistischen Einzelheiten am besten vereinbaren. In künstlerischer Hinsicht sind sie nicht „westgotisch", da ihre Motive aus dem Repertoire der spätrömischen Plastik stammen. Auf mehreren erscheinen Reihen von Aposteln unter Arkaden; andere verbinden solche Figuren und biblische Szenen mit Weinreben- und Efeuornamenten. Einige sind mit Blätterwerk verziert, ausnahmslos in einem bestimmten Flachrelief, das sich weit von den üppigen Bögen der früheren Sarkophagplastik entfernt. Wir wissen nicht, wer für diesen unerwarteten Reliefreichtum verantwortlich ist, aber germanische Handwerker lassen sich mit Sicherheit ausschließen. Die Reliefs stammen aus einer unbekannten Werkstatt der christlichen Gemeinschaft in einem Gebiet, in dem dafür ausgezeichneter Marmor vorkam. Später, ungefähr Ende des fünften Jahrhunderts, bestanden Werkstätten in Bordeaux, Narbonne und vermutlich anderswo in der Provence. Die Produktion hielt bis ins sechste Jahrhundert an, aber der Standard verschlechterte sich immer mehr.

Der vorherrschende Eindruck über das westgotische Königreich im fünften Jahrhundert wird also deutlich von Isolation und kultureller Stagnation geprägt. Es ließen sich nur wenig Hinweise auf Verbindungen nach Italien feststellen und auch die Beziehungen zur Provence waren beschränkt und kaum ergiebig. Die Franken und Burgunder beeinflussten die Goten in Aquitanien kaum und die Westgoten selbst prägten das Land, das sie bewohnten nicht nennenswert. Auch die Ortsnamen dieser Region wurden durch die gotische Besiedlung nicht stark beeinflusst. Eine Anzahl von Ortsnamen mit der Endung -ens und einem germanischen Eigennamen als erstem Bestandteil wird gewöhnlich mit der gotischen Besiedlung in Verbindung gebracht, aber nicht alle von ihnen bezeugen unbedingt gotische Grundbesitzer, sondern gehen auch auf spätere merowingisch-fränkische Inhaber zurück.

Die westgotische Macht in Gallien erreichte ihren Höhepunkt im Sieg über die Hunnen im Jahr 451. Als Theoderich II. seinem Vater 451 nach der Schlacht auf den Katalaunischen Feldern auf den Thron folgte, waren die Westgoten die stärkste germanische Macht im Westen. Es dauerte nicht lange bis sie ihre Grenzen ausdehnen konnten. Möglicherweise wurde Theoderich II. durch ehrgeizige Pläne oder durch echte Bewunderung dazu angeregt, dass er sich auf die Seite der Römer stellte und sich in der Tat wie ein germanischer Befehlshaber im römischen Dienst verhielt. Im Jahr 454 rückte eine gotische Streitmacht auf Geheiß des Kaisers gegen die Bagauden im Ebrotal in Nordostspanien vor. Zwei Jahre später führte Theoderich II. selbst eine westgotische Armee erfolgreich gegen die Sueben und wiederum zwei Jahre darauf wurde ein westgotisches Heer unter Cyrill nach Baetica geschickt, wo es offensichtlich blieb.

Das westgotische Interesse an Spanien war geweckt und sollte sich bald darauf voll entfalten. 465 wurde Theoderich II. von seinem jüngeren Bruder Eurich ermordet. Der neue König schickte seine Armee in Baetica zu weiteren Eroberungen in den Norden, in das Gebiet, das von den römischen Provinzen in Spanien, übrig geblieben war, und westlich nach Lusitania. Saragossa und Pamplona fielen 472 oder kurz zuvor, Tarragona und die anderen Küstenstädte ungefähr um die gleiche Zeit. Im nächsten Jahr stürmten die Westgoten nach Südgallien und eroberten Arles und Marseille. Diese Feldzüge beseitigten schließlich die letzten Spuren römischer Macht in den westlichen Provinzen. Spanisch-römische Aristokratenkreise leisteten Widerstand, aber sie konnten gegen die gotische Armee nichts ausrichten. Eurich und seine Generäle setzten die Eroberung fast des gesamten restlichen Spanien ohne größere Hindernisse fort. Bei Eurichs Tod im Jahr 484 befand sich die gesamte spanische Halbinsel mit Ausnahme der suebischen Enklave im Nordwesten in gotischen Händen. Zudem wurde ein großer Teil Mittelgalliens den gallisch-römischen Besitzern entrissen. Eurich erkannte den Wert des römischen Verwaltungsapparats trotz seines heruntergekommenen Zustands. Sowohl Römer als auch Goten gelangten weiterhin in die höchsten Ämter und einige Aspekte des römischen Protokolls wurden weiterhin beachtet. Eurich war ein gebildeter Mann mit mehr als nur Grundkenntnissen in lateinischer Literatur und von hohem Respekt vor dem Gesetz.

Die Kodifikation neuer Gesetze, die unter Eurich begonnen und unter seinem Nachfolger fortgesetzt wurde, brachte schließlich ein Gesetzbuch hervor, nach dem man sich nicht nur in Spanien, sondern auch in Westgallien richtete. Der „Codex Euricianus" entstand wahrscheinlich in Toulouse, in der ständigen Hauptresidenz des westgotischen Königs. Die Grundlage dieser Gesetzessammlung ist heftig umstritten. Wir wissen heute noch nicht, ob sie in der germanischen Rechtstradition wurzelte oder vom spätrömischen Vulgarrecht inspiriert wurde. Zwischen bestimmten Elementen des oströmischen Bauernrechts im siebten Jahrhundert und späteren germanischen Gesetzbüchern bestehen auffällige und vielsagende Analogien. Dies könnte auf einen gemeinsamen Ursprung mit der spätrömischen Rechtsprechung hinweisen, aber das führt nicht direkt zum Codex Euricianus zurück. Es ist zumindest möglich, dass Eurich und seine Berater sich teilweise auf römische Juristen an seinem Hof stützten, deren wichtigster Beitrag darin bestand, die gotische Praxis mit den römischen Rechtsgrundsätzen zu verbinden. In vielerlei Hinsicht müssen ernsthafte gesetzliche Schwierigkeiten bestanden haben, die sich durch das Zusammentreffen von Römern und Barbaren auf einem ehemals römischen Gebiet ergaben, das nun von germanischen Königen beherrscht wurde. Es ist gewiss kein Zufall, dass sich so viele der uns erhaltenen Gesetze des Eurich mit Land, dessen Eigentums- und Besitzrechten, seinem Verkauf und seiner Vererbung beschäftigen.

Ungefähr im letzten Jahrzehnt des fünften Jahrhunderts begannen sich zahlreiche Westgoten in Nordspanien anzusiedeln und dehnten ihre

Macht rasch über die Halbinsel aus[5]. Im Jahr 500 herrschten sie über einen großen Teil Spaniens mit Ausnahme des Nordwestens, in dem Sueben und Basken saßen, sowie Aquitanien. Doch diese große Fläche beherrschten sie nicht lange: 507 wurden die Westgoten unter Alarich II. in Vouillé bei Poitiers von den Frankenkriegern Chlodwigs vernichtend geschlagen und mussten kurz darauf den Großteil ihres Landes in Gallien verlassen. Ihnen blieb nur ein großer Teil von Narbonensis. Nach 507 lag ihre Zukunft in Spanien.

5 E. A. Thomson, *The Goths in Spain;* R. Collins, *Early Medieval Spain*

Nach Vouillé wählten die Westgoten Alarichs nichtehelichen Sohn Gesalich zum Anführer gegen die Franken. Er setzte den Kampf eine Zeit lang fort, aber Toulouse fiel bald, gefolgt von Narbonne. Gesalich zog sich nach Spanien zurück und es blieb dem Ostgoten Theoderich überlassen, das fränkische Vordringen durch die Provence zu verhindern. Theoderich zeigte an den Ereignissen in Gallien großes Interesse, denn es bestand die Möglichkeit, die ostgotische Hegemonie über ihre dortigen Verwandten auszudehnen. Außerdem war Theoderichs Tochter die Ehefrau Alarichs und sein Enkel Amalarich, der im Gegensatz zu Gesalich ehelich geboren war, besaß berechtigte Ansprüche auf den westgotischen Thron. Es nimmt daher nicht Wunder, dass Theoderich Gesalich beseitigen wollte und als die Burgunder im Jahr 511 Narbonne angriffen und Gesalich vertrieben, stürzte er ihn vom Thron. Gesalich kämpfte noch eine Zeit lang weiter, doch ohne Erfolg. Die nächsten 15 Jahre bis zu Theoderichs Tod im Jahr 526 blieben die Westgoten unter ostgotischer Hoheit. Ihr König Amalarich heiratete die fränkische Prinzessin Chlothild, eine Katholikin, und die Versuche ihres arianischen Ehemanns, sie zur Aufgabe ihres Glaubens zu bewegen, bewirkten das Eingreifen der Franken. Chlothilds Bruder Childebert I. fiel 531 in Narbonensis ein, eroberte Narbonne und vertrieb Amalarich nach Spanien, wo er vermutlich von seinen eigenen Anhängern ermordet wurde. Die westgotischen Adligen erhoben nun den ostgotischen Befehlshaber Theudis auf den Schild, weil ihnen ein starkes Herrscherhaus fehlte – lange Zeit ein Schwachpunkt der Westgoten. Wie die germanischen Könige früherer Zeiten mussten die neuen Anführer vor allem kriegerische Fähigkeiten aufweisen. Wenn sie darin scheiterten, war ihre Herrschaft nur von kurzer Dauer.

Trotz seiner ostgotischen Abstammung setzte sich Theudis nicht dafür ein, die Westgoten näher an ihre Verwandten in Italien heranzuführen. Er ging eine klug gewählte Ehe mit einer wohlhabenden römischen Dame ein und stellte aus den Sklaven ihres Gutes eine Privatarmee von 2000 Mann zusammen. Dies verdeutlicht eine der Hauptschwierigkeiten, mit der sich ein Barbarenherrscher in den riesigen Weiten Spaniens auseinander zu setzen hatte. Die Militärorganisation des Römischen Reichs bestand nicht mehr und die einzelnen Könige mussten selbst eine Truppe organisieren, ausrüsten, ernähren und zufriedenstellen.

Zudem musste sie groß genug sein, um den Frieden in Spanien zu sichern und Angriffe an den Grenzen abzuwehren. Angesichts der gotischen Gesellschaftsstruktur ließ es sich nicht vermeiden, dass das Kriegsglück im ganzen sechsten und siebten Jahrhundert das beherrschende Thema war. Theudis gelangen zumindest ebenso viele militärische Erfolge wie er Misserfolge zu verkraften hatte. 541 wehrte er eine fränkische Invasion ab und sein Versuch im Jahr 544, einen Teil Afrikas um Ceuta zu erobern, überraschte die byzantinische Armee völlig. Justinians Truppen erholten sich aber rasch von dem Schrecken und vertrieben die Westgoten.

Amalarich kam zu seinem Recht, als Theoderich im Jahre 526 starb. Er festigte die Beziehung zu den Ostgoten und legte die Grenze in Südgallien eindeutig fest. Von nun an trennte der Unterlauf der Rhône und ihr Delta die West- von den Ostgoten. Als bedeutendsten Verlust hatten die Westgoten die große Stadt Arles zu verkraften, die von 508 bis 510 auf ihrer Seite dem Feind standgehalten hatte. Die Küstenregion im westlichen Teil der einstigen römischen Provinz Narbonensis mit den Städten Agde, Béziers, Nîmes, Narbonne und Carcassonne sowie eine Anzahl kleinerer Befestigungen wurden nun die westgotische Provinz Septimania. Diese Städte und Befestigungen verteidigten die Westgoten gegen die fränkische Macht so lange erfolgreich, bis ihr Reich im achten Jahrhundert endgültig zusammenbrach. Amalarich bekam auch den Schatz der Westgoten wieder, der nach Vouillé verloren gewesen war, und den die Ostgoten an sich gebracht hatten. Doch in anderer Hinsicht war seine Herrschaft unproduktiv.

Theudis wurde 548 in seinem eigenen Palast ermordet. Ihm folgte der Westgote Agila, in dessen Regierungszeit die byzantinische Invasion in Südspanien fiel und eine oströmische Basis an der Mittelmeerküste eingerichtet wurde. Auch er hatte mit Aufständen zu kämpfen: Zuerst lehnten sich die Bürger der Stadt Córdoba gegen ihn auf, dann ein Adliger, Athanagild, der sich in Sevilla festsetzte. Er vereinte seine Truppen mit der byzantinischen Armee und errang gegen Agila einen großen Sieg. Agila ereilte dann dasselbe Schicksal wie viele Westgotenführer dieser Zeit: Er wurde 555 in Mérida von seinen eigenen Männern ermordet. Athanagild folgte ihm auf den Thron und versuchte sofort, die Byzantiner aus Spanien zu vertreiben, allerdings ohne Erfolg. Seine Regierungszeit bis 568 ist in den Quellen leider nur schlecht dokumentiert, aber es wird klar, dass verschiedene Krisen, zum Beispiel finanzielle Schwierigkeiten, die sich an Münzen erkennen lassen, das Reich bis an den Rand des Zusammenbruchs trieben. Die Beziehungen zu den fränkischen Mächten verbesserten sich trotz der Hochzeiten von Athanagilds Töchtern mit den Herrschern von Neustrien und Austrasien keineswegs. Athanagilds Ruf wurde durch die spätere westgotische Überlieferung wahrscheinlich über Gebühr verschlechtert, aber es ist offensichtlich, dass er 568, also im gleichen Jahr, als die Langobarden in Italien eindrangen, ein geschwächtes Königreich hinterließ. Der neue König Liuwa wurde in Narbonne gewählt und bestimmte Septimanien als seinen Stützpunkt, vermutlich weil die Franken erneut Druck auf diese schutzloseste Provinz der Westgoten ausübten. Ein Jahr nach seiner Erhebung betraute Liuwa seinen Bruder Leowigild mit der Herrschaft über die spanischen Besitzungen, fast seine einzige bekannte Tat. Kurz darauf, spätestens im Jahr 537, starb Liuwa und das Königreich wurde unter Leowigild wiedervereint. Leowigild war der erfolgreichste der westgotischen Monarchen, obwohl er natürlich in einer nicht gerade herausragenden Reihe steht.

Mit der Herrschaft Leowigilds und seines Nachfolgers Reckared erreichte das westgotische Königreich den Höhepunkt seiner Macht. Glücklicherweise besitzen wir für einen großen Teil dieser Zeit eine hervorragende Quelle: Die Chronik des Johannes, eines zu dieser Zeit lebenden Katholiken aus Lusitania, der an einem unbekannten Ort ein Kloster namens Biclarum gründete und schließlich Bischof von Gerona wurde. Das Werk dieses kaum bekannten Mannes bietet die meisten Informationen über das westgotische Spanien und ist eines der allerersten Geschichtswerke, die von einem Gelehrten germanischer Abstammung in Europa verfasst wurden.

Eine der ersten Taten Leowigilds bestand in der Sicherung der Thronfolge. Seine beiden Söhne erhielten königliche Autorität, damit einer oder beide zu gegebener Zeit ihrem Vater auf den Thron folgen konnten. Diese Maßnahme war für einen Westgotenkönig ungewöhnlich vorausschauend und hätte eigentlich mehr Erfolg verdient als sie auf lange Sicht tatsächlich erzielte. Leowigild sah sich in den ersten Jahren seiner Herrschaft gezwungen, viel Zeit auf die Durchsetzung seines königlichen Machtanspruchs für das gesamte Westgotenreich zu verwenden, dessen Einheit durch Aufstände in mehreren Gebieten häufig geschwächt worden war. Er griff auch die byzantinische Provinz im Süden an. Die Invasion in oströmisches Gebiet brachte wenig ein und hat Leowigild möglicherweise davon überzeugt, dass die Byzantiner ein zu starker Gegner waren, wenigstens zu diesem Zeitpunkt. Auf jeden Fall griff er sie kein zweites Mal an. Seine erfolgreiche Wiedervereinigung des eigenen Königreichs hinterließ einen weit stärkeren Eindruck. Córdoba, das sich mehrere Jahrzehnte lang gegen eine Reihe von Königen aufgelehnt hatte, wurde nun zurückerobert und der Bauernaufstand in der Nähe der Stadt beendet. Revolten an der Nordwestgrenze in Kantabrien und Asturien beschäftigen Leowigild in den folgenden drei Jahren. Wohlhabende Landbesitzer, vermutlich spätrömischer Abkunft, standen hinter mindestens einer dieser Bewegungen, weil sie wahrscheinlich ihre Unabhängigkeit sowohl von Westgoten als auch von Sueben erreichen wollten. Sie wurden erbarmungslos niedergeworfen und mögliche Rebellen oder Gegner getötet oder verbannt. Leowigild wollte noch in seiner Regierungszeit das Reich der Sueben unter seine Herrschaft bringen. Die Grenze zu den Franken war zu dieser Zeit sicher, sodass die Westgoten erneut über den größten Teil Spaniens herrschten. Ihr König setzte diesem Erfolg ein Zeichen, indem er eine neue, nach seinem Sohn Reckared benannte Stadt am Tagus gründete – Reckopolis.

Doch obwohl Leowigild sein Königreich gegen Feinde von außen schützte und Gegner im Inneren niederwarf, sah er sich immer noch einer großen Bedrohung in seiner eigenen Familie gegenüber. Den Anstoß gab der Konflikt zwischen dem unverwüstlichen Arianismus der Westgoten und dem katholischen Glauben ihrer Nachbarn im Norden, den Franken. Leowigilds älterer Sohn Hermenegild war mit der südlichen Provinz Baetica betraut worden, vermutlich um sie gegen Übergriffe der Byzantiner zu schützen. Hermenegild war mit der jungen Frankenprinzessin Ingundis verheiratet, einer Katholikin, die eisern den brutalen Versuchen widerstand, sie zum Arianismus zu bekehren. In Sevilla tat sie sich mit einem Mönch namens Leander zusammen (ein Bruder von Isidor und späterer Bischof von Sevilla), um ihren Mann zu überreden, zur katholischen Kirche überzutreten. Schließlich hatten die beiden Erfolg, was zwar nicht gerade einer Rebellion gegen Leowigild gleichkam, aber auf jeden Fall für Spannungen zwischen Vater und Sohn sorgte. Als Hermenegild sich weigerte, mit seinem Vater zu verhandeln und stattdessen ein Bündnis mit den Byzantinern schloss, ging wieder ein Riss durch das Königreich, das erneut mit sich selbst im Krieg lag. Hermenegild rief sich 579 in Sevilla selbst zum König aus und begann mit einer eigenen Münzprägung. Das Gebiet, das er beherrschte, lässt sich nur schwer abgrenzen, aber Córdoba, Sevilla und Mérida gehörten dazu und damit ein großer Teil von Baetica und der Südteil von Lusitania. Toledo blieb aber weiterhin bei Leowigild. Obwohl Hermenegild sich mit den Byzantinern verbündet hatte, scheint er sie nicht in den Konflikt mit hinein gezogen zu haben. Eine Gesandtschaft zu dem Burgunderkönig Guntram im Jahr 580 zog ebenfalls keinen militärischen Beistand nach sich. Auch ein Bündnis mit den Sueben vergrößerte seine Streitmacht nicht. Für einen Rebellen, der in den reichsten Gebieten Spaniens herrschte, und mit mehr als einem potenziellen Verbündeten rechnen konnte, ist es merkwürdig, dass Hermenegild zögerte, die Initiative zu ergreifen. Auch als Leowigild mit einem Feldzug gegen die Basken im Jahr 582 beschäftigt war, nutzte sein Sohn die Gelegenheit nicht, um in sein Gebiet einzufallen oder dessen Hauptstadt Toledo zu belagern.

Schließlich führte Leowigild den entscheidenden Schlag, nachdem er gegen die Basken erfolgreich gekämpft hatte. Im Jahr 582 rückte sein Heer nach Süden vor und eroberte Mérida. Im folgenden Jahr belagerte er Sevilla, noch immer die Residenz Hermenegilds. Die Ankunft einer suebischen Armee unter ihrem König Miro konnte den Belagerten nicht helfen, weil Leowigild sie umgehend besiegte und sie zwang, sich mit ihm zu verbünden. Sevilla blieb auch im folgenden Winter im Belagerungszustand. Leowigild zog die Schraube enger, indem er die alte Stadt Italica in der Nähe eroberte und deren bröckelnde Verteidungsanlagen wieder herstellte. Sevilla fiel im Sommer 538 und obwohl Hermenegild von dort fliehen konnte, wurde er kurz darauf in Córdoba gefangen. Zuerst verschonte ihn sein Vater, aber im Jahr 585 wurde er vermutlich auf Leowigilds Anweisung hin getötet, während er sich im inneren Exil in Tarragona befand. Bis zum Ende hatte er am katholischen Glauben festgehalten, wie auch seine Frau Ingundis. Sie war in die byzantinische Provinz geflohen und befand sich gerade auf dem Weg nach Konstantinopel, als sie in Afrika starb. Der arianische König hatte diesen Kampf gewonnen, aber der Triumph des Katholizismus war nicht mehr aufzuhalten.

Eine Eroberung, nämlich die des Suebenreichs, stand noch aus, doch sie wurde schließlich verhältnismäßig leicht erreicht. Leowigild genoss nun ein höheres Ansehen als alle seine Vorgänger und sein Sohn Reckared folgte ihm 586 unangefochten auf den Thron. Innerhalb eines Jahres wurde der neue König zum katholischen Glauben bekehrt und versammelte die arianischen Bischöfe und Kirchenmänner in Toledo, um sie zu ermahnen seinem Beispiel zu folgen. Manche leisteten aber Widerstand und in Lusitania und Septimania brachen arianische Aufstände aus. Nach Reckareds Tod im Jahr 601 folgte ein Jahrzehnt innerer Konflikte, die schließlich durch den Sieg der westgotischen Katholiken und die Machtübernahme ihres Königs Sisebut gelöst wurden. Damit hatte nicht nur die katholische Kirche gesiegt, sondern auch die römische Tradition, welche die westgotischen Monarchen schließlich im frühen siebten Jahrhundert für sich einnahm – eine Tradition, die dem Werk und Einfluss einer bemerkenswerten Gruppe von Gelehrten und Kirchenmännern sehr viel verdankte. Der Aufstieg Sevillas zum kulturellen Zentrum Spaniens ging einher mit der Erhebung Toledos zur politischen Hauptstadt und hatte mit den Taten zweier aufeinander folgender Bischöfe zu tun – der Brüder Leander und Isidor. Leanders Wirken führte schließlich zum endgültigen Triumph des Katholizismus in Spanien. Isidors Schriften und Lehren über Theologie und Geschichte waren sowohl für den Klerus als auch für die Könige Anleitung und Information. Obwohl er heute hauptsächlich als Bewahrer des klassischen Wissens bekannt ist, war der Einfluss Isidors auf seine eigene Zeit eher politischer Natur, nicht zuletzt während der Herrschaft von Sisebut, des romanisiertesten und gebildetsten der germanischen Könige. Seit Isidor konnten sich die westgotischen Könige an die Kirche wenden, um Hilfe bei nichtkirchlichen Fragen zu finden, wenn auch der

Adel seinen Einfluss auf alle säkularen Angelegenheiten behielt. Das patriotische Vertrauen auf die Zukunft des Königreichs wurde durch den Umzug des kirchlichen Hauptsitzes nach Toledo verstärkt. Diese Phase der westgotischen Macht in Spanien betrachtete man im Mittelalter als das ideale Königreich.

Die Funde aus Gräberfeldern, die zu den Untersuchungen über die Völkerwanderungszeit in anderen Teilen Europas so entscheidend beitragen, sind in Spanien weder weit verbreitet, noch lassen sich aus ihnen viele Informationen ableiten[6]. Die Bestattungssitten der Völker, die sich auf der Halbinsel niederließen, sahen keine großzügigen Grabbeigaben vor, sodass die Datierung und die Affinitäten der materiellen Kultur viel schwieriger zu bestimmen sind. Ungefähr achtzig Gräberfelder, die wir der Zeit der westgotischen Besiedlung zuordnen können, sind bekannt. Gerade die Hälfte davon wurde sorgfältig untersucht und nur eine Handvoll wurde in verwertbarem Umfang ausgegraben. Im Großen und Ganzen enthalten die Gräber wenige Objekte, sodass sogar das Wissen über die Grundlagen der materiellen Kultur sehr beschränkt ist. Ein weiteres grundlegendes Problem betrifft die Gräberfelder, die üblicherweise als „westgotisch" bezeichnet werden. Der größte Teil von ihnen liegt in Kastilien zwischen dem Ebro und dem Oberlauf des Tagus (Tajo); verstreute Funde kommen zwischen dem Tajo und den Pyrenäen sowie entlang der Mittelmeerküste vor. Diese Verteilung entspricht nicht den politischen Tatsachen im westgotischen Spanien. Man kann sie daher glaubhafter mit unterschiedlichen Begräbnissitten erklären. Im Süden, in der alten Provinz Baetica zum Beispiel, könnte das immer noch starke spätrömische kulturelle Substrat die Erklärung dafür liefern, dass wir dort keine barbarischen Gräberfelder finden. In mehreren Gegenden Spaniens sind Körperbestattungen ohne Grabbeigabe bezeugt, von denen wir eine beträchtliche Anzahl der Zeit seit dem fünften Jahrhundert zuordnen können. Darunter könnten sich sehr wohl auch Gräber von Westgoten oder anderen germanischen Siedlern finden. In diesem Zusammenhang ist es interessant, dass die meisten der bekannten „westgotischen" Gräberfelder nach dem späten sechsten Jahrhundert nicht mehr benutzt wurden oder zumindest keine datierfähigen Grabbeigaben enthalten.

6 H. Zeiss, *Die Grabfunde aus dem spanischen Westgotenreich*, Berlin 1934; W. Hübener, „Zur Chronologie der westgotenzeitlichen Grabfunde in Spanien" in: *Madrider Mitteilungen* 11, 1970, S. 187

Westgotische und andere Gräberfelder des fünften und sechsten Jahrhunderts sind in Septimanien kaum bezeugt. Im Hérault liegen die bekannten Funde in den Talebenen; im Hügelland sind nur sehr wenige bekannt. In der Aude liegen sie hauptsächlich zwischen Carcassonne und Castelnaudary, auch hier an Flussterassen. Material aus dem fünften Jahrhundert kommt besonders selten vor. Die datierbaren Gräber stammen zum Großteil aus dem sechsten, wenige aus dem frühen siebten Jahrhundert. Das größte ausgegrabene Gräberfeld ist das Reihengräberfeld in Estagel bei Perpignan im Departement Pyrénées Orientales. Einige Steinkistengräber enthalten gotische Fibeln, kleine, schmucklose Gürtelschnallen, die von jedermann hergestellt und getragen worden sein könnten. Das andere Material ist einfach, unauffällig und es ist geradezu unmöglich, es einer bestimmten ethnischen Gruppe zuzuschreiben. Zwei Gürtelplatten mit *Cloisonné*-Verzierung sind aber eindeutig germanisch und zeigen eine gewisse Ähnlichkeit mit fränkischen Arbeiten. Waffen waren selten, aber Teile von Schwertscheiden weisen darauf hin, dass sie in einigen Gräbern vorhanden waren.

Die Königsgräber der Westgoten wurden bis jetzt noch nicht untersucht, aber die Schätze von Guarrazar und Torredonjimeno bieten Einblicke in die prächtige Ausstattung der Herrscher des siebten Jahrhunderts. Der Schatz von Guarrazar, der sich heute in Paris und Madrid befindet, wurde wahrscheinlich während des Arabereinfalls 711 auf einem Landgut in der Erde vergraben, wo ihn ein Pflug im 19. Jahrhundert wieder ans Tageslicht brachte. Der Großteil des Schatzes bestand aus einer Gruppe von elf Goldkronen (neun davon sind erhalten) mit Ketten, und in drei Fällen mit den Namen von Königen, deren Einzelbuchstaben an den Unterkanten hängen. Offenkundig handelte es sich um Votivobjekte, die nicht für den Gebrauch im Hofzeremoniell bestimmt waren. Alle sind reich mit Achaten, Saphiren, Perlen und Kristallen verziert und das Gold selbst ist kunstvoll graviert. Die drei genannten Personen sind Reckaswinth, Swinthila und Sonnica. Der Fund ist Teil des königlichen Schatzes aus dem späten sechsten und siebten Jahrhundert. Viele Stücke in diesem Schatz erinnern an die byzantinische Hofkunst und das komplizierte Zeremoniell, dem diese Kunst diente. Die Abhängigkeit von oströmischen Vorstellungen über Königswürde offenbart sich auch in den westgotischen Münzen. Auf ihren Münzporträts tragen Leowigild eine Kaiserrobe und -fibel, Reckaswinth ein Diadem und Wamba wird mit einem Kreuz und einem Zepter gezeigt. Fast alle Symbole kaiserlicher Macht finden sich hier.

Die größeren spanischen Städte wurden nur selten unter dem Aspekt ihrer nachrömischen Geschichte untersucht. Eine Ausnahme stellte Mérida dar, ein den schriftlichen Zeugnissen zufolge lebhafter Ort im fünften und sechsten Jahrhundert. Archäologisch wurde er mehr als nur oberflächlich untersucht. Man stellte fest, dass das Zentrum von Mérida weiterhin genutzt wurde, obwohl man einige der alten römischen Gebäude ihrem früheren Zweck entfremdet oder völlig ersetzt hatte. Eine Marienkirche, eine Taufkapelle des Heiligen Johannes und der Bischofspalast wurden im sechsten Jahrhundert auf dem Forum neu errichtet; die Basilika wurde aber weiterhin genutzt. Noch erstaunlicher ist, dass ein heidnischer Tempel auf demselben öffentlichen Platz stehen blieb, obwohl man den Zweck seiner Verwendung nicht kennt. Offensichtlich wurde er jedoch nicht in eine Kirche umgewandelt. Die *Viten* der Väter von Mérida erwähnen weitere Bauaktivitäten für das späte sechste Jahrhundert. Dies erinnert uns daran, nicht vorschnell davon auszugehen, dass städtische Gemeinschaften zu dieser Zeit nur auf renovierte römische Gebäude zurückgriffen. Wir brauchen dringend Informationen über die ehemaligen Stadtzentren von Sevilla und Córdoba und natürlich von Toledo. In Mérida wurden nicht nur neue Gebäude errichtet, sondern hier arbeiteten auch Bildhauer in einer von den sichtbaren Überresten der römischen Vergangenheit inspirierten Tradition.

Barcelona, das mehrere westgotische Könige, unter anderem Athaulf, Eurich und Amalarich als Stützpunkt nutzten, wurde später von den südlichen Städten an Bedeutung übertroffen, blieb aber ein größeres Machtzentrum im Nordosten Spaniens. Der nordöstliche Teil der befestigten Stadt umfasste die wichtigsten Gebäude, die in der westgotischen Zeit genutzt wurden. Hier lagen die Basilika und die Taufkapelle (teilweise unter der heutigen Kathedrale) sowie der Palast unterhalb der späteren königlichen Residenz. Der Bezirk des römischen Forums wurde offensichtlich zugunsten dieses neuen Zentrums verlassen. Die Abwendung von römischen Sitten zeigte sich noch zusätzlich dadurch, dass man schon im frühen siebten Jahrhundert Friedhöfe innerhalb der Stadtmauern anlegte. Von da an glich Barcelona eher einer Festung als einer großen Stadt und blieb es noch bis lange nach der moslemischen Eroberung im frühen achten Jahrhundert.

Es erscheint höchst unwahrscheinlich, dass die frühen westgotischen Könige viel Sorgfalt darauf verwandten, größere Gebäude instand zu setzen oder neu aufzubauen. Aber ein Bauwerk beweist, dass ein solches Projekt sehr wohl von den Handwerkern der damaligen Zeit ausgeführt werden konnte. Die große Brücke über die Guadiana in Mérida von fast 800 Metern Länge wurde auf Eurichs Anweisung im Jahre 483 wieder hergestellt, wie auf einer Inschrift verewigt ist, die heute nicht mehr existiert, aber in einem Manuskript des neunten Jahrhunderts beschrieben wird. Andere größere Gebäude könnten in Stand gesetzt worden sein, ohne dass man dies in gleicher Form dokumentierte. Kirchengebäude sind im westgotischen Spanien vor dem siebten Jahrhundert nicht mit Sicherheit bekannt. Die früheste datierbare Kirche ist die von San Juan de Baños (Provinz Palencia), deren Weihinschrift die Erbauung in die Regierungszeit von Reckaswinth auf das Jahr 661 festlegt. Es handelt sich um eine kleine abgeteilte Basilika von weniger als 20 Metern Länge mit einem eingeschlossenen Allerheiligsten, einem Portal über dem Eingang und ursprünglich zwei Räumen am östlichen Ende eines jeden Schiffs. Schmückende Elemente tauchten im Kircheninneren kaum auf. Sie beschränkten sich auf schmale Friese mit Kerbschnittornamenten, vor allem an den Fenstern und der Tür. Das auffälligste ist die Verwendung von feinbehauenen großen Mauerblöcken ohne Mörtel. Diese finden sich nicht nur in San Juan de Baños, sondern auch in einer Anzahl weiterer Kirchen aus dem siebten Jahrhundert in Nord- und Zentralspanien. Die beeindruckendste ist San Pedro de la Nave im Eslatal (Provinz Zamora), die 1930 abgebaut und an eine neue Stelle verlegt wurde. Es handelt sich um ein kreuzförmiges Gebäude; die Hauptbasilika wird von einander gegenüberliegenden quadratischen Räumen auf den langen Seiten flankiert. Einen wirklich kreuzförmigen Grundriss weist die Mausoleumskapelle in San Fructuoso de Montelios in Braga auf, die zu Lebzeiten des heiligen Fructuoso Mitte des siebten Jahrhunderts erbaut wurde. Hier wird das Gewölbe in der Mitte von drei runden gewölbten Räumen und einem Portal auf der Westseite ergänzt. Andere kreuzförmige Kirchen wie Santa Comba de Bande (Provinz Orense) und San Pedro de la Mata sind vielleicht Überbleibsel von Klöstern, von denen sonst alle anderen Spuren verschwunden sind. Die Möglichkeit, dass größere Kirchen im siebten Jahrhundert existierten, wird durch die erhalten Krypta von San Antolín in der Kathedrale von Palencia angedeutet. Von ihrer Bauweise her ähnelt sie den bekannten Gebäuden des siebten Jahrhunderts und vielleicht ist sie der Überrest einer früheren Kathedrale.

Es gibt keinen Grund anzunehmen, dass diese kunstfertig gebauten Kirchen eine Fortsetzung oder eine Wiederbelebung der spanisch-römischen Techniken darstellen. Es spricht vieles dafür, dass Handwerker von außerhalb Spaniens diesen plötzlichen Fortschritt in der Konstruktion von Mauergebäuden bewirkten. Eine offensichtliche Quelle für solche Fachkenntnis ist Nordafrika. Die Grundrisse der spanischen Kirchen könnten ein Hinweis auf diese Verbindung sein. Man sollte auch die Möglichkeit eines byzantinischen Einflusses aus Südspanien in Betracht ziehen, wie er in der Bildhauerkunst dieser Zeit erkennbar ist.

Insgesamt mehr als 2000 Ortsnamen germanischen Ursprungs sind in Spanien bekannt. Die meisten müssen wir den westgotischen Siedlern zuschreiben und nur wenige den Alanen und Sueben. Auch die Personennamen wurden von den germanischen Siedlern beeinflusst. Namen wie Alfonso, Fernando, Gonzalo, Elvira und Rodrigo sind alle germanischen Ursprungs. Andere Eigennamen erscheinen in Ortsbezeichnungen wie Bamba (Wamba), Guitiza (Witiza), Castro Adalsindo (Adalsindus) und Castelladral (Aderaldus). Im Spanischen kommen Alltagswörter mit germanischer Wurzel seltener vor als man eigentlich erwarten könnte, aber sie beschränken sich nicht nur auf weltliche Aufgaben und Objekte, wie manchmal behauptet wurde. Auch gesellschaftliche Beziehungen, menschliche Gefühle und Kriegsführung finden sich im linguistischen Erbe der Westgoten häufig. Bei dem heutigen Spanisch handelt es sich im Grunde trotzdem um das gesprochene Latein der alten römischen Provinz Hispania in modernisierter Form. Dreihundert Jahre westgotische Herrschaft konnten daran nichts ändern, was vor allem daran liegt, dass innerhalb der spanisch-römischen Bevölkerung nur wenige Westgoten lebten. Im sechsten Jahrhundert sprachen wahrscheinlich nur 100 000 bis 200 000 Personen in einer Gesamtbevölkerung von mehreren Millionen Germanisch (einige Forscher schätzten sie auf bis zu zehn Millionen).

Die erneute byzantinische Besetzung eines Teils von Südspanien gehört zu den halb vergessenen Episoden des frühmittelalterlichen Europa, die selbst von byzantinischen Schreibern nur kurz gestreift wurde. Die Größe des Territoriums, das die oströmische Armee zu erobern vermochte, ist umstritten, aber die einzige antike Quelle, der *Synecdemus* von Hierokles, nennt nur sechs Städte und erwähnt noch eine weitere in der westlichen Präfektur – Córdoba, Asidonia, Basti, Carthago Spartaria, Málaga und Segontia. Diese Liste liefert keinen Hinweis darauf, dass sich das byzantinische Hispania bis nach Südportugal und Kantabrien erstreckt hätte, noch dass die östlichen Küstenländer nördlich von Carthago Nova dazugehörten. Im Wesentlichen umfasste es den östlichen Teil von Baetica und die Südküste bis Gibraltar im Westen; im Landesinnern war der römische Einfluss sogar in den großen Zentren gefährdet. Córdoba ging 572 an die Westgoten verloren und sogar Cartagena an der Ostküste sah sich 589 zur Errichtung neuer Verteidigungsanlagen gezwungen. Die gesamte Episode der byzantinischen Besatzung war nach 75 Jahren vorüber. Man könnte sie für unbedeutend halten, wenn wir nicht zunehmend deutliche Hinweise auf kulturelle, künstlerische und kirchliche Einflüsse aus dem Süden besäßen, die nicht nur die westgotische Hauptstadt Toledo erreichten, sondern auch weiter nördlich gelegene Zentren – besonders im späten sechsten und frühen siebten Jahrhundert.

Die Behandlung der Juden im westgotischen Reich des siebten Jahrhunderts unterschied sich sehr deutlich von der in anderen germanischen Reichen in Westeuropa, in denen die Verfolgung einer ethnischen Gruppe kaum bekannt war. Das westgotische Vorgehen gegen eine so große Bevölkerungsgruppe lässt sich nur durch den byzantinischen Einfluss erklären. Juden kamen in den südspanischen Städten sehr zahlreich vor und einige von ihnen hatten große Privatvermögen angehäuft, die Neid weckten. Nachdem das Königshaus zum Katholizismus konvertiert war, wurden die Juden zu Außenseitern, die aufgrund ihrer Religion vom Staat ausgeschlossen waren und deren Reichtum ihre Verfolgung für das königliche Schatzhaus zu einem einträglichen Geschäft machte. Schon 589 beim dritten Konzil von Toledo wurde die Taufe von Kindern aus Mischehen zwischen Juden und Christen untersagt, obwohl die wiederholten Erlasse und ähnliche Maßnahmen darauf hindeuten, dass diese Gesetzgebung keine Wirkung zeigte. Die Juden feierten natürlich weiterhin heimlich ihre Gottesdienste und erzogen ihre Familien in ihrem Glauben. Der Erlass von 638 sollte alle unbekehrten Juden aus Spanien vertreiben, aber sogar er verfehlte das Ziel, sie alle zu verjagen. Er konnte auch nicht die Notwendigkeit einer Gesetzgebung, die sie zu vorbildlichen Untertanen des Königs machen würde, umgehen. Die Bedingungen, unter denen die restlichen jüdischen Untertanen der Westgoten im siebten Jahrhundert lebten, verschlechterten sich ständig, bis die Mehrheit bereit war, die arabischen Invasoren im Jahre 711 als ihre Befreier zu empfangen.

Die Ostgoten

Nach der Zerstörung ihres Königreichs durch die Hunnen in den 370er Jahren liegt die Geschichte der Ostgoten über ein Jahrhundert lang völlig im Dunkeln. Die Mehrheit der greuthungischen Ostgoten war nach der katastrophalen Niederlage von 375 ihren hunnischen Herren gegenüber loyal und blieben es bis zum Zusammenbruch des Hunnenreichs nach Attilas Tod. In diesen Jahrzehnten vermischten sich die Völker nördlich der Donau sehr stark, sodass die politische und kulturelle Geschichte dieser Zeit verwirrend und komplex ist. Genaue Daten von Geschehnissen sind kaum bezeugt[7]. Wir wissen von Bevölkerungsbewegungen und davon, dass mehrere Gruppen versuchten, in die römischen Provinzen zu gelangen. Eine solche Schar unter der Führung der beiden *duces* Alatheus und Saphrax und einer Gruppe aus Goten, Hunnen und Alanen überquerte die Donaugrenze im Jahre 376 und griff zwei Jahre später entscheidend in die Schlacht bei Adrianopel ein. Später, im Jahr 380, wurden sie von Kaiser Gratian als Föderaten in Pannonien angesiedelt und leisteten eine Zeit lang treue Dienste. Andere Gotenscharen überquerten nach Adrianopel die Donau, aber ein großer Teil der Ostgoten blieb in Dakien unter hunnischer Herrschaft und erschien in Schlachten häufig an der Seite von Hunnen und Alanen. Einige ihrer Anführer errangen Machtpositionen unter hunnischen Herrschern, auch unter Attila selbst.

7 H. Wolfram, *History of the Goths*, S. 248–68

Ostgoten waren ebenfalls unter den Männern, die Attila 451 nach Gallien führte und die von drei Prinzen aus ihrem Königshaus befehligt wurden. Die Niederlage der Hunnen und ihrer Verbündeten in Gallien und der Tod Attilas im Jahr 453 führten zu einer größeren Machtverschiebung nördlich der Donau. Die hunnische Herrschaft in Pannonien endete sehr rasch in der Schlacht am Nedao, einem Nebenfluss der Save, im Jahr 454. Das Zentrum ihres Gebiets wurden von den Gepiden erobert, die auch einen Teil Dakiens unterwarfen. Die Rugier schoben sich in Unterösterreich in den Vordergrund und begannen die Provinz Noricum zu erobern, während die Heruler Mähren besetzten und ihre Macht bis an die Donau ausdehnten. Die Ostgoten selbst behielten einen Großteil Pannoniens und akzeptierten ihre Rolle als Föderaten im Gebiet zwischen Vindobona (Wien) und Sirmium (Belgrad). Aber ihre Herrschaft war unsicher und dauerte weniger als zwanzig Jahre. Die Bewohner bewirtschafteten ihr Land nicht effektiv und wurden immer abhängiger von Zuschüssen aus Konstantinopel. Außerdem gab es feindliche Nachbarn auf fast allen Seiten. Es schien, als ob dieser Teilstamm der Goten nicht mehr lange überleben würde.

8 W. Ensslin, *Theoderich der Große*

Der Anführer, unter dem die Ostgoten ihre besten Jahre erleben sollten, wurde um 451 geboren[8], als der Unterkönig Thiudimir von einer Konkubine, die möglicherweise selbst keine Gotin war, einen Sohn bekam. Er erhielt den gleichen Namen wie mehrere andere gotische Adlige dieser Zeit – Theoderich. Im Jahr 459 wurde der Junge als Geisel nach Konstantinopel geschickt und blieb bis zu seinem 18. Lebensjahr dort. Diese Erfahrung ließ ihn zu einem außergewöhnlichen Mann reifen: Theoderich erhielt nicht nur eine römische Erziehung, sondern er nahm auch griechisch-römische Kulturwerte in sich auf wie kein anderer Barbarenherrscher zuvor, da er am kaiserlichen Hof in einer privilegierten Position lebte. Andererseits wandte er sich aber auch nicht vom Kriegerethos seiner Vorfahren ab. Nach seiner Rückkehr von Konstantinopel übernahm er die Herrschaft über den östlichen Teil des ostgotischen Gebiets und errang sofort einen bedeutenden Sieg über die Sarmaten. Im nächsten Jahrzehnt stärkte er seinen Ruf als mächtiger und ehrgeiziger Herrscher und führte sein Volk als Föderaten in ein neues Gebiet an der unteren Donau in der alten Provinz Mösien, so nahe wie möglich an Konstantinopel selbst. Mösien war als Basis für einen Machtkampf sowohl gegen Ostrom als auch gegen andere Barbarengruppen an der unteren Donau gut geeignet. Der Unfalltod seines größten Rivalen unter den ostgotischen Anführern, Theoderich Strabo (der Schieler), eröffnete Theoderich fast freie Bahn. Im Jahre 484 wurde Flavius Theodericus zum Konsul in Konstantinopel gewählt und ermordete in diesem Jahr den in der Stadt lebenden Sohn des Theoderich Strabo. Theoderich stand nun unangefochten an der Spitze der Goten im Osten und besaß genügend Macht, um im Jahre 486 gegen Konstantinopel zu marschieren, die Außenbezirke der Stadt zu besetzen und die Wasserleitungen unter seine Kontrolle zu bringen. Doch der Reiz, im Westen ein eigenes Königreich zu errichten, war immer noch groß. Deshalb führte Theoderich mit der Unterstützung des oströmischen Kaisers oder sogar in dessen direktem Auftrag seine Soldaten erneut in diese Richtung.

Der Einmarsch der Ostgoten in Italien glich eher einer Völkerwanderung als einer Militärexpedition. Realistische Schätzungen beziffern die Menschenmenge auf 100 000 Personen, davon 20 000 kämpfende Männer. Nicht alle Goten im Balkangebiet folgten Theoderich und nicht alle seine Gefolgsleute waren Goten: Wir hören von Rugiern und sogar Römern in seinem Heer, das nach der Ernte 488 aufbrach, entlang des Donautals marschierte und einen Versuch der Gepiden abwehrte, die Ostgoten aufzuhalten. Danach – es war nun Spätsommer 489 – wandten sie sich südwärts in Richtung auf das nordöstliche Italien. Im nächsten Jahr kämpften die Armeen Theoderichs und Odoakers um die Herrschaft in Norditalien. Die Ostgoten besiegten Odoaker zwar im Sommer 491 militärisch, konnten ihn aber schließlich erst nach zwei Jahren durch einen brutalen Mord während eines Banketts beseitigen. Theoderich war kein nachsichtiger Gegner. Er war nun der unangefochtene Herr Italiens und seine Armee erhob ihn zum König. Aber erst 497 erkannte ihn der Herrscher von Konstantinopel als Herrscher im römischen Westen an.

Das Königreich, an dessen Spitze Theoderich stand, war immer noch reich[9]. Der Überschuss, den das Land erwirtschaftete, floss in das Schatzhaus von Ravenna und reichte neben sonstigen Ausgaben auch für Bauprogramme. In Verona setzte Theoderich die städtischen Verteidigungsanlagen, das Aquädukt, die Bäder und einen Palast in Stand. Die königliche Residenz in Ravenna wurde mit einem neuen Palast und prächtigen Kirchen geschmückt. Diese Umgebung war nicht nur eines Barbarenkönigs, sondern auch eines Kaisers würdig. Selbst wenn das Medaillon von Senigallia Theoderich mit dem gestutzten Bart und dem Haarschopf des gotischen Kriegers darstellt, so ist sein Siegel doch das eines Kaisers: Seine linke Hand hält den von der Siegesgöttin Victoria gekrönten Reichsapfel, seine Rechte ist erhoben wie bei einer *adlocutio* (Ansprache). Aber auch wenn Theoderich wie ein Kaiser dargestellt wurde, so ähnelte seine verfassungsgemäße Position immer noch der eines germanischen Königs. Doch er war der König der gotischen Armee in Italien, nicht aber der König der Goten. Er war vom Kaiser zum römischen Bürger und Konsul ernannt worden und hatte das Amt eines *magister militum* inne, den höchsten militärischen Rang überhaupt. Sein Königreich bildete daher immer noch einen Teil des Römischen Reichs und Theoderich achtete sorgfältig darauf, dass Italien innerhalb des römischen Staatsverbandes verblieb, während er gleichzeitig keine Zweifel an der gotischen Macht im Westen aufkommen ließ. Die Römer erkannten die wahre Situation und nannten Theoderich anscheinend ohne Probleme *dominus* oder sogar *Augustus*. Der römische Senat wurde in Ehren gehalten. Es gab Getreideverteilungen und Spiele im Zirkus. Die hohen Beamten wurden vom König ernannt, aber die Macht des Kaisers, Konsuln und Senatoren einzusetzen, wurde weiterhin respektiert.

9 H. Wolfram, *History of the Goths*, S. 286–290

Wenn wir bedenken, dass die Ostgoten zwei Generationen lang über Italien herrschten, dann sind die Überbleibsel ihrer Anwesenheit auf der Halbinsel ausgesprochen dürftig. Dafür gibt es verschiedene Gründe: Wie bei den Westgoten in Spanien lagen die Hauptzentren ostgotischer Macht in schon lange bestehenden Römerstädten wie Ravenna, Mailand und Verona. Dort konnten die wichtigen städtischen Funktionen weiterhin ohne bedeutende Unterbrechung ausgeübt werden, oder zumindest ohne eine Unterbrechung, die Spuren in der Archäologie dieser Orte hinterlassen hätte. Außerhalb der großen Städte lassen sich die Siedlungen der Ostgoten nur nach genauen Untersuchungen und Ausgrabungen der spätrömischen Bauernsiedlungen orten. Mit dieser Arbeit wurde erst 1980 begonnen und die Ergebnisse für das fünfte und sechste Jahrhundert fallen bis jetzt mager aus. Selbst Gräberfelder eindeutig ostgotischen Ursprungs sind in Italien keineswegs häufig zu finden und die bekannten sind verhältnismäßig klein, zudem liefern sie kaum Erkenntnisse. Aufschlussreicher ist die Gesamt-

Adlerfibel in Gold mit Granat-cloisonné aus dem Schatz von Domagnano, Italien

Das Mausoleum Theoderichs des Großen in Ravenna

verteilung des ostgotischen Fundmaterials. Die meisten Gräber, Münzhorte und andere Objekte wurden in Nord- und Mittelitalien sowie in Dalmatien gefunden[10]. Nördlich der Alpen in Rätien und Noricum, beides Provinzen, die zum ostgotischen Reich gehörten, können nur sehr wenige Objekte mit ihrer Besiedlung in Verbindung gebracht werden. Innerhalb Italiens kennen wir keine gotischen Funde im Süden und nur sehr wenige südlich von Rom. Die Hauptfunde konzentrieren sich um Mailand und Pavia sowie Ancona an der Adriaküste. Dies zeigt die Bedeutung dieser Städte für die Herrschaft über die Halbinsel. Die wich-

10 V. Bierbrauer, *Die ostgotischen Grab- und Schatzfunde in Italien*, Spoleto 1975

tige Rolle Ravennas lässt sich hingegen aus seiner Umgebung nicht erschließen.

Abgesehen von Einzelgräbern und Gräberfeldern wird die Archäologie des ostgotischen Italien durch ein paar wenige Horte bestimmt. Der wichtigste wurde in Domagno in der Republik von San Marino gefunden. Die genaueren Begleitumstände der Niederlegung dieses prächtigen Schatzes sind unbekannt. Er könnte zu den Grabbeigaben eines führenden Ostgoten gehört haben oder ein geheimes Schmuckversteck sein. Das berühmteste Stück aus diesem Schatz ist eine Fibel in der stilisierten Form eines Adlers, aber der Schmuck ist insgesamt beispielhaft für die *Cloisonné*-Arbeiten mit Granat und Gold – eine Technik, die zu jener Zeit ihre Blüte erreichte. Die Adlerfibel ist ohne Frage eines der am feinsten gearbeiteten Schmuckstücke aus der Völkerwanderungszeit. Die Gestaltung ist einfach und die großartige Wirkung beruht auf dem Funkeln der Granatsteine, die in Folien aus vergoldetem Silber eingefügt sind und von winzigen quadratischen Elfenbeinstückchen im Schwanz und Lapislazuli-Elementen an den Flügelenden kontrastiert werden. Die anderen erhaltenen Stücke (nicht der ganze Schatz wurde geborgen) sind die Anhänger einer Halskette, ein Ohrring und eine Fibel in Form einer Biene. Die Adlerfibel wurde in derselben Werkstatt wie die übrigen Fundstücke hergestellt. Falls diese feine persönliche Schmucksammlung eine Grabbeigabe war, so muss es sich um das Grab einer adligen ostgotischen Dame, datierbar auf die Zeit um 500, gehandelt haben.

Als Theoderich im Jahr 526 starb, war das ostgotische Königreich immer noch eine große Macht und blieb es noch einige Jahre unter der Herrschaft seiner Tochter Amalaswintha und ihres kleinen Sohnes Athalarich. Doch nur zehn Jahre nach Theoderichs Tod war bereits eine byzantinische Armee in Italien eingefallen und hielt Rom besetzt. Justinian wollte Italien wieder unter römische Kontrolle bringen und benötigte nur einen Vorwand, den ihm der Machtverlust der Amalaswintha lieferte. In den nächsten 25 Jahren wurde Italien von einer Reihe schrecklicher, zerstörerischer Kriege heimgesucht, von denen Procopius in vielen Einzelheiten berichtet. Lange vor ihrem Ende war das Königreich, das Theoderich geschaffen hatte, zusammengebrochen, obwohl die Goten in Italien unter der Führung einer Reihe gotischer Krieger bis 552 weiterkämpften. Das Italien, über das Theoderich einst geherrscht hatte, war verwüstet und ein Großteil seines Volkes getötet, versklavt oder verbannt worden. Die Ostgoten existierten als Volk nicht mehr.

Sueben und Wandalen

Die Sueben

Das am wenigsten bekannte der germanischen Völker, die sich in Spanien niederließen, war das der Sueben (Suebi, Suevi, Sueves). Sie überquerten den zugefrorenen Rhein mit den Wandalen, Alanen und Burgundern in der letzten Nacht des Jahres 406. In den nächsten zweieinhalb Jahren verwüsteten sie und andere Barbaren weite Flächen Galliens und niemand gebot ihnen Einhalt. Im Spätsommer 409 überquerte eine große Gruppe von Sueben, Alanen und Wandalen die Pyrenäen nach Spanien, das von größeren Barbareneinfällen über ein Jahrhundert lang verschont geblieben war. Ein großes Gebiet in Nordspanien fiel sofort in ihre Hände und nur zwei Jahre später teilten verschiedene Gruppen von Eindringlingen die spanischen Provinzen untereinander „durch das Los" auf, wie der Chronist Hydatius berichtet. Anscheinend konnten sie nach ihrem Gutdünken verfahren, denn es gibt keinen Hinweis auf irgendeinen Vertrag mit Vertretern der römischen Regierung in Spanien noch auf ein Abkommen mit städtischen Behörden, falls diese überhaupt noch bestanden. Die alte Provinz Tarraconensis im Nordosten blieb im Wesentlichen in römischer Hand. Das reichste Gebiet, Baetica, südlich des Guadalquivir fiel an die Silingen, einen Zweig der Wandalen, während die Alanen erstaunlicherweise den Löwenanteil in Besitz nahmen: Lusitania im Westen und Carthaginiensis in der Mitte. Die Hasdingen, die andere Gruppe der Wandalen, und die Sueben erhielten die hügelige und weniger entwickelte Provinz Gallaecia im Nordwesten. Das Ganze erscheint auf den ersten Blick seltsam, selbst wenn man berücksichtigt, dass das Land durch das Los verteilt wurde. Hinsichtlich der wirtschaftlichen Nutzungsmöglichkeiten fiel die Einteilung nicht ganz gerecht aus. Zu dem riesigen Gebiet, das den Alanen zufiel, gehörte das unfruchtbare, teilweise geradezu wüstenähnliche Zentralplateau. Ihr bestes Land war die Ebene von Lusitania und der Küstenstreifen am Mittelmeer. Die Silingen erhielten die meisten römischen Teile Spaniens und die Städte Córdoba, Italica und Cádiz sowie die großen Mineralvorkommen in der Sierra Morena. Die Mineralgesteine von Galicien, insbesondere das Gold und Silber, trösteten die Hasdingen und Sueben, deren Anteil ansonsten ziemlich armselig ausgesehen hätte. Die Ereignisse direkt nach 411 weisen jedoch darauf hin, dass die Neuankömmlinge in Spanien mit ihrem Gewinn zufrieden waren. Nur selten hören wir von Konflikten zwischen den barbarischen Gruppen, die sich auf der Halbinsel niedergelassen hatten. Den größten Aufruhr verursachte die römische Regierung selbst, als sie im Jahre 416 die Westgoten gegen die Silingen ausspielte und sie in der Folge aufrieb. Das Ganze wirkte sich auch auf die Völker im Norden aus: Nachdem die Hasdingen die Sueben angegriffen hatten, weil sie ganz Galicien erobern wollten, zogen sie südwärts, um das Land einzunehmen, das kurz zuvor verlassen worden war. Die Sueben blieben also im Besitz von Galicien und behaupteten sich dort von da an weitgehend unberührt von den Ereignissen in der weiteren spanischen Welt. Wenn wir Isidor von Sevilla Glauben schenken, dass ein Teil Galiciens immer noch von der verbliebenen Provinzbevölkerung bewohnt war, lässt sich besser verstehen, warum die Sueben so lange nach ihrer Landnahme weiterhin Raub- und Plünderungszüge unternahmen. Ihre Hauptzentren lagen erstaunlicherweise in den wichtigen befestigten Städten im Nordwesten: Braga (Bracara Augusta), Astorga und Lugo. In Lugo lebten die Sueben sogar noch im Jahre 460 zusammen mit römischen Provinzbewohnern. In diesem Jahr an Ostern, als die Römer glaubten, die heiligen Tage garantierten ihre Sicherheit, überfielen die Sueben ihre Nachbarn und metzelten viele von ihnen nieder. Außerhalb der Städte sind suebische Siedlungen kaum bekannt, weder aus literarischen noch aus archäologischen Quellen. Größere Gräberfelder, die sich den Sueben sicher zuschreiben lassen, sind nicht bezeugt, und sogar Einzelfunde von germanischem Material kommen in Galicien selten vor. Kleine Mengen römischer Objekte gelangten immer noch hierher, insbesondere Münzen. Ein kleiner Hort von Goldmünzen, der bei Coalla in Asturias gefunden wurde, bestand aus neun Solidi und zwei Trientes. Vielleicht wurde er dort wegen der Ankunft der Sueben im Jahr 411 vergraben und danach nicht wieder gefunden. Nach diesem Datum kennen wir tatsächlich kaum Material, das die suebische Landnahme bezeugt. Das lässt sich wenigstens teilweise durch die Tatsache erklären, dass die Sueben keine große Germanengruppe darstellten. Die Schätzung auf etwa 25 000 Menschen mag zwar ziemlich niedrig liegen, aber diese Zahl ist durchaus denkbar. Eine Bevölkerung dieser Größe, die wie die Sueben zu einem großen Teil von Raubüberfällen auf ihre Nachbarn lebte und die ein in landwirtschaftlicher Hinsicht armes Gebiet bewohnte, kann in den archäologischen Zeugnissen sehr wohl fast unsichtbar bleiben.

Die Geschichte des suebischen Königreichs von 411 bis zu seinem Ende im Jahr 585 ist eine der am wenigsten erbaulichen Episoden in der Geschichte des frühmittelalterlichen Europa. Sie ist eine scheußliche Aneinanderreihung von Überfällen, Schlachten, zerstörten Städten und versklavten Gemeinschaften[1]. Die *Chronik* des Hydatius, unsere einzige bedeutende Quelle, wird nur von wenigen Lichtstrahlen der Hoffnung und Humanität erleuchtet. Von ihrer Basis im Hügelland aus konnten die Sueben weite Flächen Spaniens bedrohen. Im Jahr 439

1 E. A. Thomson, *Romans and Barbarians*, S. 161–187; R. Collins, *Early Medieval Spain*, S. 20–24

eroberten sie Mérida; Sevilla fiel 441 in ihre Hände, sodass sie die Herrschaft über die Verwaltungszentren von Lusitania und Baetica an sich brachten. Wenige Jahre später wandten sie sich nach Norden und zogen ins Ebrotal, eroberten Lérida und näherten sich dem Gebiet von Saragossa, obwohl sie in dieser Region nicht zu dauerhafter Macht gelangten. Diese Bewegungen wurden weder vom römischen Kaiser Avitus noch den Westgoten in Aquitanien gleichmütig hingenommen, die sich überreden ließen, in Spanien einzufallen und die Sueben anzugreifen. Im Jahr 456 besiegten die Goten mit Hilfe der Burgunder und Franken die Sueben auf dem Campus Paramus bei Astorga, griffen den Hauptort der Sueben, Braga, an und nahmen später ihren König Rechiarius gefangen und töteten ihn. Diese Niederlage setzte der suebischen Macht in Spanien außerhalb des Nordwestens ein Ende. Die Sueben raubten und plünderten zwar weiterhin, aber ihre kurze und grausame Herrschaft war vorüber. Einige Sueben lebten noch über ein Jahrhundert lang weiter in ihrer galicischen Festung, spielten aber in der weiteren spanischen Geschichte keine bedeutende Rolle mehr. Im Jahr 585 wurde ihr Königreich schließlich mit dem der Westgoten verschmolzen.

Über die innere Organisation des suebischen Reichs wissen wir so gut wie nichts. An seiner Spitze stand offenbar ein von allen Stammesangehörigen anerkannter König, obwohl auch andere Anführer Raubzüge in das Gebiet ihrer Nachbar leiten konnten. Suebische Herrscher wurden als so wichtig oder gefährlich eingeschätzt, dass Gesandtschaften aus Toulouse oder sogar aus Afrika zu ihnen kamen; falls aber überhaupt Verträge abgeschlossen wurden, so hielten sie nicht lange. Gelegentlich kam es zu Ehebündnissen zwischen westgotischen Familien und suebischen Königen, doch die Beziehungen zwischen diesen beiden Völkern verbesserten sich dadurch nicht erkennbar. Begriffe wie Staatskunst und Diplomatie lagen so weit außerhalb des suebischen Vorstellungswelt, dass sie diese Worte wohl kaum verstanden hätten. Vor ihrer verheerenden Niederlage von 456 prägten die Sueben eine Reihe goldener Tremisses (ein Drittel eines Solidus), die meisten von ihnen ahmten die Münzen von Kaiser Valentinian III. (425–455) nach. Das deutet darauf hin, dass sie vorhatten, sich an dem einfachen Wirtschaftssystem des von Germanen beherrschten Spanien zu beteiligen. Doch diese Prägungen gingen vermutlich um 460 allmählich zur Neige und wurden später nicht erneuert. Die Niederlage auf dem Campus Paramus zerstörte die Einheit der Sueben für eine beträchtliche Zeit. Nach 456 tauchte eine Reihe von Kriegsherren auf, die heute kaum mehr als Namen sind: Framtane, Rechimund, Frumarius und Remismund. Bis zur Mitte des sechsten Jahrhunderts war die Einheit wieder einigermaßen hergestellt, obwohl der König der Sueben damals nur über einen Teil Galiciens herrschte.

Die suebischen Anführer hatten den christlichen Glauben angenommen, aber wir wissen nicht, wer diesen zu ihnen brachte. Rechiarius war im Gegensatz zu seinen heidnischen Vorgängern Christ. Der Anlass für seinen überraschenden Glaubensübertritt ist ziemlich unergründlich. Er war der erste orthodoxe Katholik unter den im Reich angesiedelten germanischen Königen, doch wir wissen nicht, wie es dazu kam. Ein Suebenkönig erscheint nicht gerade als das naheliegendste Ziel für den missionarischen Eifer spanisch-römischer Priester. Solche Bestrebungen standen immer unter strenger Kontrolle, vor allem wenn es um Barbaren ging. Gelangte Rechiarius etwa durch einen persönlicheren Kontakt zum katholischen Glauben, vielleicht durch seine Ehefrau oder einen Gefährten? Wir wissen es nicht, aber wir können uns trotzdem ziemlich sicher sein, dass die Bekehrung von Rechiarius, wer sie auch immer herbeigeführt haben mag, nicht in einer breiten Annahme des Christentums bei seinem Volk resultierte. Hydatius hätte gewiss davon berichtet, wenn dies der Fall gewesen wäre. In der Tat hüllt er sich aber über die Religion der Sueben in beredtes Schweigen. Als die Sueben dann tatsächlich Christen wurden, traten sie zum arianischen Glauben über, mit dem sie um 465 bekannt gemacht wurden, und zwar durch einen Bischof mit dem ungewöhnlichen Namen Ajax, der offenbar Verbindungen nach Gallien hatte.

Die Wandalen

Das große Volk oder eigentlich die Ansammlung von Völkern, die als Wandalen bekannt sind (lat. Vandili oder Vandilii), bildete zu Beginn des Imperium Romanum eine der Hauptbevölkerungsgruppen in Ostgermanien. Ihr Gebiet lag in den weiten Ebenen und Hügeln zwischen Oder und Weichsel. Spätestens im vierten Jahrhundert bestanden zwei große Untergruppen der Wandalen, die Hasdingen und die Silingen, die jeweils ihr eigenes Herrscherhaus hatten. Weitreichende Veränderungen in der politischen Geografie der Gebiete nördlich der Donau im vierten Jahrhundert wirkten sich auf die Volksgemeinschaft der Wandalen deutlich aus. Letztendlich führten sie sie zu einer Wanderung weit in den Westen und schließlich ganz aus Europa hinaus.

Um 330 n. Chr. wurden die Hasdingen von den terwingischen Goten angegriffen, die aus dem Karpatenraum nach Westen zogen. Die Wandalen wurden verdrängt und versuchten, sich in der Provinz Pannonien anzusiedeln. Dies wurde möglicherweise einigen Gruppen gewährt, aber die meisten Hasdingen blieben in der Ebene der Theiß und ihre silingischen Verwandten weiter nördlich in Schlesien. Mehrere andere Bevölkerungsgruppen bewohnten diese Regionen und schlossen sich später der Wanderung der Wandalen nach Westen an. Dazu zählten die Quaden in der Slowakei und auch die Alanen, die von Osten her nach Pannonien gezogen waren, gute Reiter, die sich von der Masse der westasiatischen Steppennomaden getrennt hatten. Die Wandalen befanden sich also im späten vierten Jahrhundert mitten in einem Schmelztiegel von Völkern und Kulturen und die Lage wurde nach 370 durch den Zug der Hunnen nach Westen noch angespannter. In den letzten Jahren des vierten Jahrhunderts schloss sich eine große heterogene Gruppe zusammen und suchte im Westen nach einem sicheren Siedlungsplatz. Den Kern dieser zusammengewürfelten Horde bildeten Wandalen und Alanen, aber auch andere folgten ihnen, sogar römische Provinzbewohner aus Pannonien, die nichts zu verlieren hatten, weil sie nichts Schützenswertes besaßen. Viele der Hasdingen und Silingen blieben an der Theiß zurück und lebten ein halbes Jahrhundert später immer noch dort. Doch diese Völker errichteten keine stabilen Königreiche und spielten in der späteren Geschichte keine große Rolle.

Die Wanderung der Wandalen nach Westen begann um 400 n. Chr. Der Zug führte in die Provinz Rätien, wo Stilicho ein Heer für den Kampf gegen die gotischen Eindringlinge in Italien rekrutierte. Bei den wichtigen Schlachten im Jahr 402 in Pollentia und Cremona gegen Alarichs gotische Truppen spielten die Alanen eine bedeutende Rolle. Aber die Hauptgruppe der Migranten setzte ihre Wanderung westwärts zum Rhein fort und war im Spätjahr 406 in der Lage, sich den fränkischen Verbündeten Roms zu stellen und sie zu besiegen. Am Tag vor Neujahr 406/407 überquerte eine Schar von Wandalen, Alanen und anderen den zugefrorenen Rhein zwischen Mainz und Worms und drang tief nach Gallien ein. In den nächsten zwei Jahren befand sich der Großteil Galliens in ihrer Gewalt und sie richteten zweifellos überall große Zerstörungen an.

Nach der Massenüberquerung des Rheins Ende 406 drangen die Wandalen südwärts durch Gallien vor. Innerhalb von drei Jahren hatte ihre Hauptgruppe die Pyrenäen erreicht. Anfang Herbst 409 stürmten sie mit den Alanen und Sueben über die Gebirgspässe nach Spanien und stießen dort auf Länder, die zum Widerstand nur dürftig gerüstet waren. Nachdem sie zwei Jahre lang den Reichtum dieser Provinzen genossen hatten, siedelten sich die Hasdingen in Galicien und die Silingen in der südlichen Provinz Baetica an. Auf Veranlassung von Rom überfielen Wallia und seine Westgoten diese Siedler im Süden (vgl. S. 148) und drohten sie völlig auszulöschen. Aber im Jahr 419 oder 420 zogen die Hasdingen nach Süden, um sich ihren Brüdern anzuschließen und daraus entstand eine Art von vereintem Königreich in Andalusien. Wir wissen über diese wandalische Ansiedlung in Südspanien wenig und vielleicht gibt es auch nicht viel zu wissen. Wahrscheinlich handelte es sich einfach um ein Barbarenheer auf römischen Boden, das größtenteils vom Land und von dem lebte, was es aus den benachbarten Provinzen rauben konnte. Die vorhandenen Häfen erlaubten die Schifffahrt und im Gegensatz zu den anderen germanischen Eindringlingen im Reich erlernten die Wandalen die Seefahrt und Piraterie rasch. Im Jahr 426 waren sie kühn genug, Mauretanien und die Balearen zu überfallen. Zwei Jahre später befand sich der Hafen und der Flottenstützpunkt von Cartagena in ihren Händen. Als die reichlichen Ressourcen von Baetica allmählich zur Neige gingen, lockte auf der anderen Seite der Meerenge der Reichtum Afrikas. Weil sie von einer römischen Expedition nach Baetica im Jahr 422 bedroht und von dem *comes Africae,* Bonifatius, ermutigt wurden, mit seiner Unterstützung geschlossen nach Afrika überzusetzen, zogen die Wandalenführer Guntherich und sein unehelicher Bruder Geiserich (Gaiserich, Genserich) eine große Flotte zusammen. Es handelte sich um den größten einzelnen Zug von Germanen übers Meer, von dem wir wissen. Guntherich starb bei den Vorbereitungen plötzlich und Geiserich blieb als der alleinige Anführer des Unternehmens zurück. In ihm besaßen die Wandalen einen der fähigsten germanischen Anführer der Völkerwanderungszeit. Geiserich entwickelte auf militärischem Gebiet Geschick, war in politischer Hinsicht erbarmungslos und ein kluger Diplomat, sodass er alle übrigen Germanenkönige übertraf, die ihre Völker im fünften Jahrhundert ebenfalls in ein neues Territorium führten. Geiserich war nicht nur ein Kriegsherr von höchster Autorität, sondern nach seinem Tod sprach man von ihm als dem klügsten aller Männer. Nach seiner Eroberung Nordafrikas passten sich die Wandalen nicht so einfach der Provinzordnung an, wie es bei den meisten anderen Barbareneinfällen im fünften Jahrhundert der Fall gewesen war: Geiserich war versessener auf Beute als die meisten Germanenkönige und er war entschlossener, das Römische Reich zu besiegen. Er war überzeugter Arianer (nach einer Geschichte ein abtrünniger Katholik) und von abgrundtiefem Hass auf die katholische Kirche erfüllt. Kein Bischof, Priester und keine Kirche sollte während der wandalischen Invasion verschont bleiben.

Im Mai 428 versammelte sich die wandalische Volksgruppe und ihre alanischen Gefährten an der Meerenge von Gibraltar: angeblich 80 000 Personen, von denen etwa ein Viertel Waffen tragen konnte – also keineswegs eine Furcht erregende Armee, wenn man sie mit den Garnisonen der afrikanischen Provinz vergleicht. Aber diese Provinzarmeen waren seit Jahrhunderten nicht mehr mit einem gefährlichen Feind von außen zusammengetroffen und das Grenzsystem, das sie bewachten, erstreckte sich auf über 3000 Kilometer vom Atlantik bis zu Nil. Verstärkung aus Italien oder Sizilien war nicht zu erwarten, da die Flotte der Wandalen bereits einen Großteil des westlichen Mittelmeers beherrschte. Diese Schwächen der römischen Truppen können den schnellen Erfolg der Wandalen dennoch nicht vollständig erklären. Die Willenskraft der römischen Führung scheint wie gelähmt gewesen zu sein, als die Wandalen an der Küste bei Tanger landeten. Widerstand fegten die Wandalen rasch beiseite. Innerhalb von zwei Jahren hatten es nur drei kleinere Städte in der Küstenregion geschafft, den Eindringlingen standzuhalten: Carthago, Cirta und Hippo Regius. Es hatte den Wandalen bei ihrem Sturm nach Osten sehr geholfen, dass sie nicht viel Zeit auf Nahrungssuche verwenden mussten. Die ungeschützten Landgüter und Tausende von Gehöften an der Küste versorgten sie mit allem, was sie brauchten, sodass sie ihre Energie direkt gegen die Städte, Kirchen, Gräberfelder und Villen einsetzen konnten. Manches mag an den Schilderungen des grausamen Wütens der Wandalen, die über das friedliche Land stürmten, übertrieben sein, denn die Massaker und Plünderungen müssen in diesem reichen und friedlichen Land besonders schrecklich gewirkt haben. Aber es bestehen keine Zweifel an dem Schrecken und der Zerstörung, die das Wandalenheer hinterließ[2].

Die Eindringlinge hatten binnen zwei Jahren die weitgehende Kontrolle über die mauretanischen Provinzen und Numidien erlangt. Unter diesen Umständen war Roms Angebot eines *foedus* das Beste, was zu tun war, aber das reichte Geiserich noch lange nicht. Er visierte die alte und reiche Provinz Africa Proconsularis mit ihren Getreidefeldern und reichen Villen als nächstes Ziel an, auch wenn ihm dies das *foedus* von 435 verbot. Carthago fiel im Jahr 439 erstaunlich leicht an die Wandalen, was ihnen einen hervorragenden Stützpunkt für Seeeinsätze im westlichen Mittelmeer einbrachte. Im Jahr 440 landete eine Wandalentruppe auf Sizilien und bedrohte Italien. Erneut wurde Geiserich mit einem Vertrag gekauft. Aber die Möglichkeit, im Mittelmeer weite Raubzüge von Spanien bis Griechenland zu unternehmen, war zu verlockend. Im Jahre 455 wurden Spanien und Italien überfallen und Rom selbst ausgeplündert. In den nordafrikanischen Provinzen beschlagnahmten die Wandalen natürlich viel römisches Land und anderen Besitz. Doch konnten viele römische Eigentümer ihre Güter auch behalten, während einige Wandalen der angenehme Lebensstil auf einem Landgut so sehr reizte, dass sie das Verhalten und die Vorlieben ihrer römischen Nachbarn übernahmen. Die meisten der wandalischen Siedler ließen sich nach 439 in der Gegend um Carthago nieder. Andere besetzten die fruchtbare Ebene um Cherchel und Tipasa und die weiten Gebiete um die große Felsenfestung von Constantine. Es gibt keine Archäologie des wandalischen Afrika und vermutlich wird dieses Thema auch in der Zukunft keine extensiven Ergebnisse erbringen. Bisher wurden nur wenige germanische Metallarbeiten in den Küstengebieten gefunden, aber sie verraten kaum etwas über die Menschen, die sie dort hinbrachten. Die prächtigen Gürtelgarnituren, die man in Ténès bei Cherchel gefunden hat, gehörten wahrscheinlich eher einem spätrömischen Offizier als einem Wandalen[3]. Die beste Möglichkeit, die wandalische Landnahme zu identifizieren, liegt wahrscheinlich in der Untersuchung der spätrömischen Schichten einer gut erhaltenen Küstenstadt, denn diese Gemeinden oder viele von ihnen überdauerten die

2 C. Courtois, *Les Vandales et L'Afrique*, Paris 1955, bietet den besten Überblick über das wandalische Afrika; vgl. auch H.-J. Diesner, *Der Untergang der römischen Herrschaft in Nordafrika*, Weimar 1964

3 J. Heurgon, *Le trésor de Ténès*, Paris 1958

wandalische Besatzungszeit in veränderter Form. In Cherchel umgaben das Forum nun Holzbuden anstelle prächtiger Kolonnaden. In Carthago wurden im sechsten Jahrhundert immer noch Häuser gebaut und in Tipasa und Hippo Regius wohnten nach 500 immer noch Menschen in den alten Städten. Doch überall in Afrika bestand eine tiefe, unüberbrückbare Kluft zwischen Wandalen und der Provinzbevölkerung. Die Wandalenherrschaft verlor während des einen Jahrhunderts ihres Bestehens nicht an Härte. Sie fasste im Land keine Wurzeln und als das Ende kam, kam es rasch. Im Jahr 533 fiel eine byzantinische Armee unter Belisar in Afrika ein und innerhalb nur weniger Monate war die wandalische Macht gestürzt. Sie hinterließ praktisch keine Spuren.

Franken, Alamannen und Burgunder

Die Franken: von Gallien zum Frankenreich

Obwohl die Franken nach der Mitte des dritten Jahrhunderts zum ersten Mal in den historischen Quellen auftauchen, ist es durchaus denkbar, dass diese neue Gruppierung ihren Ursprung ebenso wie die Alamannen schon im frühen dritten oder sogar späten zweiten Jahrhundert hat[1]. Der Name, der von der gleichen Wurzel wie das deutsche Wort *frech* abgeleitet ist, bedeutet ‚mutig‘ oder ‚unerschrocken‘. Es ist gut möglich, dass es Kriegerhorden zu ihrer Selbstbeschreibung verwendeten, denn die Franken stellten sich zu Beginn höchstwahrscheinlich nur als ein Haufen von Abenteurern dar, die sich zusammenschlossen, um die römische Grenze am Niederrhein anzugreifen, als innere Spannungen die Abwehrfähigkeit der römischen Truppen schwächten. Mehrere kleine Stämme besetzten das Gebiet zwischen Rhein, Weser und Nordsee. Einige von ihnen werden bereits in römischen Quellen des ersten Jahrhunderts erwähnt: die Brukterer, Ampsivarier, Chamaven und Chattuarier. Aus diesen Stämmen rekrutierten sich ohne Zweifel viele der frühen Franken, aber auch aus anderen kleinen Stämmen kamen wahrscheinlich Krieger oder wurden von römischen Schreibern unter diesen allgemeinen Bezeichnung mit erfasst, zum Beispiel die Chauken oder Friesen der Küstenländer im Norden. Die späteren Franken besaßen nur sehr vage Vorstellungen über ihre Herkunft und griffen auf den Mythos zurück, um ihrem Herrscherhaus den Anschein einer alten Abstammung zu verleihen. Auch die Archäologie bringt kein Licht ins Dunkel der Herkunft und frühen Geschichte der Franken, da im östlichen Niederrheingebiet keine klar abgrenzbare Volksgruppe mit bestimmten kulturellen Merkmalen zu erkennen ist. Das gilt auch noch für das vierte Jahrhundert, als die Franken gelegentlich Teile des Rheinlandes beherrschten. Sogar in der ersten Hälfte des fünften Jahrhunderts sind die Franken in den archäologischen Zeugnissen fast unsichtbar, obwohl diese Region gründlicher untersucht wurde als die meisten Teile Europas. Dies bringt uns zu der ernüchternden Einsicht, dass archäologisches Fundgut wichtige Episoden in der Veränderung von Bevölkerungsstrukturen nicht enthüllen kann.

Die militärische Stärke der Franken entwickelte sich nach der Mitte des dritten Jahrhunderts recht zügig. Gemeinsam mit den Alamannen und anderen drangen sie zwischen 250 und 275 ungehindert in Gallien ein, am verheerendsten von 274 bis 275, als Barbaren durch ganz Gallien stürmten. Die Franken stießen zu Wasser und zu Lande vor, überfielen

1 E. Zollner, *Geschichte der Franken;* P. Périn und L.-C. Feffer, *Les Francs,* 2 Bände, Paris 1987; E. James, *The Franks*

Die germanischen Königreiche in Gallien

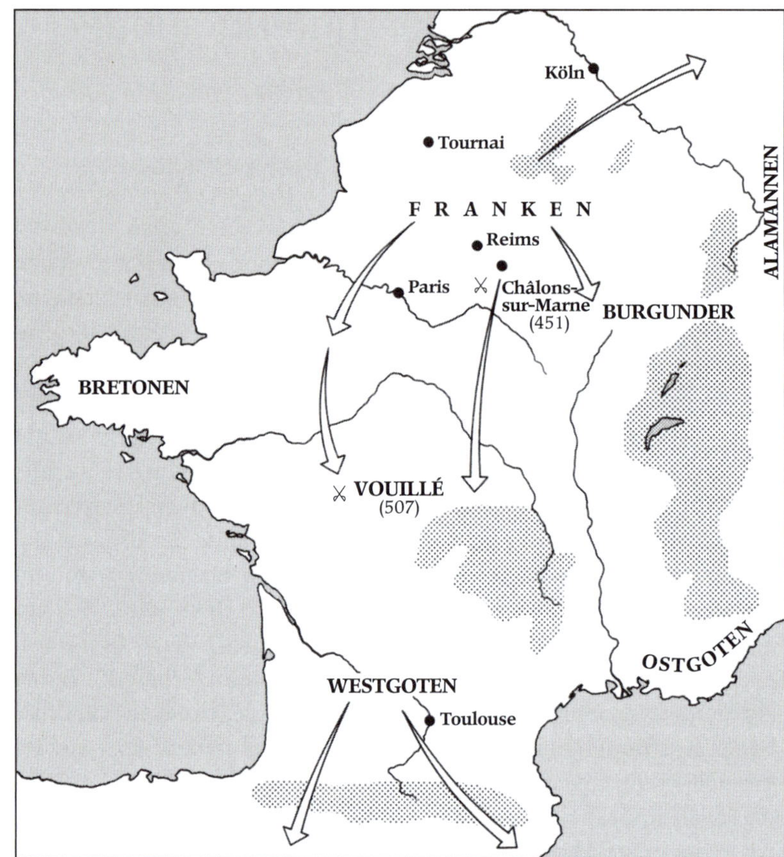

Kanalküsten und nutzten die Flussläufe, um weit im Landesinneren anzugreifen. Eine Quelle berichtet, dass sie in Ostspanien eindrangen und dort Schiffe an sich brachten, mit denen sie in Afrika einfielen. Diese Nachricht erscheint nicht unglaubhaft, vor allem falls bei den fränkischen Truppen auch Menschen von der Nordseeküste dienten. Die Wiederbelebung der römischen Militärstärke seit Diokletians Herrschaft (284 bis 205 n. Chr.) festigte die Rheingrenze gegen die Franken. Ende des dritten Jahrhunderts wurden Gruppen von besiegten Germanen in Nordgallien angesiedelt, um dort das Land zu bestellen und der römischen Armee nicht im Einzelnen festgelegte Dienste zu leisten. Diese Siedler, so genannte *laeti,* lebten im Römischen Reich auf einem sehr niedrigen Gesellschaftsstatus, da sie als Halbfreie an die Scholle gebunden waren, die sie bearbeiteten. Auf höherer Ebene konnten die Franken weit lohnendere Positionen im Reich erlangen. Die *notitia dignitatum* (eine Liste aus dem frühen fünften Jahrhundert über Militärkommandos und -posten) verzeichnet einige Frankenregimenter und manche hohen Offiziere in den Armeen des vierten Jahrhunderts waren gebürtige Franken oder Halbfranken (vgl. S. 59).

Die Grabstätten germanischer Krieger in Nordgallien, in denen mit Sicherheit auch Franken lagen, sind schon lange bekannt[2]. Diese Gräber stechen aus der Masse der gallisch-römischen Grabstätten des späten vierten und frühen fünften Jahrhunderts hervor. Sie enthalten Waffen und andere Gegenstände der Kriegsausrüstung sowie reiche Keramik-, Glas- und Bronzebeigaben. In Vermand und Monceau-le-Neuf liegen solche Gräber in großen Gräberfeldern mit Körperbestattungen, aber man findet sie auch in kleinen Kriegsgräberfeldern oder Einzelgräbern. Sie konzentrieren sich hauptsächlich auf das Gebiet zwischen Rhein und Seine, obwohl andere auch östlich des Rheins liegen. Die persönlichen Gegenstände, die sie enthalten, findet man ebenfalls in den nordischen Küstenländern. Einige Gräber befinden sich in der Nähe römischer Festungen wie Oudenburg und Gellep oder bei anderen römischen Zentren wie Köln. Das Gräberfeld von Kriegern und ihren Familien in Furfooz nahe bei einer Burg in den Ardennen könnte von einer kleinen Gruppe von Germanen stammen, die zum Schutz des Ortes und seiner Umgebung eingesetzt waren. Andere Gräber wie die in Vert-la-Cravelle und Abbeville-Hoblière liegen in ländlicher Umgebung und gehören wahrscheinlich zu spätrömischen Villengütern. Obwohl nicht alle diese Krieger Franken gewesen sein müssen, waren es wahrscheinlich viele. Ihre Anwesenheit erinnert daran, dass sich zu dieser Zeit die Provinzbevölkerung mit den Barbaren vermengte und so eine Mischkultur entstand, aus der sich ihrerseits die spätere Kultur der Franken entwickeln sollte.

2 H. Böhme, *Germanische Grabfunde des 4. bis 5. Jahrhunderts zwischen unterer Elbe und Loire*

Es bestehen zu dieser frühen Zeit noch keine Anzeichen einer geeinten fränkischen Macht. Wir hören zwar von Frankenkönigen, aber keiner von ihnen scheint erfolgreich oder lange regiert zu haben. Ehrgeizige Anführer hielten den Dienst für Rom wahrscheinlich für weit einträglicher. Die militärische Grenze am Niederrhein lag kurz nach 400, mit Sicherheit jedoch spätestens im Jahre 420 in Trümmern. In diesem Gebiet fiel zwischen 420 und 440 die Macht in die Hände fränkischer Führer, obwohl die römische Autorität in der Person des Aëtius immer noch präsent war. Er zog mehrmals gegen die Franken in Nordgallien, schloss Bündnisse mit ihnen und rekrutierte unter ihnen Hilfstruppen für Rom, so zum Beispiel gegen die Hunnen im Jahre 451. Ein bedeutender Sieg über die Franken bei dem *vicus* Helena bei Arras kurz nach 440 verdeutlicht, wie weit sich die Franken um die Mitte des Jahrhunderts nach Westen ausgebreitet hatten. Nach dem Sieg der Römer erhielt der Frankenkönig Chlodio den Föderatenstatus und die Römer überließen ihm die Region um Tornai, aus der er später eine wichtige Enklave fränkischer Macht schuf. Wahrscheinlich wiederholte sich dieser Vorgang so oder ähnlich auch anderswo, zum Beispiel im Rheinland und im Moseltal um Trier. Es ergibt sich also folgendes Bild: Unbedeutende Könige gründeten ihre eigenen Machtzentren und begannen später um die Oberherrschaft zu kämpfen. Das kleine Königreich Tournai machte zwischen 450 und 480 beträchtliche Fortschritte, zuerst unter Chlodio, dann unter Childerich. Letzterer hatte offensichtlich den Status eines Föderaten beibehalten, während er seinen Einfluss in Westgallien bis mindestens zum Somme-Tal ausdehnte. Der Inhalt seines Grabgewölbes (er starb 481/482) zeigt nicht nur seinen Reichtum, sondern auch sein Festhalten an einer im Grunde immer noch spätrömischen Machtstruktur. Sein Nachfolger Chlodwig (Chlodewech) oder Clovis verfolgte ein ehrgeizigeres Ziel.

Im Rheinland hinterließen die Franken im fünften Jahrhundert bemerkenswert wenig Spuren ihrer Anwesenheit. Möglicherweise waren sie nicht sehr zahlreich und neigten dazu, sich deshalb zunächst auf ziemlich begrenztem Raum zu sammeln. Man könnte erwarten, dass eines dieser Gebiete bei Köln lag, das einst die bedeutendste Stadt am Mittelrhein gewesen war und im vierten und frühen fünften Jahrhundert zum Ziel fränkischer Überfälle wurde. Köln besaß noch immer eine Stadtmauer und zumindest einige seiner größeren Gebäude ließen sich vermutlich noch nutzen. Und dennoch gibt es für eine fränkische Präsenz in Köln im fünften und frühen sechsten Jahrhundert kaum Anzeichen. Erst die Bestattungen adliger oder königlicher Personen im Nordostteil der Stadt aus dem sechsten Jahrhundert beweisen, dass in Köln auch Franken zur Bevölkerung zählten. Streufunde von fränkischen Metall- und Keramikarbeiten kommen innerhalb des befestigten Gebiets bis zum siebten Jahrhundert äußerst selten vor. Dieses dürftige Bild wird durch die Funde in der Umgebung der Stadt aber wieder etwas verändert. Fränkische Grabstätten des späten fünften Jahrhunderts sind an mehreren Stellen bekannt, zum Beispiel bei der römischen Villa von Köln-Müngersdorf. Es ist trotzdem erstaunlich, dass die neuen Herren Köln so wenig Aufmerksamkeit entgegenbrachten. Eine mögliche Erklärung ist, dass nur ein verhältnismäßig begrenzter Teil des Stadtgebiets von Franken bewohnt wurde und diese Stelle bisher noch nicht entdeckt worden ist.

An einer Fundstätte am Niederrhein lässt sich die Kontinuität zwischen der spätrömischen Bevölkerung und den nachfolgenden Franken ungewöhnlich klar erkennen. Es handelt sich dabei um das spätrömische oder fränkische Gräberfeld in Krefeld-Gellep, das in der Nähe der römischen Festung und des *vicus* (Dorf) Gelduba lag[3]. Die Körperbestattungen der spätrömischen Toten wurden hier bis ins fünfte Jahrhundert fortgesetzt. Ein großer Anteil der Gräber enthält überhaupt keine Beigaben. In einigen Gräbern aus der Zeit um 400 fanden sich die Überreste von Soldatengürteln, Messern und gelegentlich Waffen. Ein Objekt aus einem Grab des vierten Jahrhunderts, eine silberne, in blaues Glas gefasste und mit Granulationen verzierte Scheibenfibel ist ein germanisches Stück. Vielleicht gelangte es durch einen Barbaren von edler

3 R. Pirling, *Das römisch-fränkische Gräberfeld von Krefeld-Gellep*

Geburt an den Niederrhein. Wahrscheinlich waren zumindest einige der mit militärischen Grabbeigaben bestatteten Personen vom Ostufer des Rheins gekommen, um in spätrömischen Einheiten in Gelduba zu dienen. Während des fünften Jahrhunderts stieg die Zahl der Gräber, die nur fränkische Objekte enthielten, zunehmend an. Am Ende des fünften Jahrhunderts bestanden schließlich zwei getrennte Gräberfelder nebeneinander. Während dieser langen Zeit gab es fortwährend Bestattungen, also auch eine durchgehende Besiedlung. Im sechsten Jahrhundert erschienen Fürstengräber im Gräberfeld. Das früheste ist ein prächtig ausgestattetes Kriegergrab, dessen Ausrüstung unter anderem aus einem norditalienischen Spangenhelm, einer *spatha*, einem Schild, Wurfspießen, Messern, Sattelteilen und Zügeln bestand. Ein massiv goldener, mit üppiger Filigranarbeit verzierter Fingerring ist mit einem römischen Intaglio eingefasst. Die Fülle der Gold- und Granatarbeiten in diesem Grab kennzeichnet es als Ruhestätte eines einflussreichen fränkischen Anführers. Ein Solidus von Anasthasius I. (491–518) datiert das Grab sicher nach 500 und die anderen Objekte stammen alle aus der ersten Hälfte des sechsten Jahrhunderts. Ein weiteres großes Kammergrab, das einst von einem Grabhügel bedeckt wurde, enthielt die Überreste eines Karrens oder Grabwagens, eine Seltenheit in einem Grab aus der Völkerwanderungszeit. Ein drittes, ein Doppelgrab, stach besonders durch seine Waffen und Teile eines Schuppenpanzers hervor, ein noch seltenerer Fund im Westeuropa jener Zeit. Diese reichen Gräber sind, beginnend mit dem Jahr 525, fast während des gesamten sechsten Jahrhunderts zu finden. Sie weisen wahrscheinlich auf bedeutende Veränderungen in der politischen Struktur dieser niederrheinischen Region hin, die durch das Erscheinen einer beherrschenden Gruppe von Adligen, vielleicht einer einzelnen Familie, ausgelöst wurden. Nach 600 zeigen sich diese deutlichen sozialen Unterschiede im Gräberfeld nicht mehr, obwohl es bis ins achte Jahrhundert genutzt wurde.

Als Chlodwig 482 seinem Vater Childerich auf den Thron folgte, waren die Franken auf eine Anzahl getrennter Enklaven über Nordgallien vom Ärmelkanal bis zum Rhein verteilt. Als Chlodwig um 511 starb, war das fränkische Königreich vereint, beherrschte den größten Teil Galliens, war auf dem besten Weg, die stärkste germanische Macht im Westen zu werden und wurde von den anderen Großmächten dieser Zeit anerkannt. Chlodwigs lange Regierungszeit setzte sich aus einer Reihe von Eroberungen zusammen und nur bei wenigen handelte es sich um leicht errungene Siege. Der erste und wahrscheinlich einfachste war die Übernahme der letzten unabhängigen gallisch-römischen Enklave um Soissons. Das nächste Ziel, die Vereinigung der vielen fränkischen Kleinkönigreiche entlang des Rheins, erreichte Chlodwig kurz nach 490. Gegen die Thüringer westlich des Elbebeckens und die Alamannen am Oberrhein kämpfte er mit Waffengewalt. Seine Feldzüge gegen die

Thüringer blieben ergebnislos, aber er konnte die Alamannen nach Süden in Richtung der Alpen aus dem direkten Weg der Franken verdrängen. Der endgültige Sieg über die Alamannen gelang später im sechsten Jahrhundert. Der Kampf gegen die Burgunder war ein schwierigeres Unternehmen, aber Chlodwig errang gegen sie zunächst einen Erfolg und durfte sich bei seinem nächsten und wichtigsten Vorhaben auf ihren Beistand verlassen. Zwischen 490 und 500 hatten die Franken eine Zeit lang gegen die Westgoten im Südwesten gekämpft, allerdings ohne dauerhaften Erfolg. Die Beziehungen zwischen den beiden Königreichen blieben gespannt, bis Chlodwig im Jahr 507 in westgotisches Gebiet einfiel, in Vouillé bei Poitiers einen klaren Sieg errang und den westgotischen König Alarich II. tötete. Dieser Erfolg hatte eine Signalwirkung, welche die Aufmerksamkeit der Westgoten endgültig nach Spanien lenkte, aber er warnte auch Theoderich vor einer bedeutenden Machtverschiebung im Westen. Er schickte eine ostgotische Armee nach Südgallien, um seine westgotischen Verwandten zu unterstützen. Aber Chlodwig hatte zweifellos die beherrschende Gewalt über den größten Teil Galliens errungen. Das wiederum wirkte offenbar auf die Entscheidung des byzantinischen Kaisers Anastasius ein, sich Chlodwig anzunähern und ihn mit der Konsulswürde zu ehren. Nach Vouillé festigte Chlodwig rasch seine Position gegenüber den übrigen Frankenkönigen in Gallien, besonders im Rheinland, wo wir in den archäologischen Überresten Hinweise auf engere Beziehungen mit anderen fränkischen Regionen erkennen können. Als Chlodwig nach dreißigjähriger Regierungszeit 511 starb, bezweifelte niemand mehr, dass das Frankenreich die größte Macht in Westeuropa darstellte.

Die Archäologie der frühen Franken zeichnet sich durch eine bemerkenswerte Anzahl königlicher und adliger Gräber aus, die ein unschätzbares chronologisches Gerüst sowie außergewöhnliche Einsichten in die Vorlieben und kulturellen Anschauungen der fränkischen Adelsschicht bieten. Das früheste Königgrab wurde 1653 in Tournai gefunden. Seinen prächtigen Inhalt deutete nicht lange nach seiner Entdeckung Chiflet, ein Arzt aus Antwerpen, der seine Ergebnisse veröffentlichte[4] – ein glücklicher Umstand, weil die meisten Objekte aus der Kunstgalerie in Paris 1831 gestohlen und niemals wiedergefunden wurden. Ein Siegelring mit der Inschrift CHILDERICI REGIS lässt an der Identität des Toten keinen Zweifel und stellt so einen Fixpunkt in der Archäologie der frühen Franken dar. Der König war umgeben von einem Schatz aus Gold und anderen wertvollen Objekten: zwei große Schwerter in Scheiden, die mit Granatsteinen besetzt waren, goldene Schnallen und Gürtelfassungen, ein goldener Halsring, eine Armbrust-Fibel, 100 Goldmünzen und doppelt so viele Silberstücke. Am auffälligsten sind wahrscheinlich die 300 goldenen Bienen als Symbole des ewigen Lebens, die anscheinend auf einem reichen Brokatumhang auf-

4 J. J. Chiflet, *Anastasis Childerici I Francorum Regis ...*, Antwerpen 1655; M. Kazanski und P. Périn, „Le mobilier funéraire de la tombe de Childéric Ier", in: *Revue Archéologique de Picardie*, 3–4, 1988, S. 13

genäht waren, was sehr an die römische Kaiserwürde erinnert. Die römischen Anklänge sind in diesem Grab unverkennbar, und dennoch waren Childerich und sein Sohn Chlodwig die Herren eben jenes Volkes, das die letzten Spuren der römischen Macht im Westen beseitigte. Einige sehr prächtig ausgestattete Gräber befinden sich im Rheinland, die allesamt aus dem sechsten und frühen siebten Jahrhundert stammen und deren Inhalt viele Gemeinsamkeiten aufweist. Andere Gräber späteren Datums liegen in Rheinhessen, zum Beispiel in Flonheim bei Alzey. Das Vorkommen dieser Gräber im oder nahe beim Rheintal, die in den meisten Fällen innerhalb oder eng an großen Zentren spätrömischer Macht lagen, ist bemerkenswert, da es ebenfalls auf die durchgehende Anziehungskraft römischer Orte verweist, obwohl eine direkte zeitliche Kontinuität nicht unbedingt besteht. Die Gräber und ihr Inhalt verdeutlichen, dass das Rheinland nicht nur eine Grenzprovinz der fränkischen Welt war, deren kreatives Zentrum in Nordfrankreich lag. Die Adligen, für die diese Gräber ausgestattet wurden, geboten über die fähigsten Handwerker ihrer Zeit und konnten sich auf die eine oder andere Weise wertvolle Gegenstände aus weit verstreuten Gebieten Europas beschaffen. Eine Anzahl von Einzelfunden aus dem Rheintal hatte dies schon seit dem 19. Jahrhundert angedeutet. Die Zeugnisse, die seit 1955 ans Licht kamen, schufen eine neue Grundlage für unser Verständnis der fränkischen Macht im Rheinland und die hinter ihr stehende soziopolitische Struktur.

Vom Ende des Jahrhunderts stammt das Kriegergrab in Morken an dem kleinen Fluss Erft[5]. Seine Lage ist höchst interessant, denn es befand sich in den Ruinen einer römischen Villa und unter einer späteren Kirche neben anderen Gräbern mit bescheidener Ausstattung. Der Sarg von Morken enthielt einen Toten, seine *spatha* und seinen Gürtel. Der Adlige besaß einen Spangenhelm, der dem aus Gellep sehr ähnelte, und fast sicher aus derselben ostgotischen Werkstatt stammt. Der Mann hatte ihn oft in der Schlacht getragen, denn der Helm wies an einer Seite die Spuren eines heftigen Schlags auf. Auch der Schädel des toten Kriegers ließ Verletzungen von der Schlacht erkennen. Der Rest der Grabausstattung bestand größtenteils aus Waffen: Schild, Wurfspieß, Speer und *franciska* (Wurfaxt). Aber es befanden sich auch häuslichere Gegenstände darunter wie ein Eimer, Glas, Tongefäße, ein Wetzstein und ein Federkissen. Das Stück eines Seidenstoffs weist ebenfalls auf den Kontakt zur weit entfernten Mittelmeerwelt hin.

Das am prächtigsten ausgestattete Grab – und vielleicht das erstaunlichste der bisher bekannten Reihe – ist ein Frauengrab unter dem mittelalterlichen Dom von Köln im nordöstlichen Bezirk der römischen Stadt. Daneben lag mit ähnlichem Datum das Grab eines kleinen Jungen, wahrscheinlich eines engen Verwandten[6]. Unter den Grabbeigaben der Frau findet sich prächtiger Schmuck, der zu den beein-

5 K. Böhner, *Das Grab eines fränkischen Herren aus Morken im Rheinland,* Bonn 1959

6 O. Doppelfeld, „Das Frauengrab unter dem Chor des Kölner Doms", in: *Germania* 42, 1964, S. 3

druckendsten kunsthandwerklichen Arbeiten des fränkischen Reichs gehört. Die gekonnte Verwendung von Granat-*Cloisonné* zusammen mit tief aufgesetztem Filigran nimmt in auffälligster Weise die Arbeiten langobardischer Goldschmiede im Italien des siebten Jahrhunderts vorweg. Die beiden Gräber liegen nicht nur zeitlich eng beieinander, auch ihre jeweilige Ausstattung ähnelt sich sehr. Die jüngste Münze in dem Frauengrab ist eine halbe *siliqua,* geprägt von Athalarich zwischen 526 und 534, sodass sich beide Beisetzungen auf die Mitte des sechsten Jahrhunderts datieren lassen. Die Frau war Ende zwanzig und wurde mit feinen Gewändern und reichem Schmuck zur letzten Ruhe gebettet. Glas- und Bronzegefäße sowie ein Trinkhorn und drei Lederflaschen lagen am Fußende des Grabes. Der höchstens sechsjährige Junge ruhte auf einem Holzbett, umgeben von der Ausstattung eines Kriegers *en miniature:* Spangenhelm (mit Hornplatten), *spatha, franciska, ango* (Wurspieß), Speer, Pfeile, Schild und Messer. Auch Gefäße für Speise und Trank, sogar ein kleines Trinkhorn lagen dabei. Nichts weist in den Gräbern von Köln auf die Identität der Toten hin. Wir können vermuten, dass es sich um eine Prinzessin oder Königin der Franken in Köln handelte, die wahrscheinlich zur Regierungszeit Theudeberts um 550 zusammen mit ihrem Sohn bestattet wurde.

Mindestens ein fränkisches Grab kann mit Sicherheit als königlich identifiziert und der Leichnam sogar benannt werden. Unter einer kleinen merowingischen Basilika in St. Denis nördlich von Paris wurde ein Grab mit einem fein ausgearbeiteten Kalksteinsarkophag über Beisetzungen des fünften Jahrhunderts angelegt[7]. In ihm ruhte der Leichnam einer Frau reiferen Alters, wahrscheinlich in den Vierzigern. Die Tote trug ein feines Leinenunterhemd und darüber ein knielanges Seidenkleid von veilchenblauer Farbe, das in der Taille gegürtet war. Ihre weißen Leinenstrümpfe und die feinen Lederschuhe wurden durch gekreuzte Riemen festgehalten, die mit kleinen Schnallen befestigt waren. Über dem Kleid trug sie einen leinengefütterten Umhang aus rotbrauner Seide, dessen Ärmelaufschläge mit rotem, von goldenen Fäden durchzogenen Satin verziert waren. Ebenso prächtig und vergleichbar in der Qualität ist der Schmuck der Toten. Eine goldene und silberne Gürtelschnalle und -platte lagen über dem unteren Brustkorb, eine Scheibenfibel aus Gold mit Granatsteinen am Hals und eine weitere auf der Brust. Goldene Ohrringe und Haarnadeln betonten das blonde Haar der Frau und eine lange goldene Nadel schmückte ihre Brust. Abgesehen von ihrer Kleidung gab es fast keine weiteren Grabbeigaben, ausgenommen eine kleine, in Leinen gewickelte Glasflasche. An der linken Hand trug sie einen goldenen Siegelring, der sie exakt identifizierte. Er trägt die Inschrift ARNEGUNDIS REGINE (Regine als Monogramm). Diese Inschrift lässt keinen Zweifel, dass es sich um Arnegunde, die zweite Ehefrau Chlotars und Mutter Chilperichs I. handelt, die wahrscheinlich

7 A. France-Lanord and M. Fleury, „Das Grab der Arnegundis in St. Denis" in: *Germania* 40, 1962, S. 341

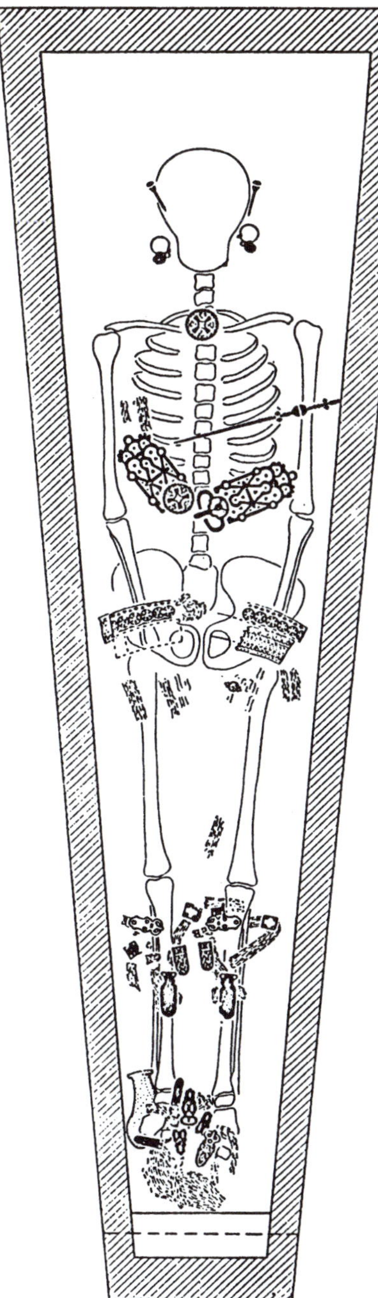

Das Grab der Arnegunde in St. Denis, bei Paris: eine fränkische Königin aus dem späten sechsten Jahrhundert (Zeichnung nach A. France-Lanord u. M. Fleury, „Das Grab der Arnegundis in St. Denis", in: Germania 40 (1962), 341 ff.)

zwischen 570 und 575 gestorben ist. Dieser Zeitraum wird auch durch den Schmuck gestützt.

Allmählich gelangen die Siedlungen der ersten Franken im Rheinland und in Nordgallien ans Tageslicht, obwohl gründlich ausgegrabene Stätten immer noch selten sind. Wahrscheinlich liegt die Mehrheit dieser Siedlungen aus dem fünften und sechsten Jahrhundert unter Dörfern, die heute noch bestehen. Die Orte, die man ausgraben konnte, befanden sich vermutlich zumeist am Rand der Hauptsiedlungsgebiete oder waren in anderer Weise gegenüber den Veränderungen bei der Besiedlung zu ungeschützt. Möglicherweise repräsentieren sie die Siedlungstypen, die während der Völkerwanderungszeit bestanden, nicht völlig. Die einzelnen bisher identifizierten Siedlungen waren relativ klein. Obwohl man auf nichts den großen nordgermanischen Dörfern Vergleichbares gestoßen ist, muss dies nicht heißen, dass sie nicht existiert hätten.

Die bisher gefundenen Zeugnisse fränkischer Besiedlung westlich des Rheins reichen bis ins vierte Jahrhundert zurück. In Neerharen-Rekem,

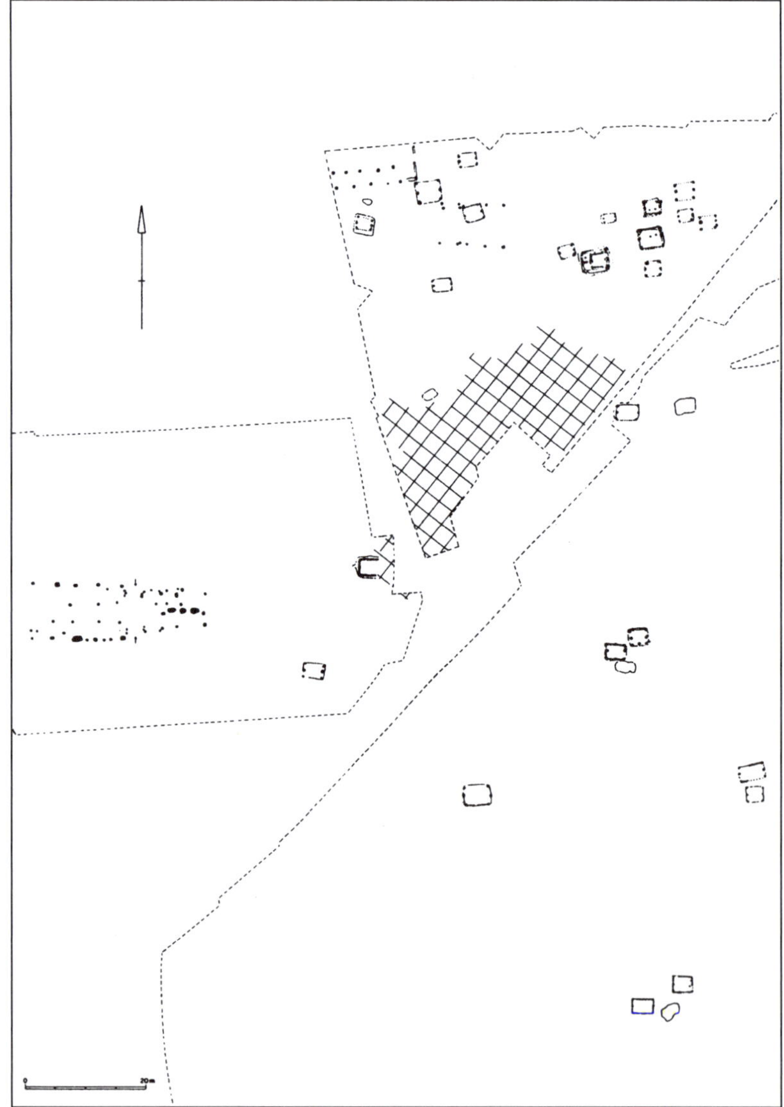

Die germanische Siedlung in Neerharen-Rekem bei Maastricht um 400 n. Chr. innerhalb der römischen Provinzen

sieben Kilometer nördlich von Maastricht, lag eine kleine römische Villa, die im dritten Jahrhundert zerstört und verlassen wurde[8]. Nach 350 siedelten sich dort Germanen an, vielleicht wurden sie auch angesiedelt, und blieben bis zum Ende des vierten Jahrhunderts. Es handelte sich nicht um ein einzelnes Gehöft fränkischer *coloni*. Die Gebäude waren hauptsächlich Grubenhäuser, aber es gab auch eine Anzahl großer rechteckiger Hallen. Die Stätte hätte auch östlich des Rheins oder sogar an der Nordseeküste liegen können. Ein paar Kilometer entfernt befand sich in Donk eine weitere germanische Siedlung aus dem späten vierten Jahrhundert. Es sieht allmählich so aus, als ob sich die Franken vor 400 im Maastal schon in größerer Zahl niedergelassen hätten als bisher bekannt; genauere Untersuchungen werden die Anzahl der bekannten Siedlungen sicher vergrößern. In den Tälern von Maas und Rhein finden sich dicke Alluvialschichten, unter denen sich Siedlungen aus dieser und anderen Zeiten verbergen könnten.

8 G. de Boe, „De opgravingscampagne 1984 te Neerharen-Rekem" in: *Arch. Belgica* 1, 1985, S. 53

Weiter im Süden, in den Hügeln der Ardennen, bestehen andere eindeutige Anzeichen für germanische Siedler im späten vierten Jahrhundert. Am Mittellauf der Maas liegt eine Reihe von Burgen, die aus der spätrömischen Zeit stammen. Bei einer dieser Burgen in Furfooz glaubte man lange, dass ihr ein Kriegsgräberfeld angegliedert sei. Germanische Objekte in einigen der Gräber weisen darauf hin, dass zumindest einige der Toten aus der Gegend östlich des Rheins kamen. Eine weitere dieser Burgen in Vireux-Molhain wurde erst kürzlich untersucht und förderte noch deutlichere Ergebnisse zu Tage[9]. Sie beherbergte im späten vierten Jahrhundert eine kleine Garnison von vielleicht 25 Mann. In dem Gräberfeld finden sich hauptsächlich Soldatengräber und unter ihrer Ausrüstung kommen Wurfäxte und andere nichtrömische Waffen vor. Die wenigen Frauengräber enthielten zwei Fibeln von sicher germanischer Herkunft. Die germanische Präsenz in Vireux-Molhain ist durch Münzen in den Gräbern ungewöhnlich gut datiert. Die Hauptzeit der Besiedlung dauerte vom Ende des vierten bis in die ersten Jahrzehnte des fünften Jahrhunderts. Ein frisch geprägter Solidus des Honorius ist die jüngste Münze, was auf ein Ende der militärischen Besatzung um 430 hinweist.

9 J.-P. Lemant, *Le cimetière et la fortification du Bas-Empire de Vireux-Molhain, Dep. Ardennes*

Auch an anderen Stellen finden wir Anzeichen für eine enge Beziehung zwischen den ersten fränkischen Siedlungen und späten gallisch-römischen Anlagen. Im Berry-au-Bac in der Picardie könnte eine spätrömische Siedlung das Zentrum für eine Gruppe von fränkischen Gebäuden, größtenteils Grubenhäuser, aber auch größere Hallen gebildet haben. Es besteht die Möglichkeit, dass ein Kontinuum von spätrömischer zu fränkischer Besiedlung bestand, ebenso wie bei einer Anzahl spätrömischer Villen in Nord- und Zentralgallien. Fränkische Gräberfelder liegen oft auf oder neben dem Gelände römischer Villen und in vielen Fällen wurden darüber wiederum häufig frühmittelalterliche Dörfer mit einer karolingischen oder späteren Kirche in der Mitte errichtet. Diese Reihenfolge Villa, Gräberfeld, Kirche ist in Gallien so weit verbreitet, dass sie entweder nur mit der beständigen Nutzung oder mit der absichtlichen Wahl einer alten Siedlungsstätte zu erklären ist. Leider steht eine vollständige Klärung dieser bedeutungsvollen Reihenfolge von seiten der Archäologie noch aus.

Spätere Frankensiedlungen beeindruckten von ihrer Planung und Struktur der einzelnen Gebäude her nicht, aber es könnte sein, dass sie für die einstigen Siedlungen nicht repräsentativ sind. Eines der am gründlichsten ausgegrabenen Dörfer befindet sich in Gladbach im Neuwieder Becken. Dort lag eine Gruppe von Grubenhäusern und mindestens eine große rechteckige Halle mit mehreren Räumen. Weitere große hallenähnliche Gebäude sind in Rhode und Hochlamark im Rheinland bekannt, aber sie reichen keineswegs an die Größe der Langhäuser im Norden heran. In Brebières im Departement Pas-de-Calais findet sich eine Ansammlung von Grubenhäusern aus dem sechsten und siebten Jahrhundert, die vor allem als Handelsstation dienten und vielleicht eine Nebensiedlung zur königlichen Villa in Vitry-en-Artois in der Nähe waren[10]. In Vitry selbst und auch in Juvincourt-et-Damary in der Alisne gab es anscheinend größere Gebäude, sodass das vorherrschende Bild von heruntergekommenen Hütten mit ziemlicher Sicherheit falsch ist. Bis jetzt wurden noch keine Wohnsitze fränkischer Anführer aufgefunden, obwohl es gewiss welche gab. Die bemerkenswertesten lagen wahrscheinlich mitten in römischen Städten und Gemeinden, wo die Chancen für ihren Erhalt nicht gerade günstig waren.

10 P. Demolon, *Le village mérovingien de Brebières*, Arras 1972

Der Tod Theoderichs im Jahr 526 beseitigte das letzte Hindernis einer fränkischen Invasion in die Restgebiete Galliens. Zuerst wurde 532 bis 534 das geschwächte Königreich der Burgunder angegriffen und dessen König Godomar gefangen genommen und getötet. Die wechselvolle Geschichte dieses Volkes war nun am Ende angelangt, obwohl es seinen eigenen Gesetzeskodex behielt und seine führenden Familien nicht enteignet wurden. Das burgundische Gemeinschaftsgefühl ging aber nicht völlig und unwiderruflich verloren. Nur die Provence blieb – wenn auch nicht für lange Zeit – unter westgotischer Herrschaft. Hier kam den Franken das Wiederaufleben der oströmischen Macht im westlichen Mittelmeer entgegen. Belisar beendete zu dieser Zeit die Wandalenherrschaft in Afrika und stand kurz davor, in Italien einzufallen. Kaiser Justinian erkannte die Stärke der Franken und war froh, ihre Hilfe gegen Geld gewinnen zu können. Als Belisar Rom eroberte, sah der Ostgotenkönig Witichis in der Intervention der Franken seine einzige Hoffnung, um eine Katastrophe zu verhindern und bot ihnen für ihre Dienste eine noch höhere Summe als der Kaiser. Er offerierte ihnen auch den gesamten Teil der Provence, den die Goten beherrschten. Die Franken

nahmen das Angebot an und dehnten so ihre Grenze bis an die Alpen aus. Das neugewonnene Gebiet wurde unter den überlebenden Nachkommen Chlodwigs aufgeteilt.
Frankreich in der heutigen Form war nun so gut wie vollständig, aber der Ehrgeiz der fränkischen Könige noch nicht befriedigt. Nun versprach Italien reiche Beute. Im Jahr 539 führte Theudebert eine Armee aus Franken, Burgundern und anderen Gruppen in die norditalienische Ebene und vernichtete dort zuerst eine gotische Streitmacht und dann die römische Armee, die beide die Franken als Verbündete erwartet hatten. Doch dieser Einfall erzielte keinen dauerhaften Erfolg, weil sich die Franken wegen Hunger und Krankheiten zum Rückzug gezwungen sahen. Ihr Anführer konnte aber trotzdem einen Gewinn verzeichnen: Justinian erkannte die Franken als Herrscher von Gallien an und der Name eines fränkischen Königs erschien zum ersten Mal auf Münzen. Theudebert ließ jedoch von seinem Vorhaben nicht ab, Italien zu erobern und, wie einige glaubten, sogar Konstantinopel anzugreifen. Aber Verletzungen durch einen Jagdunfall bereiteten diesen Plänen im Jahr 548 ein jähes Ende. Zu diesem Zeitpunkt wurde die Macht der Franken inzwischen von allen anerkannt. Von nun an war das Königreich der Franken, obwohl häufig durch grimmig ausgefochtene Kämpfe im Inneren geschwächt, eine der wichtigsten politischen Mächte in Europa und am Mittelmeer. Die wahren Ursprünge der Franken liegen also nicht östlich des Rheins, sondern in den Ruinen des römischen Westreichs, eine Tatsache, die vor allem ihr größter König, Karl der Große, erkannte, der sich im Jahr 800 selbst zum Kaiser der Römer krönen ließ und seine Residenz in Aachen in Nordgallien als „neues Rom" betrachtete.

Die Alamannen

Die Alamannen werden zum ersten Mal 213 n. Chr. in unseren Quellen genannt, als Caracalla jenseits des obergermanischen Limes erfolgreich gegen sie Krieg führte. Ihr Name impliziert einen Bund: ‚alle Männer' oder ‚jeder'. Das von der neuen Gruppe besetzte Gebiet hatten früher die Hermunduren und Sueben besiedelt und diese Stämme bildeten sicherlich auch einen großen Teil der neuen Gruppe. Vermutlich stießen aber auch Elemente aus anderen Völkern, die in den Wirren des späten zweiten Jahrhunderts ihre Heimat verloren, dazu. Die Schwachpunkte, die sich ab dem frühen dritten Jahrhundert an der Rhein-Donau-Grenze zeigten, veranlassten die Alamannen wohl dazu, in die Offensive zu gehen. Im Jahr 233 griffen sie in großer Zahl die Grenzlinie an, durchbrachen sie und verursachten große Zerstörungen. In den nächsten zwanzig Jahren hielten sie diesen Druck aufrecht und erreichten, dass die nun ungeschützte Grenzausbuchtung von Rom 260 aufgegeben wurde[11].

11 R. Christlein, *Die Alamannen*

Diese Rücknahme der römischen Grenze war jedoch nicht das Ergebnis einer organisierten und koordinierten Barbareninvasion in römisches Territorium. An den vielen Grenzverletzungen Mitte des dritten Jahrhunderts war eine Vielzahl von Völkern und Kriegerhorden beteiligt, deren Ziele wahrscheinlich so vielfältig waren wie ihre ethnische Zusammensetzung. Einige dieser Eindringlinge stießen nach Westen Richtung Trier ins Moseltal vor; andere drängten nach Süden über die obere Donau bis in das Alpenvorland und nutzten den Rückzug der römischen Truppen, die in Kämpfe gegen das wieder erstarkende persische Reich verwickelt waren. Mit der Rückkehr der römischen Einheiten wurden die Alamannen zurückgetrieben und nördlich einer Linie in Schach gehalten, die vom Rhein zur Iller und zur Donau verlief – eine Stellung, die besser zur Verteidigung geeignet war als der frühere Limes und die besser zu den militärischen Gegebenheit der Zeit passte. Eine größere Anzahl beweglicher Truppenverbände wurde gegen die germanischen Angreifer in Stellung gebracht. Ihre Wirksamkeit hatte sich bereits im Jahre 258 gezeigt, als Kaiser Gallienus einen bedeutenden Sieg am Oberrhein errang. Aber damit war die Bedrohung nicht beseitigt, wie eine in Augsburg gefundene Inschrift enthüllt. Dieser Text, der ursprünglich an einem Siegerdenkmal angebracht war, berichtet von einem Sieg über eine gemischte Germanenhorde, die bis nach Norditalien vorgedrungen war.

Die Alamannen und andere Germanenstämme besiedelten aber das von Rom aufgegebene Land nicht systematisch. Der Hauptgrund dafür liegt in der politischen Struktur dieses Verbandes, der aus einem Zusammenschluss von Kriegerhorden bestand, die nicht auf eine lange innere Tradition oder auf die Geschichte eines zentralisierten Königtums zurückblicken konnten, sodass es keinen Anreiz für eine organisierte Inbesitznahme des Gebiets gab. Raubzüge und Plünderungen waren im vierten Jahrhundert immer noch die Hauptziele der alamannischen Krieger.

Nichts zeigt dies deutlicher als die Namen der alamannischen Anführer und Gruppen. Die Namen zahlreicher Krieger sind bezeugt, aber kaum einer konnte Autorität über ein größeres Gebiet beanspruchen; keiner scheint seine Macht an seine Nachkommen weitergegeben zu haben. Wenn sich diese Herrscher auch zu allgemeinen Versammlungen trafen und sowohl untereinander als auch mit römischen Befehlshabern Abkommen schlossen, bestand eine zentrale Stammesstruktur unter einem anerkannten König frühestens ab dem fünften Jahrhundert. Auch die Namen der Gebiete weisen auf Aufspaltungen hin. So hören wir von den „Lenientes“ um Linz am Bodensee, den „Brisigavi“ im Breisgau am Oberrhein und den „Raetovarii“ bei Nördlingen. All diese Namen leiteten sich von dem Gebiet ab, in dem die jeweilige Gruppe siedelte, und nicht von Anführern oder Herrscherhäusern. Daraus folgt, dass der persönlichen oder familiären Autorität weit weniger Bedeutung zukam als einzelnen Territorien. In ihren Beziehungen mit der römischen Welt entstand den Alamannen dadurch jedoch kein großer Nachteil. Sie konnten trotzdem im römischen Heer dienen oder die römischen Grenzen angreifen. In ihrer späteren Konfrontation mit den Franken war diese Aufspaltung jedoch ein eindeutiges Handicap.

Obwohl kein alamannischer Anführer zu den höchsten Rängen der römischen Welt aufstieg wie einige Frankenkönige, erreichten manche Alamannen trotzdem hohe Ämter und übten innerhalb des Römischen Reichs für einige Zeit Macht aus. Um die Mitte des vierten Jahrhunderts kommandierten drei alamannische Befehlshaber Großverbände im Westreich. Ihre hohe Stellung weckte wahrscheinlich Neid, denn man behauptete, dass sie sich mit Alamannen außerhalb des Reiches verschworen hätten. Kurz darauf geriet ein alamannischer König namens Fraomar in Konflikt mit seinem eigenen Volk, floh ins Römische Reich und wurde später nach Britannien geschickt, wo er das Kommando über eine Alamanneneinheit in der römischen Armee erhielt. Diese Geschichten zeigen deutlich die komplexen Beziehungen zwischen germanischen Anführern und dem römischen Staat, der immer noch mächtig, aber zunehmend auf Kriegsstärke von außerhalb angewiesen war. In der römischen Welt bestand für den Einzelnen ein beachtlicher Spielraum zu individueller Lebensgestaltung. Wir hören von einem Alamannenkönig, der den jüdischen Glauben annahm, und von einem weiteren, der den ägyptischen Gott Serapis anbetete. Der alternde Rhetoriklehrer Ausonius erwarb ein junges Alamannenmädchen als Dienerin; sie zog ihn so in ihren Bann, dass er sie freiließ. Viele Arten von Grenzen wurden damals überschritten. Als die militärischen Grenzen allmählich durchlässig wurden, löste sich auch die Struktur der Stammesgesellschaften auf, die mit diesen Grenzen in Verbindung standen. Weil sich die Alamannen nicht gemeinsam bemühten, ins Reich einzufallen um sich dort einen territorialen Stützpunkt zu verschaffen, ist ihre spätere Geschichte von immer heftigeren Kämpfen mit mächtigen Nachbarn, besonders den Franken in Gallien und im Rheinland geprägt. Nicht einmal unter diesen Umständen entstand eine zentralisierte alamannische Macht. Nach der Mitte des sechsten Jahrhunderts gingen die Alamannen allmählich in ihren Nachbarvölkern auf, ohne allerdings völlig zu verschwinden.

Über die innere Organisation der Alamannen im dritten und vierten Jahrhundert ist sehr wenig bekannt. Es handelte sich dabei offensichtlich um einen lockeren Verband, denn wir hören nicht nur von mehreren Königen, die zur gleichen Zeit regierten, sondern auch von zahlreichen lokalen Herrschern. Sogar im fünften Jahrhundert war anscheinend noch keine Zentralmacht bei den Alamannen entstanden, weil das zerklüftete Gebiet Südwestdeutschlands, das sie bewohnten, die politische Einheit nicht förderte. Die Gegend zwischen Rhein und Donau, die von Rom aufgegeben worden war, wies noch einige Jahrzehnte nach dem Fall der Grenze keine vollständige Besiedlung auf. Um etwa 300 hatte eine allmähliche Landnahme begonnen, aber auch der regelmäßige Einsatz alamannischer Soldaten in den römischen Truppenverbänden. Doch die Angriffe auf die römischen Provinzen gingen auch im vierten Jahrhundert weiter und verstärkten sich nach 350. Kaiser Julian trat alamannischen Kriegerhorden in Ostgallien entgegen und besiegte sie mehrfach, am nachhaltigsten in einer Schlacht bei Straßburg im Jahr 357. Aber die militärische Stärke der Alamannen nahm im späten vierten Jahrhundert zu und sie blieben eine Furcht erregende Streitmacht östlich des Oberrheins und im nördlichen Alpenvorland. Dennoch zogen sie nicht weit nach Gallien hinein, um sich anzusiedeln und im Verlauf des fünften Jahrhunderts wurden ihre Grenzen durch die wachsende Stärke der Franken zunehmend eingeengt. Langfristig bedeutete dies, dass sie niemals ein dauerhaftes Königreich gründeten noch eine deutlich umrissene Enklave zwischen den großen Flüssen und den Alpen schufen. 406/407 spielten die Alamannen bei der massiven Invasion Galliens eine wichtige Rolle und um dieselbe Zeit begannen einige wenige Alamannenfamilien, sich im Elsass und in der Pfalz anzusiedeln. Der Aufstieg der fränkischen Macht im Norden zwang sie dazu, im Süden entlang des Rheins und bis in die Alpentäler nach neuem Gebiet zu suchen. Bis zur Mitte des fünften Jahrhunderts konnten sie weit nach Ostgallien, südwärts nach Italien und ostwärts nach Noricum vordringen. Ihre Niederlage gegen Chlodwig im Rheinland im Jahre 497 war höchstens ein vorübergehender Rückschlag und um 500 besetzten sie die fruchtbaren Teile der Alpenregion von Augst bei Basel bis Windisch (Vindonissa) bei Brugg. Die norditalienische Ebene lockte sie zu dieser Zeit, aber sie waren nicht stark genug, um sich dort in großer Zahl niederzulassen. Ihre letzte Eroberung war die rätische Ebene im frühen sechsten Jahrhundert. 536 stand das Gebiet der Alamannen unter der Kontrolle eines Befehlshabers, der sich vor dem König der Ostfranken zu verantworten hatte, und diese unbequeme Oberaufsicht blieb bis zum Ende der fränkischen Herrschaft in Deutschland bestehen. Alamannien behielt seine territoriale Identität, bis Karl Martell („der Hammer", vermutlich 688 bis 741) es Anfang des achten Jahrhunderts seinem Reich angliederte. Doch in jeder anderen Hinsicht war die alamannische Identität schon lange zuvor in der Macht der Franken aufgegangen.

Die frühalamannische Besiedlung in Südwestdeutschland ist seit 1970 gründlich erforscht worden. Der Militärdienst alamannischer Krieger und ihrer Häuptlinge unter römischen Befehlshabern ist in den historischen Quellen gut dokumentiert und ist heute aus den archäologischen Zeugnissen an der Grenze am Oberlauf der Donau, die den Alamannen gegenüberlag, klar erkennbar. Das Gräberfeld aus dem vierten Jahrhundert in Neuburg umfasst sehr viele Soldatengräber, die auch germanisches Fundgut enthalten[12]. Es weist drei chronologische Unterteilungen auf. Im ältesten Teil, der aus der Zeit zwischen 330 und 360 stammt, liegen die Toten der germanischen Truppen, die in einer römisch-germanischen Garnison dienten, welche zu einem kleinen Kastell gehörte. In der nächsten Phase von 360 bis 390 treten die germanischen Elemente der Ausrüstung noch deutlicher hervor. Sie weisen auf das Elbtal als Herkunftsort ihrer Träger hin. Schließlich finden sich vom späten vierten bis zum frühen fünften Jahrhundert Hinweise auf Beziehungen zur unteren Donau und zum nördlichen Balkan. Es gibt auch anderswo an der oberen Donaugrenze Anzeichen von alamannischen Truppen in römischem Dienst, zum Beispiel in Günzburg und in anderen Kastellen nördlich des Bodensees.

12 E. Keller, *Das spätrömische Gräberfeld von Neuburg an der Donau*, München 1979

Auch Siedlungen, die völlig unabhängig von Rom waren, wurden gefunden, insbesondere eine Reihe von Burgen, die vermutlich die Wohnsitze alamannischer *regales* und *reguli* (Kleinkönige) waren, die Ammianus Marcellinus im späten dritten oder frühen vierten Jahrhundert erwähnt. Am genauesten untersucht ist der Runde Berg in Urach[13]. Hier umgab im späten dritten oder frühen vierten Jahrhundert ein großer Holzwall eine ovale Fläche von 70 Metern Länge und 50 Metern Durchmesser. Innerhalb dieser Umfriedung befanden sich viele Holzgebäude aus dem vierten Jahrhundert und hangabwärts lagen weitere Häuser. Dort könnten Handwerker gewohnt haben, die dem Herrn der darüber liegenden Festung dienstpflichtig waren. Im vierten und frühen fünften Jahrhundert haben wahrscheinlich einige solcher lokalen Machtzentren bestanden. Der Reissberg bei Bamberg wurde mit Sicherheit während dieser Zeit von germanischen Siedlern bewohnt, ebenso die Gelbe Burg bei Dittenheim, obwohl deren Verteidigungsanlagen momentan auf das fünfte Jahrhundert datiert werden. Die vorherr-

13 Nicht vollständig veröffentlicht; kurze Darstellung bei Christlein, *Alamannen*

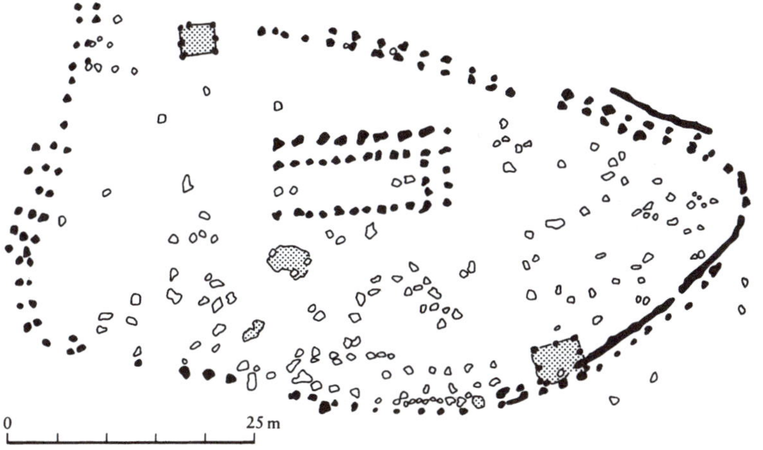

Die Höhenburg auf dem Runden Berg bei Bad Urach, Deutschland: ein alamannischer Adelssitz aus dem vierten Jahrhundert und später

schende Struktur der alamannischen Besiedlung dieser Zeit ist heute noch keineswegs vollständig erforscht und Einzelheiten sind vielleicht unrettbar verloren. Viele der frühen Siedlungsstätten blieben wahrscheinlich auch bis in sicherere Zeiten bewohnt und liegen nun tief verschüttet unter mittelalterlichen und modernen Dörfern. Das bedeutet aber, dass die kleineren Siedlungen, die bis jetzt entdeckt wurden, untypisch sein könnten und daher keinen genauen Aufschluss über die eigentliche Entwicklung der alamannischen Landnahme geben. Die Siedler, die in Gebiete zogen, die bis etwa 260 n.Chr. Teile der römischen Provinzen von Obergermanien und Rätien bildeten, wurden wahrscheinlich auch weiterhin von der Art der römischen Landnutzung in den Provinzen beeinflusst. Mit Sicherheit zogen einige römische Villen in den ehemaligen *agri decumantes* (Obergermanien zwischen Oberrhein und der Donau) die Aufmerksamkeit der eindringenden Alamannen auf sich. Die Villa von Praunheim bei der römischen Stadt Nida (Heddernheim) wurde von Barbaren besetzt, die offenbar Trockensteinwände innerhalb des alten Baus errichteten. Ebenso wurde die Villa in Holheim von ihren germanischen Bewohnern teilweise wieder instand gesetzt. In Baldingen könnte eine Reihe römischer Goldmünzen, die in spätantiken Villen relativ selten gefunden werden, und eine römische Soldatenfibel darauf hinweisen, dass sich dort Germanen ansiedelten, nachdem sie in römischen Armeen gedient hatten. Es ist sehr wahrscheinlich, dass die einwandernden Alamannen in diesen Gebieten auf römische Provinzbewohner trafen und mit ihnen zusammenlebten. Eine völlige Beseitigung der ehemaligen Bevölkerung nach 260 ist kaum denkbar.

Die Burgunder

Die Burgunder gehörten zu der relativ unbekannten Welt der ostgermanischen Völker, welche das Römische Reich kaum wahrnahm[14]. Plinius zählte sie gemeinsam mit dem Goten zu den Wandalenvölkern. Ptolemaios lokalisierte sie östlich der Semnonen zwischen Oder und Weichsel. Horden burgundischer Krieger nahmen an den Überfällen auf die Provinzen an der oberen Donau im späten dritten Jahrhundert teil und einigen gelang es, sich um 290 im Main-Neckar-Gebiet anzusiedeln. Aber die Hauptgruppe blieb in Ostgermanien, an der Oder oder östlich davon. Archäologisch ist diese Region durch eine eigenständige Kultur, die Lebus-Lausitz- oder Luboszyce-Kultur gekennzeichnet und weist Verbindungen nach Südosteuropa und zur Przeworsk-Kultur in Südpolen und im angrenzenden Russland auf. In den Gräberfeldern herrschen Soldatengräber vor. Reich ausgestattete Häuptlingsgräber hingegen tauchen im Allgemeinen selten auf. Eine gesellschaftlich hoch stehende Gruppe zeigt sich aber in einer Anzahl reicher Frauengräber und in einem Hortfund goldener Ringe aus Cottbus.

14 L. Schmidt, *Die Ostgermanen*, S. 129–194

Die Burgunder im Rhein-Neckar-Gebiet vergrößerten während des vierten Jahrhunderts beständig ihren Einfluss und wahrscheinlich schlossen sich ihnen andere Gruppen an, die nach Westen wanderten. Als sie 406/407 den Rhein überquerten, brachten die Burgunder unter Gundohar ein Gebiet um Worms, Straßburg und Speyer an sich und Honorius erkannte ihre Anwesenheit dort an. Sie vereinigten sich mit dem gallischen Usurpator Jovinus, um 412/413 Gallien anzugreifen. Im Jahr 435 führte sie Gundohar auf der Suche nach neuem Land nach Gallia Belgica, aber dieser Expedition setzte Aëtius rasch ein Ende. In dem folgenden Jahr wurde eine burgundische Streitmacht von 20 000 Mann, erneut unter der Führung von Gundohar, von einer hunnischen Armee umzingelt und vernichtet. Diese Katastrophe setzte der burgundischen Expansion in Gallien ein für alle Mal ein Ende. Sie lieferte den Stoff für das Nibelungenlied, das, ritterlich verbrämt, eine Vermischung mehrerer Geschichten aus der Zeit der Germanenzüge entlang und westlich des Rheins erzählt.

Archäologische Zeugnisse für burgundische Siedlungen an Rhein und Neckar sind dürftig. Wir kennen eine Anzahl von Gräbern aus dem späten vierten und fünften Jahrhundert und in einigen tauchen gelegentlich Objekte von weit aus dem Osten auf, aber ihre genaue Zuordnung zu den Burgundern lässt sich immer nur schwer beweisen. Das Gräberfeld in Lampertheim zeigt dieses Problem deutlich. Seine 56 Gräber erinnern an die üblichen Grabausstattungen und Bestattungsriten im Böhmischen Becken am Oberlauf der Elbe, also in wesentlich östlicher gelegenen Gebieten. Die Toten in diesem Gräberfeld könnten allerdings ebenso gut Alamannen wie Burgunder sein. Andere Gräber mit Objekten aus dem Osten liegen in Groß-Gerau und Gerlachsheim, aber wieder können wir die Herkunft der Toten nicht sicher bestimmen. Mindestens ein burgundischer Kleinherrscher namens Hariulf, Sohn des Hanhavold, schaffte den Aufstieg in die höchste Dienstebene des Römischen Reichs – in die kaiserliche Leibwache, wie uns sein Grabstein um etwa 400 in Trier mitteilt. Bestimmt gab es noch andere Burgunder, welche diesen Weg zum Erfolg einschlugen. Doch über die burgundische Enklave wissen wir gerade einmal, wo sie lag, und dass die dortige Bevölkerung vor ihrer verheerenden Niederlage 436 zum arianischen Christentum bekehrt wurde.

Danach waren die Burgunder immer noch zahlreich und mächtig genug, um 443 den Föderatenstatus und ein neues Siedlungsgebiet in Sapaudia, das heißt in der Südschweiz und im angrenzenden Teil von Ostfrankreich, zu erhalten, wo sie wahrscheinlich mit der Grenzwacht an den Alpenpässen betraut wurden. Sie dienten Rom genauso ergeben wie andere Föderaten im fünften Jahrhundert: Sie kämpften 451 gegen Attila und 456 gegen die Sueben. Doch bei ihrer Rückkehr aus Spanien besetzten sie ein großes Gebiet in Zentralgallien um Lyon und Vienne und festigten später dort ihre Macht, nachdem sie von Kaiser Maiorian für kurze Zeit vertrieben worden waren. Am Ende des fünften Jahrhunderts hatten sie einen Großteil Ostgalliens im Süden bis zum südfranzösischen Alpenvorland erobert.

Später bot sich ihnen dann die Gelegenheit, ihr Reich zu vergrößern. Die von ihnen besetzte Region Galliens wurde von den Ereignissen um den Zusammenbruch der römischen Autorität im frühen fünften Jahrhundert kaum getroffen und war vor den Burgundern von keiner anderen größeren Germanengruppe besiedelt worden. Mehrere spätrömische Städte und Kastelle an Orten wie Aventicum (Avenches), Lousonna (Lausanne) und Eburodunum (Yverdon) beherbergten immer noch eine blühende und aktive römische Provinzbevölkerung. Die Kirchen wurden instand gehalten und die Toten nach wie vor außerhalb der Stadtmauern begraben. Man verständigte sich in romanischen Dialekten und die Motive auf den feinen Metallarbeiten entsprachen denen der spätrömischen Welt. Es ist also nicht verwunderlich, dass wir häufig auf Hinweise der engen Beziehungen zwischen burgundischen Siedlern und der überlebenden Provinzbevölkerung stoßen. So sind zum Beispiel in Sezegnin-Avuzy bei Genf und in Monnet-la-Ville im französischen Jura Gräberfelder zu sehen, die von beiden Gruppen gemeinsam genutzt wurden, woraus zu schließen ist, dass auch in den Siedlungen gemischte Gemeinschaften lebten. Der burgundische Adel scheint zu einem frühen Zeitpunkt die Vorteile erkannt zu haben, die in der Zusammenarbeit mit den gallisch-römischen Landbesitzern lagen. Einige von ihnen gelangten in hohe Positionen des Königreichs. Die Könige bemühten sich, mit der Kirche und ihren Bischöfen gute Beziehungen aufzubauen. Orosius berichtet, dass die Burgunder im fünften Jahrhundert den katholischen Glauben annahmen, aber falls sie das taten, dann wechselten sie später zum Arianismus über. Möglicherweise waren einige Burgunder Katholiken als sie ins Reich kamen, aber später nahmen sie den Glauben vieler ihrer germanischen Nachbarn an.

Das Gebiet, das die Burgunder besiedelten, umfasst im Wesentlichen die Fläche, die im Süden von der Rhône, im Osten vom Genfer See und Neuchâtel und im Westen und Norden von der Saône begrenzt wurde[15]. Die Verteilung der Gräberfelder legt eine engere Siedlungskonzentration um die beiden Seen und eine lockere Streuung an der oberen Saône nahe. Aber diese Struktur ist irreführend. Die fruchtbare Ebene zwischen Rhône und Saône hat mit großer Gewissheit schon früh Siedler angezogen. Es bestanden vor 460 in der Tat burgundische Bestrebungen, in das Gebiet um Lyon und Vienne vorzudringen. Lyon selbst wurde vom burgundischen König im Jahr 470 eingenommen und zwischen 465 bis 475 zogen die Burgunder weiter südwärts in die nördliche Provence. Im Norden strebten sie insbesondere in das Gebiet von Langres (ab 485 in ihrer Macht) und Nevers. Auxerre und ein Teil sei-

15 R. Moosbrugger-Leu, *Die Schweiz zur Merowingerzeit*, Band B, Bern 1971, S.14–20

nes Umlands befand sich kurzzeitig in burgundischen Händen, bis es durch einen Treuevertrag an die Franken überging. Von den städtischen Zentren in ihrem Gebiet besaßen Lyon und Genf besondere Anziehungskraft. Die beeindruckende römische Vergangenheit von Lyon legte es nahe, dass es zum Zentrum jener Könige erkoren wurde, deren Bewunderung für Rom größer war als die aller anderen germanischen Völker. Doch auch Genf war eine wichtige Stadt. Gundobad besaß dort eine Residenz und um 500 erneuerte er die römischen Verteidigungsanlagen. Es gab dort auch eine bedeutende Kirche, die jetzt unter der Basilika von St. Pierre entdeckt worden ist.

Die materielle Kultur der Siedler im burgundischen Königreich ist eine Mischkultur und zeigt sehr deutlich die schon früh beginnende Vermengung der Einwanderer mit einer sehr lebendigen gallisch-römischen Bevölkerung. Vor dem späten fünften Jahrhundert, als zum ersten Mal bestimmte Typen von Gürtelgarnituren und Schnallen auftauchten, finden sich wenige spezifische Merkmale. Reich verzierte Fibeln und anderer Kleidungsschmuck waren nicht häufig (oder wurden zumindest nicht in die Gräber gelegt) und große Waffen und Kriegsausrüstung finden sich weit seltener als unter den fränkischen oder alamannischen Grabbeigaben. Körperbestattung war von Anfang an die Regel, aber in einigen Gräberfeldern ist auch eine kleine Anzahl von Brandgräbern (zum Beispiel Monnet-la-Ville) nachgewiesen. Dies zeigt, dass die Verbindungen zum burgundischen Siedlungsgebiet östlich des Rheins aufrechterhalten oder erneuert wurden. Prächtig ausgestattete Gräber kennen wir bis jetzt noch nicht; sie könnten nahe bei oder in noch nicht genauer untersuchten Kirchen liegen. Hinweise auf aristokratische Schichten finden sich in ein paar wenigen Gräberfeldern, unter anderem in Charnay bei Chalons-sur-Saône, wo eine Reihe reich ausgestatteter Gräber entdeckt wurde. Dieses Gräberfeld und ähnliche weitere deuten vermutlich auf eine geplante Ansiedlung von Kriegern an strategisch wichtigen Punkten an bedeutenden Verkehrswegen hin.

Die Burgunder übten gewiss auch weiterhin ihre Pufferfunktion gegen expansionswillige Nachbarn aus. Im Jahr 454 und erneut 475 vertrieben sie die Alamannen aus dem Saône-Tal und verhinderten zwischen 469 und 475 die Überquerung der Rhône durch die Westgoten sowie die Eroberung des Gebiets an ihrem Ostufer. In den letzten dreißig Jahren des fünften Jahrhunderts erlebte die burgundische Macht ihren Höhepunkt unter Chilperich I. und Gundobad. Nach 500 ging die größte Bedrohung von der wachsenden Stärke der Franken aus. Dies erkannten einige Burgunder, die sich zur Anhörung der Angebote Chlodwigs bereit fanden und eine fränkische Machtübernahme unterstützten. Die Grenze zu den Franken wurde im frühen sechsten Jahrhundert kurzzeitig gefestigt. 532 aber erlitten die Burgunder in Autun eine schlimme Niederlage gegen die Franken und verloren kurz darauf ihre Unabhängigkeit an die Erben Chlodwigs. Obwohl ihr Königreich dem Frankenreich einverleibt wurde, erinnerte man sich später im mittelalterlichen Frankreich noch immer an das burgundische Erbe. Als Föderaten hatten die Burgunder ihre Aufgabe gut erfüllt. Als unabhängige germanische Herrscher waren sie hingegen weit weniger erfolgreich. Ihr Land wurde im Osten von den Alpen und im Norden und Westen von mächtigen Nachbarn eingeschlossen. Der kurzfristige Erfolg ihres Reichs lag vermutlich zumindest zum großen Teil am Reichtum und an der Stärke der überlebenden gallisch-römischen Landbesitzer. Als deren Welt allmählich zusammenbrach, gingen die Burgunder mit ihnen unter. Die bekannten Gräberfelder – besonders die in den Westalpen – liegen entlang der römischen Straßen, vor allem an jenen zwischen dem Genfer See und Neuchâtel sowie an der Straße, die von Yverdon nach Solothurn um die Nordseite des Neuenburger Sees verläuft. Nichts verdeutlicht besser die Verbindung zwischen den Burgundern und der gallisch-römischen Siedlungsgeografie. Diese Gräberfelder sind in ethnischer Hinsicht wahrscheinlich gemischt, da die Provinzbevölkerung Teile der burgundischen Bestattungssitten übernahm. Die einzelnen Objekte, die dies am Besten zeigen, sind die so genannten Daniel-Schnallen, rechteckige Schnallenplatten mit der Darstellung einer menschlichen Figur zwischen zwei Ungeheuern. Mehrere dieser Schnallenplatten tragen auch lateinische Inschriften und mindestens einige stellen wohl Reliquienschreine dar. Die weitere Verwendung des Lateinischen auf solchen kleineren Objekten sowie auf Grabsteinen und anderen Steintafeln erhellt nur schwach die Bedeutung, welche die lateinische Bildung und Erziehung im Königreich bis weit in das sechste Jahrhundert hinein hatte. Sie wurde durch die gallisch-römischen Senatorenfamilien gefördert, die bei der Leitung des Verwaltungsapparats noch immer eine wichtige Rolle spielten. Die burgundischen Könige taten mehr für den Fortbestand der spätrömischen Provinzverwaltung als alle anderen Germanenkönige.

Die nordischen Völker

Die nordgermanischen Völker 400–700 n. Chr.

Die Sachsen

Auch wenn die Sachsen bereits im zweiten Jahrhundert erwähnt werden, treten sie erst im dritten Jahrhundert voll in Erscheinung, als sie zusammen mit den Franken als Seeräuber umherzogen. Ptolemaios hat sie zwischen der Elbe und dem unteren Teil der Halbinsel Jütland lokalisiert, aber in der spätrömischen Zeit wurde ihr Name anscheinend auf alle Bewohner an den Unterläufen von Weser und Elbe und den angrenzenden Küstenländern ausgedehnt. Der Stamm der Chauken war vielleicht schon vor dem vierten Jahrhundert in einer größeren Gruppe aufgegangen und es bestanden sicher Verbindungen zu anderen Völkern in dieser Region, zum Beispiel zu den Angeln. Die Raubüberfälle vom Meer aus auf Gallien und Britannien wurden im vierten Jahrhundert, vor allem in den letzten Jahrzehnten, und bis ins fünfte Jahrhundert fortgesetzt, bis sich die Sachsen in Südostengland und Gallien ansiedelten. Offenbar zogen auch Sachsen über Land nach Süden in das Gebiet zwischen Rhein und Ijsselmeer im heutigen Holland. Das wachsende Interesse der Sachsen an England vom frühen fünften Jahrhundert an scheint vom Mittelrheingebiet den größten Druck genommen zu haben. Aber das sächsische Volk blieb eine starke Macht in Norddeutschland, bis es schließlich im achten Jahrhundert durch Karl den Großen unterworfen und unter fränkische Kontrolle gebracht wurde.

Die politische Organisation der frühen Sachsen ist kaum bekannt. Von ihren Anführern sind weder Namen noch Taten überliefert und es gibt nur wenige Anzeichen für eine starke Zentralmacht. Die Sachsen des dritten und vierten Jahrhunderts waren anscheinend in Kriegerhorden organisiert, die sich für eine bestimmte Unternehmung jeweils neu formierten. Höchstwahrscheinlich wurde der Name „Sachsen" von den erschreckten Provinzbewohnern auf alle Kriegergruppen, die von der Nordsee kamen, übertragen. Es gab wohl wenig Veranlassung, ihre genaue Stammeszugehörigkeit zu untersuchen. Die lockere Struktur des sächsischen Stammesverbands blieb wahrscheinlich auch im fünften Jahrhundert bestehen. In dieser Zeit kam es in den nordischen Küstenländern zu großen Veränderungen. In der ersten Jahrhunderthälfte wurden viele Dörfer und Weiler verlassen und nicht wieder besiedelt. Die Ursache dafür lag teilweise in der Wanderung der Sachsen nach England und anderswo hin, teilweise veränderte sich auch die Siedlungsstruktur im sächsischen Kernland selbst nachhaltig, was sich auch in den Funden einiger großer Brandgräberfelder zeigt. Viele wurden schon vor 450 nicht mehr benutzt; andere stammten aus dem fünften Jahrhundert und wurden bis zum achten Jahrhundert und noch länger als Grabstätten verwendet. Das Gräberfeld in Liebenau bei Nienburg im Wesertal wurde in der Gruppe der späteren Gräberfelder am gründlichsten untersucht[1]. Es entstand um 400 und wurde Mitte des neunten Jahrhunderts noch immer genutzt. Man findet sowohl Körperbestattungen als auch Brandgräber und beide Grabformen enthielten im Gegensatz zu den einfachen Urnen vieler sächsischer Gräberfelder ziemlich reiche Ausstattungen. Die Grabbeigaben in Liebenau sind von außergewöhnlichem Interesse, da sie enge Verbindungen zu dem Gebiet der Thüringer im Süden und zu den merowingischen Franken im Westen zeigen. Die Beziehungen zum Frankenreich werden auch in anderen sächsischen Gräberfeldern deutlich, aber hier offenbaren sie sich mit ungewöhnlicher Klarheit. Politische Verbindungen, die durch den Austausch von Geschenken besiegelt wurden, könnten neben dem Handel als Erklärung dienen. Die Liebenau-Gräber blieben von christlichen Gebräuchen bis mindestens ins achte Jahrhundert unberührt. In dem Gräberfeld lagen elf gesonderte Pferdegräber; die Pferde gehörten wahrscheinlich führenden Kriegern. Die jüngsten Menschengräber

1 A. Genrich, „Der Friedhof bei Liebenau in Niedersachsen" in: *Ausgrabungen in Deutschland, 1950–1975*, Berlin 1975, S. 17

stammen aus der Zeit zwischen Widukunds Taufe im Jahre 785 und der Mitte des neunten Jahrhunderts.

Aus dem Zug der Sachsen und anderer nach Britannien im fünften und sechsten Jahrhundert ergab sich eine Neuordnung der Völker auf dem nordischen Festland. Die Angeln verließen ihr Siedlungsgebiet im heutigen Schleswig-Holstein. Es blieb eine Zeit lang verlassen, bis es dann von Dänen und Slawen besiedelt wurde. Die Friesen dehnten ihr Gebiet nach Osten aus und die Wariner, die bisher kaum in Erscheinung getreten, aber von Tacitus schon vier Jahrhunderte zuvor erwähnt worden waren, versuchten, das Land zu übernehmen, das infolge der Wanderung unbewohnt zurückgelassen worden war. Die in Norddeutschland verbliebenen Sachsen bildeten immer noch ein starkes Volk, das seine Grenzen nach Süden und Südwesten auszudehnen vermochte. Im Verlauf des siebten Jahrhunderts besetzten sie Westfalen, Teile von Hessen und die Täler von Ruhr und Lippe, also Gebiete, die bereits von den Franken beansprucht wurden, und dort wurde ihr Vorrücken gestoppt. Im folgenden Jahrhundert wurden sie von Pippin dem Jüngeren (dem ersten Karolinger, 714 bis 768) und Karl dem Großen besiegt und unterworfen.

Die sächsischen Siedlungen in Gallien werden oft vergessen, vielleicht weil es von ihnen bis in die siebziger Jahre des 20. Jahrhunderts nur wenige archäologische Zeugnisse gab. Aber sie haben existiert und in bestimmten Gebieten erreichten sie beträchtliche Bedeutung. Die dauerhafteste Siedlung der Sachsen in Gallien lag im Departement Calvados um Bayeux, wo sich die Saxones Baiocassini im fünften Jahrhundert niederließen. Davon berichtet Gregor von Tours im Zusammenhang mit ihren Beziehungen zu den Bretonen gleich zweimal[2]. Chilperich schickte die Sachsen in die Schlacht gegen die Bretonen unter Waroch, der ihnen eine schwere Niederlage zufügte. Im späten sechsten Jahrhundert setzte Fredegund sie zur Verstärkung der bretonischen Armee gegen ihren Feind Guntram ein und wieder erlitten sie schwere Verluste. Erkennbar sächsisches Material wird jetzt in dem Gebiet gefunden, welches von dieser Gruppe aus dem Norden bewohnt wurde. Gräber aus dem sechsten Jahrhundert in Giberville im Departement Calvados enthalten nicht nur handgefertigte sächsische Keramik, sondern auch Scheibenfibeln und mindestens eine Fibel mit quadratischem Oberteil. In einem weiteren Gräberfeld in Sannerville, ebenfalls im Departement Calvados, kamen sächsische Keramiken aus dem fünften Jahrhundert und Fibeln mit sächsischem Einschlag zum Vorschein.

Eine weitere Sachsengruppe war bis an die Westküste Galliens vorgedrungen und hatte sich auf den Inseln an der Mündung der Loire niedergelassen. Einer ihrer Anführer war möglicherweise ein gewisser Adovacrius, der im Jahr 464 einen Feldzug ins Loiretal unternahm. Diese Sachsen blieben bis ins späte sechste Jahrhundert unabhängig und wur-

2 Gregor von Tours, *Geschichte der Franken*, V, 19; X, 9

den dann vom Bischof von Nantes zum Christentum bekehrt. Noch andere, vermutlich die größte Gruppe, siedelten sich in der Küstenebene zwischen Boulogne und Calais an und dehnten ihr Gebiet im Süden bis zur Somme aus. Auch von ihnen finden sich hier allmählich archäologische Spuren, zum Beispiel in den Gräbern in Nouvien-en-Ponthieu (Somme) aus dem fünften und sechsten Jahrhundert. Nach dem späten sechsten Jahrhundert gingen sie in den Regionalkulturen des merowingischen Gallien auf.

Nach ihren Zügen nach Nordgallien und Britannien im fünften Jahrhundert blieben die Sachsen weitgehend unabhängig und unterhielten keine Kontakte mit dem ehemaligen Römischen Reich. Dieses von äußeren Mächten unabhängige Dasein pflegten sie bis ins frühe neunte Jahrhundert; die meisten blieben in ihren Siedlungsgebiet und wurden so nicht in die großen Wanderungen nach Süden und Westen hineingezogen. Die sächsischen Horden, die im vierten und fünften Jahrhundert die Küsten Galliens und Englands überfielen, bestanden wahrscheinlich aus Kriegern und ihren Abhängigen, die am Rande der sächsischen Gesellschaft lebten und die vielversprechendste oder einzige Hoffnung auf ein besseres Leben in einem solchen Abenteuer sahen. Die Masse der Bevölkerung blieb in der norddeutschen Tiefebene und stellte noch während der Herrschaft Karls des Großen eine bedeutende Macht dar. Mit der Ansiedlung der Sachsen und anderer in England im fünften Jahrhundert verringerte sich der Druck auf die Rheingrenze beträchtlich, zumal die Sachsen selbst zum Ziel feindlicher Angriffe der Franken und der Völker Südskandinaviens wurden. Im späten fünften Jahrhundert sahen sich die Sachsen zunehmend von ihren Nachbarn eingeschlossen, die ihren Zugang zu entfernteren Gebieten stark einschränkten. Wir hören von Sachsen, die im Jahre 451 als Föderaten die im Westen einfallenden Hunnen bekämpften, aber ansonsten fallen die Zeugnisse recht dürftig aus. Das heißt aber nicht, dass dieses Volk an Bedeutung verlor und zweifelsohne kämpfte es weiterhin gegen seine Nachbarn. Mitte des sechsten Jahrhunderts versuchten die Sachsen mit den Thüringern, ihren Verbündeten, die Franken am Niederrhein anzugreifen, aber sie wurden vernichtend geschlagen. Von Westeuropa ausgesperrt, richteten die Sachsen nach 560 ihre Aufmerksamkeit nach Süden. Im Jahr 568 beteiligten sie sich am Zug der Langobarden nach Italien, obwohl die meisten unter ihnen in ihrer ursprünglichen, wenn auch bedrohten Heimat blieben.

Nach etwa 560 wurde das sächsische Territorium zunehmend eingeschlossen. Die fränkische Expansion brach über die Westgrenze herein, während slawische Gruppen aus dem Osten westwärts in das Elbebecken drängten. Ihre Nordflanke wurde von skandinavischen Überfällen bedroht und im Süden bildeten sich neue Gruppierungen an der mittleren Donau. Die Reaktion lag auf der Hand: Die Sachsen schlossen sich innerhalb des bestehenden Territoriums zusammen. Ihre bevorzugten Siedlungsräume lagen am Unterlauf der Weser und an ihren Nebenflüssen Aller und Leine. Die Heidegebiete und Wälder zwischen Aller und Unterelbe boten nur wenig einladendes Land, während die Schwemmländer der Weser, Aller und Leine fruchtbarere Böden versprachen.

Im sächsischen Kernland bildete sich im dritten und vierten Jahrhundert eine eigene materielle Kultur heraus, die auch in den beiden folgenden Jahrhunderten weiter bestand. Die Siedlungen waren größtenteils klein und sind eindeutig einer Bauerngesellschaft zuzuordnen. Weiter entfernt von der Küste sind keine großen Siedlungen bezeugt. Die Gräberfelder enthalten hauptsächlich Überreste von Brandbestattungen, die in eine oder mehrere Urnen gefüllt und mit wenigen anderen Grabbeigaben versehen wurden. Es gab aber auch Körperbestattungen und man entdeckte etliche gemischte Gräberfelder, zum Beispiel in Liebenau an der mittleren Weser, das vom vierten Jahrhundert bis nach 800 n. Chr. genutzt wurde und am gründlichsten untersucht worden ist. Mehrere der Brandgräberfelder sind sehr groß und enthalten Tausende von Urnen. Sie lassen auf Gemeinschaften schließen, die jahrhundertelang bestanden hatten. Innerhalb dieser Gräberfelder besteht so gut wie keine soziale Differenzierung. Reiche Gräber sind generell selten in sächsischen Gebieten, obwohl das nicht heißen muss, dass es keine Hierarchie gab. Es existieren aber große regionale Unterschiede. In Ostholstein wurden oft Fibeln und andere Schmuckstücke in die Gräber gelegt. Im Wesertal begrub man die Toten in ausgehöhlten Baumstämmen oder in Grabkammern aus starken Balken. Am bemerkenswertesten ist vielleicht die Einheitlichkeit dieser Gräberfelder über Jahrhunderte hinweg. Welche Gesellschaftsstruktur auch immer dahinter stand, sie war auf jeden Fall stabil.

Die Sachsen blieben bis ins achte Jahrhundert ein heidnisches Volk. Die umfangreichen Weihungen aus der spätrömischen Eisenzeit wurden von kleineren Opfern in Mooren und Tümpeln abgelöst. Sie bestanden hauptsächlich aus Keramik, Textilien und vergänglichen Waren, die auf Fruchtbarkeitskulte hindeuten. Frühmittelalterliche Belege berichten von Quellen und Bäumen, die von den Sachsen verehrt wurden. Die Nachwirkungen dieser Kulte reichten bis ins achte Jahrhundert: Der große, als Irminsul bekannte Baum, der auf einem den Sachsen heiligen Gelände stand, wurde erst von den Truppen Karls des Großen 773 zerstört. Irmin war anscheinend eine bedeutende Gottheit der Sachsen, die dem Gott Tiwaz anderer nordgermanischer Völker entsprach.

Die schriftlichen Quellen des achten Jahrhunderts berichten, dass die Sachsen kein zentralisiertes Königtum kannten, stattdessen aber viele Lokalherren, die von ihrem Gefolge von Kriegern gestützt wurden. Diese lockere Binnenstruktur blieb bis mindestens zum achten Jahrhundert bestehen, aber sie ließ die Sachsen für Angriffe von Mächten mit größerem Zusammenhalt anfälliger werden. Die größte Bedrohung ging von den Franken aus, die Mitte des achten Jahrhunderts zu expandieren begannen. Im Verlauf des nächsten Jahrhunderts festigte sich die fränkische Autorität über das sächsische Gebiet beständig. Nach 770 gingen die karolingischen Könige gezielter gegen die Sachsen vor und brachten sie fest unter fränkische Kontrolle. Damit war die sächsische Unabhängigkeit beendet.

Die Friesen

Die Friesen hatten während der frührömischen Zeit den größten Teil Nordhollands und die Nordwestküste Deutschlands bis zur Weser bewohnt. Bei ihren frühen Kontakten mit Rom schlossen die Friesen auch Veträge (und stellten später Hilfstruppen für die römische Armee), wenngleich sie sie nicht immer einhielten, und gingen wirtschaftliche Verbindungen mit der römischen Provinz am Niederrhein ein. Während der Herrschaft des Augustus und seiner direkten Nachfolger stand das friesische Gebiet größtenteils unter römischer Kontrolle. Diese Phase endete im Jahr 48 n. Chr., als sich die Friesen unter ihren Herrschern Verritus und Malorix auf der Suche nach neuem Land nach Süden auszubreiten versuchten, was von den römischen Truppen jedoch verhindert wurde. Nach dem ersten Jahrhundert werden die Friesen in schriftlichen Quellen nur selten erwähnt; allein die Archäologie berichtet uns über ihre Geschichte und Kultur. Sie werden nicht unter den Hauptangreifern auf die Grenzen des spätrömischen Reichs genannt, obwohl es gut möglich ist, dass friesische Krieger die Sachsen bei ihren Raubzügen begleiteten. Der Anstieg des Meeresspiegels, welcher die Küstengebiete im vierten und fünften Jahrhundert unbewohnbar machte, bedeutete für die Friesen die Notwendigkeit, in Richtung Rhein und in Ostengland neue Siedlungsräume zu suchen. Procopius, der sein Werk Mitte des 6. Jahrhunderts verfasste, sich aber vermutlich auf frühere Überlieferungen stützt, berichtet, dass „Frissones" an der Besiedlung Englands durch die Angeln teilnahmen. Eine Anzahl von Ortsnamen in Ostengland, zum Beispiel Friesthorpe und Frieston (Lincolnshire), Frisby (Leicestershire) und Friston (Suffolk), stützen diese Behauptung. Außerdem finden sich im Altenglischen einige altfriesische Wörter und Sprachelemente.

Wie bereits erwähnt, fiel das friesische Siedlungsgebiet in der spätrömischen Zeit teilweise dem Ansteigen des Meeresspiegels zum Opfer. Schon lange zuvor sahen sich diese Siedler an der Küste dazu gezwungen, unter dem Druck der örtlichen Gegebenheiten besondere Strategien zu entwickeln. In den tiefer liegenden Gebieten entwickelten sich Siedlungen auf Wohnhügeln, die teilweise jahrhundertelang bewohnt blieben und zu bedeutenden Gemeinwesen wurden (vgl. S. 61). Die Ausgrabungen solcher Siedlungen konzentrierten sich hauptsächlich auf große Erdhügel wie zum Beispiel Ezinge in Holland und Feddersen Wierde in Deutschland; letzteres ergab das bisher vollständigste Bild einer Küstensiedlung, die über Jahrhunderte hinweg bewohnt wurde, bevor sie im fünften Jahrhundert endgültig verlassen wurde. Zumindest einige der Bewohner könnten nach Ostengland gezogen sein.

In der Zeit direkt nach dem Ende der römischen Herrschaft am Niederrhein ist wenig über die Friesen bekannt. Vermutlich fanden sie nur unter Schwierigkeiten neues Land im Süden, da fränkische Truppen entschieden auf die früheren römischen Grenzprovinzen zugriffen. Um 555 bis 560 n. Chr. unterwarf der fränkische König Chlotar I. die Friesen oder wenigstens einen Teil von ihnen, ohne jedoch ihre Identität zu zerstören. Viele Friesen hielten an ihrem Heidentum bis spät ins siebte Jahrhundert fest, als Missionare aus England Zugang zur heidnischen Bevölkerung erhielten, insbesondere Wilfrid im Jahr 678 und Willibrord im Jahr 689. Bis dahin hatten im friesischen Gebiet keine größeren Zentren bestanden. Um die Mitte des siebten Jahrhunderts entstand dann bei dem alten Römerkastell Utrecht ein befestigter Ort, später wurde auch ein Kloster erbaut. Am Ostufer des Niederrheins wurde in Dorestad (Wijk bei Duurstede) ein bedeutender Handelsplatz errichtet, der sich im Lauf des nächsten Jahrhunderts auf einer Fläche von 200 Hektar rasch entwickelte. Dorestad war eine hochentwickelte Siedlung, die einen Hafen und ein Handelszentrum am Rhein umfasste sowie ein Kernstadtareal etwas abseits des Flusses, in welchem Handwerker und Bauern ihren Lebensunterhalt verdienten. Obwohl einst als friesisches Zentrum erwähnt, lag Dorestad wie bei Handelszentren oft der Fall vermutlich auf einer Grenzlinie und verband das fränkische Gallien, England, Norddeutschland und Skandinavien. Zur Blütezeit Dorestads geriet Frisia zunehmend in die Abhängigkeit vom Frankenreich. Trotzdem blieb seine eigene Identität in Kultur und Sprache erhalten, die noch heute in Teilen Frieslands zu finden ist.

Es überrascht nicht, dass kulturelle Beziehungen zum sächsischen Stammesverband im Osten bestanden. Sächsische Fibeln und Keramik kommen in friesischen Gebieten zwischen den Flüssen Ems und Vlie vor, sodass einige Wissenschaftler behauptet haben, die Angelsachsen hätten zumindest einen Teil Frisias erobert. Das Fundgut liefert keinen eindeutigen Beweis für diese These, sondern es zeigt lediglich, dass in den nordischen Küstengebieten durch Tausch- und Bündnismechanismen ab dem späten fünften Jahrhundert eine allgemeine kulturelle Verschmelzung erfolgt war. Die sich verschlechternde Bodenbeschaffenheit an der Küste führte wahrscheinlich zunehmend zu Kämpfen um anbaufähiges Land, die aber keinen größeren Vorstoß der Sachsen und anderer Völker nach Westen ausgelöst haben müssen. Man sollte in Betracht ziehen, dass sächsische und möglicherweise auch dänische

Überfälle auf friesische Siedlungsgebiete stattfanden, aber die derzeitigen Funde bestätigen keine vollständige Eroberung.

Es besteht hingegen kein Zweifel, dass Frisia schließlich der karolingisch-fränkischen Expansion zum Opfer fiel. Im Jahr 689 übernahm Pippin II. die Kontrolle über Dorestad und das südliche Friesengebiet. Sechs Jahre später bot Utrecht ausreichende Sicherheit für eine Klostergründung, doch das Heidentum bestand weiter. Der Friesenführer Radbod schlug die Franken zurück, errang 716 einen Sieg in Köln am Rhein und zerstörte die im nördlichen Frankenreich erbauten Kirchen. Die englischen Missionare zogen sich vorsichtig zurück. Aber damit hatte sich das friesische Unabhängigkeitsstreben zum letzten Mal aufgebäumt. Nach Radbods Tod im Jahr 719 fiel der westliche Teil Frisias an die Franken, obwohl viele der dortigen Einrichtungen intakt blieben. Auch die Handelswege durch Frisia behielten weiterhin ihre Bedeutung. Das in Dorestad und anderswo geprägte Münzgeld mischte sich mit importierten fränkischen Münzen und erleichterte den Handel im Nordseeraum. Diese Entwicklung lässt sich in einer Reihe von Horten und anderen größeren Funden nachvollziehen. Ein Hort, der in Midlum gefunden wurde, stammt aus dem Jahr 570 und zeigt deutliche Einflüsse byzantinischer Goldprägungen. Die nächste Phase verdeutlicht ein Hort in Wieuwerd, der zwischen 630 und 640 vergraben wurde und sieben byzantinische Münzen, drei aus Italien und 15 aus dem fränkischen Gallien enthielt. An der friesischen Ostgrenze verweist der Hort von Altenwalde von ca. 650 n. Chr. auf eine lokale Herkunft der Münzen, die in Münzstätten am Niederrhein und an der Maas geprägt worden waren. Um 650 waren also mindestens zwei bedeutende Geldströme entstanden: der eine entlang der Nordseeküste und der andere, vom Frankenreich her kommend, entlang der Straßen an Ruhr und Lippe. In beiden Fällen lag der Schwerpunkt in Frisia, was darauf hindeutet, dass friesische Händler als Mittelsmänner zwischen der fränkischen Welt und den Gebieten an Nordsee und westlicher Ostsee operierten.

In der Spätantike hören wir nur wenig über die Friesen, weil der Name „Saxones“ auf alle Völker an den Küsten Hollands und Norddeutschlands übertragen wurde. Aber das Volk der Friesen existierte und im fünften Jahrhundert tauchen sie erneut auf, wenn auch nur schemenhaft. Die Küstenländer wurden im vierten und fünften Jahrhundert Opfer eines Anstiegs des Meeresspiegels, der einen starken Bevölkerungsrückgang bewirkte. An der Südgrenze des Friesengebiets am Niederrhein entwickelte sich die wachsende Macht der salischen Franken zu einer immer größeren Bedrohung: Im sechsten Jahrhundert können die Friesen durchaus als ein Volk unter fränkischer Kontrolle bezeichnet werden. Jedenfalls lässt sich an dem starken fränkischen Einfluss auf sie nicht zweifeln. Die politische Schwäche der Friesen sowie ihr begrenztes Gebiet mögen ein Ansporn für ihre abenteuerlustigeren Nachkommen gewesen sein, ihr Glück im Handel fern ihrer Heimat zu suchen[3]. Andere lockte es laut Procopius nach Britannien und Nordgallien. In kultureller Hinsicht bestanden natürlich Verbindungen zu dem sächsischen Gebiet in den Küstenländern an Elbe und Weser. Im späten vierten Jahrhundert traten in Friesland gemischte Gräberfelder mit Brandgräbern und Körperbestattungen auf. Die Gräber ähnelten in Form und Ausstattung im Wesentlichen denen östlich der Ems. Reich ausgestattete Gräber kommen im Allgemeinen nicht vor, mit Ausnahme eines Frauengrabs im Gräberfeld von Zweelo, das eine zusammengesetzte Scheibenfibel und eine gleicharmige Fibel sowie eine Halskette aus Bernsteinperlen und eine weitere aus Glasperlen enthielt und auf etwa 450 n. Chr. datiert wird. Das Gräberfeld von Zweelo begann mit Körperbestattungen in Nord-Süd-Richtung; später wurden sie durch Beerdigungen in Ost-West-Richtung abgelöst, unter denen sich auch Pferdegräber befanden.

3 S. Lebecq, *Marchands et navigateurs frisons du haut moyen âge*

Die Angelsachsen

Die Geschichte der germanischen Besiedlung in Südengland wurde sehr detailliert untersucht und lässt sich in einem Buch wie diesem nicht angemessen zusammenfassen[4]. Doch die Überfahrt der Siedler von den Küsten des nordeuropäischen Festlands in die römischen Provinzen von Britannia prägte die Insel und die spätere Geschichte Westeuropas so sehr, dass sie sich nicht völlig übergehen lässt. Die historischen Quellen über die nordgermanische Migration nach England und die nachfolgende Entstehung angelsächsischer Gemeinwesen sind nicht gerade beeindruckend, insbesondere für die frühen Phasen. Die Interpretation der Berichte von Gildas und Beda, der beiden wichtigsten Quellen, ist äußerst schwierig und wurde in der Vergangenheit oft zu leicht genommen. Beiträge der Archäologie, die sich lange Zeit hauptsächlich mit der Ausgrabung von Gräberfeldern und der Stilanalyse von Metallarbeiten beschäftigten, eröffneten der Erforschung der frühen Angelsachsen seit den sechziger Jahren des 20. Jahrhunderts eine breitere Perspektive, insbesondere auf dem Gebiet der Siedlungsgeografie. Die Chronologie sowohl für Keramik als auch für Metallarbeiten, die seit den siebziger Jahren in Norddeutschland und besonders in Dänemark erarbeitet worden ist, wirkt sich auch auf die Untersuchungen des frühen angelsächsischen England nachdrücklich aus. Sie legt damit zum ersten Mal jenseits aller Zweifel die Anfänge der germanischen Besiedlung im Osten der Insel fest. Es bleibt immer noch viel zu erforschen, aber nun besteht zumindest ein zuverlässiges Zeitgerüst für dieses Thema.

4 J. Campbell (Hrsg.), *The Anglo-Saxons;* J. N. L. Myres, *The English Settlements,* Oxford 1986, ist von seinen Ansätzen her veraltet.

Die Auswanderer nach England kamen aus den Küstenländern um die Flussmündungen von Elbe und Weser, aus Schleswig-Holstein, besonders dem Gebiet von Angeln, aus Nordholland und zumindest aus Teilen der Halbinsel Jütland. Dies berichten historische Quellen und die Archäologie bestätigt es deutlich. Es gab vermutlich vielfältige Anreize auszuwandern, wie die verschlechterten Lebensbedingungen in den Küstengebieten, die wachsenden Bevölkerungszahlen und die zunehmende Erkenntnis, dass sich jenseits der Nordsee nun die Möglichkeit zu materiellem Gewinn bot. Wie auch anderswo in den westlichen Provinzen waren die Verteidiger des römischen Britannien ab dem späten dritten Jahrhundert bis zu einem gewissen Grad auf germanische Einheiten und germanische Offiziere angewiesen. Das formale Ende der Römerherrschaft 410 bedeutete nicht gleichzeitig das Ende aller Bemühungen, England vor Angriffen von außen zu schützen. Die schlimmsten Überfälle verübten die Sachsen und andere Gruppen von Meer aus. Natürlich setzten die Machthaber in England auch nach 410 germanische Truppen ein und verstärkten sie vielleicht auch noch zahlenmäßig. Die rekrutierten Germanen wiederum sahen darin vermutlich gar keinen Bruch mit der Praxis der Vergangenheit: Sie dienten in einer Provinzarmee genau wie ihre Vorgänger. Doch nach ungefähr einer Generation erlaubte das Ende der Zentralmacht in England den germanischen Truppen ein viel freieres Eingreifen in den Verlauf der Geschehnisse. Vor diesem Hintergrund ergeben die Berichte von Gildas und Beda zwar Sinn, doch bleibt trotzdem vieles ungeklärt und vermutlich unerklärlich. Der Einsatz von zunächst nur wenigen, dann aber immer mehr germanischen Truppen war von einem frühen Zeitpunkt an üblich, aber bald verlangten die Neuankömmlinge höheren Lohn und setzten eine zerstörerische Meuterei in Gang. Später gingen die Germanen in ihre Heimat zurück – soweit der Kern von Gildas' Bericht aus der Mitte des sechsten Jahrhunderts. Auf ihm wiederum baute Bedas ausführlichere Erzählung von etwa 730 auf. Zwar mögen noch einige Ungereimtheiten bestehen, zum Beispiel bezüglich der Rückkehr der Sachsen in ihr Heimatland, aber wahrscheinlich hatte Gildas Zugang zu mindestens einer Quelle aus dem fünften Jahrhundert. Sein Bericht scheint auf eine faktengestützte Überlieferung zurückzugreifen und ist in Anbetracht der Situation Britanniens im fünften Jahrhundert außerdem völlig glaubhaft.

Die archäologischen Zeugnisse der frühesten Ansiedlung von Nordgermanen in England haben seit 1960 sehr zugenommen[5]. Die ersten angelsächsischen Gräberfelder und Siedlungen liegen anscheinend in der Gegend zwischen der unteren Themse und Norfolk, weitere Hinweise finden sich in Lincolnshire und Kent. Am Nordufer der Themsemündung ließ sich eine Gruppe von Germanen kurz nach 400 in Mucking nieder, offensichtlich unter der Aufsicht von Offizieren in spätrömischen Uniformen[6]. Die frühe Keramik aus diesem Ort erinnert sehr an die aus späten Depots in Feddersen Wierde. Dies deutet darauf hin, dass einige der Auswanderer direkt von der nordgermanischen

5 H. W. Böhme, „Der Untergang der römischen Herrschaft in Britannien" in: *BRGK* 68, 1987, S. 86

6 H. F. Hamerow, „Anglo-Saxon settlement, pottery and spatial development at Mucking, Essex" in: *BROB* 37, 1987, S. 245

Küste aus an die Themse kamen. Ob sie sich dazu ganz und gar aus Eigeninitiative entschlossen oder ob ihre Ansiedlung dort eine politische Entscheidung der spätrömisch-britischen Behörden, wie auch immer sie ausgesehen haben mögen, darstellt, ist unklar. Die Tatsache, dass sich Truppen mit spätrömischer Ausrüstung nachweisen lassen, weist eher auf die zweite Möglichkeit hin. In Ostanglia stoßen wir auf zwei besonders bemerkenswerte frühangelsächsische Siedlungen. Außerhalb der Stadtmauer der ehemaligen römischen Kleinstadt Caister-by-Norwich liegt ein großes germanisches Urnengräberfeld, dessen früheste Bestattungen um oder kurz nach 400 datiert werden, wofür es verschiedene Erklärungsmöglichkeiten gibt[7]. Die wahrscheinlichste ist, dass im frühen fünften Jahrhundert diejenigen, die für die Sicherheit der Stadt und ihrer Einwohner Sorge trugen, an dieser Stelle Angelsachsen angesiedelt und ihnen Land in der Umgebung zugeteilt hatten. Die Funde weiterer frühgermanischer Gräberfelder in der Nähe von römischen Städten in Ostengland, zum Beispiel in Leicester, Ancaster und Great Chesterford, verdeutlichen, dass dies kein Einzelfall war. Die in West Stow in Suffolk lebenden frühen Angelsachsen aber standen zu keiner römisch-britischen Siedlung in Verbindung[8]. Hier hatte sich im frühen fünften Jahrhundert eine Dorfgemeinschaft gebildet, die zwei Jahrhunderte oder sogar länger bestand. Sie lag fern jeder römischen Stadt oder größeren Villa, obwohl möglicherweise noch immer innerhalb der Grenzen eines Villenguts. Wie und warum sich diese Gruppe genau dort ansiedelte, liegt immer noch im Dunkeln, aber es besteht kein Zweifel, dass es zu ungefähr jener Zeit war, als die römische Macht in Britannien endete.

7 J. N. L. Myres and B. Green, *The Anglo-Saxon Cemeteries at Caister by Norwich and Markshall*, London 1973

8 S. E. West, „West Stow: the Anglo-Saxon village“, *East-Anglian Archaeology* 24, 1985

Es erstaunt nicht, dass Kent in Bedas (aber nicht in Gildas') Bericht über die germanischen Einwanderungen in Britannien eine herausragende Rolle einnimmt. Er gibt an, dass Kent von Jüten besiedelt wurde, die aus Jütland kamen. Diese These eines jütisch besiedelten Kent wurde lange Zeit diskutiert, aber heute gibt es genügend archäologische Zeugnisse für Verbindungen zwischen Jütland und Kent, besonders in Bezug auf Schmuck und Brakteaten, um Bedas Behauptung ernst zu nehmen. Kent lag nahe bei Nordgallien, dessen materielle Kultur zunehmend fränkische Züge trug, und so steht zu erwarten, dass sich diese geografische Nähe auch in der Archäologie der Region widerspiegelt. Und sie zeigt sich tatsächlich deutlich, zum Beispiel in den fränkischen Strahlen- und Vogelfibeln aus Gräberfeldern wie Faversham und Lyminge, in den Glasimporten aus dem Rheinland und sogar in fränkischen Tonflaschen. Auch fränkische Waffen tauchen gelegentlich auf, aber es gibt keinen Hinweis auf einen Zug der Franken nach Kent. Gallien und Kent pflegten besonders im sechsten Jahrhundert Kontakte auf hoher Ebene. Den Höhepunkt erreichte diese Beziehung unter dem ersten König von Kent, der zum Christentum übertrat, Aethelbehrt, dessen Regierungszeit von den 560er Jahren bis 616 dauerte. Er heiratete Bertha, eine fränkische Prinzessin, die ihren christlichen Glauben in das fortschrittlichste englische Königreich dieser Zeit mitbrachte. Dadurch wirkte sie vielleicht auf die Missionsrichtung von Papst Gregor ein, die Augustinus 597 nach Kent brachte, der dort mit der Bekehrung des germanischen Englands begann.

Nach der Entstehung des Königreichs Kent (der Name ist von dem germanischen *Cantware* abgeleitet; die römisch-britischen Einwohner dieses Gebiets wurden als *Cantiaci* bezeichnet) entwickelten sich im siebten Jahrhundert einige andere Königreiche. Im Verhältnis zu denen des europäischen Festlands waren die meisten davon winzig und einige sehr instabil[9]. Verbindungen zum Kontinent unterhielten mehrere dieser Kleinstaaten, insbesondere Kent und East Anglia, und zwar nicht nur zu den direkt angrenzenden Teilen Europas. Das prächtig ausgestattete Grab in Sutton Hoo in Suffolk (wahrscheinlich aus dem Jahr 625) zeigt Verbindungen zu den Gräbern in Vendel und Valsgärde in Schweden (vgl. S. 217) und enthält Münzen aus dem fränkischen Gallien und einen byzantinischen Silberteller von beträchtlichem Alter, vielleicht ein diplomatisches Geschenk. Wenn überhaupt, dann waren nur wenige Teile der germanischen Welt völlig isoliert. Die meisten hatten hingegen weit mehr politische und andere Verbindung nach außen, als man oft annimmt.

9 S. Bassett, *The Origins of the Early Anglo-Saxon Kingdoms*, Leicester 1988

Skandinavien

Ein Gebiet, über das schriftliche Quellen nicht viel zu berichten haben, ist Südschweden mit den Ostseeinseln Gotland und Öland. Die einzigen Ereignisse, die überhaupt erwähnt werden, sind Raubüberfälle und Schlachten wie der schwedische Angriff auf Frisia oder die Expansion der Svear von Uppland. Ihre Kultur und Lebensumstände lässt sich nur mit Hilfe archäologischer Zeugnisse rekonstruieren. Im Gegensatz zu den meisten anderen Gebieten Europas, die in diesem Buch behandelt werden, hatten Schweden und die umliegenden Länder nicht unter größeren Einfällen fremder Völker zu leiden. Aber in der Zeit von 400 bis 700 kam es dennoch zu erheblichen kulturellen Veränderungen, zum Teil durch Druck von außen, aber der Hauptmotor der Veränderung lag im Inneren. Das Land war reich an landwirtschaftlichen Erzeugnissen und die für uns größtenteils namenlosen Anführer erkannten im fünften und sechsten Jahrhundert zunehmend dieses Potenzial. Die Jahrzehnte der Wirren, in denen das weströmische Reich seinem Ende zuging, lenkten einen Goldstrom nach Nordeuropa, der teilweise aus Beute, teilweise aus Soldzahlungen für den Militärdienst bestand. Ein großer Teil dieses Goldes erreichte aus uns noch unbekannten Gründen Schweden, Öland und Gotland in Form von Barren, Spiralringen, Solidi und prächtig gearbeiteten, teilweise geradezu ma-

Der Goldhort von Tureholm, Schweden

jestätischen Schmuckstücken. Ein einzelner Goldring aus Trolleberg wiegt zum Beispiel 1,255 Kilogramm und ein Hort aus Tureholm in Södermanland, der 1774 gefunden wurde, erreichte ein Gewicht von sage und schreibe 12 Kilogramm. Das Goldene Zeitalter Schwedens trägt seinen Namen zu Recht[10].

Viele kleine Gruppen besiedelten das Land und es gab nur wenige Stämme, die im schriftkundigen Süden bekannt waren. Der mächtigste unter ihnen war der Stamm der Svear oder Sviar, die hauptsächlich in Uppland in Ostschweden wohnten. Dieses Volk hatte Tacitus schon Jahrhunderte zuvor als reich an Menschen, Schiffen und Kriegsausrüstung beschrieben. Es ist vermutlich dasselbe Volk, dass im fünften und sechsten Jahrhundert als Besitzer edler Pferde bekannt war und das Tiere wegen ihrer Felle jagte, die es dann in die Mittelmeerwelt exportierte; Jordanes bezeichnete sie als *Suehans*. Jordanes berichtet auch von nordischen Völkern (den *Screrefennae*), die nomadische Jäger ohne feste Wohnsitze und Landwirtschaft waren. Ebenfalls in Südskandinavien siedelten die Ost- und Westgotar, vermutlich die Gauten der früheren

10 *Sveagold und Wikingerschmuck*, Mainz 1986

Schriftsteller, die einige Forscher, wenn auch mit schwacher Begründung, mit den frühen Goten in Zusammenhang gebracht haben. Westnorwegen gehörte seit dem fünften Jahrhundert zum selben Kulturkreis wie der Rest Südskandinaviens. Es gibt Berichte über einen König, der in dieser Zeit über eine Gruppe von Stämmen einschließlich der Rugier (deren Name in Rogaland erhalten blieb) und der Harother (Hordaland) herrschte. Dabei handelte es sich ähnlich wie in Südschweden offensichtlich um eine frühe Phase der Staatenbildung. In den meisten Gebieten Südskandinaviens beschleunigte sich der ökonomische Fortschritt deutlich, als die Ressourcen des Landes systematischer genutzt wurden. In mehreren Regionen wuchs die Bevölkerung stark an und das Land füllte sich mit Bauernhöfen und kleinen Weilern. Befestigte Siedlungen entstanden in ganz Schweden zu Hunderten, Zeugen der ständigen Überfälle und Kriege in einer gewinnsüchtigen Adelsgesellschaft.

Die wachsende politische Bedeutung von Uppland und Mälar in der Völkerwanderungszeit zeigt sich durch die Lage dreier großer Grabhügel in Gamla Uppsala (Alt Uppsala) im Norden der heutigen Stadt[11]. Sie liegen innerhalb eines Gebiets reicher Körperbestattungen und großer Goldhorte. Spätere Schriftquellen weisen darauf hin, dass dieser Ort ein Zentrum des Heidentums geblieben war und zugleich den Mittelpunkt der Königsmacht der Svear bildete. Die drei Hügel bilden eine Reihe, umgeben von Hunderten kleineren Hügeln in der Nähe. Ein niedriger Plattformhügel an der Ostseite der Reihe enthält offenkundig kein Grab. Seine traditionelle Bezeichnung lautet „Thing-Hügel" oder „Versammlungshügel". Im Norden liegen die Reste der Kirche von Gamla Uppsala aus dem elften Jahrhundert, die nach dem endgültigen Sieg des Christentums in Schweden erbaut wurde und dem ersten Erzbischof als Kathedrale diente. Zwei der großen Hügel wurden im 19. Jahrhundert zwar nicht gründlich, aber dennoch mit einiger Sorgfalt untersucht. Die darin enthaltenen Gräber waren jedoch weit weniger spektakulär als erwartet. Es handelte sich um Brandgräber mit wenigen Gold-, Bronze- und Glasobjekten, die aber alle durch das Feuer beschädigt worden waren. Trotzdem ist die Datierung ziemlich sicher: Der östliche Tumulus stammt aus der Zeit von 500, der westliche wurde ein halbes Jahrhundert später errichtet. Der mittlere Hügel wurde nie untersucht. Er ist wahrscheinlich der älteste und enthält wohl das erste Grab oder die ersten Gräber aus dem fünften Jahrhundert. Wenn diese angenommenen Daten in etwa stimmen, dann sind die Männer, derer hier gedacht wird, Mitglieder des Herrscherhauses der Ynglinga, die sowohl in altnordischen als auch englischen Quellen erwähnt werden. Der mittlere Tumulus wäre dann das Grab des Aun, der im fünften Jahrhundert an einer Krankheit starb, der östliche das Grab des Egil und der westliche Adils Grab. Nach schriftlichen Aufzeichnungen fiel Ottar, einer der Söhne Auns, in der Schlacht bei Vendel wenige Kilometer von Uppsala.

11 S. Lindqvist, *Uppsala Högar och Ottarshögen*, Stockholm 1936; M. Stenberger, *Det forntida Sverige*

Auch hier liegt ein außergewöhnlich großer Grabhügel, der lange als Ottars Hügel (Ottarshogal) bekannt war. Anfang unseres Jahrhunderts wurde er ausgegraben; in ihm fand sich ein abgenutzter Solidus aus dem späten fünften Jahrhundert. Der Hügel von Vendel ist also um 500 oder wenig später errichtet worden, was mit der lokalen Überlieferung über seinen Besitzer übereinstimmt. Es gibt noch andere riesige Tumuli in anderen Teilen Südschwedens, die oft in fruchtbaren Gegenden und in der Nähe von Verkehrswegen liegen. Einer der größten ist Anundshogen in Badelunda in Västmän am Rand des Mälarsees. Der Hügel ist 15 Meter hoch und liegt über einem Gräberfeld der größten Schiffsmonumente in Schweden, von denen eines über 50 Meter lang ist. Die Tatsache, dass hier im Mittelalter ein „Thing" abgehalten wurde, legt nahe, dass der Ort während der Völkerwanderungszeit ein politisches Zentrum war.

Gamla Uppsala war sowohl religiöses Zentrum als auch ein Zentrum königlicher Macht. Adam von Bremen, der 1070 über die Völker Skandinaviens berichtete, als die heidnische Religion noch große Bedeutung besaß, beschreibt den heidnischen Tempel von Uppsala folgendermaßen: „Eine goldene Kette hängt um das steile Dach des Tempels und leuchtet schon von weitem jedem sich Nähernden entgegen, besonders weil das Heiligtum selbst auf einer offenen Fläche liegt und von Hügeln umgeben ist, die so angeordnet sind, dass sie ein Amphitheater bilden." Im Tempel standen drei Götterbilder: Thor, Odin und Freyr und in einem nahegelegenen Hain hingen Menschen- und Tieropfer. Alle neun Jahre fanden große Zeremonien in diesem alten Heiligtum statt, das sowohl durch sein Alter als auch durch die Königsgräber geheiligt war. Unter der Kirche aus dem zwölften Jahrhundert wurden 1926 Teile eines Holzgebäudes gefunden, das auf wuchtigen Stützen ruhte. Dabei könnte es sich gut um den von Adam beschriebenen Tempel handeln, der zerstört und durch die Kirche von 1150 symbolisch ersetzt wurde. Hier lag also das Herz des Svearreichs und es behielt seine Macht bis zum Ende des Heidentums im zwölften Jahrhundert. Aber schon lange zuvor waren andere Machtzentren in Uppland entstanden: in Vendel, Valsgärde und vermutlich auch anderswo. Ein vereintes Staatswesen oder Königreich hatte sich jedoch noch nicht entwickelt und sollte erst im neunten Jahrhundert entstehen.

Die wirtschaftliche Entwicklung Südschwedens und der Ostseeinseln war sicherlich seit der spätrömischen Zeit vom Kampf um die Ressourcen und den daraus zu erzielenden Reichtum geprägt. Angesichts der Schätze verwundert die Verteilung der Befestigungen an den Siedlungen dieser Zeit nicht. In den westlichen Küstenländern, in Södermanland und Östergötland, auf Öland und Gotland deuten eine gewaltige Anzahl von steinernen Hügelfestungen auf die unsichere Lage vor Ort hin sowie auf die Wahrscheinlichkeit von Überfällen vom Meer her. Die

Luftaufnahme der Festung von Eketorpsborg, Öland

meisten dieser Festungen sind klein und nur von einer einzigen Mauer umgeben. Einige zeigen heute keine Spuren von Gebäuden innerhalb der Mauer mehr und nur wenige weisen Überreste planmäßig angelegter Bauten auf, die den größten Teil der Innenfläche bedeckten. Die größte Festung, Graborg auf Öland, ist fast kreisförmig; sie besitzt einen Durchmesser von 210 Metern und ist von einer bis zu zwölf Meter hohen Verteidigungsmauer umgeben. Die meisten anderen sind wesentlich kleiner und stellen vermutlich die Fluchtburgen für einzelne Familien, ihre Gefolgsleute und die Vorräte in Krisenzeiten dar. Die am gründlichsten untersuchte Festung Eketorpsborg auf Öland[12] war im späten vierten Jahrhundert zuerst eine derartige Fluchtburg, entwickelte sich aber nach 400 zu einer sehr geordneten Gemeinschaftssiedlung mit ungefähr gleich großen Gebäuden, die strahlenförmig vom Inneren der umgebenden Mauer ausgingen und mit einer weiteren Gruppe von Bauten im Zentrum, die Wohnhäuser, Vorratsräume und Tierställe für eine ansehnliche Menschenmenge boten. Der Grad der gesellschaftlichen Organisation und vorausschauenden Planung, der hier zutage tritt, ist ungewöhnlich hoch und spricht für eine starke lokale oder regionale Führungsmacht, die sich lange Zeit auf der Insel hielt.

12 U. Näsmann, *Eketorp. Fortification and Settlement on Öland/ Sweden. The Monument*

Das Gold, das in Südskandinavien gefunden wurde, bestand wohl zum größten Teil aus römischen Münzen[13]. Von rund 700 Goldmünzen aus dem fünften und sechsten Jahrhundert stammen etwa 280 von Öland, 250 von Gotland und 150 von Bornholm. Die meisten Münzen, die Öland und Bornholm erreichten, zeigen das Bild von Kaiser Leo (457 bis 474), während die Münzen auf Gotland von den späteren Kaisern von Anastasius bis Justinian (491 bis 565) geprägt wurden. Die ungewöhnlich vielen Goldhorte sind von großer Bedeutung. Ein großer Teil der Münzen, die in den Norden gelangten, wurde von ihren neuen Besitzern in unsicheren Zeiten verborgen und nicht wiedergefunden. Es ist anzunehmen, dass die Münzen aus den Küstenregionen der Oder- und Weichselmündung, wo ähnliche Horte in kleinerer Anzahl bekannt sind, in die Ostseeländer gelangten. Ursprünglich stammten sie vielleicht aus Tribut- und Soldzahlungen an nordische Anführer und ihre Krieger, die an den Feldzügen von 370 bis 450 teilgenommen hatten. Auf dem schwedischen Festland finden sich nur geringe Münzmengen. Eine wichtige Fundkonzentration liegt offenkundig in Helgö, einem Handelszentrum am Mälarsee, wo bis heute ungefähr 80 Münzen gefunden wurden, unter anderem ein Hort von 47 und ein weiterer von 21 Solidi.

13 J. M. Fagerlie, *Late Roman and Byzantine Solidi found in Sweden and Denmark*

Auf dieser kleinen Insel im Mälarsee, die früher Helgö, die heilige Insel, genannt wurde, bestehen Hinweise auf Außenhandel und weit reichende Kontakte über das Meer und über Land[14]. Hier standen mehrere Gruppen rechteckiger Gebäude mit kleineren Hütten und Werkstätten auf Terrassen. Helgö wurde über viele Jahrhunderte hinweg von der spätrömischen Eisenzeit bis zum Mittelalter bewohnt. Das aus den verschiedenen Phasen seiner Wirtschaftsaktivitäten stammende Material, das dort jetzt zum Vorschein kommt, ist besonders für die Zeit von 500 bis 800 sehr umfangreich. Das Bemerkenswerteste an dieser Stätte sind die Importe aus vielen Gegenden Europas und darüber hinaus. Neben den bekannten Gold-Solidi wurde Glas aus der fränkischen Welt, Metallschmuck und Fibeln aus verschiedenen Teilen Nordeuropas, eine bronzene Schöpfkelle aus dem koptischen Ägypten, eine bronzene, vor 700 hergestellte Buddha-Figur aus Nordindien und ein kunstvoller bischöflicher Krummstab irischer Herkunft aus dem folgenden Jahrhundert gefunden. Die Waren gelangten aus Ost und West, über Nord- und Ostsee sowie über die weiten Ebenen Osteuropas bis in dieses Handelszentrum,das auf einer ungastlichen schroffen Klippe inmitten eines Sees hoch im Norden lag. Wie wurde dieser Handelsverkehr organisiert und wer stand dahinter? Zu betonen ist, dass Helgö zu keiner Zeit eine Ansammlung von Bauernhöfen bildete, noch lässt es sich als Vorläufer einer Stadt im mittelalterlichen oder heutigen Sinn bezeichnen. Es genügt auch nicht, es als einen der vielen Handelsplätze wie Dorestad oder Quentovic zu betrachten, die nach der Neuausrichtung des Han-

14 W. Holmqvist u. a., *Excavations at Helgö*, 4 Bände, Stockholm 1961–1972

dels infolge der größeren politischen Stabilität ab dem späten siebten Jahrhundert entstanden. Denn Helgö war auch ein Handwerkszentrum, besonders von Metallobjekten für örtliche Märkte. Seine Funktionen waren also vielfältig und veränderten sich mit größter Wahrscheinlichkeit während der Jahrhunderte seines Bestehens. Am Anfang könnte Helgö ein lokales Marktzentrum gewesen sein, später kam vielleicht die Herstellung bestimmter Güter hinzu und danach entwickelte sich der Handel mit weit entfernten Gegenden. Doch auch diese Theorie berücksichtigt nicht alle möglichen Funktionen von Helgö. Auch ein Kultzentrum lässt sich vermuten und der irische Bischofsstab könnte das Über-

Helm aus dem Grab XIV in Vendel, Schweden

bleibsel einer Mission zu diesem heidnischen Zentrum sein. Außerdem ist es möglich, dass Helgö zumindest beschränkte Verwaltungsfunktionen im Mälartal besaß. Doch die Frage, wem Helgö diesen Aufstieg zum Handels- und Fabrikationszentrum verdankte, können die so zahlreichen archäologischen Zeugnisse bisher nicht beantworten und werden es wohl auch nie können.

Reich ausgestattete Gräber findet man in Schweden von der spätrömischen Zeit an, aber erst im siebten Jahrhundert treffen wir auf Gräber mit so üppigen Beigaben wie in den Königsgräbern der Franken. Die beiden Gräberfelder von Vendel und Valsgärde in Uppland und andere Gräber in Ostschweden vermitteln uns den Eindruck eines Herrscherhauses, dessen materielle Kultur der vorangegangenen Zeit kaum Spuren hinterlassen hat[15]. Nahe dem Standort einer mittelalterlichen Kirche in Vendel lag eine Gruppe von mindestens 14 Schiffsgräbern, von denen viele vor dem 13. Jahrhundert zerstört und geplündert wurden. Vendel liegt nur 2,5 Kilometer nördlich des Ottarshogel (vgl. S. 213) und könnte daher gut die Grabstätte der späteren Mitglieder derselben Herrscherfamilie darstellen. Im ältesten bekanntesten Schiffsgrab in Skandinavien in Augerum in Südschweden, das aus der zweiten Hälfte des sechsten Jahrhunderts stammt, liegt eine Frau begraben. In den späteren Gräbern in Vendel und Valsgärde ist diese Sitte in ihrer entwickelten Form und begleitet von Grabbeigaben anzutreffen, die in ihrem Reichtum in den nordgermanischen Gebieten ohne Gleichen sind. Ein Grab in Valsgärde (Nummer VI) lässt die Pracht erahnen, mit der diese Herrscher im Leben und im Tod umgeben wurden. Ein Schiff von etwa acht Metern Länge trug den Toten ins Jenseits. Unter dem Leichnam lagen Federkissen und ihm zur Seite ein beachtliches Waffenarsenal: Zwei Langschwerter, drei kürzere Klingen, zwei Schilde, ein Helm, eine Lanze, Speere und ein Kasten mit Werkzeugen. Gefäße aus Glas, Holz, Bronze und Eisen sowie andere Gegenstände aus der Festhalle wie Kaminböcke, ein Spieß und Fleischhaken spiegeln die fürstlichen Feste der germanischen Sage wider. Nahe am Bug lagen zwei Pferde und ihre Sättel, ein Hirsch und ein Hund. Teppiche aus Birkenrinde bedeckten die Grabbeigaben und über allem war ein Tumulus aus Erde und Steinen aufgehäuft worden. Ein weiteres sehr reiches Grab (Nummer XII) in Vendel offenbart die kulturellen und zeremoniellen Verbindungen innerhalb der nordischen Welt. Ein prächtig verzierter Eisenhelm mit getriebenen Bronzeplatten ist als entfernter Nachkomme der Helme der spätrömischen Truppen zu betrachten. In der südschwedischen Landschaft und auf den Ostseeinseln gelangten auch viele kleine Bauernsiedlungen aus der römischen und der Völkerwanderungszeit ans Tageslicht. Eine der am gründlichsten untersuchten Siedlungen ist Vallhagar auf Gotland[16]. Sie bestand aus fünf oder sechs Gehöften, die in eingezäunten Feldern und Grundstücken lagen. Jedes Gehöft setzte sich

15 H. Stolpe und T. J. Arne, *La nécropole des Vendel*, Stockholm 1927; J.-P. Lamm und H.-A. Nordstrom (Hrsg.), *Vendel Period Studies;* G. Arwidsson, *Valsgärde*, 3 Bände, Uppsala 1942, 1954 1967).

16 M. Stenberger und O. Klindt-Jensen, *Vallhagar*

aus einem zentralen Wohnhaus und einer kleinen Anzahl dazugehöriger Gebäude zusammen. In Vallhagar lebte vermutlich eine kleine Gemeinschaft untereinander verbundener Familien, die alle ein eigenes Gebiet bewirtschafteten, aber sich mit den Nachbarn zu bestimmten gemeinsamen Vorhaben zusammenfanden. Der Ort wurde ab etwa 400 bis zur Mitte des sechsten Jahrhunderts bewohnt, obwohl an dieser Stelle oder in der Nähe schon früher Bauernhöfe existiert hatten. Die Gemeinschaft lebte von gemischter Landwirtschaft, wobei die Viehzucht wichtiger war als der Anbau von Getreide. Hauptsächlich gab es Rinder und Schafe, aber auch Schweine und Hühner. Halbwilde Pferde wurden regelmäßig zusammengetrieben und ihr Fleisch verzehrt. Zu den in Vallhagar angebauten Feldfrüchten gehörten Emmerweizen, Einkorn, Gerste, Roggen, Dinkel und Flachs. Die Importwaren, die während der Völkerwanderungszeit aus vielen Gegenden nach Gotland gelangten, erreichten die Bauern von Vallhagar nur in geringen Mengen, vermutlich im Austausch für landwirtschaftliche Produkte. Zu diesen Importgütern gehörten Glasgefäße aus dem Rheinland sowie Keramik- und Metallarbeiten aus mehreren Gebieten der westlichen Ostsee.

Die Entstehung früher Staaten in Skandinavien verlief anders als in den meisten Teilen des übrigen germanischen Europa. Die relative Abgeschiedenheit und geringe Größe dieser Staaten bedeuteten jedoch nicht, dass sie unwichtig oder nebensächlich waren. Immerhin gelang es ihnen recht gut, den Reichtum der oströmischen Welt und später der westgermanischen Mächte anzuziehen. Spätestens Ende des sechsten Jahrhunderts, wenn nicht schon früher, hatten ihre Herrscherhäuser nicht nur Verbindungen zu den Ländern jenseits der Ostsee, sondern auch zu den Franken und den Herrschern Ostenglands aufgebaut, wie sich im letzteren Fall auf sehr verblüffende Weise in Sutton Hoo zeigt. An diesen weitreichenden Kontakten zeichnet sich bereits die im achten Jahrhundert beginnende Expansion der Wikinger ab.

Gepiden und Langobarden

Die Gepiden

Von allen größeren Germanenvölkern der Völkerwanderungszeit liegt die Geschichte der Gepiden am meisten im Dunkeln, sie lässt sich deshalb allenfalls in groben Zügen darstellen[1]. Sie vermochten keinen dauerhaften Staat zu errichten oder auch nur eine stabile Besiedlung innerhalb festgelegter Grenzen zu schaffen. Kein späterer Chronist sah sich veranlasst, ihre Geschichte niederzuschreiben und Überlieferungen festzuhalten, falls es sie überhaupt gab. Die Gepiden traten nach 260 zum ersten Mal in Erscheinung, als sie gemeinsam mit den Goten Dakien angriffen. Als Rom diese Provinz ein Jahrzehnt später aufgab, gelang es ihnen nicht, auch nur einen ihrer Teile in Besitz zu nehmen; damit bestätigten sie das gotische Vorurteil, Gepiden seien faul und antriebsschwach. Das Gebiet, in dem sie sich dann schließlich niederließen, lag an der nordwestlichen Seite Dakiens östlich der Theiß. Dort blieben sie, bis die Ostgoten sie Anfang des fünften Jahrhunderts unterwarfen. In den folgenden Jahrzehnten dienten ihre Krieger zunehmend den Hunnen. Attila schätzte den Gepidenkönig Ardarich mehr als alle anderen Vasallenführer. Bei dem hunnischen Angriff auf den Balkan im Jahre 447 stellten sich die Gepiden als die treuesten Verbündeten Attilas heraus. Auf den Katalaunischen Feldern bildeten sie 451 den rechten Flügel der hunnischen Armee. Doch nach Attilas Tod stellten sie sich – noch immer unter der Leitung Ardarichs – an die Spitze eines Aufstands gegen Attilas Söhne und besiegten die Hunnen am Fluss Nedao im Jahr 454 gemeinsam mit verbündeten Sarmaten, Sueben und Rugiern. Dieser Erfolg brachte den Gepiden eine Heimat im östlichen Karpaten-Becken, den Status als römische Verbündete und eine bescheidene Goldzahlung ein. Doch der alte Feind, die Ostgoten, blieb noch immer in Reichweite und war den Gepiden zudem weit überlegen. Theoderichs Truppen vertrieben sie im Jahre 504 aus den Donauländern und erst 537 durften sich die Gepiden wieder um Sirmium niederlassen, als die Goten durch ihren eigenen Kampf gegen Byzanz gebunden waren. Doch die Macht der Gepiden über das Donautal stand nicht auf sicheren Füßen, denn die Byzantiner waren immer noch sehr auf die Sicherheit an diesem Flussabschnitt bedacht und vertrauten die Wacht lieber den Langobarden an als den Gepiden. Im Jahr 546 erhielten Audoin und seine Langobarden die Aufgabe, die alten Provinzen von Pannonien zu besetzen und sie als Verbündete von Byzanz zu halten. Dies bedeutete auch, dass sie die Gepiden vertreiben mussten, was

1 L. Schmidt, *Die Ostgermanen,* S. 529–564; I. Bona, *The Dawn of the Dark Ages,* Budapest 1976

ihnen innerhalb von fünf Jahren gelang. In der Schlacht auf dem Asfeld im Jahr 552 wurden die gepidischen Streitkräfte versprengt. Nie wieder sollten die Gepiden bei den prägenden Ereignissen der Geschichte eine tragende Rolle spielen.

Obwohl sie sich in jedem Gebiet nur relativ kurze Zeit halten konnten, ist es möglich, ihre Siedlungsweise archäologisch einigermaßen zu bestimmen. Das Gebiet, in dem die deutlichsten Hinweise auf ihre Anwesenheit gefunden wurden, ist das Tal der Theiß und die östlich unmittelbar daran anschließende Gegend. Der große Grenzwall aus Erde, den die Sarmaten im vierten Jahrhundert gegen die Goten und Wandalen errichtet hatten, bildete wahrscheinlich die Ostgrenze des Gepidengebiets. Seine reichsten Gräber konzentrieren sich um die Stadt Szentes, was auf ein bedeutendes Machtzentrum an dieser Stelle hinweist. Die Siedlungsstätten werden erst jetzt allmählich entdeckt. Augenscheinlich waren bei den Gepiden Einzelgehöfte oder Weiler weit verbreitet, während große Siedlungen nahezu unbekannt waren. Gruppen von ihnen besiedelten gelegentlich frühere Burgen im transsylvanischen

Rekonstruktion eines Pferdegeschirrs aus einem reich ausgestatteten gepidischen (?) Grab in Apahida, Rumänien

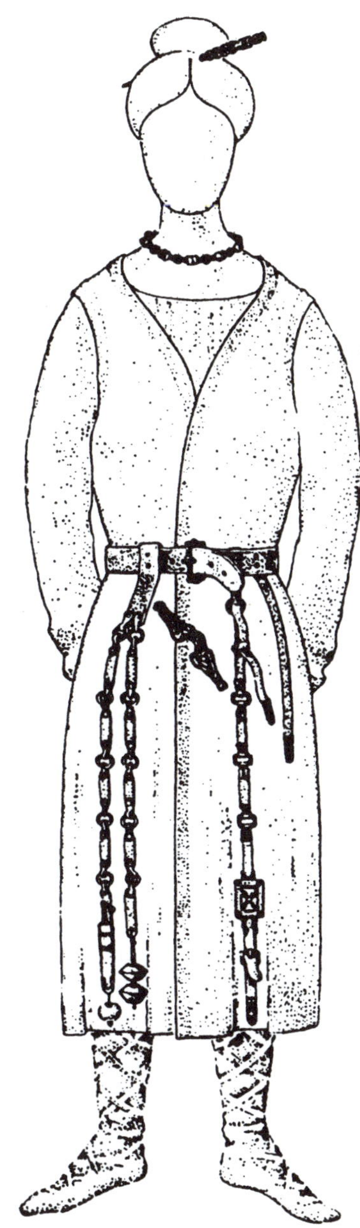

Kleidung einer Gepidendame, die nach Grabbeigaben aus Szentes-Nagyhegy, Ungarn, rekonstruiert wurde; 6. Jahrhundert n. Chr.

Bergland, aber an der Theiß sind Orte mit Verteidigungsanlagen bis jetzt nicht bekannt. Die materielle Kultur der Gepiden des fünften und sechsten Jahrhunderts ist mit derjenigen der damaligen Langobarden verwandt, obwohl auch spezifisch gepidische Metallarbeiten vorkamen. 576 fielen die Awaren in die Heimat der Gepiden ein, zerstörten alles, was von gepidischer Macht noch übrig war und bedrängten gleichzeitig die Langobarden so stark, dass sich diese gezwungen sahen, nach

Italien auszuwandern. Zumindest einige Gepiden überlebten diesen Schlag. Ein byzantinischer General stieß im Jahre 600 auf Gepidensiedlungen jenseits der Donau und eine Gruppe von ihnen griff mit den Awaren im Jahr 626 Konstantinopel an. Aber nach 567 hatten die Gepiden ihre Kraft verloren und verschwanden bald völlig aus der Geschichte.

Die Langobarden

Der Stamm der Langobarden hatte bei den Germaneninvasionen in die römischen Provinzen vor 400 v. Chr. keine große Rolle gespielt. In der Frühzeit seiner schriftlich belegten Geschichte hatte das verhältnismäßig kleine, aber wegen seiner kriegerischen Tapferkeit anerkannte Volk an der unteren und mittleren Elbe gesiedelt. Erst im fünften Jahrhundert, nach den weiträumigen Wanderungsbewegungen der Goten, Alamannen und Franken, zogen die Langobarden um 486/487 nach Süden, um sich im heutigen nördlichen Österreich nördlich der Donau in dem Gebiet niederzulassen, das zuvor die Rugier bewohnt hatten. Dort schlossen sie sich für mehrere Jahrzehnte den Herulern an. In den ersten Jahren des sechsten Jahrhunderts überquerten die Langobarden die Donau, ließen sich neben anderen germanischen Gruppen in der ehemaligen Provinz Pannonien nieder und entwickelten sich dort allmählich zu einer bedeutenden Macht[2]. Ihr König Wacho (ca. 510 bis 540) pflegte gute Beziehungen zu Byzanz und verheiratete seine Töchter mit den Nachfolgern Chlodwigs. Das arianische Christentum breitete sich unter den Langobarden aus, während sie in Pannonien siedelten. Ihre Anführer dienten im Allgemeinen in der römischen Armee, deren Zentrum in Italien lag. Zwischen Wachos Nachfolger Audoin und Kaiser Justinian wurde kurz nach 540 ein *foedus* geschlossen, da der Kaiser Hilfe gegen die Franken und Ostgoten brauchte. 552 nahmen Langobarden am letzten byzantinischen Feldzug in Italien teil und sie vergaßen nicht, wie sehr das üppige Tal des Po sie beeindruckt hatte. Es dauerte nicht lange, bis die unsichere Situation in Pannonien die Anziehungskraft Norditaliens verstärkte. Die nomadischen Awaren begannen aus dem Osten in langobardisches Territorium einzufallen und der neue Langobardenkönig Alboin fand bei den Byzantinern nicht die erhoffte Unterstützung. Deshalb beschloss er, dass die zukunftsträchtigste Chance in der Eroberung eines Teils von Italien liege. Im Jahre 568 marschierte eine große Armee nach Westen in Richtung Venetien an der Adria. Dieses Heer bestand laut Paulus Diaconus, dem wichtigsten Chronisten der langobardischen Geschichte, nicht nur aus Langobarden, sondern umfasste auch Gepiden, Sarmaten, Pannonier, Noriker und sogar Bulgaren. Mehrere dieser Gruppen hinterließen später ihre Spuren in italienischen Ortsnamen. Andere schlossen sich diesem außergewöhnlichen Zug entweder schon zu Beginn an oder unter-

2 J. Werner, *Die Langobarden in Pannonien*

Das langobardische Italien und seine Nachbarn

wegs, wie Bayern, Thüringer, Taifalen und Sachsen. In das Land, das sie zurückließen, rückten die Awaren ein und der ungeschützte nördliche Teil des Balkan fiel an die Slawen und Bulgaren.

Alboins Truppen brachen im Mai 568 in Italien ein, eroberten ohne besondere Schwierigkeiten Aquileia und begannen danach, die anderen Römerkastelle in der Ebene von Venetien einzunehmen. Innerhalb eines Jahres hatten sie die Po-Ebene größtenteils besetzt, einschließlich der ehemaligen Kaiserstadt Mailand. Pavia trotzte den Eindringlingen mehr als drei Jahre lang. Ansonsten konnten die Byzantiner und ihre Verbündeten nur die Alpenschanzen wie Susa und Aosta und die gut befestigten Städte in der Ebene, unter anderem Cremona, Mantua und Padua halten. Die Langobarden gelangten in Norditalien zu raschen Erfolgen und stürmten bald nach Süden durch den Appenin bis in die Toskana und um 575 weiter nach Rom. Andere Langobarden begannen ungefähr zur gleichen Zeit mit der Besetzung der norditalienischen Ostküste. 580 hatten sich die langobardischen *duces* in Kampanien eingerichtet und wendeten nun ihren Blick weiter nach Süden. Alboin wurde im Jahr 572 ermordet und seinen Nachfolger Kleph ereilte schon nach zwei Jahren dasselbe Schicksal. Danach lebten die Langobarden zehn Jahre lang ohne König und die Macht lag bei einem Gremium von traditionell 35 verbündeten *duces*, von denen der Überlieferung zufolge die sechs norditalienischen eine höhere Position bekleideten als die anderen. An der Spitze des Bundes stand Zaban, der in Pavia residierte.

Es ist jedoch unwahrscheinlich, dass es tatsächlich gleichzeitig 35 *duces* gab. Auf jeden Fall waren es wohl mehr als sechs und wahrscheinlich weniger als zwölf.

Ihre Kriegerhorden fanden im Italien des späten sechsten Jahrhunderts reiche Beute[3]. Die großen Städte boten ihnen komfortable Unterkünfte; das Land und die Landgüter waren größtenteils in ihrer Gewalt. Viele Landbesitzer wurden vertrieben oder getötet, die anderen mussten bleiben, um für ihre *hospites* (Gäste) zu sorgen. Die Langobarden waren als Invasoren nach Italien gekommen, nicht als römische *foederati* und so benahmen sie sich auch mindestens eine Generation lang. Sie errichteten kein geordnetes Regierungssystem, um das durch die Invasion von 568 zusammengebrochene alte System zu ersetzen. Für Klerus und Landbesitzer im 6. Jahrhundert waren die Langobarden eine Plage, die sie an die Plagen aus dem Alten Testament erinnerten. So schrieb Papst Gregor später:

„Welche Freude gibt es noch in der Welt? Überall sehen wir Krieg, überall hören wir Stöhnen. Unsere großen Städte sind zerstört, unsere Festungen geschleift und das Land ist verwüstet. Niemand ist da, um die Felder zu bestellen; fast niemand, um die Städte zu erhalten [...] einige sind versklavt, manche verstümmelt, andere getötet worden."

Doch die Langobarden waren nicht unbesiegbar. All Ihre Angriffe auf Ostgallien zwischen 568 und 575 scheiterten; 571 und 575 erlitten sie gegen den gallisch-römischen General Mummolus außerordentlich schwere Niederlagen. Die byzantinischen Armeen in Italien begannen um 580 wieder zu erstarken und später drängten die Slawen und Awaren in die nordöstliche Provinz Istrien ein, wie die Langobarden zuvor. In Anbetracht dieser Gefahren wurde im Jahr 584 die Monarchie wieder eingeführt und Authari, Sohn des Kleph, bestieg den Thron. Unter ihm und seinem Sohn Agilulf (590 bis 616) gewann das langobardische Königreich Form. Eine staatliche Struktur ersetzte die Kriegerhorden der *duces*. Doch auch diese neue Ordnung baute auf einer im Wesentlichen militärischen Organisation auf, deren Grundlage die von einem *dux* beherrschten und von seiner bewaffneten Gefolgschaft kontrollierten Gebiete bildeten. Daher kommen in den Dokumenten dieser Zeit sehr häufig langobardische Begriffe wie *gestaldus* (Gutsverwalter), *arimannus* (Soldat), *adelingus* (Adliger oder Herr) vor. Die Vernichtung der römischen Landbesitzer und die gleichzeitige Landenteignung ließen auf langobardischem Gebiet eine völlig neue Gesellschaftsordnung entstehen. Das langobardische Italien stellte eher ein germanisches Königreich dar als das Italien Theoderichs des Großen.

Die Langobarden waren als arianische Christen oder als Heiden nach Italien gekommen. Bei ihren Handelsbeziehungen mit Rom und Ravenna trafen sie vermutlich bald mit Katholiken zusammen, sodass ihr Übertritt zum katholischen Glauben wahrscheinlich nicht nur Papst

3 Zu den meisten Aspekten des langobardischen Italien vgl. W. Menghin, *Die Langobarden;* siehe auch C. Wickham, *Early Medieval Italy,* London 1981, S. 28–46

Gregor, sondern auch vielen anderen als wünschenswerter Schritt in Richtung ihrer Integration in die politische Welt Italiens erschien. Für die Bekehrung stand Theudelinde, eine bayrische Prinzessin, bereit, die durch ihre Mutter mit dem langobardischen Königshaus in verwandtschaftlichen Beziehungen stand. Die Verbindung mit Bayern eröffnete zudem die Hoffnung auf ein Bündnis gegen die Franken. Dass Theudelinde in jeglicher Hinsicht erwünscht war, unterstreicht ihre Hochzeit mit Authari und danach auch mit Agilulf. Ihr Einfluss besaß für die katholische Kirche enormen Wert. Er äußerte sich in der Gründung von Kirchen und Klöstern (wie dem von San Dalmazzo in Pedona) sowie in der Unterstützung von Missionen und gelegentlich von Flüchtlingen wie dem vor den Franken fliehenden Columbanus. Doch stieß ihr Einfluss auch an Grenzen: Authari verbot die Taufe von Langobarden nach katholischem Ritus und auch Agilulf hielt an seinem Arianismus fest, obwohl er erlaubte, dass sein Sohn katholisch getauft wurde. Auch ging Theudelindes Einfluss nicht so weit, dass sie die Politik Agilulfs gegenüber Byzanz kontrolliert hätte.

Unter Agilulf dehnte sich das langobardische Territorium im Norden und in Mittelitalien deutlich aus. Bereits im ersten Jahr seiner Herrschaft begann er die langobardische Macht zu festigen, die nur in verstreuten Kerngebieten existierte und in einigen Gegenden keineswegs gesichert war. Als erstes erreichte er im Jahr 590 mit den Franken ein Abkommen, nachdem fränkische Streitkräfte nach Osten vorgedrungen waren und die Langobarden zu vertreiben drohten. Langobardische Gesandtschaften reisten an den Hof von Austrasien und erreichten ihr Ziel hauptsächlich deswegen so rasch, weil die Franken zu diesem Zeitpunkt wohl erkannt hatten, dass es ihnen in Italien nicht gelingen würde, eine dauerhafte Position zu erreichen. Außerdem bestiegen Kinder in den nächsten Jahren die drei fränkischen Throne von Burgund, Neustrien und Austrasien, was die Franken zusätzlich veranlasste, von Abenteuern fern der Heimat abzusehen. Doch Agilulf hatte sich auch noch um anderes als nur die Franken zu kümmern. Mehrere langobardische *duces* lehnten sich gegen ihn auf und ein oder zwei hatten sich Rom zugewandt. Gaidulf, *dux* von Bergamo, strebte anscheinend den langobardischen Thron für sich selbst an und musste zweimal gefangen genommen werden. Beim zweiten Mal wurde sein gesamter Besitz beschlagnahmt.

Danach konnte sich Agilulf dem Kampf mit den Römern mit größerem Nachdruck widmen. Die Hauptziele waren jetzt die fruchtbaren Gegenden von Latium und Kampanien mit Rom und Neapel als lohnendster Beute. Doch in der Po-Ebene stießen die Langobarden immer noch auf Widerstand und erst 593/594 gelang Agilulf ein Schlag gegen Rom. Das Hügelland der Toskana sollte sich für ihn ebenfalls als ein schwieriges Terrain erweisen; am Ende seiner Herrschaft lag die dortige langobardische Macht zum größten Teil noch immer in den Händen eines unabhängigen Herzogs. In Kampanien drangen die Langobarden 593 ein, sahen aber von einer Belagerung Roms ab, vielleicht wegen der Intervention Papst Gregors oder auch, weil in der Umgebung der Stadt eine Seuche herrschte. Auch Neapel blieb verschont. Es gibt keine Hinweise darauf, dass Agilulf einen entschlossenen Feldzug führte, um diese südlichen Territorien zu erobern und sich anzueignen, sodass es den langobardischen Herzögen im Süden überlassen blieb, ihre eigenen Ziele zu verfolgen, die sich aber nie in einem Plan zur vollständigen Eroberung äußerten. Aus diesem Grund fiel nicht ganz Italien an die Langobarden. In Norditalien stärkte Agilulf die Fundamente seines Königreichs, wobei er römische Formen und Machtsymbole übernahm und sich mit römischen Ratgebern umgab. Eine Inschrift pries ihn als „von Gottes Gnaden ruhmreichsten König von ganz Italien" und sein Sohn Adaloald wurde 604 im römischen Zirkus von Mailand den Gesandten des fränkischen Hofes als König vorgestellt. Obwohl in vielerlei Hinsicht eine heldenhafte Kriegerfigur, erkannte Agilulf die herausragende Bedeutung des römischen Kulturerbes und dessen politische Tragweite sehr deutlich. In einem so gemischten Gebiet wie Norditalien um 600 war es dringend nötig, sich auf eine stabile Vergangenheit zu berufen, wobei es keine Rolle spielte, dass viele Elemente dieser Vergangenheit keine wirkliche Macht mehr besaßen.

Agilulfs Streitkräften gelang es nicht, Mittelitalien dauerhaft zu beherrschen und ein Waffenstillstandsangebot von Papst Gregor mit dem Versprechen römischer Tributzahlungen wurde von langobardischer Seite vermutlich mit großer Erleichterung angenommen. Gregor verhalf ihnen 598 auch zu einem Waffenstillstand mit Byzanz, auch wenn er nur drei Jahre hielt. Danach setzte Agilulf seine Eroberungen in Norditalien wieder fort und nahm die Städte Cremona, Mantua und Padua ein, die immer noch auf der Seite von Byzanz standen. Nach weiteren gelegentlichen Kämpfen kam schließlich eine einigermaßen stabile Situation zustande: Das Reich akzeptierte, dass es nicht mehr darauf hoffen konnte, die verlorenen Gebiete wiederzuerlangen und die Langobarden führten keine größeren Feldzüge mehr, um ihre Macht über die Halbinsel auszudehnen. Als Agilulf 615 starb, folgte ihm sein Sohn Adaloald auf den Thron, der als Kind die katholische Taufe empfangen hatte. Dennoch war das arianische Christentum noch immer stark. Die Spannungen zwischen Arianern und Katholiken konnten zu politischen Differenzen führen, wie auch andererseits die konfessionelle Spaltung Ausdruck politischer Interessengegensätze sein konnte. Doch eine scharfe Trennung zwischen „progressiven" Katholiken und „traditionalistischen" Arianern wäre sicherlich falsch. 626 stieß eine arianische Gruppe Adaloald vom Thron und ersetzte ihn durch seinen Schwager Arioald, wobei es ihnen jedoch nicht darum ging, den arianischen Glauben wieder einzusetzen. Ein anderer Arianer, Rothari, *dux* von Brescia, brachte dem Römischen Reich eine schwere Niederlage bei und dehnte die langobardische Macht nach Genua und in den westlichen Mittelmeerraum aus. Unter den folgenden Herrschern gewann der Katholizismus allmählich an Boden, besonders nach der Regierungszeit Grimoalds (662 bis 671). Im letzten Viertel des Jahrhunderts wurde der Übertritt der Langobarden zum Katholizismus vollendet und ein dauerhafter Friede mit dem Reich geschlossen. Die Byzantiner holten 662 zu einem letzten Schlag aus, indem sie das Herzogtum Benevent von Süden her angriffen, aber Grimoald wehrte die Attacke ohne große Schwierigkeiten ab. Um 680 war die Zeit der langen Kriege vorüber.

Im siebten Jahrhundert setzten in der langobardischen Gesellschaft und Rechtssprechung bedeutende Entwicklungen ein. Das Edikt Rotharis von 643 ist neben den Gesetzen der Westgoten die umfassendste und am besten geordnete Darstellung des germanischen Gewohnheitsrechts, die je in einem germanischen Königreich entstand. Zudem ist das Edikt im Wesentlichen ein *germanischer* Kodex, dessen römische Züge sich auf die Sprache und bestimmte Aspekte des Eigentumsrechts beschränken. Seine in 388 Abschnitten ausführlich dargelegten Hauptpunkte befassen sich mit Bodenrecht, Erbrecht, Heiratsrecht, Schadenersatzansprüchen, mit dem Hof, mit militärischen Fragen, Sklaven und Gesetzesverfahren. Innerhalb dieses Rahmens wurde das langobardische Gewohnheitsrecht sorgfältig und in einigen Fällen sogar verbessert dargestellt, zum Beispiel die Anhebung finanzieller Ansprüche für Verwundungen, um die Bedeutung der Fehde einzuschränken.

Mittelpunkt der langobardischen Regierung war der König. Er war die oberste Autorität im Bereich der Rechtsprechung, der Verwaltung und des Militärs. Er wurde zumindest nominell von einer Versammlung freier Männer gewählt, wobei mehrere Herrscher des siebten Jahrhunderts den Thron auch über den Umweg einer Hochzeit bestiegen. Die Versammlung half dem König bei der Wahrung des Gesetzes und bei wichtigen Staatsentscheidungen. In die höchsten Regierungsämter wurden Mitglieder des Hofes berufen, die im Allgemeinen zu den *gasindi,* das heißt zum persönlichen Gefolge des Königs gehörten. Über den Landbesitz der Krone wachten *gastaldi,* die ihre Macht zeitlich begrenzt ausübten und dem König direkt unterstanden. Als sich das langobardische Territorium ausdehnte, verwalteten die *gastaldi* eine wachsende Anzahl von Landgütern, obwohl das königliche Vermögen auch an Kirchen, Klöster und einige Günstlinge verteilt wurde, sodass es nicht allein auf den König konzentriert blieb. Die ehemals römischen Provinzen wurden bis zum sechsten Jahrhundert von den langobardischen Herzogtümern abgelöst, die hauptsächlich auf den Gebieten einiger größerer Städte lagen. Manche der Grenzherzogtümer waren größer als die übrigen und konnten wie die Herzogtümer Trient und Friaul und im Süden Spoleto und Benevent ganze römische Provinzen umfassen.

Spoleto und Benevent handelten oft unabhängig vom König (oder sogar gegen ihn) und zwar nicht zuletzt deswegen, weil sie von der Po-Ebene so weit entfernt lagen. Die *duces,* die über diese Gebiete herrschten, wurden vom König zwar gewöhnlich auf Lebenszeit ernannt, fielen aber wegen Zwistigkeiten und Vergehen oft in Ungnade. Die eigentliche Autonomie der mächtigeren *duces* beruhte indes auf ihrer Herrschaft über das Volk, das ihr Territorium bewohnte. So gelang es einigen dieser Herzöge, Dynastien zu etablieren, deren Erbfolgeansprüche kaum angefochten werden konnten. Diese Kleinkönigreiche schränkten die Macht der langobardischen Könige natürlich stark ein und trugen insbesondere dazu bei, dass sie Italien nur zum Teil erobern konnten.

Die langobardische Gesellschaftsordnung unterschied drei Hauptgruppen: Die freien Männer, die Halbfreien oder *aldii* und die Sklaven. Zu Beginn der Ansiedlung in Italien waren die freien Männer Grundbesitzer und Soldaten *(arimanni* oder *exercitales).* Freie, die aus irgend einem Grund ihr Land verloren, konnten ihr Vermögen wieder erlangen, indem sie sich als *gastaldi* (Gutsverwalter) anstellen ließen; später konnten sie Land vom König erwerben. Die halbfreien *aldii* waren wie die *coloni* des spätrömischen Reichs an die Scholle gebunden und obwohl sie eigentlich frei waren, unterstanden sie völlig der Kontrolle des Grundbesitzers, für den sie arbeiteten. Innerhalb der Klasse der Sklaven bestanden bemerkenswerte Unterschiede. Zu ihnen gehörten zum Beispiel Verwaltungssklaven, die den Haushalt und das Gut des Herrn leiteten, oder Aufseher für den Feldanbau, Schweinehirten und gewöhnliche Landarbeiter. Über die Stellung der Römer in der langobardischen Gesellschaft wurde schon häufig diskutiert, aber viele Aspekte ihres Status sind noch immer ungeklärt. Denn die Römer, die im langobardischen Italien lebten, hinterließen sogar noch im achten Jahrhundert kaum Spuren in den zeitgenössischen Quellen. Aber es erscheint kaum denkbar, dass sie von den Eindringlingen samt und sonders versklavt wurden, wie einige Gelehrte im 19. Jahrhundert glaubten. Noch können sie alle getötet oder vertrieben worden sein, obwohl sie nach Paulus Diaconus besonders im sechsten Jahrhundert unbezweifelbar große Verluste zu beklagen hatten. Viel plausibler ist die Theorie, dass sich die Römer, besonders die Landbevölkerung, in den Gegenden, die schnell in langobardische Hände fielen, rasch mit den Barbaren vermischten. Darauf weisen jedenfalls die – zugegebenermaßen dürftigen – archäologischen Zeugnisse hin. Sie zeigen bei den gewöhnlichen Objekten, die in Gräberfeldern und an Siedlungsplätzen gefunden wurden, eine deutliche kulturelle Vermischung, was auf eine Verbindung von Handwerkern und ihren Kunden verschiedener Herkunft hinweist. Ebenso auffällig ist, dass die meisten langobardischen Lehnwörter im Italienischen weltliche Dinge bezeichnen, zum Beispiel *bica* – Schwertschneide und *melma* – Sumpf. Anscheinend gaben die Langobarden ihre eigene

Sprache zu einem relativ frühen Zeitpunkt, vermutlich Ende des siebten Jahrhunderts auf. Auch dies verweist auf eine rasche und vollständige Integration in die römische Bevölkerung.
Wahrscheinlich vollzog sich aus diesem Grund in den langobardischen Siedlungsgebieten keine tiefgreifende Umstrukturierung der Gesellschaft. Es ist anzunehmen, dass bis ins achte Jahrhundert hinein viele römische Landbesitzer überlebten. Der langobardische Adel scheint in die großen Städte gezogen zu sein und dort neben den römischen Familien, und zunehmend auch mit ihnen vermischt, wie die städtischen Eliten des Römischen Reiches gelebt zu haben. Wir kennen Hinweise darauf, dass die langobardische Führungsschicht schon zu einem frühen Zeitpunkt von den norditalienischen Städten angezogen wurde, wahrscheinlich aus militärischen Gründen. Ein Jahrhundert nach dem Langobardeneinfall im Jahr 568 bereitete die genaue Unterscheidung zwischen langobardisch und römisch in den Städten und auf den großen Landgütern bereits Schwierigkeiten. Die Langobarden kamen in ein Land, in dem es viele befestigte Groß- und Kleinstädte gab. Wie bereits erwähnt, ließen sich die fortschreitenden Eroberungen an der Einnahme der bedeutenden Städte in der Po-Ebene und im angrenzenden Hügelland messen. Das Schicksal dieser Städte im sechsten und siebten Jahrhundert war unterschiedlich, wobei wahrscheinlich wenige völlig zerstört oder verlassen wurden. Im zehnten Jahrhundert waren mehr als 75 Prozent der ehemals römischen Städte Bevölkerungs- und zum Teil auch politische Machtzentren. Diese generelle städtische Kontinuität ist ein sehr bemerkenswerter Aspekt des ostgotischen und langobardischen Italien, obwohl sie im Verlauf durch vielfältige Veränderungen gekennzeichnet war. Am meisten gefährdet waren die eher am Rande gelegenen Kleinstädte. Die Stadt Luni an der ligurischen Küste war nach dem vierten Jahrhundert nicht mehr im Stande, ihr Forum und die umliegenden öffentlichen Gebäude zu erhalten und im sechsten Jahrhundert standen im Ortskern einfache Holzbauten. Noch im achten Jahrhundert scheinen sich die Besiedlung und das öffentliche Leben auf den kleinen Teil des Ortes um die Kathedrale konzentriert zu haben. Andere Städte verschoben ihren Standort gewöhnlich in eine besser zu verteidigende Position wie im Falle von Volsinii, das nach Orvieto verlegt wurde. Einige kleinere Städte behielten ihre Anziehungskraft ganz einfach deshalb, weil sie klein und somit leichter zu schützen waren. Die größeren Städte wie Mailand und Aquileia waren zu groß, um die starke Rezession im Handel seit dem fünften Jahrhundert zu überleben, und gingen unter.
Ein Merkmal, das auch dem heutigen Besucher noch auffällt, ist die Beibehaltung des antiken Straßennetzes in sehr vielen größeren Städten. In Brescia, Cremona, Bologna, Verona, Piacenza und Lucca folgt die moderne Anlage der Struktur aus der Römerzeit außergewöhnlich

genau und stützt damit die Theorie, dass die antiken Straßen im fünften und sechsten Jahrhundert weiterhin benutzt wurden. Das antike Stadtzentrum konnte sich natürlich verschieben: Das Forum wurde durch den Königspalast oder die Kathedrale abgelöst, die oft vom früheren Zentrum entfernt errichtet wurde. Kirchen begannen nun wie in Mailand oder Pavia das Stadtbild zu beherrschen. Nichts verdeutlicht besser den dauerhaften Reichtum der Städte als die ununterbrochene Folge von Kirchenbauten. Lucca, die am besten dokumentierte Stadt aus der Zeit zwischen 500 und 1000, vermittelt den Eindruck eines um Königspalast und Kathedrale dicht besiedelten Stadtkerns und vieler Gebäude außerhalb der einstigen römischen Stadtmauern. Einen beträchtlichen Anteil der Bewohner machten Landbesitzer oder Handwerker aus, die mit den Großgrundbesitzern in Verbindung standen. Dies unterstreicht die grundsätzliche Ähnlichkeit mit den Städten der römischen Welt, in denen ebenfalls die landbesitzenden Eliten wohnten. Vermutlich entwickelten sich vor dem achten Jahrhundert nirgends Städte zu bedeutenden Handelszentren, nicht einmal eine so große Stadt wie Mailand. Daraus folgt, dass die Struktur der langobardischen Verwaltung wie auch die der Kirche städtisch ausgerichtet war. Klöster auf dem Land begannen sich erst nach 700 zu entwickeln.

Die langobardische Macht erreichte ihren Zenit unter Liutprand, dessen lange Herrschaft von 712 bis 744 von geschickter Diplomatie in einer Zeit politischer Wirren gekennzeichnet war. Das Papsttum lag im Streit mit dem byzantinischen Staat und wurde dabei von vielen italienischen Gemeinden unterstützt. Liutprand ergriff die Gelegenheit, Italien unter langobardischer Herrschaft zu vereinigen und marschierte auf Rom, aber die *duces* von Spoleto und Benevent erhoben sich gegen ihn und stellten sich auf die Seite des Papstes. Liutprand änderte daraufhin sofort seine Strategie, verbündete sich mit den Truppen von Ravenna und belagerte Rom. Er warf die aufständischen Herzöge erfolgreich nieder, und die byzantinische Herrschaft in Rom wurde behauptet. Doch seine weiteren Versuche zur Vereinigung Italiens schlugen fehl. Nach Liutprands Tod im Jahr 744 begannen die Stärke und politische Macht des Papsttums zu wachsen. Es versuchte, sich durch eine Hinwendung zu den Franken von den Langobarden zu lösen und das erstarkende fränkische Königtum nach Karl Martell begünstigte die Umverteilung der Macht in Italien.

Papst Gregor II. konnte 740 zwar keine fränkische Hilfe gegen Liutprand gewinnen, aber ein Jahr nach dem Tod Karl Martells wuchs das fränkische Interesse an Italien. Der Langobardenkönig Ratchis erkannte die drohende Gefahr für sein Reich, musste aber im Jahr 749 seinem tatkräftigeren Bruder Aistulf weichen, der sich seiner Aufgabe mit großer Entschlossenheit stellte. Er übernahm das Herzogtum Spoleto, besetzte Ravenna und verlangte von Rom Tribut. Der Papst konnte die Franken zum Eingreifen bewegen; Pippin III. fiel deshalb 755 in Italien ein und besiegte Aistulf. Die Langobardenherrschaft auf der Halbinsel war nun fast vorüber, doch hielt das Reich unter seinem letzten König Desiderius noch zusammen. 773 fiel Pippins Sohn Karl in Italien ein, besiegte eine langobardische Armee und eroberte die Langobardenzentren Verona und Pavia. Der mächtigste germanische Staat hatte endlich die Kontrolle über das Herz des alten Römischen Reichs gewonnen und sein König konnte später sogar in Rom selbst den Platz eines Kaisers für sich beanspruchen.

Die Lage der wichtigsten langobardischen Siedlungsgebiete wird an der Verteilung der Gräberfelder mit Körperbestattungen deutlich. Sie konzentrieren sich hauptsächlich nördlich des Po von Piemont bis Friaul, in dem Gebiet zwischen Lago Maggiore und Gardasee. Nach Süden zu stoßen wir auf bedeutend weniger Gräberfelder; sie sind bis in die Hügel der Romagna verstreut, aber noch weiter südlich kaum zu finden. Im selben Gebiet bezeugen mehrere Gruppen von Ortsnamen die Anwesenheit germanischer Siedler, nämlich Gepiden, Sueben, Burgunder sowie Langobarden. Namen, die mit größter Wahrscheinlichkeit langobardischen Ursprungs sind, finden sich am häufigsten direkt westlich des Gardasees und in der nördlichen Po-Ebene. Die grundsätzliche Verteilung ist daher klar umrissen. Sucht man jedoch Informationen über einzelne Siedlungsplätze, helfen unsere Quellen meist so gut wie gar nicht weiter. Die Ausgrabung einer charakteristischen Siedlung, die Langobarden zugeschrieben werden kann, steht bis jetzt noch aus und die Identifizierung solcher Orte ist noch in einem frühen Stadium. Langobardische Kriegerhorden fielen in Italien ein, weil deren Anführer unbedingt Stützpunkte und große Städte erobern wollten, um sie als Hauptquartiere zu nutzen. Die Kolonisierung des die Städte umgebenden Landes erfolgte erst später – mit größter Wahrscheinlichkeit durch eine Bevölkerung von sehr heterogener ethnischer Herkunft. Mehrere der geläufigeren Ortsnamen spiegeln diese Phase der Besiedlung wider. Namen auf *braida* (Ebene) und *sunder* (ein separater Besitz) bezeugen die Landnahme, während *gehagi* und *gastaldi* sich auf Verwaltungseinrichtungen in einer neugeordneten Gegend beziehen. Auch *sala* (Gutszentrum) könnte auf eine Neuverteilung des Landbesitzes und nicht nur auf die Umbenennung alter Besitze hindeuten. Etliche kleine langobardische Gräberfelder, die Grabstätten einzelner Familien, müssen in diesem Zusammenhang der Landnahme im späten sechsten und frühen siebten Jahrhundert gesehen werden (zum Beispiel diejenigen im Gebiet von Brescia).

Der größere Teil der Bevölkerung lebte wahrscheinlich in ummauerten Städten und anderen befestigten Plätzen oder – genauer – an den Höfen *(curtes)* ihrer Anführer, die dort ihren Stützpunkt eingerichtet hatten. Darauf deuten sicherlich die Gräber im Gebiet von Cividale und die großen Kriegsgräberfelder von Castel Trosino und Nocera Umbra hin. Es gibt keine klaren Hinweise auf eine intensive langobardische Besiedlung außerhalb solcher Kerngebiete, obwohl zu bedenken ist, dass ab Mitte des siebten Jahrhunderts langobardische Gräberfelder immer weniger leicht zu identifizieren sind, weil das Christentum die Bestattungssitten zunehmend beeinflusste. Wie erwartet finden wir keine langobardischen Ortsnamen im Hinterland von Ravenna und in den Städten, die an Byzanz festhielten, noch tauchen sie in der Umgebung von Mantua und Cremona auf, die erst zwanzig Jahre nach dem Eindringen der Langobarden an Agilulf fielen.

Den Rang der größeren Städte in der Herrschaftsordnung unterstreichen die Bestattungssitten der führenden Familien. Königin Rodelinde ordnete den Bau einer Kirche auf einem langobardischen Gräberfeld außerhalb der Stadtmauer von Pavia an; heute kennen wir sie als Santa Maria ad Perticas (‚bei den Pfählen'). Ihre Lage ist vor allem deshalb interessant, weil sie auf dieser höchst bedeutenden Grabstätte lag. Die Pfähle, auf welche die Weihinschrift verweist, bezeichnen die Gräber toter Krieger. Doch das Gräberfeld lag nach römischem Brauch außerhalb der Stadtmauer. In Cividale ist die topografische Anordnung der langobardischen Gräberfelder noch auffälliger[4]. Diese kleine römische Stadt in Friaul war ein belebtes frühes Zentrum der Langobarden, und bemerkenswert viele Gräberfelder lagen außerhalb der Stadtmauer auf beiden Seiten des Flusses Natisone. Eines der bedeutendsten umfasst eine Gruppe von mehr als 250 Gräbern vor der Porta San Giovanni, unter ihnen mindestens 127 langobardische Frauen-, Kinder- und Männergräber. Bedauerlicherweise wurde ein großer Teil von ihnen im frühen 19. Jahrhundert ausgegraben, als die genaue schriftliche Erfassung der Fundsituation noch nicht üblich war. Die Grabstätten der Männer und Frauen enthielten Objekte, die zu den ältesten langobardischen Zeugnissen in Italien gezählt werden müssen und aus dem Zeitraum von 568 bis etwa 590 stammen. Höchstwahrscheinlich lagen in diesen Gräbern Menschen, die an dem Langobardeneinfall teilgenommen hatten. Andere Gräberfelder in Cividale stammen aus einer ruhigeren Phase der langobardischen Herrschaft. Außerhalb der Kirche von San Stephano in Pertica nahe der Mauern liegt eine kleine Gräbergruppe, die mit einer führenden langobardischen Familie aus den Jahren um 600 in Verbindung gebracht werden muss. Die Funde von Blattgold-Kreuzen in diesen Gräbern weisen auf eine christliche Bestattung nahe einer außerhalb der Stadtmauer gelegenen Kirche hin.

Andere reich ausgestattete Gräber wurden in der Nähe von Kirchen, einschließlich der Kathedrale, innerhalb der Stadtmauern angelegt. Das beeindruckendste ist das so genannte Grab des Gisulf in einer heute nicht mehr vorhandenen Kirche im östlichen Stadtgebiet von Cividale. Diese prächtig ausgestattete Grablege in einem Sarkophag enthielt

4 W. Menghin, *Die Langobarden,* S. 149–156; M. Brozzi, „Zur Topographie von Cividale im frühen Mittelalter" in: *JRGZM* 15, 1968, S. 134

mehrere Zeichen hohen gesellschaftlichen Ranges, die wahrscheinlich einem *dux* oder einem Mitglied der herzoglichen Familie gehört hatten. Aber obwohl der Name Gisulf auf eine Platte im Deckel des Sarkophags eingeritzt ist, handelt es sich nicht um das Grab des Herzogs dieses Namens, da es etwa dreißig bis vierzig Jahre jünger ist. Alle diese Gräber und andere aus Cividale geben reichlich Hinweise darauf, wie anziehend die größeren Städte auf adlige Langobardenfamilien von der ersten Zeit der langobardischen Besiedlung an wirkten und wie eng der Zusammenhang zwischen Kirchen und den Grablegen von Adligen spätestens seit 600 war. Was sich hier in Cividale zeigt, gilt warscheinlich auch für Verona, Brescia, Mailand und die anderen Städte Norditaliens, aber dort sind die Überreste der bedeutenden Gräber entweder zerstört oder noch nicht entdeckt worden.

Ebenso wie Kirchen Gräber anziehen konnten, so vermochten auch Gräber die Lage von Kirchen zu bestimmen. Als sich der christliche Bestattungsritus in allen Schichten der langobardischen Gesellschaft ausbreitete, wurden Kirchen in oder am Rand von bestehenden Gräberfeldern gebaut. Dies bezeugen die Reste einer Kirche im großen Gräberfeld in Castel Trosino (vgl. S. 234) wie auch der Bericht des Paulus Diaconus über eine Kirche in Pavia.

Paradoxerweise liegen die bekanntesten langobardischen Gräberfelder nicht im Kern der langobardischen Siedlungsgebiete, sondern in Mittelitalien im Herzogtum Spoleto. Es handelt sich um die großen Gräberfelder von Nocera Umbra und Castel Trosino, die beide mächtigen Bergfestungen an strategisch wichtigen Punkten zugesprochen wurden[5]. Nocera Umbra ist eine auffallende Festung auf einem uneinnehmbaren Felsvorsprung oberhalb der Via Flaminia, der Hauptverbindung zwischen Ravenna und Rom. Die Gräber bezeugen die Vormachtstellung der Krieger in dieser Gemeinschaft. Einige der Waffen und Teile der Kriegsausrüstung erinnern an das frühere langobardische Material in den Donaugebieten. Ein paar Gräber von hochrangigen Männern stimmen mit der offenkundigen militärischen Bedeutung dieses Ortes überein. Ein Grab enthielt einen Klappstuhl aus Eisen, ein Zeichen von Autorität, das auf römischen Brauch zurückgeht, sowie einen Sattel mit Goldbeschlägen am Sattelknauf. Ein anderes Kriegergrab barg die Überreste eines solide gearbeiteten Helms aus übereinander liegenden Eisenplatten, neben weiterer, einem ranghohen Reiter angemessener Ausrüstung. In einem weiteren mit reichen Gaben versehenen Grab lagen das Pferd und der Jagdhund zu Füßen des toten Kriegers. Nocera Umbra vermittelt uns einen lebhaften Eindruck von adligen Kriegern in vorgeschobener Position oberhalb der Straße nach Rom. Sie wurden dort gegen Ende des sechsten Jahrhunderts stationiert und die Stellung wurde noch mindestens ein halbes Jahrhundert später gehalten.

5 A. Pasqui und R. Paribeni, „Necropoli barbarica di Nocera Umbra" in: *Monumenti Antichi della Reale Accademia dei Lincei* 15, 1918, S. 137–362; R. Mengarelli, „Necropoli barbarica di Castel Trosino" in: *Monumenti Antichi della Reale Accademia dei Lincei* 12, 1902, S. 145–380

Castel Trosino befand sich im späten sechsten Jahrhundert ebenfalls in langobardischen Händen, nachdem es zuvor in den gotischen Kriegen eine Rolle gespielt hatte. Die Festung lag oberhalb der Via Salaria, die von Rom nach Ancona an der Adria führte, und wurde offensichtlich von einer langobardischen Garnison während des gesamten siebten Jahrhunderts gehalten. Ihr Gräberfeld, das bisher größte bekannte im langobardischen Italien, enthielt weit über 200 Bestattungen und viele von ihnen lagen in Gewölben oder kleinen Kammern aus Stein. Viele Gräber enthielten keine Beigaben, was in der Nähe von Kirchen besonders auffällt und auf die Ausbreitung christlicher Bestattungsriten hinweist. Es liegen noch weitere Anzeichen für Kontakte mit der römischen Bevölkerung in diesem Gebiet vor. Mehrere Frauengräber bargen große Scheibenfibeln, die der damaligen römischen Kleidung nachempfunden waren, während andere Gräber Schmuck nach byzantinischen Vorbildern enthielten. Das Bild einer Gesellschaft, in der sich die germanischen und die italienischen Bevölkerungen vermischten, herrscht hier noch stärker vor als in Nocera Umbra, aber sie war zumindest seit dem späten siebten Jahrhundert keine reine Kriegergesellschaft mehr. Die Romanisierung materieller Objekte war sogar zu einem so späten Zeitpunkt noch möglich und vielleicht wirkte sie auch noch in einer weniger greifbaren Hinsicht.

Thüringer und Bajuwaren

Auch im Mitteldeutschland entstanden am Ende der römischen Zeit und danach neue Völker, obwohl die schriftlichen Quellen für dieses Gebiet dürftig sind. Mehrere Stämme hatten die Gegend zwischen dem oberen Elbebecken und der Donau besetzt, unter anderem die Hermunduren, Markomannen und später die Rugier.

Eine Gruppe reich ausgestatteter Gräber im Gebiet des Zusammenflusses von Elbe und Saale in Mitteldeutschland geht ohne Zweifel auf ein Zentrum lokaler Mächte im späten dritten und frühen vierten Jahrhundert zurück. Die bekanntesten dieser Gräber liegen in Hassleben und Leuna, aber wir kennen noch weitere, die offensichtlich alle aus einem begrenzten Zeitraum um 300 stammen[1].

Die Grabkammern einiger Angehöriger dieser Gruppe waren ungewöhnlich aufwändig gebaut; es handelte sich um große, von Brettern eingefasste Gräber. Die Grabausstattung enthielt auch römische Importwaren, unter denen Bronze- und Silbergefäße besonders auffallen. Einige der Gräber von Leuna bargen auch die Ausrüstungen von Reitern und auch ein Pferdeopfer ist in der Nähe eines Grabs durch den Fund eines Schädels und der Füße eines Tieres bezeugt. Dieses Ritual ist sowohl aus den Steppen als auch aus anderen Teilen Germaniens bekannt. In den Gräbern lagen normalerweise keine Waffen, obwohl gelegentlich drei Pfeile mit Spitzen aus Silber oder Bronze beigelegt wurden, die vermutlich als Rangabzeichen dienten. Schöner germanischer Schmuck sowie Tongefäße und Trinkhörner sind besonders in Hassleben bezeugt.

Früher vermutete man, dass die germanischen Führer von Leuna und Hassleben und ihr Gefolge ihren Reichtum und vielleicht ihren Status einer erfolgreichen Kriegsführung an den römischen Grenzen im späten dritten Jahrhundert verdankten. Es ist aber wahrscheinlicher, dass sie die römischen Waren und ihren Wohlstand durch den Dienst in den römischen Legionen in dieser wirren Zeit erlangten. In den Heeren von mehr als einem Kaiser des dritten Jahrhunderts, die dringend auf militärische Unterstützung angewiesen waren, dienten große germanische Kontingente. Diese Krieger kehrten in ihre Heimat zurück, nachdem sie durch ihren Dienst in Gallien und anderswo reich geworden waren. Sie brachten vielleicht auch die römischen Goldmünzen mit, die in ansehnlicher Menge aus dieser Zeit in Mitteldeutschland gefunden wurden.

1 W. Schulz, Leuna. *Ein germanischer Bestattungsplatz der spätrömischen Kaiserzeit,* Berlin 1953; W. Schulz, *Das Fürstengrab und das Grabfeld von Hassleben,* Berlin und Leipzig 1933

Die Thüringer

Die Thüringer (Thuringi, Thoringi oder Toringi) werden zum ersten Mal um 400 n. Chr. erwähnt, hatten aber vermutlich schon im vorangegangenen Jahrhundert eine eigene Identität entwickelt. Möglicherweise bildeten die Hermunduren den Kern dieser neuen Gruppierung[2]. Erst nach der Mitte des fünften Jahrhunderts lässt sich von einer erkennbaren archäologischen Kultur in ihrem Kernland in der Gegend um den Zusammenfluss von Saale und Elbe sowie im Tal der Unstrut im Westen sprechen. Obwohl die Thüringer in den geschichtlichen Quellen für das fünfte und sechste Jahrhundert kaum eine Rolle spielen, waren sie eine Macht, mit der man über ein Jahrhundert lang rechnen musste. Sie versuchten im späten fünften Jahrhundert nicht, südwärts in Richtung Donau zu ziehen, vermutlich deswegen, weil sie genügend Land besaßen, um sich zu ernähren. Damit waren sie aber seit der Zeit des Chlodwig den fränkischen Expansionsbestrebungen östlich des Rheins ausgesetzt. Um 530 wurden die meisten Thüringer Untertanen der Franken und danach verloren sie rasch an Bedeutung. Einige von ihnen begleiteten die Langobarden 568 nach Italien; andere verschmolzen mit den Bajuwaren. Ähnlich wie bei den Burgundern in Gallien blieb nicht viel mehr als ihr Name auf der Landkarte Europas erhalten, um ihre Existenz zu bezeugen.

2 B. Krüger (Hrsg.), *Die Germanen*, Band 2, S. 502–548

Selbst unter den am wenigsten bekannten Völkern der Zeit nach dem Zusammenbruch der römischen Macht liegt die Geschichte der Thüringer im Becken von Elbe und Saale besonders im Dunkeln. Der römische Schriftsteller Vegetius erwähnte sie als erster um 400 n. Chr. Ihre genaue Herkunft ist unbekannt; eine Überlieferung bringt sie mit den frühen Langobarden an der Unterelbe in Verbindung. Dieser Text von Venantius Fortunatus berichtet von einem König Bisinius, der im späten fünften Jahrhundert über die Thüringer herrschte und mit einer adligen langobardischen Dame verheiratet war. Ihre Tochter Radegunde vermählten sie später mit dem Langobardenkönig Wacho, einem Mann, der für die bedeutende Ausweitung der langobardischen Macht verantwortlich war. Eine andere Überlieferung von Gregor von Tours bringt den Frankenkönig Childerich mit der thüringischen Prinzessin Basina in Verbindung, aber sie wird durch keine andere schriftliche Quelle gestützt und erscheint im Kontext des fünften Jahrhunderts unglaubhaft.

Die Funde in dem Gebiet, das dieses Volk bewohnte, sind ebenso dürftig, wenn sie auch wenigstens ein zusammenhängendes Bild ergeben. Im Allgemeinen verweisen unsere Quellen auf eine Siedlungsfläche nördlich des heutigen Thüringer Waldes und weiter bis zur mittleren Elbe. Es besteht eine offenkundige Verbindung mit dem modernen Thüringen, aber das einstige Stammesgebiet dehnte sich viel weiter aus als die spätere historische Einheit und veränderte seine Grenzen natürlich im Laufe der Zeit. Einen Anhaltspunkt für die Lage der Thüringer bietet die Beziehung zwischen dem Stamm und dem frühen Volk der Hermunduren. Eine linguistische Verbindung zwischen den Namen der Hermunduren und Thüringer wurde lange Zeit kontrovers diskutiert. Es wurde kein überzeugendes Argument gegen eine linguistische Identifikation der beiden Namen vorgebracht, obwohl das nicht beweist, dass aus Hermunduren einfach Thüringer wurden. Es ist wahrscheinlicher, dass sich vielleicht in der unruhigen Zeit des späten vierten Jahrhunderts eine Kriegerhorde oder ein Geschlecht vom früheren Stamm löste und den Namen mitnahm. Ein solcher Prozess hat die Auflösung der Hermunduren vermutlich beschleunigt.

Quellen aus dem fünften und sechsten Jahrhundert verweisen darauf, dass das obere Elbe- und Saalebecken während der Völkerwanderungszeit das Kernland der Thüringer blieb. Ihre unmittelbaren Nachbarn waren die Sachsen im Norden und die Alamannen im Süden. Im Elbe-Saale-Gebiet offenbart die Archäologie eine relativ homogene materielle Kultur seit Mitte des fünften Jahrhunderts. Die üblichen Feuerbestattungen in Urnen während der spätrömischen Zeit wurden um 400 von Körperbestattungen in Ost-West-Richtung abgelöst, die in ordentlichen Reihen angeordnet waren (Reihengräber). Die Zeugnisse, welche diese Gräberfelder in Bezug auf Kleidung, Schmuck und die Waffen der Männer sowie Trachten und Schmuck der Frauen liefern, weisen auf eine einheitliche Gruppierung um 450 hin. Die Gräberfelder der Region sind besser erforscht als die Siedlungen. Bis jetzt scheinen die einzelnen Siedlungen klein und eher verstreut gewesen zu sein. Die Gebäude waren meist recht klein; es gab augenscheinlich keine Langhäuser wie im Norden. Größere Zentren ließen sich bis jetzt nicht eindeutig identifizieren, möglicherweise deshalb, weil sich die Anführer des Stammes Wohnsitze in einiger Entfernung zu ihrem Volk suchten. Doch dieses Bild könnte sich durch die Untersuchung einiger Bergbefestigungen der Region ändern. Mehrere von ihnen wie unter anderem die Hasenburg bei Grossbodungen und der Schlossberg bei Quedlinburg förderten Keramik und andere Funde aus dem vierten und fünften Jahrhundert zu Tage, allerdings fand man bis jetzt noch keine Überreste von Verteidigungsanlagen und großen Gebäuden. Die Hasenburg ist in dieser Hinsicht besonders interessant, denn nur vier Kilometer entfernt wurde ein Hort schöner römischer Silbergefäße und 21 Goldmünzen gefunden, der in der ersten Hälfte des fünften Jahrhunderts vergraben worden war. Dieser Schatz könnte sehr wohl von einem thüringischen Stammesfürsten nach Thüringen mit zurückgebracht worden sein, als Lohn für seine Dienste für Rom an der Donaugrenze.

Im Gegensatz zu anderen mitteleuropäischen Völkern zogen die Thüringer nicht *en masse* in die ehemaligen römischen Provinzen. Gruppen von ihnen begleiteten die Langobarden im Jahr 568 nach Italien, aber der Kern des Volkes blieb zurück. Im sechsten Jahrhundert gerieten sie zunehmend in die Einflusssphäre des ostfränkischen Reichs, ohne jedoch ihre Identität oder ihren Platz auf der Landkarte zu verlieren.

Die Bajuwaren

Die Bajuwaren wurden erst 551 n. Chr. ausdrücklich erwähnt, als Venantius Fortunatus, der Bischof von Poitiers, sie östlich des Lech und somit östlich der Alemannen in der ehemals römischen Provinz Rätien lokalisierte. Keine der frühen Quellen vermittelt Einzelheiten über die Entstehung der Bajuwaren und ihre Ansiedlung zwischen Donau und Alpen[3]. Diese Lücke wurde im Mittelalter und später durch sehr kühne Spekulationen gefüllt. Noch im 18. Jahrhundert bestand eine lebhafte Diskussion über die bajuwarische Herkunft. Das zentrales Thema dieser Zeit war die Frage: Waren die Bajuwaren Kelten oder Germanen? Der mögliche Zusammenhang zwischen den keltischen Boiern in Böhmen und den späteren Bajuwaren stand im Mittelpunkt des Interesses. Klassische Texte schienen auf eine Verbindung mit der keltischen Welt hinzuweisen, während sich die Bajuwaren selbst als durch und durch germanisch betrachteten. So entstand eine Spannung zwischen Wunsch und Wirklichkeit und die Diskussion schwankte im gesamten 18. Jahrhundert hin und her. Die 1795 gegründete bayerische Akademie der Wissenschaften änderte wenig an dem Umstand, dass die meisten Gelehrten eine keltische Herkunft der Bajuwaren unterstützten, doch gegen Ende des 18. Jahrhunderts veränderte sich das akademische Klima allmählich. Das Nationalgefühl der Bayern begann nun die Autorität der klassischen Texte zu überwiegen. Die Romantik löste den Geist der Aufklärung langsam ab. Mit dem Zusammenbruch der französischen Macht in Europa 1815 neigte sich die Erklärung der bayerischen Herkunft einer Meinung zu, die eher mit der europäischen Wirklichkeit in der Völkerwanderungszeit übereinstimmte. Doch es sollte ein weiteres Jahrhundert vergehen, bevor eine unvoreingenommene Bewertung der Entstehung der Bajuwaren beginnen konnte.

3 L. Schmidt und H. Zeiss, *Die Westgermanen. Die Baiern*, München 1940, S. 194–206

Die frühe Überlieferung einer Wanderung nach Süden aus dem oberen Elbebecken könnte einen wahren Kern enthalten. Germanische Gruppen waren im vierten Jahrhundert vermutlich unter römischer Leitung oder zumindest mit römischer Einwilligung an der mittleren Donau angekommen. Im fünften Jahrhundert existierte auf beiden Seiten des mittleren Donautals eine sehr heterogene Bevölkerung, zu der Quaden, Sueben, Rugier und andere Gruppen zählten sowie eine Restbevölkerung von Provinzbewohnern, die nach dem Rückzug der römischen Macht zurückgeblieben waren. Diese Vermischung zeigt sich deutlich in dem Gräberfeld, das in Klettham bei Erding ausgegraben wurde. Es enthielt bis zu 2300 Bestattungen, unter ihnen 1500 Körperbestattungen in Ost-West-Richtung, die aus einem Zeitraum vom späten fünften bis zum späten siebten Jahrhundert stammten. Die Funde in den Gräbern weisen auf Einflüsse der Alamannen, Thüringer, Ostgoten und möglicherweise sogar der Hunnen hin. Politischer Druck der Franken aus dem Westen formte diese heterogene Bevölkerung zu einer geschlossenen Gruppe. Zwischen etwa 530 und 550 wurden mehrere neue Gräberfelder im Kernland der Bajuwaren um Regensburg und Straubing an der Donau und in der Gegend um München angelegt und gingen mit neuen Siedlungen auf dem Land einher, das viele seiner früheren Bewohner verloren hatte und den Neuankömmlingen einiges bieten konnte. Diese Siedlungsphase wurde vielleicht von den ostfränkischen Anführern gefördert, die diese Region nach einer langen und unruhigen Zeit stabilisieren wollten. Mindestens drei Siedlungsgebiete dieser Phase im sechsten Jahrhundert lassen sich unterscheiden. Das früheste lag in der Umgebung von München und nördlich im Isartal. Nur wenig später entwickelten sich an der Donau zwischen der Isarmündung und dem alten Römerkastell in Regensburg weitere Siedlungen. In diesem Gebiet residierten die bajuwarischen Grafen von sechsten bis zum achten Jahrhundert in einer ehemals befestigten Anlage. Ein drittes Gebiet lag zwischen Inn und Salzach und um ihren Zusammenfluss. Wir erkennen keine deutlichen Zeichen für einen Zusammenhang zwischen diesen Gruppen im sechsten Jahrhundert. Das vorherrschende Bild weist vielmehr auf eine Grenzgesellschaft an der Ostgrenze der fränkischen Welt hin.

Seit 531 n. Chr. bedrängte die Frankenmacht die Thüringer unerbittlich und unterwarf sie schließlich in den Jahren 531 bis 534. Kurz darauf kam der bajuwarische Adel offenbar ohne große Kämpfe unter die Herrschaft des fränkischen Königs. Der oberste Stammesführer der Bajuwaren, der in den fränkischen Quellen als *dux* (Herr) und in langobardischen Texten als *rex* (König) bezeichnet wird, stammte aus dem Geschlecht der Agilolfinger. Das erste fränkische Verwaltungszentrum lag in Regensburg im Schutz seiner römischen Stadtmauern. Außerhalb des Verteidigungsrings sind einige Gräber von Angehörigen dieses Dienstadels bekannt. Mit der fränkischen Oberhoheit kamen auch das Christentum und die ersten Kirchen. Die ältesten bekannten Kirchengebäude sind Holzbauten in Gräberfeldern wie in Aubing bei München, obwohl zu erwarten ist, dass Kirchen aus beständigerem Material in anderen größeren Zentren zum Vorschein kommen.

Mit dem Zug der Langobarden und ihrer Verbündeten nach Italien im Jahr 568 stieg die strategische Bedeutung der Bajuwaren steil an. Ihre Grenzlage zwischen fest etablierten Staaten und beweglicheren Gruppen aus Asien und Osteuropa war heikler als jemals zuvor. Direkt anschließend im Osten saßen nun die asiatischen Awaren in der ungarischen Tiefebene und wollten wahrscheinlich weiter nach Westen vorstoßen. Awarische Funde einschließlich ihrer typischen dreifach gefiederten Pfeile sind in Ausgrabungen aus der Zeit ab dem späten 6. Jahrhundert an der mittleren Donau aufgetaucht. Obwohl die Bajuwaren eine entscheidende Position an dieser Ost-West-Grenze besetzten, verlor der bajuwarische Stammesverband seine Selbstständigkeit und ging fortan in den größeren Mächten auf, die in der Zeit nach der Völkerwanderung entstanden.

Die Germanen in der Forschung

Ein Überblick

Die Kenntnisse über die verschiedenen Identitäten der germanischen Völker wuchsen nur sehr langsam und machten im Mittelalter nur geringe Fortschritte. Die Bauwerke der frühen Bewohner Nordeuropas, besonders die Megalithgräber und befestigten Orte waren in der Landschaft deutlich sichtbar und bedurften der Erklärung. Doch sogar gebildete Betrachter wie Saxo Grammaticus, ein dänischer Gelehrter im 13. Jahrhundert, hielten diese Gräber für das Werk von Dämonen und Riesen; daher die Bezeichnungen „Hünengrab", „Hünen-Tumulus" oder später „Heidengraben". Bei anderen Objekten aus alter Zeit, die im Boden gefunden wurden, glaubte man lange an magische Ursprünge oder an die Folgen von Naturereignissen. Noch im 16. Jahrhundert unterstützte Mathesius, der Freund und Biograf Martin Luthers, die These, dass es sich um natürliche Phänomene handele.

Der große Fortschritt kam mit der Wiederentdeckung der *Germania* des Tacitus im Kloster von Hersfeld im Jahre 1451 und deren Druck in Venedig (1470) und Nürnberg (1473) in der Edition von K. Celtis[1]. Noch bevor sie gedruckt wurde, hatte der italienische Humanist Piccolomini im Jahre 1458 einen Kommentar über das Werk herausgegeben, der 1526 ins Deutsche übersetzt wurde. Die *Germania* lieferte eine derartige Fülle und Vielfalt an Informationen über die Germanen, die jeden mittelalterlichen Leser erstaunt hätte. Doch vor allem förderte das darin enthaltene Lob bestimmter Aspekte der germanischen Gesellschaft das Aufkommen eines nationalistischen Ansatzes zur Interpretation der antiken Vergangenheit. Zum ersten Mal konnten die antiken Germanen aus dem Schatten Roms treten und es war umso befriedigender, dass sie von einem höchst anerkannten römischen Autor ins Licht der europäischen Geschichte gerückt wurden. Es ist nicht verwunderlich, dass mehrere sehr überstürzte Werke der Veröffentlichung der *Germania* folgten, die weit mehr für die Germanen in Anspruch nahmen, als man aus Tacitus' Text schließen konnte. Sogar eine Abstammung von den Helden Troias wurde im Wettstreit mit Roms eigenem Ursprung diskutiert. Wichtiger als diese Auswüchse war der Kommentar, den Beatus Rhenanus im Jahre 1519 veröffentlichte, und ebenso sein Sammelwerk antiker Quellen zu den frühen Germanen, das 1531 erschien. Caesars Schriften stießen zu dieser Zeit auf erneutes Interesse, und auch die *Annalen* des Tacitus und das Werk von Velleius Paterculus wurden nun häufiger gelesen. Die Geografie des antiken Deutschland und beson-

1 Rudolf von Fulda im neunten Jahrhundert und Adam von Bremen im späten elften Jahrhundert kannten die *Germania* und verwendeten sie auch.

ders die Siedlungsgebiete der von Tacitus genannten Stämme verarbeitete Philipp Melanchton in einer Studie aus dem Jahr 1557, während Philipp Cluverius (Klüver) in seinen *Germaniae Antiquae Libri Tres* 1616 eine umfassende geschichtliche Darstellung der Germanen zu liefern versuchte.

Mit Bemühungen, eine Archäologie der frühen Germanen zu begründen, hielt man sich verständlicherweise zurück. Den leicht identifizierbaren römischen Fundstücken und Objekten, insbesondere den Inschriften, wurde die meiste Aufmerksamkeit zuteil. Charakteristisch germanisches Material wurde von den Stücken anderer Völker, etwa der Kelten, Slawen und sogar Skythen kaum unterschieden. Doch ist im Werk des J. Aventinus das erste Aufkeimen eines archäologischen Bewusstseins erkennbar; seine *Chronik über den Ursprung, die Abstammung und die Taten der alten Germanen* aus dem Jahr 1541 zählte die direkten Vorfahren der germanischen Völker des Mittelalters auf. Die ersten Sammlungen von Altertümern in Mitteleuropa befassten sich ebenfalls mit diesem Thema. Die Kurfürsten von Sachsen gründeten im späten 16. Jahrhundert eine größere prähistorische Sammlung in Dresden und ließen schon 1587 einen Katalog zusammenstellen. Auch in Wien, München, Prag und Berlin bestanden frühe Sammlungen von Altertümern. Doch vergleichende Untersuchungen der Objekte bereiteten den Gelehrten vor dem späten 17. Jahrhundert große Schwierigkeiten. Da fast für das gesamte Material gesicherte chronologische Hinweise fehlten, war mehr als eine Zuordnung zu den Kimbern, Boiern oder Wenden nicht möglich.

Gegen Ende des 16. Jahrhunderts führte das wachsende Interesse an sichtbaren Monumenten und anderen Altertümern zu ersten Ausgrabungen, wobei Kammergräber und andere Megalithmonumente besonders im Mittelpunkt standen. Diese Unternehmungen brachten verschiedene Spekulationen über die Völker hervor, welche diese Monumente errichtet hatten, besonders in solchen Büchern wie *Bevölkertes Cimbrien* von J.-D. Major (1692) und M.T. Arrkiels *Cimbrische Heyden-Religion* (1691). Im frühen 18. Jahrhundert wurden zwar sehr viel mehr Schriften über die Monumente Nordeuropas verfasst, aber bei ihrer Erklärung gab es nur geringe Fortschritte. Zu vieles wurde den aus den klassischen Quellen bekannten germanischen Völkern wie Kimbern, Chatten und Langobarden zugeordnet und zwar einfach deshalb, weil es sich bei ihnen um die frühesten bezeugten Bewohner dieser Regionen handelte. Niemand konnte die riesige Zeitspanne der europäischen Vorgeschichte erfassen oder sie gar bemessen, sodass man paläolithische Handäxte, bronzezeitliche Waffen, eisenzeitliche Keramik und Schmuck aus der Völkerwanderungszeit in einen Topf warf und sie vor dem 19. Jahrhundert weder unterscheiden noch in ihren chronologischen Kontext einordnen konnte.

Die wachsende Fachkenntnis, die sich in der Geschichtsforschung des 18. Jahrhunderts zeigte, ging vor allem auf die Gründung von Akademien wie der „Preußischen Akademie der Wissenschaften“ unter der Regierung Friedrichs I. und der „Göttinger Akademie der Wissenschaften“ von 1751 zurück. In Skandinavien kam es zu ähnlichen Gründungen: Die Schwester Friedrichs II. und Königin von Schweden, Luise Ulrike, gründete 1753 die „Vitterhets Historie och Antikvitets Akademien“, die sich hauptsächlich der Erforschung von Altertümern sowie der Geschichte und Rhetorik widmen sollte. Die 1760 gegründete „Kongelig Norsk Videnskabers Selskap“ organisierte Ausgrabungen und richtete ein Museum ein. In Dänemark befasste sich „Det Kongelige Danske Videnskabernes Selskab“ (Königliche Gesellschaft) ebenfalls mit Berichten von Entdeckungen und eine Reihe von Mitgliedern des Königshauses beteiligte sich an Ausgrabungen. Der erste Band der *Berichte der Dänischen Königlichen Gesellschaft* enthielt einen Aufsatz des Hofkaplans Erik Pontoppidan über Ausgrabungen, die er an einem prähistorischen Grabmal im Park des Königspalastes durchgeführt hatte. Sein Bericht ist ein Beispiel für intelligente Beobachtung, klare Aufzeichnungen und nüchterne Interpretation. Insgesamt vermittelt er das ansprechende Bild eines zuverlässigen Mannes, der sich mit Zeugnissen abmühte, die in ihrer Komplexität sein Verständnis überstiegen, der aber die wilden Spekulationen vermied, denen sich seine direkten Vorgänger hingaben.

Einen meisterhaften Überblick über die Germanen zur Zeit des Römischen Reiches bot Edward Gibbons *Decline and Fall of the Roman Empire,* dessen erster Band 1776 erschien. Gibbon interessierte sich für die Germanenvölker an sich, nicht nur als Feinde der römischen Zivilisation. Ihn beeindruckten die Stärke und Kraft der Germanen, wenn er sich auch nicht von der Vorstellung des „edlen Wilden“ leiten ließ. Seine Schriften über die Barbaren lassen heute eine innere Distanz erkennen, die in älteren Quellen kaum zu finden war. Daher kann er bemerken: „Die Zerstörungen der Barbaren waren weit weniger verheerend als die feindlichen Handlungen der Truppen Karls V., der allerchristlichsten katholischen Majestät, der sich selbst als ‚Kaiser der Römer‘ bezeichnete“. Gibbon schätzte Tacitus sehr und verließ sich in seinem Bericht deutlich auf die *Germania.* Über die einzelnen Stämme schien es nicht mehr viel zu sagen zu geben, sodass er sich auf generelle Aussagen beschränkte und sie um einige eigene Beobachtungen erweiterte. Über das Fehlen von Geld in Germanien äußerte er sich zum Beispiel: „Geld ist mit einem Wort das allumfassendste Antriebsmittel und Eisen das mächtigste Instrument des menschlichen Fleißes; es ist sehr schwierig, sich vorzustellen, wie sich ein Volk, das weder durch das eine angetrieben noch durch das andere unterstützt wird, aus der tiefsten Barbarei herausarbeiten konnte.“

Gibbon betont die Gesetzlosigkeit der Germanen verständlicherweise über Gebühr, ihre Unfähigkeit, sich erfolgreich gegen Rom zu verbünden sowie ihre unzureichende Ausrüstung und Kriegsorganisation. Er zeigt kein großes Interesse für Beziehungen zwischen den von Tacitus beschriebenen Völkern und den späteren Stammesverbänden, die in die römische Welt einfielen. Dennoch liest sich Gibbons Buch über die Germanen wie eine bemerkenswert moderne und verhältnismäßig objektive Darstellung, weit mehr als viele Berichte, die im 19. Jahrhundert erscheinen sollten.

Johann Gottfried Herder, ein Zeitgenosse Gibbons, liefert in seinen *Ideen zur Philosophie der Geschichte der Menschheit* (1784 bis 1791) eine interessante Beschreibung des Einflusses der Germanen auf das Römische Reich. Er betrachtete ihre Organisation in Stammesverbänden als völlig unzureichend für die Rolle, die sie in dieser Welt anstrebten. Aber wie die anderen Schriftsteller dieser Zeit einschließlich Goethes konnte Herder über die Germanen vor den großen Völkerwanderungen fast keine Aussagen machen.

Ein frühes Zeichen gewandelten Denkens ist in dem Vortrag von Graf Ewald Friedrich zu Hertzberg, eines Ministers der preußischen Regierung, vor der „Preußischen Akademie der Wissenschaften" in Berlin zu sehen, in dem er die Tugenden der germanischen Völker und ihre moralische Überlegenheit über die Römer pries. In den nächsten Jahrzehnten wuchs das Interesse am germanischen Altertum beständig, begünstigt und gefördert durch die Gründung einer Reihe regionaler historischer Gesellschaften. Sie wurden zu Treffpunkten für Historiker, Philologen und Archäologen, ohne die wirkliche Fortschritte auf diesem Gebiet undenkbar gewesen wären.

Neue Erkenntnisse ließen nicht lange auf sich warten. 1819 wurde das große Werk der *Monumenta Germaniae Historica* begonnen, an dem noch immer gearbeitet wird, und dessen erster Band 1825 erschien. 1836 veröffentliche Gustav Klemm sein *Handbuch der germanischen Altertümer,* einen umfangreichen Band über die Kultur, Gesellschaft und Religion der Germanen, der auf antiken Quellen und den immer noch sehr begrenzten archäologischen Erkenntnissen fußte, wobei gerade die Archäologie in den nächsten Jahrzehnten große Fortschritte machen sollte. Levetzow veröffentliche 1825 seine bahnbrechende Untersuchung über die germanischen und slawischen Altertümer im Gebiet zwischen Elbe und Weichsel. Lisch legte 1837 die gleiche Untersuchung für Mecklenburg vor.

Im folgenden Jahr beschäftigte sich Giesebrecht mit dem großen Problem der Datierung von Funden aus Germanengräbern in Norddeutschland. Bei alledem handelte es sich um intelligente Versuche einer Interpretation der Altertümer, die jetzt in zunehmender Menge in der Erde gefunden wurden. Aber ohne ein umfassendes chronologisches Gerüst und ohne das Wissen um den kulturellen Kontext blieb ihre Aussagekraft naturgemäß gering.

Ein großer Fortschritt wurde um die Mitte des Jahrhunderts erreicht. Im Jahre 1855 schrieb John Mitchell Kemble an den Sekretär der Gesellschaft für Altertümer in London wegen einiger Graburnen, die in Stade in Norddeutschland gefunden worden waren. Sein Brief wurde später im Band 36 der *Archaeologia* veröffentlicht. Kemble verwies darin auf die verblüffenden Ähnlichkeiten zwischen den Gefäßen, die er in Stade gesehen hatte, und den in Ostengland gefundenen Urnen. Seine Beobachtungen waren gut fundiert und so begann die moderne Untersuchung der frühen angelsächsischen Keramik- und Metallarbeiten, eine Hauptinformationsquelle über die germanische Besiedlung in England. Die archäologischen Studien in England und Deutschland waren noch nicht so weit fortgeschritten, als dass man die Konsequenzen von Kembles Beobachtungen für die Chronologie der angelsächsischen Keramik hätte voll erfassen können. Kurz darauf wurden jedoch in Süddänemark und Schleswig Entdeckungen gemacht, die wichtige chronologische Daten lieferten und die materielle Kultur der germanischen Völker während der Zeit des späten Römischen Reichs erhellten.

Aus den Torfmooren in Nydam und Vimose und am Thorsberg gelangten allmählich außergewöhnliche Mengen von Objekten ans Tageslicht, insbesondere Waffen, Teile von Rüstungen, Fibeln und anderer persönlicher Schmuck, Keramik, Stoffgewänder, Lederschuhe und römische Münzen. Das Depot von Nydam enthielt etwas noch Bemerkenswerteres: drei Boote, von denen eines fast intakt geborgen wurde und heute im Museum des ehemaligen Residenzschlosses Gottorf in Schleswig steht. Diese großartigen Entdeckungen, die offensichtlich aus Votivdepots stammten, wurden von C. Engelhardt in vier hervorragenden Monographien aufgezeichnet und abgebildet[2]. Sie enthüllten auf verblüffende Weise die Kontakte zwischen der germanischen Welt und dem Römischen Reich im dritten und vierten Jahrhundert n. Chr. und ermöglichten nun die Festlegung einer gesicherten Chronologie des kulturellen Fundmaterials der Germanen der spätrömischen Eisenzeit, indem sie einen gut datierten archäologischen „Horizont“ lieferten. Aus diesen Depots in den Torfmooren schlossen Engelhardt und J.J.A. Worsaae, seinerzeit einflussreichster Experte für die Frühgeschichte des Nordens, dass die Eisenzeit in Nordeuropa keine kurze Phase war, welche die vorgeschichtliche Zeit beendete, sondern eine lange und prägende Periode, welche die Verbindung zwischen der vorschriftlichen nordischen Welt und der Welt der Wikingersagen herstellte. 1865 schlugen diese beiden Wissenschaftler zum ersten Mal vor, die Eisenzeit in drei unterschiedliche Phasen zu teilen, die weitgehend der römischen Eisenzeit (ca. 200 n. Chr. bis ca. 450 n. Chr.), der Völkerwanderungszeit (ca. 450 bis etwa 700) und der Wikingerzeit (ca. 700 bis ungefähr 1000)

2 C. Engelhardt, *Thorsbjerg Mosefun;* ders., *Nydam Mosefund;* ders., *Kragehul Mosefund;* ders., *Vimose Fundet*

entsprachen. Als sich die archäologischen Techniken Ende des 19. Jahrhunderts allmählich entwickelten, stand bedeutenden Fortschritten und beständigen Verbesserungen der Chronologie nichts mehr im Wege.

1848 veröffentlichten die Brüder Wilhelm und Ludwig Lindenschmidt eine bahnbrechende Studie über die Archäologie der Völkerwanderungszeit unter dem Titel *Das germanische Todtenlager bei Selzen in der Provinz Rheinhessen*. Diese bescheidene kleine Monographie war die erste klare und ordentliche Darstellung eines germanischen Gräberfeldes und setzte einen Standard, der erst weit im 20. Jahrhundert übertroffen wurde. Sie lieferte einen Gesamtplan der Gräber; Einzelgräber und ihr Inhalt waren entsprechend der genauen Fundsituation auf Aquarellen abgebildet. Eine Auswahl der Grabbeigaben wurde diskutiert und Analogien zu anderen Ausgrabungsstätten in Deutschland und der Schweiz gezogen. Die Lindenschmidts hatten das Glück, zwei justinianische Münzen unter den Grabbeigaben zu finden, sodass sie das Gräberfeld dem sechsten Jahrhundert zuweisen konnten. Die Veröffentlichung der Ausgrabungsergebnisse des Gräberfeldes von Selzen markiert den Anfang der modernen Untersuchungen über die germanischen Wanderungen. Zum ersten Mal wurde gezeigt, dass es möglich war, Gräber (und somit auch andere Depots) auf die nachrömische Zeit zu datieren. Vergleichende Studien, für die Selzen das erste Beispiel war, konnten danach Verbindungen zu dem Material anderer Stätten und Regionen herstellen und damit die Grundlage eines Datierungsschemas schaffen, auf dem ein Großteil unseres heutigen Wissens über diese Zeit aufbaut. Ludwig Lindenschmidt leitete noch weitere wichtige Untersuchungen über die Archäologie der Völkerwanderungszeit und spielte bei der Gründung des Römisch-Germanischen Zentralmuseums in Mainz eine bedeutende Rolle.

Auch philologische Studien traten zu dieser Zeit in den Vordergrund. Große Faszination ging von der Frage aus, welches Licht die Sprache auf die frühen Beziehungen zwischen den Germanen und Kelten werfen könnte. Leider standen diese frühen Berichte unter dem Zeichen der Keltomanie und einer dementsprechend ausgeprägten deutschen Reaktion. Im äußersten Falle ließen sich die Gelehrten in ihren Meinungen eher vom Nationalgefühl als von sachlicher linguistischer Wissenschaft leiten, zum Beispiel wenn d'Arbois de Jubainville behauptete, dass die Germanen einmal die Untertanen der Kelten gewesen seien und als ihre Leibeigenen viele keltische Lehnwörter übernommen hätten. Die neutralere Sichtweise Holtsmans, dessen *Celts and Germans: A Historical Enquiry* 1855 veröffentlicht wurde, erscheint genauso unerklärlich. Ihm zufolge handelte es sich bei den Kelten des europäischen Kontinents und den Germanen um das gleiche Volk, während die Kelten auf der britischen Insel und in Irland einem ganz anderen Zweig des indoeu-

Idealisierter germanischer Krieger mit Kleidung und Ausrüstung nach Fundmaterialien aus dem Thorsberger Weihefund

ropäischen Stammbaums angehörten. Die deutsche Gegenreaktion auf solche Ideen fiel verständlicherweise schroff aus. Durch diese Auseinandersetzungen verstärkte sich auf der deutschen Seite die Neigung, an der Vorstellung der ethnischen und sprachlichen Geschlossenheit und Eigenständigkeit der germanischen Vorfahren festzuhalten. Gegen Ende des Jahrhunderts hatte sich diese Position im Deutschland Bismarcks so verhärtet, dass sie sich einer offenen Diskussion fast vollständig verschloss.

Die Erforschung der Geschichte und Archäologie der Germanen erzielte im späten 19. und frühen 20. Jahrhundert in vielerlei Hinsicht große Fortschritte. Die Archäologen gewannen bei der Datierung des Materials und der Stätten, aus denen es stammte, zunehmend an Sicherheit. Untersuchungen über einzelne Völker und die von ihnen bewohnten Gebiete nahmen stark zu. Die Standards der Quellenkritik stiegen beträchtlich. Karl Müllenhoffs *Deutsche Altertumskunde* von 1880, ein eindrucksvoller Überblick über das gesamte Fachgebiet, stellte die beste Zusammenfassung dar, die bis zu diesem Zeitpunkt erschienen war. Aber der Wissenschaftler, der das Studium dieses Themas über das folgende Jahrhundert am nachhaltigsten prägte, war Gustav Kossina. 1885 trug er seinen Ansatz in einem Referat vor dem Deutschen Anthropologischen Institut in Kassel vor. Kossina ging davon aus, dass die ursprüngliche Heimat der Germanen Mecklenburg, Schleswig-Holstein, Dänemark, die westlichen Ostseeinseln und Südschweden gewesen sei. In diesem Gebiet habe sich die germanische Kultur seit dem Mesolithikum völlig ohne Einfluss von außen entwickelt und von dieser Enklave aus hätten die Germanen ihre Macht über die Länder im Osten, Westen und Süden ausgedehnt. Der Titel von Kossinas bekanntestem Buch, das 1912 veröffentlicht wurde, brachte seine Lehre treffend auf den Punkt: *Die deutsche Vorgeschichte, eine hervorragend nationale Wissenschaft*. Der nationalistische Anklang garantierte die Popularität des Buches und spätere Ausgaben konnten von der Nationalsozialistischen Partei fast als politische Texte übernommen werden. Führende Kreise des Dritten Reiches nahmen die germanische Vergangenheit oder zumindest Kossinas Version davon sehr ernst. Sie förderten die Bildung eines Reichsbundes für deutsche Vorgeschichte und unterbanden erfolgreich jede Theorie, nach welcher die frühgermanische Kultur Einflüsse von benachbarten Völkern aufgenommen haben könnte. Bereits Mitte des 19. Jahrhunderts hatte sich die Idee einer rassischen Überlegenheit der nordischen Völker aus den Studien der physischen Anthropologen entwickelt, die unermüdlich und in einigen Fällen geradezu zwanghaft ihre Zeit damit verbrachten, den Schädelindex früherer Bevölkerungen auszumessen. Die langköpfigen (dolichozephalen) Nordmenschen wurden deutlich von den kurzköpfigen (brachyzephalen) Völkern des Südens unterschieden und ihnen ein viriler und energischer Charakter unterstellt; außerdem seien sie groß, blond und blauäugig gewesen. Moralisch und physisch galt die nordische Rasse als allen anderen Rassen überlegen. Doch woher stammte sie? Frühe Linguisten vermuteten die ursprüngliche Heimat der indoeuropäischen Völker in Zentralasien und Westindien. Doch die Ergebnisse der Anthropologen lieferten keine ermutigenden Hinweise auf einen entsprechend eindrucksvollen physischen Menschentypus in diesen Gebieten. In den sechziger Jahren des 19. Jahrhunderts suchte man eine europäische Heimat für die nordische Rasse, wobei Deutschland, Skandinavien und das westliche Russland alle ihre Befürworter fanden. Karl Penka verfocht die skandinavische Hypothese später heftig in einer Reihe von Schriften, die nicht nur die Ansicht der Gelehrten, sondern auch die öffentliche Wahrnehmung hinsichtlich der Herkunft der Nordeuropäer beeinflusste. Noch vor dem Ende des 19. Jahrhunderts war die

Verbindung zwischen einer ursprünglich überlegenen arischen Rasse und den germanischen Völkern aus historischen Zeiten fest in den populären Vorstellungen verankert. Dieses Gedankengut sollte im folgenden halben Jahrhundert nicht nur die fanatischen Anhänger des Nationalsozialismus beeinflussen. Gordon Childe, ein Prähistoriker mit stark marxistischen Tendenzen, akzeptierte viele Teile der arischen Theorie, nicht zuletzt die der außergewöhnlichen geistigen Fähigkeiten und kulturellen Erfindungsgabe der Arier. Diejenigen, die im 20. Jahrhundert die Vorstellung einer arischen Abstammung zur Unterstützung ihrer politischen Ziele heranzogen, konnten wenn nötig auf die Unterstützung durch eine Reihe von Gelehrtenmeinungen aus verschiedenen Fachbereichen verweisen. Das Dritte Reich erfand weder die Arier noch die Theorie einer nordischen überlegenen Rasse. Beide Vorstellungen hatten sich schon vor 1900 fest etabliert und waren Teil eines orthodoxen Denkens, das die meisten Europäer heute als peinlich und falsch empfinden.

Die Suche nach einer nationalen kulturellen Einheit führte viele Schriftsteller und Denker in die ferne germanische Vergangenheit. Die weit verbreitete Unzufriedenheit über die Zersplitterung Deutschlands nach den Napoleonischen Kriegen fand in Politik, Kunst, Literatur und Volkskultur vielfältigen Ausdruck. Nationaldenkmäler wurden errichtet, als Ausdruck des nationalen Wesens und als Bezugspunkte einer populären Ersatzreligion. Viele dieser Monumente wurden im klassischen Stil errichtet, wenn auch in Schmuck und Symbolik germanische Themen vorherrschten. Das bekannteste ist die Walhalla, die König Ludwig I. von Bayern zwischen 1830 und 1842 oberhalb der Donau bei Regensburg erbauen ließ. Sie besitzt die Form eines griechischen Tempels und ist 120 Meter lang und 50 Meter hoch. Im Inneren befinden sich zwei Hallen, deren Decken und Wände mit germanischen Göttern und den Symbolen ihrer Macht geschmückt sind. Auf den Vorsprüngen entlang einer Seite stehen die personifizierten germanischen Staaten um eine siegreiche Germania; auf der anderen Seite steht, der cheruskische Anführer Arminius, der Sieger über die römischen Legionen im Teutoburger Wald.

Zu dauerhafterem Ruhm kam ein Denkmal, das man zu bauen begann, als Ludwigs Walhalla schon fast vollendet war – das Hermannsdenkmal, das Monument des Arminius hoch oben auf einem Hügel im Teutoburger Wald. Das Werk von Ernst von Bandel wurde 1841 begonnen, verzögerte sich dann aber in den Wirren der vierziger Jahre des 19. Jahrhunderts infolge Geldmangels. Das Denkmal wurde schließlich 1875 vollendet. Im Gegensatz zur Walhalla sollte es ein gotisches Werk werden, ein Symbol der Stärke und Macht des jungen Deutschland. Der riesige Sockel unter der Figur des Arminius war eigentlich als Ehrenhalle für berühmte Deutsche geplant, aber dieser Teil wurde niemals vollen-

Das Hermannsdenkmal bei Detmold, Deutschland

det. Die Statue des Helden stellt einen gepanzerten mittelalterlichen Krieger dar, er trägt einen Flügelhelm und hält ein riesiges Schwert in die Höhe. Die Wirkung wird durch die unstimmigen Proportionen der Figur ein wenig eingeschränkt, doch in seiner Umgebung ist das Denkmal trotzdem beeindruckend. Die Nationalsozialisten mochten es nicht, weil Hitler das Gotische für einen veralteten Stil hielt, für den in seiner Neuen Ordnung kein Platz sei. Doch von allen Monumenten der germanischen Vergangenheit war das Hermannsdenkmal bei den Deutschen des 20. Jahrhunderts das beliebteste und wird auch heute noch häufig besucht. Ein späteres Denkmal, das Niederwalddenkmal, das zwischen 1874 und 1885 am Rheinufer errichtet wurde, sollte nie eine ähnliche Beliebtheit erfahren wie das Hermannsdenkmal. Es wurde als Monument der deutschen Einigung gebaut und besteht aus einer riesigen Statue der Germania in klassischer Aufmachung. Auf dem großen Sockel sind Friese eingemeißelt, die Frieden und Krieg sowie die Flüsse Rhein und Mosel darstellen.

Aber das Nationalgefühl folgte anderen Wegen und zeigte sich in dunkleren Tönen. Die geradezu mystische Vision der deutschen Nation als „Volk", eins mit dem Land, das es bewohnt, hatte sich während des 19. Jahrhunderts in der politischen Ideologie verankert. Historiker und Archäologen bemühten sich, ihren eigenen Beitrag zum „Germanentum" zu leisten, indem sie Beweismaterial für dessen alte Abstammung suchten. Viele Gelehrte sahen in der heroischen Vergangenheit nicht nur ein stolzes Vermächtnis, sondern auch Hoffnung und Hilfe für die Zukunft. Der Ruhm der germanischen Vergangenheit bot für sie moralische und gesellschaftliche Werte, die andere Völker angeblich verloren oder nie besessen hätten. Die Germanen des Altertums, so die gleichen Gelehrten weiter, seien in den Ländern des Nordens entstanden, um die Menschheit von den dekadenten Mittelmeerreichen zu reinigen und zu befreien. Dabei wurden die Eigenschaften des nordischen Kriegers in den Himmel gehoben; die Macht des Schwertes galt als die einzig wahre Macht. Von hier aus war es nur ein kleiner Schritt, um dem germanischen Krieger eine einzigartige übermenschliche Stärke zu unterstellen. Die Überlegenheit der nordischen Völker sah man durch ihr siegreiches Vorrücken in Europa und besonders durch die Niederringung des ehrgeizigsten aller antiken Reiche, des Römischen Reiches, als bewiesen an. Nicht nur die Geschichte erbrachte Belege dieser Überlegenheit, sondern auch Untersuchungen zu Rassetypen (zu jener Zeit eine Angelegenheit präziser Messungen und sehr in Mode) und von archäologischen Kulturen. Die sich entwickelnden Wissenschaften der biologischen Anthropologie und der Feldarchäologie lieferten reichlich Material, um die Theorien einer beständig aufstrebenden germanischen Kultur zu stützen, die sowohl moralisch als auch materiell derjenigen anderer Rassen überlegen sei.

Der Schaffung einer heroischen deutschen Vergangenheit folgte ganz zwangsläufig deren Ausbeutung durch die Nationalsozialistische Partei in den dreißiger Jahren des 20. Jahrhunderts[3]. Mit großer Unterstützung der Regierung wurden Forschungsprogramme auf den Weg gebracht, welche die Abstammung und Überlegenheit der germanischen Rasse über Europa nachweisen sollten. Man begann – häufig unter Überwachung der SS – an prähistorischen Stätten mit erstaunlich hoher Präzision zu graben. Himmler hoffte tatsächlich, in der Nähe jeder SS-Standarte im Reich auf eine germanische Ausgrabungsstätte verweisen zu können, welche die Größe der deutschen Kultur unterstreichen sollte. Unzählige Untersuchungen wurden darüber durchgeführt, wie die rein-

3 G. L. Mosse, *Nazi Culture: Intellectual, Cultural and Social Life in the Third Reich*, London 1966

rassigen Germanen der Vorgeschichte ihre kulturelle Vorherrschaft über weniger begünstigte Rassen wie die Slawen oder Kelten ausgeweitet und die Römer geschlagen hätten, schließlich in ihr Reich eingefallen wären und es zerstört hätten. Viele archäologische Veröffentlichungen dieser Zeit beweisen eine hervorragende fachliche Qualität, aber die Schlussfolgerungen bedrücken durch ihre Vorhersagbarkeit. Viele der regionalen Untersuchungen, die während des Dritten Reiches erschienen, bildeten eine wichtige Grundlage für weitere Studien. 1940 legte H. Reinerth den umfassendsten allgemeinen Überblick über die germanischen Völker vor, der bis dahin unternommen worden war. Nachdem über die Germanen fünfzig Jahre lang von einem stark nationalistischen Standpunkt aus geschrieben worden war, stellte Reinerths Werk den Kulminationspunkt dieser historischen Strömung dar. Verständlicherweise ist die Verklärung einer heroischen germanischen Kriegerkultur nach 1945 aus dem deutschen Geschichtsbild fast vollständig verschwunden. Dem kulturellen Austausch mit anderen Völkern wurde wieder ein weit größerer Stellenwert eingeräumt. Der römische Einfluss auf die germanischen Gesellschaften wurde genauer untersucht und die Strukturen dieser Gesellschaften differenzierter dargestellt. Groß angelegte Ausgrabungen von Siedlungen und damit zusammenhängende Untersuchungen ihrer Umgebung lassen eine Bevölkerung erkennen, die das Land und seine Ressourcen mit bemerkenswertem Können nutzte und soziale und wirtschaftliche Strukturen entwickelte, die sich als erstaunlich dauerhaft erwiesen. In den fünf Jahrhunderten von der Wiederentdeckung der *Germania* des Tacitus bis zu den umfassenden archäologischen Projekten der heutigen Zeit hat sich die Einschätzung der Rolle der Germanen in der europäischen Geschichte sehr tiefgreifend verändert. Dieser lange Prozess wiederholter Neubewertung ist auch jetzt noch nicht an einem Endpunkt angelangt. Doch wir können heute zu Recht sagen, dass wir die Geschichte der Germanen von einem weit unvoreingenommeneren Standpunkt aus betrachten können, als es früheren Generationen möglich gewesen ist.

Abkürzungsverzeichnis

Acta Arch.	*Acta Archaeologica*
Acta Arch. Hung.	*Acta Archaeologica Hungarica*
Arch. Belgica	*Archaeologica Belgica*
Bonner Jahrb.	*Bonner Jahrbücher*
BRGK	*Bericht der Römisch-Germanischen Kommission*
BROB	*Berichten van de Rijksdienst voor Het Oudheidkundig Bodemonderzoek*
JRGMZ	*Jahrbuch des Römisch-Germanischen Zentralmuseums Mainz*
JRS	*Journal of Roman Studies*
MGH. AA	*Monumenta Germaniae Historica Auctores Antiquissimi*
Oxford Journ. Arch.	*Oxford Journal of Archeology*
Prähist. Zeitschrift	*Prähistorische Zeitschrift*

Quellen

Im Folgenden sind die wichtigeren und leichter zugänglichen Quellenausgaben aufgeführt. Nicht alle liegen in neueren Editionen vor. Hier sind nur die zuverlässigsten der frühen Ausgaben erfasst.

Ammianus Marcellinus, *Römische Geschichte,* Text, Übersetzung und Kommentar hrsg. von W. Seyfarth (Berlin 1968–71).

Ausonius, *Opera*, hrsg. von H. Schenkel (*MGH AA* 5:2).

Caesar, *Kommentare,* ed. R. du Pontet (Oxford 1900), übers. von O. Schönberger (Zürich 1998).

Cassiodorus, *Variae*, hrsg. von Th. Mommsen (*MGH AA* 12).

Chronica Minora, hrsg. von Th. Mommsen (*MGH AA* 9 und 12).

Eugippius, *Das Leben des heiligen Severinus,* lat.-deutsch mit Kommentar, hrsg. von R. Noll (Berlin 1963).

Gregor von Tours, *Geschichte der Franken,* hrsg. von O. M. Dalton (Oxford 1927), übers. von R. Buchner (Darmstadt, 1956).

Hydatius, *Chronik,* ed. A. Tranoy (Paris 1974).

Isodor von Sevilla, *Geschichte der Goten, Vandalen und Sueven,* hrsg. von D. Coste (Leipzig 1909); englische Übersetzung von G. Donini und G. B. Ford (Leiden 1970).

Johannes von Biclarum, hrsg. von Th. Mommsen (*MGH AA* 11).

Jordanes, *Getica,* hrsg. von Th. Mommsen (*MGH AA* 5:1).

Notitia dignitatum, hrsg. von O. Seeck (Berlin 1876).

Orosius, *Historiae adversum paganos,* hrsg. von C. Zangemeister (Wien 1882) und übers. von A. Lippold (Zürich 1985).

Paulus Diaconus, *Geschichte der Langobarden,* hrsg. von O. Abel (Leipzig 1939).

Procopius, *Die gotischen Kriege,* hrsg. von D. Coste (Leipzig 1922).

Sidonius Apollinaris, *Opera,* hrsg. von C. Lutjohann (*MGH AA* 8).

Symmachus, *Opera,* hrsg. von O. Seeck (*MHG AA* 6:1).

Tacitus, *Germania,* hrsg. von R. Hoops (Heidelberg ^{3}1967), übers. von M. Fuhrmann (Stuttgart 1995).

Auswahlbibliografie

Die folgende Liste enthält die Titel, die in den Anmerkungen zitiert werden, sowie Anregungen zur weiteren Lektüre.

Die Alamannen. Katalog zur Ausstellung, hrsg. vom Archäologischen Landesmuseum Baden-Württemberg, Stuttgart 1997

Ament, H. „Der Rhein und die Ethnogenese der Germanen", in: *Präh. Zeitschrift,* 59, 1984, S. 37

Arrhenius, B. *Merovingian Garnet Jewellery: Emergence and Social Implications,* Stockholm 1985

Bachrach, B. S. *A History of the Alans in the West,* Minneapolis 1973

Die Bajuwaren. Katalog, Rosenheim 1988

Beck, H. *Germanenprobleme in heutiger Sicht,* Berlin/New York 1986

Behm-Blanke, G. *Gesellschaft und Kunst der Germanen. Die Thüringer und ihre Welt,* Dresden 1973

Birkhan, H. *Germanen und Kelten bis zum Ausgang der Römerzeit,* Wien 1970

Boeles, P. C. J. A. *Friesland tot de eelfde eeuw,* Den Haag 1951

Böhme, H. W. *Germanische Grabfunde des 4. bis 5. Jahrhunderts zwischen unterer Elbe und Loire,* München 1974

Böhner, K. *Die fränkischen Altertümer des Trierer Landes,* Berlin 1958

Bolin, S. *Fynden av romerska mynt i det fria Germanien,* Lund 1926

Bona, I. *Die Langobarden in Ungarn,* Budapest 1970

ders., *Der Anbruch des Mittelalters. Gepiden und Langobarden im Karpatenbecken,* Budapest 1976

Burns, T. *History of the Visigoths,* Bloomington, Ind. 1984

Campbell, J. (Hrsg.) *The Anglo-Saxons,* Oxford 1982

Capelle, W. *Das alte Germanien. Die Nachrichten der griechischen und römischen Schriftsteller,* Jena 1929

ders., *Die Sachsen des frühen Mittelalters,* Stuttgart 1998

Christlein, R. *Die Alamannen,* Stuttgart 1978

Collins, R. *Early Medieval Spain,* London 1983

Cunliffe, B. *Greeks, Romans and Barbarians,* London 1988

Demandt, A. *Der spätrömische Militäradel,* 1980

de Vries, J. *Altgermanische Religionsgeschichte,* Berlin 1969

Der Runde Berg bei Urach. Heidelberger Akademie-Schriften, Quellen zur Geschichte der Alamannen, Band VI

Diesner, H.-J. *The Great Migration,* London 1982

Eggers, H.-J. *Der römische Import im freien Germanien,* Hamburg 1951

Ekholm, G. „Die Zeitstellung der Hemmoorer Eimer“, in: *Bonner Jahrb.* 143-144, 1938-1939, S. 311

ders., „Scandinavian glass vessels of oriental origin from the first to the sixth century“, in: *Journ. Glass Studies,* 5 1963, S. 29

Ellis Davidson, H. R. *Gods and Myths of Northern Europe,* Harmondsworth 1964

Engelhardt, C. *Thorsbjerg Mosefund,* Kopenhagen 1863

ders., *Nydam Mosefund* 1859-1863, Kopenhagen 1865

ders., *Kragebul Mosefund,* Kopenhagen 1867

ders., *Vimose Fundet,* Kopenhagen 1869

Ensslin, W. *Theoderich der Große,* München [2]1959

Ewig, E. *Frühes Mittelalter. Rheinische Geschichte,* Bd. 2, Düsseldorf 1980

Fagerlie, J. M. *Late Roman and Byzantine Solidi found in Sweden and Denmark,* New York 1967

Die Franken. Katalog, Mannheim/Mainz 1996

Friesen, Sachsen und Dänen. Kulturen an der Nordsee. Katalog, Hamburg 1978

Friesinger, H. und Daim, F. *Die Bayern und ihre Nachbarn,* Wien 1985

Gelzer, M. *Caesar: Politician and Statesman,* Cambridge, Mass. 1968

Germanen, Hunnen und Awaren. Katalog, Nürnberg 1987

Gimbutas, M. *The Balts,* London 1973

Godlowski, K. *The Chronology of the Late Roman and Early Migration Periods in Central Europe,* Krakau 1970

Goffart, W. *Barbarians and Romans, AD 418–585: The Techniques of Accommodation,* Princeton 1980

I Goti. Katalog, Mailand 1994

Grünert, H. (Hrsg.), *Römer und Germanen in Mitteleuropa,* Berlin 1976

Haarnagel, W. *Die Grabung Feddersen Wierde,* Bd. 2, Wiesbaden 1979

Hagberg, U. E. *The Archaeology of Skedemosse,* Stockholm 1967

ders., (Hrsg.), *Studia Gotica,* Stockholm 1972

Halbertsma, H. *Terpen tussen Vlie en Eins,* Groningen 1963

Haseloff, G. *Die germanische Tierornamentik der Völkerwanderungszeit,* 3 Bde., Berlin 1981

Hatt, G. *Norre Fjand: An Early Iron Age Village in West Jutland,* Kopenhagen 1967

Herrmann, F. R. und Frey, O. H. *Die Keltenfürsten von Glauberg,* Wiesbaden 1966

Horedt, K. and Protase, D. „Das zweite Fürstengrab von Apahida“, in: *Germania,* 50 (1972), S. 174-220

Hougen, B. *The Migration Style of Ornament in Norway,* Oslo 1967

Hvass, S. „Vorbasse: the development of a settlement through the first millennium AD“, in: *Journ. Danish Arch.* 2, 1983, S. 127

ders., *Hodde. Et vestjysk landsbysamfund fra aeldre jernalder,* Kopenhagen 1985

Ilkjaer, J. and Lonstrup, J. Interpretation of the great votive deposits of Iron Age weapons, in: *Journ. Danish Arch.* 1, 1982, S. 1

James, E. *The Franks,* Oxford 1988

Jensen, J. *The Prehistory of Denmark,* London 1982

Killian, L. *Zum Ursprung der Indogermanen,* Bonn 1983

ders., *Zum Ursprung der Germanen,* Bonn 1988

Klemm, G. *Handbuch der germanischen Altertümer,* 1836

Klindt-Jensen, O. *Foreign Influences in Denmark's Early Iron Age,* Kopenhagen 1950

Kokowski, A. und Leiber Ch. *Schätze der Ostgoten,* Stuttgart 1995

König, G. *Wandalische Grabfunde des 5. und 6. Jahrhunderts,* Madrid 1981

Kossina, G. *Die deutsche Vorgeschichte, eine hervorragend nationale Wissenschaft,* Würzburg 1914

Kropotkin, V. V. *Rimskie importnye izdelija v Vostočnoj Europe,* Moskau 1970

Krüger, B. (Hrsg.), *Die Germanen,* 2 Bde., Berlin 1976, 1983

Kunow, J. *Der römische Import in der Germania libera bis zu den Marcomannenkriegen,* Neumünster 1983

Lamm, J.-P. and Nordstrom, H.-A. (Hrsg.), *Vendel Period Studies,* Stockholm 1983

Lebecq, S. *Marchands et navigateurs frisons du haut moyen age,* 2 Bde., Lille 1983

Lemant, J.-P. *Le cimetière et la fortification du bas empire de Vireux-Molbain, Dép. Ardennes,* Mainz 1985

Liebeschuetz, J. H. W. G. *Barbarians and Bishops,* Oxford 1990

Lind, L. *Roman Denarii Found in Sweden,* Band 1, Berlin 1979, Bd. 2, Stockholm 1981

Lindenschmidt, W. and L. *Das germanische Todtenlager bei Selzen in der Provinz Rheinhessen,* Mainz 1848

Lindqvist, S. *Gotlands Bildsteine,* 2 Bände, Stockholm 1941–1942

I Longobardi, Katalog, Cividale 1990

Mackeprang, M. B. *De nordiska guldbrakteater,* Aarhus 1952

Majewski, K. *Importy rzymskie w Polsce,* Warschau 1960

Martin, M. *Die Burgunden.* Reallexikon der germanischen Altertumskunde Bd. 4, 1981

Matthews, J. *The Roman Empire of Ammianus Marcellinus,* London 1988

Menghin, W. *Die Langobarden,* Stuttgart 1985

ders., *Frühgeschichte Bayerns,* Stuttgart 1990

Mildenberger, G. *Germanische Burgen,* Münster 1978

Musset, L. *The Germanic Invasions,* London 1975

Näsman, U. *Eketorp: Fortification and Settlement on Öland/Sweden. The Monument,* Stockholm 1976

Nierhaus, R. *Das suebische Gräberfeld von Diersheim,* Berlin 1966

Norden, E. *Die germanische Urgeschichte in Tacitus' Germania,* Darmstadt [4]1959

Odobescu, *A. Le trésor de Petrossa,* Paris/Leipzig 1889–1900

Ørsnes, M. „The weapon find in Ejsbøl Moss at Haderslev", in: *Acta Arch.* 34, 1963, S. 232

Périn, P. and Feffer, L.-C. *Les Francs,* 2 Bde., Paris 1987

Pirling, R. *Das römisch-fränkische Gräberfeld von Krefeld-Gellep,* Berlin 1966, 1974, 1979

Rouche, M, *L'Aquitaine des Wisigoths aux Arabes 418–781,* Paris 1979

Schlabow, K. *Der Thorsberger Prachtmantel,* Neumünster 1965

Schmidt, B. *Die späte Völkerwanderungszeit in Mitteldeutschland,* 3 Bände, Halle 1961, 1970, 1976

Schmidt, L. *Die Ostgermanen,* München 1969

ders., *Die Westgermanen,* München 1970

Schönberger, H. „The Roman frontier in Germany: an archaeological survey", in: *Journ. Roman Studies, 69*, 1969, S. 144

ders., „Die römischen Truppenlager der frühen und mittleren Kaiserzeit zwischen Nordsee und Inn", in: *BRGK, 66,* 1985, S. 321–497

Stenberger, M. *Det forntida Sverige,* Stockholm 1964

ders., und Klindt-Jensen, O. *Vallhagar,* Stockholm 1955

Thompson, E. A. *The Early Germans,* Oxford 1965

ders., *The Visigoths in the Time of Ulfila,* Oxford 1966

ders., *The Goths in Spain,* Oxford 1969

ders., *Romans and Barbarians: The Decline of the Western Empire,* Madison, Wisc. 1982

Timpe, D. *Arminius-Studien,* Heidelberg 1970

Todd, M. *The Northern Barbarians,* Oxford [2]1987

Trier, B. *Das Haus im Nordwesten der Germania Libera,* Neumünster 1969

Vana, Z. *The World of the Ancient Slavs,* London 1983

van Es, W. A. „Wijster: a native village beyond the Imperial frontier", in: *Palaeohistoria* 11, 1965

ders., „Friesland in Roman times", in: *BROB* 15–16, 1965–1966, S. 37

Waas, M. *Germanen im römischen Dienst,* Bonn [2]1969

Wallace-Hadrill, J. M. *Early Germanic Kingship in England and on the Continent,* Oxford 1971

ders., *The Barbarian West,* Oxford [3]1985

Wells, C. M. *The German Policy of Augustus,* Oxford 1972

Wenskus, *R. Stammesbildung und Verfassung,* Köln/Graz [2]1977

Werner, J. „Zur Herkunft und Zeitstellung der Hemmoorer Eimer und der Eimer mit gewellten Kanneluren", in: *Bonner Jahrb.* 140–141, 1936, S. 395

ders., *Die beiden Zierscheiben des Thorsberger Moorfundes,* Berlin 1941

ders., *Die Langobarden in Pannonien,* München 1962

Wheeler, R.E.M. *Rome beyond the Imperial Frontiers,* London 1954
Wolfram, H. *Geschichte der Goten,* München 1983
Zollner, E. *Geschichte der Franken bis zur Mitte des 6. Jahrhunderts,* München 1941

Register

Bildnachweis

Antikvarst-Topografiska Arkivet, Stockholm: S. 216
Archäologisches Landesmuseum der Stiftung Schleswig-Holsteinische Landesmuseen Schloss Gottorf: S. 41, 46, 104, 105, 116, 247
Archiv für Kunst und Geschichte, Berlin: S. 250
Bildarchiv Preußischer Kulturbesitz, Berlin: S. 87
Germanisches Nationalmuseum, Nürnberg: S. 166
Historisk-archaeologisk Forsøgscenter, Lejre: S. 73
Kartografie Michael Hermes, Göttingen: S. 136
Landesmuseum Mainz: S. 42
Nationalmuseum, Bukarest: S. 119, 120
Sopritendenza per i Beni Ambientali e Architectonici di Ravenna: S. 167
Statens Historiska Museum, Stockholm: S. 117, 129, 130, 211, 214
Universitätsbibliothek Uppsala: S. 113

Der Verlag dankt allen Leihgebern für Ihre Bereitschaft, Bildmaterial für diese Publikation zur Verfügung zu stellen. Leider war es nicht in allen Fällen möglich, auf Grund der Angaben des englischen Verlags die Inhaber der Urheberrechte zu ermitteln. Berechtigte Ansprüche werden selbstverständlich im Rahmen der üblichen Vereinbarungen abgegolten.